Vampire
damals und heute

Eine Chronologie

Von Nicolaus Equiamicus

«Wie diese Blätter aneinandergereiht sind, ergibt sich aus deren Lektüre. Alles Überflüssige wurde ausgesondert, sodass eine Geschichte, die fast schon im Widerspruch zu den verschiedenen Überzeugungen späterer Tage steht, als simple Tatsache bestehen kann. Es gibt keine Schilderung vergangener Dinge, in der die Erinnerung trügen könnte, da alle ausgewählten Berichte, von dem Standpunkt und dem Kenntnisgrad derer ausgehend, die sie verfasst haben, exakt wiedergegeben werden.»
– Bram Stoker, Dracula.

1. Auflage November 2010
Titelbild: Agnieszka Szuba (Rahmen)
www.the-butterfly-within.com
und ddpimages unter Verwendung des Bildes
The Vampire von Philip Burne-Jones

©opyright 2009/2010 by Nicolaus Equiamicus

Lektorat: MetaLexis
Satz: nimatypografik
Bilder: ddpimages und Nicolaus Equiamicus

ISBN: 978-3-86608-149-9

Alle Rechte vorbehalten. Ein Nachdruck oder
eine andere Verwertung ist nur mit schriftlicher
Genehmigung des Verlags gestattet.

Hat Dir das Buch gefallen? Schreib uns
Deine Meinung unter: gelesen@ubooks.de

Möchtest Du über Neuheiten bei Ubooks informiert bleiben? Einfach eine
Email mit der Postadresse an:
katalog@ubooks.de

Ubooks-Verlag | Wellenburger Str. 1 | 86420 Diedorf
www.ubooks.de

Zum Geleit

Geneigter Leser!
Verweile hier noch einen Augenblick, bevor du auf deinem Weg in die Hallen der Unterwelt fortschreitest, denn du begibst dich auf eine Reise, auf welcher du unerhörte Dinge erfahren wirst. Albgeister, im Grabe fressende Tote und blutdürstige Gestalten werden dir begegnen. Du wirst lernen, wo du diese Wesen finden kannst, wie sie genannt werden, was ältere und heutige Generationen von ihnen erdulden mussten und was es in der Tat mit ihnen auf sich hat.

    Hast du noch Mut, Leser, deine Reise fortzusetzen? Dann geh nun weiter zu den Gräbern und trete ein in das Reich des Todes …

Einleitung

Vampir. Ein Wort, das ein Wesen bezeichnet, vor dem die Menschen in Osteuropa nicht nur in früheren Zeiten erzitterten, sondern sich in den bergigen Schluchten und tiefen unberührten Wäldern des Balkans heute noch fürchten. Ein Vampir ist ein (Un-)Toter, der in seinem Grabe liegt, daraus als Geist oder Körper hervorsteigt, um Menschen zu töten, und nicht einhält, bis man seinem Unleben ein Ende bereitet. Dies ist nicht nur eine Geschichte, sondern für viele Menschen die Realität, seit uralten Zeiten tief verwurzelt im Volksglauben jener Völker. Wo aber liegt der Ursprung dieses Glaubens und inwieweit hat sich die Vorstellung des Vampirs im Lauf der Zeit gewandelt? Dies möchte ich in diesem Buch erläutern. Es werden darin die unterschiedlichen Erscheinungsformen der Untoten, wie der *Wiedergänger*, der im Grab an seinen Sterbekleidern kauende *Nachzehrer*, vor allem aber der am meisten Furcht einflößende Vertreter, der Blut saugende *Vampir*, behandelt. Auch die Vorgänger dieser Schreckensgestalten, wie die antiken *Empusen* oder die *Mahre*, werden berücksichtigt. In weiteren Kapiteln gehe ich auf die Verbreitung des lebenden Toten in Sage, Märchen, Literatur und in der filmischen Verarbeitung ein. Abschließend folgt ein Kapitel über den pathologischen Vampirismus und Blutfetischismus.

Natürlich haben sich in den vergangenen Jahrhunderten schon viele Wissenschaftler und Autoren mit der Thematik der zurückkehrenden Verstorbenen beschäftigt, wobei auch viele Erklärungsansätze entwickelt wurden. Aber die meisten Erklärungsversuche sind in der Tat zu einfach gestrickt, um das komplexe Phänomen *Vampirismus* zu erklären. Wenn gewisse Stereotype in den einzelnen Fällen auch gegeben sind, so wird man doch schwerlich auch nur zwei aktenkundige Begebenheiten dieser Art in der Geschichte finden, die sich in ihren Umständen als vollkommen gleich erweisen.

Dieses Buch stützt sich in großen Teilen auf originale Dokumente und wird in diesem Sinne auch eine kommentierte, chronologisch geordnete Quellensammlung sein. Der geographische Raum, der untersucht werden soll, umfasst fast ausschließlich das östliche Mitteleuropa von der Ostsee bis zum Ägäischen Meer. Zwar finden sich Sagen, Legenden und traditionelle Vorstellungen über zurückkehrende Verstorbene in allen westeuropäischen Ländern und auch der übrigen Welt, doch will dieses Buch in erster Linie vor allem den osteuropäischen Raum behandeln.

Im jüdischen Talmud zum Beispiel gilt Lilith als die erste Frau Adams, doch sie war hochmütig und stolz und wurde Adam ungehorsam. Als sie sich mit dem Dämon Samael einließ, wurde sie verflucht und dadurch selbst zu einem Dämon, der vor allem Wöchnerinnen und neugeborenen Kindern nachstellt und nach deren Blut giert.[1] Indien kennt viele unterschiedliche vampirische Wesenheiten. Am häufigsten sind in Indien aber wohl die so genannten *Pisachas* anzutreffen,[2] Gespenster von Verbrechern oder zu Lebzeiten lügenhaften Menschen, die nun nach dem Blut vornehmlich von Frauen gieren. In China kennt man die *Ch'Iang Shih* genannten Geister Verstorbener, die, mit einem schrecklichen Aussehen und langen Zähnen, stets auf der Suche nach Opfern sind, denen sie das Blut aussaugen können, und auch die *Giang shi*, eine Blut saugende Dämonin. Auf den Philippinen gibt es den *Danag*, einen Blut trinkenden Dämon, der gerne Frauen nachsteigt. In Südafrika finden sich *Impundulus* genannte Vampirgeister. Sie sind oft Hexen dienstbar und ernähren sich von Blut. Auch in Südamerika finden sich vampirähnliche Wesen, wie die so genannten *Asema*, die als lichthafte Wesenheit immer wieder zu ihren Opfern kommen, um ihnen das Blut auszusaugen, bis der Tod eintritt. Ein anderes südamerikanisches Ungeheuer ist die *Azeman*, eine Hexe, die ihre Gestalt in die einer Fledermaus verändern kann und in dieser Erscheinungsform die Menschen heimsucht.

Interessant ist hierbei, dass es tatsächlich in diesen Gegenden Fledermäuse gibt, die sich ausschließlich von Blut ernähren.[3] Sie kommen stets in der Nacht und hauptsächlich zu Herdentieren, aber sie scheuen sich auch nicht, Menschen anzugreifen. Sie beißen ihr Opfer und schlecken dann das heraustretende Blut auf, ihr Speichel enthält sowohl ein Betäubungsmittel als auch einen gerinnungshemmenden Wirkstoff. In der Regel kehren sie mehrmals zu dem von ihnen gebissenen Wirt zurück. Die Blutentnahme an sich ist nicht weiter schädlich, wohl aber die von den Fledermäusen oftmals übertragenen Infektionen, von denen die Tollwut wohl die schlimmste ist. Jährlich sterben mehrere Dutzend Menschen in Südamerika nach solchen Angriffen.

---

[1] G. G. Bredow: *Rabbinische Mythen...* Weilburg 1833.
[2] Siehe hierzu auch die bekannte alte Hinduerzählung *Vikram und der Vampir*. Leipzig 2005.
[3] Es gibt drei Arten von Vampirfledermäusen: *Desmodus rotundus*, der Gemeine Vampir, *Diaemus youngi*, der Weißflügelvampir, und *Diphylla ecaudata*, der Kammzahnvampir.

Es soll auch gezeigt werden, wie die Vorstellung des Vampirs sich in der Bevölkerung entwickelte, wie der Vampir im 18. Jahrhundert seinen Weg in die Gelehrtenstuben Deutschlands fand und wie er schließlich, ausgehend von der romantischen Literatur im 19. Jahrhundert und im Film, zum adligen Snob, zu dem von Selbstzweifeln geplagten Teenager oder dem unwiderstehlichen Verführer wurde, wie wir ihn heute kennen. Dieser «neue» Vampir ist charmant, unsterblich, begehrenswert, reich und schön. Er ist ein Rebell, ein unverwundbarer Kämpfer, der durch sein Unleben den Tod besiegt. Er stört sich nicht daran, dass Generation auf Generation dem Tod, der alle gleich macht, zum Opfer fällt, denn er steht über diesem Gesetz. Die Furcht vor Krankheit und Tod ist es, die für viele im Materialismus der heutigen Zeit gefangene Menschen eine körperliche Unsterblichkeit so begehrenswert erscheinen lässt, die Figur des Vampirs so anziehend macht und zum Träumen veranlasst, denn

«Träume dringen durch steinerne Mauern, erhellen dunkle Räume oder verdunkeln helle, und ihre Gestalten kommen und gehen, wie es ihnen gefällt ...»[4]

Nicolaus Equiamicus

---

[4] Joseph Sheridan Le Fanu: *Carmilla*.

Inhaltsverzeichnis

1. Teil
Der historische Vampirismus

Kapitel 1.	**Vorläufer und verwandte Wesen der lebenden Toten:**	
	Lamien und Empusen, Strigen, Alb und Nachtmahr	17
	Lamien und Empusen	17
	Die Strigen	20
	Sie kommen in der Dunkelheit. Alb und Nachtmahr	23
Kapitel 2.	**Die schädigenden Toten**	30
	Der Wiedergänger	30
	Der Nachzehrer	39
	Der Vampir	43
	Wer wird ein Vampir?	44
	Der Vampirglaube in den einzelnen Ländern	46
	Bulgarien	46
	Rumänien	48
	Dalmatien	51
	Albanien, Bosnien, Montenegro und Serbien	52
	Russland und Polen	54
	Griechenland	54
	Die alten deutschen Ostprovinzen	55
	Krieg und Elend – das Leben vor 300 Jahren in Serbien	56
	Der slawische Vampir in der Geschichte: 18. – 20. Jahrhundert	59
	Der Bericht des *Mercure galant* 1693/94 über polnische Vampire	60

Kapitel 3. Die slawischen Vampire halten Einzug in Deutschland: Die beiden bekanntesten Fälle in Kisolova 1725 und in Medvegya 1731/32 — 61
  Der Bericht Glasers aus Medvegya vom 12. Dezember 1731 — 70
  Der Bericht Johann Flückingers vom 7./26. Januar 1732 — 73

Kapitel 4. Weitere Beispiele von Vampirismus aus der Zeit der österreichischen Herrschaft im nördlichen Serbien und dem Temesvarer Banat 1718–1739 — 83
  Herinbiesch, Lugos-Facseter Distrikt, 31. März 1725 — 83
  Babscha, Distrikt Lugos-Facset, 1. August 1725 — 84
  Lugos-Facset, 24. Januar 1726 — 84
  Possega, Slavonien, Januar 1730 — 85
  Haidamac, 1730 — 86
  Serbien, in der Nähe von Belgrad, Frühjahr 1732 — 89
  Radojevo, Serbien, Juli 1732 — 91
  Kisolova, Rahmer Distrikt, September 1738 — 93

Kapitel 5. Der Vampir in der Folgezeit: 1740–1800. Verlagerung des Schwerpunktes der Vampiruntersuchungen nach dem Banat, Böhmen, Mähren und in die Preußischen Ostprovinzen — 94
  Karansebes (Banat), 12. Juni 1748 — 96
  Jacobsdorf, Westpreußen, um 1750 — 96
  Kubin, Pancsovaer Distrikt, 26. Februar 1751 — 97
  Deliblato, Pancsovaer Distrikt, 6. Februar 1752 — 97
  Slatina, Karansebeser Distrikt, 20. Februar 1752 — 98
  Klein-Dikvan und Rakasdia, Ujpalanker Distrikt, 11. Januar 1753 — 98
  Tschakowa, 22. Januar 1753 — 100
  Stamora, Tschakowaer Distrikt, 7. Februar 1753 — 100
  Wermesch, Tschakowaer Distrikt, 14. Februar 1753 — 100
  Kapnick, Oberungarn, Winter 1752/53 — 100
  Hermersdorf, schlesisch-mährische Grenze, Januar 1755 — 106
  Knéz, Temesvarer Distrikt, 27. April 1756 — 109
  Polen, 1770 — 109

Kapitel 6. Der Vampir im 19. Jahrhundert — 112
  Groß-Gorzütz, Oberschlesien, 1801 — 113
  Pless, Schlesien, 1803 — 113

Konitz, Westpreußen, 1831	114
Grabau, bei Danzig/Westpreußen, um 1840	114
Weliko-Shuchowitz, Russland, 1848	115
Borgfeld, bei Danzig/Westpreußen, 1849	115
Deva, Siebenbürgen, 1850	116
Brüsewitz, Pommern, um das Jahr 1850	117
Kreis Berditschew, Russland, 1851	118
Danzig, Westpreußen, 1855	118
Westpreußen, 1870	118
Pniewno, Kreis Schwetz/Westpreußen, 1870	119
Kantrzyno, Westpreußen, Februar 1870	120
Boguschewitschi, Russland, 1871	125
Belotincz, Siebenbürgen, 1873	125
Schwetz, Westpreußen, Juli 1873	126
Tuchla, Österreich-Ungarn, August 1873	126
Paris, 5. Oktober 1874	127
Heidemühl, Westpreußen, März 1877	127
Danzig, Westpreußen, Winter 1886/87	128
Somenischki, Russland, 1892	128
Taschtamakowa, Russland, 1893	129
Südungarn, 1897	130
Krassova, Rumänien, November 1899	130
Pommern, berichtet im Jahre 1900	130

Kapitel 7. Der Vampir im 20. Jahrhundert — 131

Prejam, Rumänien, Mai 1902	132
Adbrudbanya, Ungarn, 1903	132
Odessa, Russland, 1905	132
Pecs, Ungarn, 1907	133
Korbesz, Ungarn, 1907	134
Budapest, Ungarn, 15. Februar 1912	134
Armasesti, Rumänien, Feb./März 1949	136
Rodna und Capatineni, Rumänien, 1969	136
Der Highgate-Vampir, London, 1970	137
Barbatesti, Rumänien, 1998	139

Kapitel 8. Der Vampir im 21. Jahrhundert — 140
    Siebenbürgen, Rumänien, 2002 — 141
    Marotinu de Sus, Rumänien, 2003/04 — 141
    Weitere Vampirvorfälle 2002–2008 — 142
    Der jüngste Vorfall: Gornje Stopanje/Leskovac
    Serbien, September 2009 — 144

2. Teil
Die Erklärungsversuche der Wissenschaft

Kapitel 1. Das 17. Jahrhundert — 147
    Die frühen gelehrten Meinungen über ungewöhnliche
    Erscheinungen an Toten: Martin Böhm, Heinrich Kornmann,
    Christian Friedrich Garmann und Philipp Rohr — 147
    Die Gutachten der Sorbonne über die Blut saugenden Toten — 149

Kapitel 2. Das 18. Jahrhundert — 151
    Karl Ferdinand Freiherr von Schertz: Die *Magia Posthuma*,
    Olmütz 1704/06 — 151
    Die Leipziger Vampirdebatte 1725, 1732–1739 — 154
    1. Die Vertreter der philosophischen Theorie — 158
    2. Die Vertreter der dämonisch-übernatürlichen Theorie — 164
    3. Vertreter der naturwissenschaftlich-medizinischen Theorie — 167
    Das Schlusswort der Mediziner: Gerard van Swieten
    und Georg Tallar 1755–1756 — 171
        Gerard van Swieten — 171
        Georg Tallar und sein *Visum repertum anatomico chirurgicum*
        aus dem Jahre 1756 — 172

Kapitel 3. Das 19. Jahrhundert — 175
    Joseph von Görres — 176
    Der Scheintod als Erklärung des Vampirismus — 177
    Herbert Mayo — 178
    Maximilian Perty — 179

Kapitel 4.	Das 20. und 21. Jahrhundert	182
	Milzbrand	183
	Porphyrie	185
	Tollwut	186
Kapitel 5.	Feucht und unschön. Der natürliche Verwesungsprozess	187

3. Teil
Der Vampir in Märchen, Sage, Dichtung und Literatur

Kapitel 1.	Der Vampir in Märchen und Sage	191
	Der wiederauferstandene Ehemann	192
	Eine Vampirgeschichte aus Kreta	192
	Der liebende Tote	194
	Das Mädchen und der Vampir	194
	Der Vampir	197
Kapitel 2.	Vampire in Dichtung und Literatur der Romantik	199
	Heinrich August Ossenfelder: *Der Vampir*	200
	Gottfried August Bürger: *Lenore*	201
	Johann Wolfgang von Goethe: *Die Braut von Korinth*	202
	Wilhelm Gerhard: *Wila*	202
	Der Vampir in der romantischen Literatur	208
	John Polidori: *The Vampyre*	209
	Varney the Vampyre	213
	Joseph Sheridan Le Fanu: *Carmilla*	214
	Bram Stoker: *Dracula*	216
Kapitel 3.	Vampirliteratur im 20. und 21. Jahrhundert	221
	Der Vampir ist nicht totzukriegen – die Entwicklung der Vampirliteratur im 20. Jahrhundert	221
	Vom Blutsauger zum Nackenbeißer. Die *Vampire Diaries* und die *Twilight-Saga*.	228
	Der neue Vampirroman – heiter bis besinnlich	235
Kapitel 4.	Der Vampir in Film und Serie	243

4. Teil
Die Gier nach Blut – der so genannte «lebende Vampir», Serienmord und Blutfetischismus

Vlad III. Țepeș Drăculea	263
Elisabeth Bathory	266
Der «Vampir von Muy»	267
Francois Bertrand, der «Vampir von Paris»	268
Peter Kürten, der «Vampir von Düsseldorf»	271
John George Haigh, der «Vampir von London»	271
Der «Vampir von Marshfield»	272
Rod Ferrell und sein «Vampir-Clan»	272
Der «Vampire Slasher» von San Francisco	274
Ein walisischer «Vampir»	274
Der «Vampir» Allan Menzies	275
Die «Vampirin von Odessa»	276

Epilog 278

Bibliographie 280

1. Teil

**Der historische
Vampirismus**

Kapitel 1

Vorläufer und verwandte Wesen der lebenden Toten: Lamien und Empusen, Strigen, Alb und Nachtmahr

Xanthias: «Bei Zeus, ich seh' ein ungeheures Tier!»
Dionysos: «Welcher Art?»
Xanthias: «Grausig! Es nimmt allerlei Gestalten an. Zuerst die eines Ochsen, jetzt die eines Maultiers, jetzt die eines reizenden Weibes.»
Dionysos: «Wo ist sie? Ich will zu ihr gehen!»
Xanthias: «Nun ist's kein Weib mehr, sondern ein Hund!»
Dionysios: «Ah, so ist es eine Empuse.»

— Aristophanes, *Die Frösche*

Lamien und Empusen

Der Ursprung des Vampirglaubens lässt sich bis in die antike Welt zurückverfolgen. In der griechisch-römischen Zivilisation kannte man zwar nicht den aus dem Grab zurückkehrenden Toten oder dessen den Lebenden nachstellenden Geist, wohl aber die Blut saugenden Nachtgeister *Lamien* und *Empusen*, die die Menschen im Schlaf verfolgten und töteten. Sowohl Lamien als auch Empusen besitzen die Fähigkeit, dem Menschen, dem sie nachstellen, Dinge vorzugaukeln, die in Wirklichkeit nicht existieren, und ihre Gestalt zu verändern, sodass sie selbst nur schwer von einem wirklichen Menschen zu unterscheiden sind. Einen Unterschied finden wir in ihrer Vorgehensweise: Ist die Empuse verführerisch und spielt mit ihrer Beute, so ist die Lamia meist weniger sensibel und holt sich sofort, was sie benötigt. Dennoch verschmelzen beide

Vampirexhumierung in Griechenland.

Wesen bereits bei den antiken Schreibern zu einem einzigen. Die Empusen stellten vornehmlich jungen Männern nach, indem sie sich in schöne Frauen verwandelten, diese verführten und ihnen beim Geschlechtsakt die Lebenskraft raubten, bis sie krank wurden und schließlich starben, oder sie töteten sie sofort und fraßen ihnen das Fleisch von den Knochen. Im 18. Jahrhundert findet der Geschlechtsakt bei einem Vampir mit seiner hinterlassenen Frau ebenso Erwähnung, doch dort raubt er ihr mit dieser Handlung nicht die Lebenskraft, wie die Empuse es mit ihrem Opfer tut.

Die Empuse zeigt sich so als ein Mischwesen zwischen einem Vampir und einem Sukkubus, einem weiblichen Dämon, der mit Männern Geschlechtsverkehr ausübt, ihnen aber gleichfalls nicht die Lebenskraft raubt. Dem Sukkubus begegnet man, genauso wie dem Inkubus, seinem männlichen Pendant, in der frühen Neuzeit zuhauf in den Geständnissen von der Hexerei angeklagten Personen, welche im Zuge ihres Prozesses häufig Beziehungen zu einem «Beischläfergeist» gestanden.[5] Philostratos, ein Schreiber aus dem späten 2. nachchristlichen Jahrhundert, beschreibt eine solche Begebenheit mit einer Empuse in seinem Buch *Das Leben des Apollonius von Tyana*[6] ausführlich. Apollonius rettet den jungen Menippus vor der Frau, die dieser heiraten möchte, indem er sie als eine Empuse bloßstellt, die nach dessen Leben trachtet:

«(...) Unter diesen war auch der Lycier Menippus, welcher in einem Alter von 25 Jahren stand, hinlänglich mit Geist begabt und wohl gebildet war, denn er glich an Gestalt einem schönen und edlen Athleten. Viele hegten damals die Meinung, Menippus werde von einer fremden Frau geliebt. Diese Frau schien von schöner Gestalt zu sein, von vorzüglicher Zartheit und reich, wie sie sagten. Sie war aber nichts von allem dem, sondern schien es nur zu sein. Als er nämlich eines Tages auf dem Weg nach Cenchrae allein wandelte, begegnete ihm ein Phantom in der Gestalt eines Weibes, fasste ihn bei der Hand und sagte, sie habe ihn lange geliebt; sie sei aus Phönizien und wohne in einer Vorstadt Korinths – sie nannte ihm die Vorstadt – und setzte hinzu: ‹Wenn du am Abend kommst, so werde ich dich mit Gesang und Wein bewirten, wie du noch nie getrunken hast. Auch wird dich kein Nebenbuhler beunruhigen, sondern wir werden zusammen leben, ein schönes Weib mit einem schönen Mann.› Diese Worte besiegten den jungen Mann, welcher bei aller Kraft in der Philosophie doch der Liebe unterlag. Er besuchte sie am Abend und war auch nachher oft bei ihr, wie bei einer Geliebten, ohne etwas von ihrer gespenstischen Natur zu ahnen.

Jetzt richtete Apollonius seine Blicke wie ein Bildhauer auf Menippus, fasste die

---

[5] Nicolas Remy: *Daemonolatria*. 1. Buch, Kap. 6. Lyon 1595 (Neuausgabe Ubooks-Verlag 2009). Jakob Sprenger/Heinrich Institoris: *Der Hexenhammer*. Wien 1937/38. 1. Buch Kap. 3. und 2. Buch Kap. 4. 1487. (Reprint Verlag Leipzig o. J.)

[6] Philostrastos: *Das Leben des Apollonius von Tyana*. 4. Buch, Kap. 25. Stuttgart 1828.

Gestalt des Jünglings auf und betrachtete sie. Nachdem er ihn nun durchschaut hatte, sagte er: ‹Du schöner, von schönen Weibern aufgesuchter Jüngling, du hegst eine Schlange an deiner Brust, und eine Schlange dich.›

Da sich nun Menippus hierüber wunderte, sagte er: ‹Du hast ein Weib, nicht eine Ehegattin. Glaubst du von ihr geliebt zu sein?›

‹Allerdings›, antwortete Menippus, ‹nach der Zärtlichkeit, die sie mir beweist.›

‹Und du wirst sie heiraten?›

‹Es ist ja erwünscht, ein Weib, das uns liebt, zu heiraten.›

‹Und wann wird die Hochzeit sein?›, fragte Apollonius.

‹Ganz in der Kürze; vielleicht morgen.›

Zur Zeit des Mahles nun, die sich Apollonius gemerkt hatte, trat er unter die Gäste, die sich soeben versammelt hatten, und sagte: ‹Wo ist die Holde, durch die ihr zum Mahle gerufen seid?›

‹Hier›, antwortete Menippus und stand errötend auf.

‹Und das Silber, das Gold und der übrige Schmuck des Gemachs, wem von euch beiden gehört es zu?›

‹Der Frau›, antwortete Menippus, ‹denn meine Habe ist nichts anderes als dies›, wobei er auf seinen Mantel deutete.

‹Habt ihr›, sagte Apollonius, ‹die Gärten des Tantalus gesehen, welche sind und nicht sind?›

‹Ja, im Homer›, antworteten sie, ‹denn in den Hades sind wir nicht hinabgestiegen.›

‹Für das›, fuhr er fort, ‹haltet nun auch diesen Schmuck. Denn er ist nichts Wirkliches, sondern nur der Schein des Wirklichen. Und damit ihr versteht, was ich sage: Die edle Braut hier ist eine von den Empusen, die man Lamien und Grauengestalten nennt. Sie trachten nicht sowohl nach Liebesgenuss als nach Fleisch, vornehmlich nach dem Fleische der Menschen; und sie locken diejenigen, die sie verzehren wollen, durch Liebeslust an.›

Die Frau sagte hierauf: ‹Schweig und geh!› Wobei sie Ekel und Abscheu vor dem, was sie hörte, zu erkennen gab und auch wohl die Philosophen als aberwitzige Schwätzer verspottete. Als aber die goldenen Gefäße und das, was Silber schien, in den Wind ging und alles vor den Augen schwand und die Weinschenke und Köche und die ganze Dienerschaft unsichtbar wurden, stellte sich das Phantom, als ob es weine, und bat, ihm die Qual der Prüfung zu unterlassen, um es nicht zum Geständnis dessen, was es sei, zu nötigen. Da er aber doch nicht abließ, sondern in sie drang, gestand sie, eine Empuse zu sein, und dass sie den Menippus mit Wollust nähre, um ihn aufzuzehren. Denn sie pflege schöne, junge Leiber zu speisen, weil ihr Blut rein und unvermischt sei.»

Die Strigen

«Zarten Kindern hinweg rafft sie die Blüte der Wangen,
schneidet ab mit der Linken das Haar des sterbenden Jünglings.»

— Lucanus, *Pharsalia*.

Ganz ähnlich ist die so genannte *Striga*, ein Wesen, das sowohl mythologischen als auch menschlichen Ursprungs ist. Man dachte sie sich als eine Art Blut saugenden Nachtvogel, der vornehmlich Kindern nachstellt, und glaubte, dass Frauen, oder vielmehr Hexen, die Macht besäßen, sich in ein solches Ungeheuer zu verwandeln. Die antike Bezeichnung für eine Hexe oder Zauberin lautete daher auch *Striga*. In abgewandelter Form hat sich dieser Name noch in den slawisch- oder romanischsprachigen Ländern erhalten. Sie weist große Ähnlichkeit mit dem so genannten *lebenden Vampir* in Osteuropa auf, dem rumänischen *Strigoi*, von dem später noch die Rede sein wird. Es wird bereits hier der Weißdorn als Mittel angewendet, das Böse zu vertreiben – der Brauch, vermeintlich wiedergängerischen Toten Pfähle aus Weißdorn durch die Brust zu schlagen, um sie unschädlich zu machen, mag dort seinen Ursprung gefunden haben. Der römische Dichter Ovid[7] schreibt über die Strigen:

«Grau ist die Feder, und groß ist der Kopf, und es stieret das Auge;
Krallen, mit Haken versehen, passen und Schnäbel zum Raub.
Nachts nur fliegen sie aus und bedrohen den schlummernden Säugling,
Dem sie, der Wiege entrafft, grimmig zerfleischen den Leib,
Wühlen herum, wie man sagt, in dem zarten Gedärm mit den Schnäbeln,
Während die Gurgel sich vollschlürft vom getrunkenen Blut.
Grauenvoll pflegt in der Nacht ihr heulendes Kreischen zu tönen;
Das ist der Grund, weshalb Strigen sie wurden benannt.
Mag sie nun erschaffen Natur, mag magischer Spruch sie erzeugen,
Weiber verwandeln in sie marsischer Zaubergesang –
Einst sie erschienen in Procas Gemach. Fünf Tage nur zählte
Procas und wurde so jung schon der Geflügelten Raub.
Weil sie mit gieriger Zunge das Herzblut schlürfen des Jünglings,
Jammert und wimmert das Kind unter der Marter um Schutz.
Wie, bei des Pfleglings Schrei aufschreckend, die Amme herzueilt,
sieht sie die Wangen bereits arg von den Krallen zerfleischt.»

---

[7] Ovid: *Festkalender.* 6. Buch. V. 131 ff. Berlin und Stuttgart 1855.

Über eine menschliche Striga berichtet auch der wenige Jahrzehnte nach Ovid lebende Dichter Lucan in seinem römischen Bürgerkriegsepos *Pharsalia*[8]:

«In verlassenen Gräbern wohnt sie
und Hügeln, aus denen zuvor sie verjaget die Schatten,
Hold des Erebus Göttern; sie hört der Geister Versammlung,
Lernt das stygische Reich und des unteren Herrschers Geheimnis,
Nicht des oberen, kennen im Leben schon.
Mager und grässlich
ist der Verruchten Gesicht, und fremd dem heiteren Himmel;
Fürchterlich überzieht es unweltliche Blässe;
Ungekämmt hin flattert ihr Haar. Wenn Sturm die Gestirne
Hüllt und schwarzes Gewölk, aus kahlen Gräbern dann schreitet
Das thessalische Weib und atmet die Lüfte der Nacht ein.
Keime gedeihlicher Saat versengt ihr grimmiger Fußtritt,
Und die sonst nicht tödliche Luft vergiftet ihr Atem.
Nicht zu den Himmlischen betet sie, noch im flehenden Liede
Ruft sie Götter zu Hilfe; sie kennt nicht glückliche Fibern;
Flammen vom Leichenbrand auf Altäre zu legen, erfreut sie,
Und Weihrauch, den hinweg sie geraubt von dem dampfenden Grabmal.
Jeden Frevel gewähren die Himmlischen ihr auf den ersten
Laut, und es fasst sie ein Graun, die zweite Bitte zu hören.
Lebende Seelen, die noch in ihren Gliedern sich regen,
Gräbt in den Hügel sie ein; da Jahre das Schicksal noch schuldet,
Kommt unwillig der Tod; im gewendeten Zug die Verstorbenen
Trägt sie vom Grabe zurück, es entfliehen der Bahre die Leichen.
Asche von Jünglingen, welche noch dampft, und brennende Knochen
Rafft sie vom Holzstoß mitten hinweg und die nämliche Fackel,
Welche die Eltern hielten; vom Totenlager die Trümmer,
Wogend in schwarzem Rauch, und die wallenden Kleider dann sammelt
Sie zu der Asche, die heiß noch duftet vom Brande der Glieder.
Sind sie in Felsen hierauf verwahrt, wo die innere Feuchte
Schwindet, nach ausgetrocknetem Mark hart werden die Leiber,
Wütet mit grimmiger Gier sie gegen alle die Glieder,
Taucht in die Augen die Hand, frohlockt, die erkalteten Ringe
Auszugraben, benagt die bleichen Nägel der dürren

---

[8] Lucanus: *Pharsalia*. 6. Ges. V. 500 ff. Berlin und Stuttgart 1855.

Finger, zerreißt den Strick um den Hals und die tödlichen Knoten
Mit dem eigenen Mund; sie berupft die hängenden Leiber,
Kratzt an den Kreuzen, und die vom Regen erweichten Gedärme
Reißt sie heraus und das Mark, durchglüht von den Strahlen der Sonne.
Auch wo ein Leichnam liegt auf bloßer Erde, da sitzt sie
Neben ihm früher als Vögel und Wild; die Glieder zerfleischen
Will mit Stahl und Händen sie nicht, auf die Bisse der Wölfe
Wartet sie, um das Fleisch aus dem trocknen Rachen zu reißen.
Mord auch fürchtet sie nicht, wenn ihr Opfer von Lebenden Blut heischt
Und noch zuckendes Eingeweid' die entsetzliche Tafel.
Doch aus der Wunde des Bauchs, nicht wo den Weg die Natur wies,
Reißt sie hervor die Geburt, auf heißen Altar sie zu werfen.
(...)
Zarten Kindern hinweg rafft sie die Blüte der Wangen,
schneidet ab mit der Linken das Haar des sterbenden Jüngling.
Oft auch wirft das entsetzliche Weib an der Leiche Verwandter
Über die teuren Glieder sich hin, und mit Küssen es deckend,
Zerrt herum sie das Haupt und erbricht die geschlossenen Zähne,
Und anbeißend die Zunge, die am vertrockneten Schlund hängt,
Haucht unheimlich Gemurmel sie ein den frostigen Lippen,
Trägt verborgenen Frevel ihm auf an die stygischen Schatten ...»

Im frühen Mittelalter vermischten sich die hellenistisch-römischen Vorstellungen von Hexen und ihren Fähigkeiten als auch der genannten Nachtgeister mit dem Glaubensgut der ins ehemalige Römische Reich eingewanderten germanischen und slawischen Völkerschaften. Durch archäologische Funde lassen sich nun erste Maßnahmen von Lebenden gegenüber Verstorbenen nachweisen, damit diese nicht aus dem Grab heraus den Lebenden nachstellen können. Es finden sich zerschmetterte Knochen, abgetrennte Köpfe und mit schweren Steinen belastete Körperteile in bestimmten Gräbern.[9] Auch an den Menschen schädigenden Nachtgespenstern mangelte es nicht. Statt Blut saugenden Lamien und Empusen oder den Strigen tauchen ab dem Mittelalter der Alb und die Nachtmahr im mitteleuropäischen Volksglauben auf.

---

[9] Rudolf Grenz: *Archäologische Vampirbefunde aus dem westslawischen Siedlungsgebiet*. In: *Zeitschrift für Ostforschung*. Jg. 1967, Heft 2. S. a. Annett Stülzebach: *Vampir- und Wiedergängererscheinungen aus volkskundlicher und archäologischer Sicht*. Concilium medii aevi 1 (1998) 97–121

Sie kommen in der Dunkelheit. Alb und Nachtmahr

«*Öfters glaubt man eine bedrohende, verlachende oder niederdrückende Gestalt bei sich zu haben, sie zu sehen und zu hören, oft von schrecklicher Art, sodass der Schrecken manchmal töten kann.*»
— Maximilian Perty, *Die mystischen Erscheinungen der menschlichen Natur.*

Alb und Nachtmahr werden von vielen Schreibern als ein und dasselbe Wesen behandelt, es sind jedoch zwei verschiedene Gestalten, wenn sie sich auch in ihren schädlichen Wirkungen auf Menschen sehr ähnlich sind. Der Alb ist ein nichtmenschlicher Nachtdämon, der ähnlich dem Vampir den Schlafenden überfällt, ihm den Atem raubt und ihn sogar zu Tode bringen kann. Er erscheint in Gestalt eines Tieres oder auch menschenähnlich. In seiner tierischen Gestalt finden wir ihn zum Beispiel als ein Pferd mit großen feurigen Augen, als ein schwarzer Hund oder eine Katze von äußerst bösartigem Aussehen, aber auch als ein Vogel. Erscheint er als ein Mensch, so erkennt man stets an seinem Äußeren, dass er kein echter Mensch sein kann, denn er erscheint entweder als zu groß, zu klein, zu dünn oder zu dick für einen gewöhnlichen Menschen. Der Alb erscheint sowohl als Mann als auch als Frau. Er hat große Furcht einflößende Augen, deformierte Füße oder einzelne fehlende Gliedmaßen. Wenn er jemanden anfasst, ist sein Griff eiskalt, und er fühlt sich an wie das Fleisch einer Leiche. Es gibt unterschiedliche Möglichkeiten, um ihn abzuwehren. Zum Beispiel versuchte man ihn früher durch verschiedene Gebete und ans Bett angebrachte magische Symbole wieder zu vertreiben.[10]

Der Gelehrte Erasmus Francisci[11] hat einige Beispiele solcher Geschehnisse mit Albgeistern beschrieben, die er teils aus anderen Werken entnommen hat:

«Ich erinnere mich», schreibt Heurnius[12], «dass, als ich noch ein kleiner Knabe war, ich neben einer sehr ehrbaren und tugendhaften Frau schlief. Als dieselbe einstmals schlief, erblickte ich einen schwarzen Kerl, der sich über sie auf das Deckbett zu legen schien. Morgens klagte sie, der Alb hätte sie befallen. Ich, obschon ich nur ein Knabe war, durfte ihr jedoch von dem schwarzem Kerl nichts sagen, weil er mich bedroht hatte, sofern ich etwas davon erzählen würde.»

---

[10] H. Bächthold-Stäubli u. E. Hoffmann-Krayer: *Handwörterbuch des deutschen Aberglaubens.* Berlin 2000.
[11] Erasmus Francisci: *Höllischer Proteus.* Nürnberg 1695. S. 102 f.
[12] Johan van Heurne: *De morbis capitis.* Kap. 30. Leiden 1694.

Drei Strigen. Szene aus William Spakespeare's Macbeth.

Der «Alb» aus dieser Erzählung war offensichtlich eher ein höchst lebendiger Liebhaber der ehrbaren Dame als ein Gespenst. Das nächste Beispiel, das Francisci anführt, handelt von einem Poltergeist, der zuerst als Alp in Erscheinung tritt[13]:

«Schließlich ist mir auch ein Beispiel aus jetziger Zeit bekannt, von zwei Jungfrauen, welche, weil sie Schwestern waren und von ihren Eltern nur ein geringes Erbe besaßen, sich mit einer kunstfertigen Handarbeit, in einer gestandenen Mietwohnung, bei ehrlichen Leuten, ehrlich und züchtig, den Lebensunterhalt verdienten. Dieselben haben etliche Jahre eine solche Mietwohnung bewohnt, in einem solchen Hause, wo es unheimlich, d. h. von Gespenstern nicht ganz frei sein soll, die Schwestern haben jedoch bei ihrem Einzug nichts davon gewusst. Dort ist sehr oft, und in mancher Wo-

---

[13] Erasmus Francisci: *Höllischer Proteus*. Nürnberg 1695. S. 103 ff.

che drei oder vier Mal, nachts etwas auf sie gefallen, sobald sie sich nur zu Bett gelegt hatten, und hat sie so gedrückt, als ob sie mit einer schweren Bürde belastet würden, sodass sie aus Atemnot kein Wort reden oder um Hilfe haben schreien können. Dies ist ihnen nicht nur im Schlaf, sondern meistens im Wachzustand widerfahren. Oft haben sie es auch gesehen, zumal bei Mondschein, wie es wie ein düsteres Schattenbild zu ihnen kam. Da hat es sich dann gleich zu ihnen auf die Bettdecke geworfen.

Sie haben dies erst einer glaubwürdigen Person und später auch einem meiner Bekannten geklagt und Letzteren auch um seine Meinung ersucht, wie dem Übel am besten abzuhelfen wäre. Dieser glaubte zwar anfänglich, ihre falsche Einbildung male ihnen nur ein solches Schattenbild vor, indem ihr eigenes schweres Blut ihnen die Einbildung einer sie überfallenden Bürde erdichtete, und er riet ihnen, dass sie einen guten Arzt um eine Korrektur des Bluts ersuchen sollten. Weil sie aber außer diesem Schrecken sonst gesund waren, keine melancholischen Neigungen hatten, sondern vielmehr blutreicher Natur waren, wollten sie nicht glauben, dass es nur eine Täuschung der Einbildung wäre, zumal weil auch alle Arzneimittel, die ihnen etliche Ärzte bereits dagegen verschrieben hatten, nichts geholfen haben.

Überdies klagten sie, dass nicht allein bei Nacht, sondern auch am hellichten Tag sowohl in ihrem Schlafgemach als in den übrigen Wohnzimmern fast täglich ein furchtbares Poltern zu hören war. So hätte sich auch, indem sie die Stiegen hinab- oder hinaufgehen wollten, ein schwarzer, langer, hässlicher Mann zur Seite hingestellt, welcher ihnen bisweilen nachgegangen ist, als sie aus der Küche in die Stube gehen wollten. Und solches hätte sowohl die eine, im Zurückschauen, wie die andere, welche hinter ihr in der Küche stehen geblieben war, in der Mittagsstunde erblickt. Zudem wäre vor Kurzem in Gegenwart einer gewissen Person, bei hellem Tage, ein solches Rasseln, Poltern und Werfen in der Stube entstanden, dass derselben Person, die solch gespenstischen Lärm nicht gewöhnt war, vor Angst der Schweiß ausgebrochen und sie, solange die Schwestern dieses Zimmer bewohnten, nicht mehr wiedergekommen sei.

Weil sie bald immer elender aussahen und ihre Klagen glaubhaft wirkten, riet ihnen der gute Freund, sie sollten es ihrem Beichtvater sagen und sich bei ihm Rat holen. Sie antworteten, dass sie dies schon etliche Male getan hätten und dieser ihnen geraten hätte zu beten, was aber das Übel nicht beseitigt hätte.

Da ermahnte sie der Freund, sie sollten ausziehen und eine andere Mietwohnung nehmen. Und als sie zur Entschuldigung einwendeten, dass sie noch ein halbes Jahr diese Mietwohnung nicht verlassen könnten und der Hauswirt, ein reicher wohlhabender Mann, ihnen mit einer gerichtlichen Klage drohte, falls sie sein Haus durch einen vorzeitigen Auszug in Verruf brächten, ganz zu geschweigen des noch nicht verwohnten Mietgeldes, dass sie diesem schon gezahlt hatten. Er riet ihnen, sie sollten dem Teufel mit geistlichen Lobgesängen wehtun und darüber spotten. (...)

Die Plage samt der gespenstischen Erscheinung ließ, nachdem sie täglich beteten und sangen, etwas nach, und auch das Gepolter ließ sich nicht mehr so oft hören. Einige Tage vor ihrem, nach einem halben Jahr erfolgten Auszug jedoch begann nicht nur das Poltern und Werfen von Neuem und rauschte etwas die Treppe hinauf und hinunter, sondern das Gespenst ist auch wieder erschienen, als ob es ihnen das Geleit geben wollte.

Nachdem sie aber in eine andere Wohnung gekommen sind, sind sie von solchem Ungemach befreit worden.»

Handfester als der Alb und auch greifbarer als dieses Gespenst ist die so genannte *Nachtmahr*. Da sich diese beiden Wesen ähneln, verwuschen sich die beiden Begriffe später zum saloppen «Nachtalb». Nachtmahre sind in der Volkssage allerdings keine Geister, sondern Hexen, die nachts in Gestalt der Mahr Leute und Vieh plagen. Zu diesem Zweck machen sie sich unsichtbar und als ein solcher unsichtbarer Geist begeben sie sich zu den schlafenden Menschen, verfilzen deren Haare[14], drücken ihnen die Kehle zu und legen sich auf ihre Brust, dass diese nicht einmal mehr um Hilfe schreien können. Dem Vieh stellen sie in ähnlicher Weise nach, indem sie vor allem Kühe und Pferde dermaßen plagen, dass die Bauern sie morgens, wenn sie wieder in den Stall kommen, zitternd und schweißnass vorfinden. Die Heimsuchungen einer Mahr dauern an, bis die Tiere abmagern, zu keiner Arbeit mehr fähig sind und schließlich elendig zugrunde gehen.

In den Stall zu den Tieren gelangt die Nachtmahr durch ein Astloch in der Stalltür. Laut einer Sage[15] geschah es einem Wirt, dass er sein Pferd morgens, als er nach diesem sehen wollte, immer ganz geschwächt vorfand, sodass es immer mehr verfiel, und er befürchtete, dass es letztlich verenden würde. Auch hörte er es nachts des Öfteren erbärmlich schreien, als ob es jemand entsetzlich quäle. Kam er dann in den Stall, so fand er außer dem vor Angst zitternden Pferd niemanden vor. Als sein Vetter ihn besuchte und von seinen Sorgen erfuhr, gab er ihm den Rat, er solle nach einem Astloch in der Stalltür suchen, mit einem Prügel bewaffnet in den Stall hineingehen und dieses Loch mit einem kleinen Holzpflöckchen verschließen. Dann solle er unbarmherzig auf das einschlagen, was sich ihm im Stall offenbaren würde. Er tat wie ihm geheißen. In der folgenden Nacht holte er sich einen starken Prügel, einen kleinen

---

[14] Diese so genannten «Mahrenlocken» oder «Weichselzöpfe» fanden sich nicht nur beim Menschen (dort vor allem in Polen und Ungarn), sondern auch beim Vieh, dem auch mitunter paarweise die Schweife aneinandergeknotet wurden. Grimm: *Deutsche Mythologie*, Bd. 1., S. 384. *Die Geisterwelt*. Kap. 6. Berlin ca. 1860 (Neuauflage Ubooks, 2008).
[15] *Die Geisterwelt*. Berlin ca. 1860. S. 64 ff. (Neuauflage Ubooks, 2008).

Holzpflock, den er sich zu diesem Zweck schon geschnitten hatte, und begab sich mit seiner Laterne in den Stall. Er verstopfte mit dem Pflock das Astloch, das er am Tag gefunden hatte, und wartete darauf, was geschehen würde. Da sah er auf dem Rücken seines Pferdes die Gestalt eines schönen jungen Mädchens erscheinen, das ihn mit großen flehenden Augen ansah. Der Wirt ließ sich davon jedoch nicht beeindrucken und wollte schon mit seinem Prügel auf sie einschlagen, als ihm das Mädchen zurief, wenn er den Pflock aus dem Astloch ziehe und er es ungeschoren davonkommen lasse, werde es nicht mehr wiederkommen und sein Pferd belästigen. Der Wirt hielt auf diese Worte inne. Er versprach der Nachtmahr Schonung und entfernte den Pflock aus der Tür. Darauf wurde das Mädchen wieder unsichtbar und mit einem Windstoß fuhr es durch das Loch aus dem Stall hinaus. Der Wirt blieb von dieser Zeit an von jeder Plage frei.

Um sich oder das Vieh im Stall vor der Nachtmahr zu schützen, gab es früher verschiedene Mittel: Wenn das Vieh sich von einer solchen geplagt zeigte, wurde empfohlen, mit einer Mistgabel über den Rücken des Tieres hinwegzustechen, damit die Mahr das Tier in Ruhe ließe. Auf die Schwelle der Stalltür oder auf diese selbst sollte man das Zeichen des salomonischen Siegels, d. h. den so genannten Davidstern, anbringen. Man glaubte, dass die Mahr nicht in einen Stall gelangen konnte, der durch dieses Zeichen geschützt war. Ferner band man eine Sichel oder ein Messer mit der Schneide nach oben auf den Rücken des Tieres, damit es von der Mahr verschont wurde. Der Glaube, dass Eisen imstande wäre, jeglichen Zauber aufzulösen, war früher übrigens weit verbreitet. So musste sich zum Beispiel auch ein Werwolf wieder in seine menschliche Gestalt verwandeln, wenn man über ihn ein Stück Eisen hinwegwarf, und es war in der Pfalz noch zu Beginn des 20. Jahrhunderts üblich, gebärenden Frauen eine Axt unter das Bett zu legen, damit sich alle bösen Geister oder Hexen von der Wöchnerin und dem neugeborenen Kind fernhalten mussten.[16]

Kindern, die von der Nachtmahr geplagt wurden, konnte man unter anderem durch folgendes Zaubermittel helfen: Die Mutter des Kindes erbat sich von einem Nachbarn eine Nadel, von dem nächsten ein Stück Brot und von dem dritten eine Flasche. Brot und Nadel wurden dem Kind in die Wiege gelegt. Mit dem Wasser des Kindes wurde die Flasche gefüllt und diese danach fest verschlossen in einen Schrank gestellt, dessen Schlüsselloch ebenfalls fest verstopft werden musste. Folgender Zauberspruch wurde auf einen Zettel geschrieben:

---

[16] Bächthold-Stäubli/Hoffmann-Krayer: *Handwörterbuch des deutschen Aberglaubens* Band 2. S. 718 ff. Berlin 2000.

«Trottenkopf,
Ich verbiete dir Haus und Hof,
Ich verbiet' dir meinen Ross- und Kuhstall,
Auch verbiete ich dir meine Bettstatt,
Dass du nicht über mich tretest.
Trete in ein anderes Haus,
Bis du über alle Berge steigest,
Über alle Zaunstecken eilest,
Über alle Wasser reitest,
So komm' der liebe Tag wieder in mein Haus,
Im Namen der heiligen Dreieinigkeit.»

Dieser Zettel wurde dem Kind unter das Hemd auf die nackte Brust gelegt. Das Wasser, welches in der Flasche verschlossen war, bereitete nun der Mahr unerhörte Schmerzen und sie musste dem Volksglauben nach innerhalb von drei Tagen sterben, wenn sie nicht vorher zu den Menschen kam und darum bat, dass man ihr abhelfen sollte.

Um das Kapitel über die plagenden Nachtgespenster nun zu schließen, sollen an dieser Stelle noch zwei Erzählungen aus Südosteuropa folgen, wo der Glaube an Nachtmahre früher weit verbreitet war. Auch diese Geschichten handeln davon, wie man sich einer Nachtmahr entledigen kann. Die erste trägt einen starken Sagencharakter und klingt eher nach einer Gruselgeschichte, wie man sie sich abends am heimischen Herdfeuer erzählte:

«Zwei Brüder, Tagelöhner, gingen tagsüber auf Arbeit aus, doch wie der Abend anbrach, plagte sie eine Nachtmahr. Eines Tages aber verabredeten sie miteinander, gegen Abend in ihre Leibgurtbänder so viel als möglich Knoten zu machen, und jeder solle seinen Gurt unter die Bettdecke stecken. Wie gesagt, so getan. Am Abend legte jeder der Brüder seinen verknoteten Gurt unter die Bettdecke, doch da kam schon die Mahr. Die Mahr lugte zur Stube hinein, verwandelte sich in ein Huhn und begann in der Stube umherzulaufen und zu flattern. Auf das Geräusch hin fuhren beide Brüder aus dem Schlafe auf und begannen, das Huhn hinauszutreiben; dieses jedoch ließ sich um keinen Preis verscheuchen. Dann aber schlugen sie auf es ein, und nur mit aller Gewalt gelang es ihnen, es in den Hof hinauszujagen.

In der Frühe erhoben sich die Brüder und begaben sich auf die Arbeit. Auf dem Weg dahin trat auf einmal ein ihnen bis dahin unbekanntes Weib entgegen und begrüßte sie: ‹Guten Morgen, ihr Meister!› Darauf griff es nach dem Gurtband des einen der Brüder, wobei sie bemerkte: ‹Ei, Meister, wie grob fühlt sich dein Gurt nur an!› Der ältere Bruder entgegnete ihr: ‹Lass das Gurtband in Ruh'. Das geht dich nichts an!› Doch sie erwischte flugs auch das zweite Gurtband und lief damit davon. Nachdem sie alle Knoten der Gurtbänder aufgelöst hatte, brachte sie sie wieder zurück und sagte: ‹Löste ich die Knoten an diesen beiden Gürteln nicht auf, so hätte ich nimmer Wasser lassen können.› Sprach's und verschwand und niemals wieder quälte sie als Nachtmahr die zwei Brüder.»[17]

Die zweite ist interessanter, da sie dem Klang nach von einem Augenzeugen berichtet wurde, der von einer Mahr geplagt wurde. Dass der Bericht «echt» ist, kann man natürlich nur vermuten, da in den älteren Sammlungen der Sagen und Märchen sehr viele wirklich geschehene Begebenheiten mit aufgenommen wurden und nur darin landeten, weil ihr Inhalt so «sagenhaft» war. Leider war nicht festzustellen, welche Quelle dem Herausgeber Krauss vorgelegen hatte:

«Mein Vater hielt sich einmal in B. auf und arbeitete bei einem Mann. Eines Abends, als er sich zur Ruhe begeben hatte, kroch ihm etwas über die Füße und kroch ihm nach und nach bis an die Gurgel hoch. Er konnte weder schreien noch sich rühren und es war ihm, als lastete ein ganzer Berg auf ihm. Er röchelte bloß leise, was die Hausleute hörten und in die Stube gelaufen kamen, um nachzuschauen, was ihm wohl fehle. Als sie in die Stube eintraten, nahm er wahr, dass sich irgendein Wesen allmählich von seinem Leib abhob und auf den Estrich hinwegsprang. Da sagte er zu den Leuten: ‹Wärt ihr hier in solchem Ungemach gewesen, ihr wärt gar nicht mit dem Leben davongekommen!› Ein anwesender alter Mann erklärte ihm: ‹Das, mein Lieber, war eine Mahr!› Am nächsten Abend legte er vor dem Schlafengehen eine eiserne Gabel unter sein Kopfkissen, und als die Mahr wieder bei ihm erschien, lehnte sie sich bloß an ihn an, zog aber bald wieder ab, denn sie hatte sich an der Gabel ihr ganzes Gesicht blutig zerschunden. Von da ab kehrte sie nie mehr wieder und er blieb unbehelligt.»[18]

---

[17] Dr. F. S. Krauss: *Tausend Sagen und Märchen der Südslaven*. Leipzig 1914. 1. Bd. S. 130.
[18] Ebenda. 1. Bd. S. 131.

Kapitel 2

Die schädigenden Toten

«Nachdem er zwei Tage unter der Erde gelegen war, entstand ein Geschrei, man sehe ihn in der Nacht mit großen Schritten herumgehen.»
— J. P. de Tournefort, *Relation d'un voyage du Levant*..

Die Vorstellung des Wiedergängers im Volksglauben, also des eigentlichen wiederkehrenden Leichnams einer verstorbenen Person, kennt man spätestens seit dem frühen Mittelalter. Er zeigt sich im gesamten osteuropäischen Raum, von der Ostsee bis zum Ägäischen Meer. Im Gegensatz zu einer bloß geisterhaften Erscheinung eines Verstorbenen wirkt ein Wiedergänger stets schädlich auf die Lebenden ein. Unterschieden von diesen rein wiederkehrenden Toten müssen die regional mehr oder weniger stark auftretenden Untergruppen dieser lebenden Leichname werden, nämlich der Nachzehrer und der Vampir. Den Nachzehrer findet man fast ausschließlich in den alten deutschen Ostgebieten sowie in Sachsen, Mecklenburg, Böhmen und Mähren, wohingegen der Vampir vor allem im südslawischen Raum und weniger in Polen, Russland und den alten deutschen Ostprovinzen zu finden ist. Zum Wiedergänger, Nachzehrer oder Vampir konnte praktisch jeder nach seinem Tode werden, wenn bestimmte Umstände dabei eintraten. Diese Umstände, genauso wie die Abwehrmaßnahmen gegen die schädigenden Toten, ähneln sich in den angesprochenen Ländern sehr, sodass unzweifelhaft eine enge Verwandtschaft im dortigen Volksglauben wahrgenommen werden kann.

Zu einem Wiedergänger konnten Menschen werden, die vorzeitig oder plötzlich starben. Dazu gehörten somit im Kampf Getötete, Ermordete oder einem sonstigen Unglück zum Opfer Gefallene. Auch durch eigene Verbrechen konnte es geschehen, dass man zum Wiedergängertum verdammt wurde. Wer im Leben viel Unheil gestiftet hatte und ohne Buße starb, war ebenso gefährdet wie ein Grenzsteinverrücker,

Betrüger oder Wucherer. Wenn man im Leben Versprechen nicht erfüllt hatte, wenn man auf dem Totenbett unversöhnlich war und seinen Zorn mit ins Grab nahm oder wenn die Glieder eines Toten beweglich blieben, konnte dies auf ein Nachleben hindeuten. Auch konnte man zum Wiedergänger werden, wenn im Sterbezimmer das Fenster geöffnet wurde, der Sarg nicht bis auf den letzten Pfennig bezahlt wurde, wenn das Totenhemd mit den Tränen der Hinterbliebenen in Berührung kam oder wenn das Grablicht auf dem frischen Grab zu früh ausgeblasen wurde. Sehr gefährdet waren Wöchnerinnen oder Frauen, die während der Geburt starben, und auch ungetaufte Kinder konnten zu Wiedergängern werden. Damit solche Toten nicht zurückkehrten, stellte man ihnen Schuhe auf das Grab oder beerdigte sie mit ihnen.[19] Nichtsdestotrotz wurden gerade unter solchen Umständen ums Leben gekommene Frauen und Kinder nach ihrem Tode präventiv der Pfählung unterzogen, wobei man ihnen einen aus Weißdorn, Esche oder Eiche gefertigten Holzpflock durchs Herz schlug. Gruben die besorgten Leute einen mutmaßlichen Wiedergänger aus, erschien er ihnen, oft auch nach langer Zeit im Grab, unverwest und wohlbeleibter als zu Lebzeiten.[20] Ein anderes Mittel, um die ungeliebten Toten zu bannen, war, diese mit dem Gesicht nach unten in den Sarg zu legen. Weit verbreitet war auch das Annageln der Leiche am Sargboden, das Beschweren von Kopf und Brust der Leiche mit großen Steinen oder das Verstümmeln des Körpers, indem man ihm Arme und Beine abschlug. Als am wirksamsten aber galt das Abschlagen des Kopfes. Dieser wurde dann zwischen den Beinen oder unter dem Arm des Toten platziert. Wenn all diese Maßnahmen nicht fruchten wollten oder wenn man unter Umgehung derselben gleich zum äußersten Mittel greifen wollte, so verbrannte man die Leiche. Die Asche wurde darauf wieder ins Grab zurückgeworfen, oder, was häufig vorkam, in ein nahes Gewässer geschüttet. Im griechisch-orthodoxen Glauben war es zudem üblich, dass der Priester noch versuchte, den Toten mittels vorgeschriebener kirchlicher Zeremonien zu bannen – und erst wenn dies nicht gelang, wurde der Tote verbrannt. Auch herrschte bei den Gläubigen der griechisch-orthodoxen Kirche die feste Überzeugung, dass ein unter Kirchenbann stehender, also ein aus der kirchlichen Gemeinschaft ausgeschlossener Verstorbener unumgänglich zu einem Wiedergänger, oder, noch schlimmer, zu einem

---

[19] Bächtold-Stäubli/Hoffmann-Krayer: *Handwörterbuch des deutschen Aberglaubens*. Band 9. S. 570 ff. Berlin 2000.
[20] Es kann verschiedene Gründe für einen verzögerten Eintritt der Verwesung geben, wie zum Beispiel Kälte, bestimmte Krankheiten, Gift- oder Drogengebrauch. Aufgedunsenheit hingegen ist ein normales Verwesungsmerkmal und wird von Faulgasen hervorgerufen, die den toten Körper auftreiben. Da die Beteiligten über die natürlichen Verwesungsprozesse meist nicht Bescheid wussten, deuteten sie diese vermeintliche Körperfülle dann als «wohlgenährtes, gesundes Äußeres».

Vampir würde. Gleiches galt, wenn ein Katholik auf einem griechischen Friedhof, oder umgekehrt, ein Orthodoxer auf einem katholischen Friedhof beigesetzt wurde. Allgemein herrschte bei der Bevölkerung die Meinung vor, dass der Teufel Macht über die toten Körper habe.[21]

Bei den Südslawen heißt ein solcher Toter *Strigon*, bei den Griechen *Brukolakas* oder auch *Vrukolakas* und *Vurvulakas*. Da bei den Letzteren der Blut saugende Vampir die gleichen Bezeichnungen trägt, kann man nur an den jeweiligen Details feststellen, ob es sich um einen gewöhnlichen oder um einen Blut saugenden Wiedergänger handelt. Der Name bei den Griechen ist wahrscheinlich slawischen Ursprungs, da er sich auch bei den Walachen, Böhmen und Montenegrinern findet und durch diese wohl zu den Albanern in Hydra und Albanien kam. Diese Vermutung ist umso wahrscheinlicher, da in Kreta, wo der Einfluss der Slawen nicht so gefühlt wurde wie in Morea und den meisten Ägäischen Inseln, der Vampir unter dem abweichenden Namen *Katakhanas* bekannt ist, ein Wort, welches ursprünglich bloß einen «Zerstörer» bezeichnet haben mag und allmählich erst zu dieser speziellen Bedeutung überging.

Man schrieb diesen Toten unter anderem zu, dass sie Dürren verursachen könnten. Sie gingen nachts durch die Dörfer und riefen Leute beim Namen, die darauf, so der Glaube, in wenigen Tagen sterben mussten. Klopften sie an die Tür eines Hauses, so starb dort bald einer der Bewohner. Sie sollen auch die Fähigkeit besessen haben, die Menschen körperlich anzugreifen und diese zu töten. Auch sollten sie Seuchen bei Mensch und Tier bewirken können, sodass Cholera- und Pestepidemien oft Wiedergängern zur Last gelegt wurden. Es gibt in allen angesprochenen Gegenden Überlieferungen von solchen Wiedergängern, bekannte Beispiele sind der Hirte Myslata aus dem Dorf Blow bei Kadan in Böhmen[22], der im Jahr 1337 nach seinem Tod wiederkehrte und dessen Leichnam vom Henker verbrannt wurde,[23] oder auch der reiche Stephanus Hübner aus dem böhmischen Trautenau[24], dem im Jahr 1567 ein Gleiches wiederfuhr[25]. Exemplarisch führe ich eine Geschichte aus dem böhmischen Bennisch,

---

[21] Dr. F. S. Krauss: *Volksglaube und religiöser Brauch der Südslaven*. Münster 1890. Augustin Calmet: *Gelehrte Verhandlung der Materi von denen Erscheinungen der Geister und der Vampire in Ungarn und Mähren*. 1. Teil, Kap. 44 (Neuauflage Edition Roter Drache, 2006).
[22] Das heutige Blov (der deutsche Name lautete Flahe), ca. 6 km südlich von Kaaden/Kadaň in Tschechien.
[23] Erasmus Francisci: *Der Höllische Proteus oder Tausendkünstige Versteller*. Nürnberg 1695. Kap. XXVIII. Ursprünglich in: Hajek: *Böhmische Chronik*. 1547. Hajek wiederum zitiert das Ereignis nach der Klosterchronik von Opatowitz/Opatowice.
[24] Das heutige Trutnov.
[25] Tharsander: *Schauplatz vieler ungereimten Meinungen und Erzählungen...* VIII Stück. Berlin und Leipzig 1736. S. 463.

Lamia.

einem im ehemaligen Fürstentum Jägerndorf an der mährischen Grenze gelegenes Städtchen aus dem Jahre 1592 an:

Ein aus Lichten[26] stammender angesehener Bürger dieser Stadt namens Johann Kuntze[27], der es bis zum Bürgermeister gebracht hatte, war bald nach einem Huftritt seines Pferdes gestorben. Vor seinem Tod schrie er vor Schmerzen, obwohl seine Angehörigen keinerlei äußerlich sichtbare Verletzungen an ihm wahrnahmen, und deutete seinen baldigen Tod an. Priesterlichen Beistand lehnte er ab, wenn er auch wiederholt Gott um Gnade anflehte. Als er noch auf dem Sterbebett lag, habe ein großer schwarzer Kater von außen das Fenster geöffnet und sei auf das Bett gesprungen, wo er sich heftig am Kopf und auch am Kopfkissen des Sterbenden zu schaffen machte. Unmittelbar darauf, um 3 Uhr nachts, sei Kuntze dann verstorben. Der Tritt des Pferdes sei am 4. Februar geschehen, und man erzählte, dass er vier Tage vorher, am Feste Mariä Reinigung,[28] noch als Pate ein Kind zur Taufe getragen habe und im

---

[26] Der Ort Bendschin oder Bennisch trägt heute den Namen Horní Benešov und liegt im Osten Tschechiens, in der Nähe von Krnov/Jägerndorf nahe der Grenze zu Polen. Lichten/Lichnov liegt nur wenige Kilometer von Horní Benešov entfernt.
[27] In einigen Werken wird er auch, latinisiert, Johannes Cuntius genannt.
[28] Auch bekannt als *Maria Lichtmess*, der Festtag ist am 2. Februar.

Anschluss gesagt habe, dass dies wohl sein letztes Patenkind gewesen sei, das er zur Taufe trage. Woraus sein Eheweib und seine Kinder schlossen, dass er die Stunde seines Todes gewusst und vielleicht gar ein Bündnis mit dem Teufel gemacht habe. Auch sein Reichtum schien ihnen plötzlich verdächtig, denn er hatte nie eine Erbschaft gemacht und auch in seinem Beruf als Holzhauer und Schindelmacher nie gut verdient. Einige Leute mutmaßten nach seinem Tod, er habe zu Lebzeiten eins von seinen Kindern an eine unbekannte Person verkauft, andere munkelten, er hätte einen Pakt mit dem Teufel geschlossen und dieser ihm mit dem Huftritt des Pferdes den Rest gegeben, damit es nach einem Unfall aussehe und sein Tod kein Aufsehen errege.

Zwei weibliche Bedienstete wurden nach seinem Tod mit der Leichenwaschung beauftragt, erschraken sich aber sehr über den leichenstarren Körper, dessen einer Arm, nachdem sie ihn an seine Seite gelegt hatten, mit Wucht in seine vorige Position auf dem Leib zurückschnellte.

Kuntze war kaum tot, so entstand ein furchtbares Gewitter, und bei dem Leichenzug stürmte und schneite es so gewaltig, dass es die Sargträger und die Trauergäste kaum aushalten konnten – sobald aber der tote Körper unter die Erde gebracht worden war, soll es aber wiederum ganz hell und windstill geworden sein.

Wie es schon fast zu erwarten war, breitete sich wenige Tage nach der Beerdigung das Gerücht aus, dass sich ein Albgespenst oder höllischer Geist in Kuntzes Gestalt sehen ließe. Immer mehr Leute wollten den Geist gesehen haben und wurden von ihm bedroht und gar angegriffen. Vor allem in seinem Haus begann ein turbulenter Spuk mit Lärm und polternden Geräuschen, herunterfallenden Gegenständen und geisterhaft sich öffnenden Türen. Selbst die Tiere in ihren Ställen blieben von dem Treiben nicht verschont und sie wurden immer nervöser. Das Pferd, das Kuntze den tödlichen Huftritt versetzt hatte, schien besonders geplagt zu sein. Viele mutmaßten, der Teufel wäre in das Pferd gefahren, und hätten das Pferd am liebsten mitsamt dem Leichnam Kuntzes je eher desto besser verbrannt.

Am 24. Februar klagte einer der Stadtschreiber dem Pfarrer des Ortes, dass auch er eine erschreckende Begegnung mit dem Geist gehabt habe. Das Haus dieses Stadtschreibers stand direkt neben dem Kuntzes, in welchem der Geist jede Nacht einen so erbärmlichen Lärm machte, dass die ganze Familie Wächter dingte, welche abwechselnd wachten. Die Nachstellungen wurden immer schlimmer; der Geist begann die Schlafenden zu drücken und zu würgen, oder zumindest erschien es den panischen Menschen so. Die Witwe des Verstorbenen traf es am schlimmsten, da der Geist ihres Mannes sie nicht nur drücken und würgen, sondern auch zum Beischlaf zwingen wollte. Anderen Frauen erging es ähnlich.

Es herrschte der dortige Aberglaube, dass, wo Hexenmeister begraben liegen, sich unter ihren Grabsteinen Löcher zeigen, als ob Mäuse herausgekrochen wären. Ein solches Loch sah man bei Kuntzes Grab, und zwar sehr groß und tief, sodass man mit einem Stab bis auf den Sarg stoßen konnte. Man nahm den Grabstein heraus, füllte die Löcher und Gruben aus und trat alles fest ein, am folgenden Tage waren aber die alten Löcher wieder da und noch größer als vorher. Mittlerweile saugte das Gespenst auch die Kühe aus, sodass sie keine Milch in den Eutern behielten, und drehte ihnen die Schwänze zusammen, wie in einem geflochtenen Pferdeschweif.[29] Die Hühner jagte es aus den Ställen und Körben und fraß die Küken. Die Ziegen legte es mit gebundenen Füßen in die Krippen.

 Als der Pfarrer des Orts am 8. Juli abends mit seiner Familie beisammensaß und auf der Orgel spielte, begann es plötzlich unerträglich zu stinken, welcher Gestank sich bis ins Schlafzimmer des Geistlichen ausbreitete, worauf dessen Gesicht und Augen stark anschwollen. Langsam kam die ganze Stadt Bennisch in Verruf, niemand von Adel traute sich mehr hinein, kein Durchreisender blieb über Nacht und die Einwohner wussten sich nicht mehr zu helfen.

 Schließlich kamen sie auf den Gedanken, einige Gräber zu öffnen und die Leichen zu besichtigen, weil ihnen das vor einigen Jahren bei einer ähnlichen Gelegenheit geholfen hätte. Der Pfarrer wandte sich zwar dagegen, aber die geplagten Einwohner kümmerten sich nicht um seine Einwände, sondern waren untereinander einig geworden, die Gräber keiner Familie zu schonen, sondern vielmehr so lange zu suchen, bis sie die Quelle des Unheils fänden und beseitigten. Sie baten also den Geistlichen um die Schlüssel, die ihnen nach langem Disputieren der Glöckner auch aushändigte, und damit ließen sie sich durch den Totengräber etliche Gräber öffnen, sowohl derer, die vor, als derer, die nach Kuntze beerdigt worden waren, um den Zustand der Leichen in Augenschein zu nehmen. Sie gaben vor, es wären gewisse Zeichen an den Gliedern der Verstorbenen, aus denen man erkennen könne, ob sie ehrliche Christen gewesen wären oder mit dem Satan in einem gotteslästerlichen Bund gestanden hätten und in dieser Todsünde auch gestorben seien.

 Nachdem man nun Kuntzes als auch die Gräber und Särge anderer Leute geöffnet hatte, fand sich an dessen Leiche ein bedenklicher Unterschied. Denn alle anderen Leichen, die vor und nach Kuntze unter die Erde gekommen waren, waren schon größtenteils verwest oder standen in völliger Fäulnis, bei Kuntze aber war der Leichnam unversehrt, frisch und ganz, nur die Haut an der Brust und am Kopf sah schwärzlich aus, weil man sie beim Einsargen mit ungelöschtem Kalk überstreut hatte, damit sie sich schneller auflösen sollte.[30] Unter der obersten Haut, die sich leicht wegkratzen

---

[29] Hier wird eine Ähnlichkeit zum Treiben einer Nachtmahr deutlich.
[30] Es kann hier der Versuch vorgelegen haben, vorsichtshalber einem «Nachzehren» der Leiche vorzubeugen, indem die Kopf- und Brustpartie durch den ungelöschten Kalk aufgelöst und die

ließ, war die andere stärkere frisch und rötlich, alle Gelenke biegsam und alle Glieder beweglich. Man steckte ihm probehalber einen Stab in die rechte Hand, den hielt der Leichnam mit seinen Fingern ganz fest, die Augen standen bald offen, bald geschlossen, und als man den Körper aufgerichtet hatte, drehte er das Gesicht erst gegen Mitternacht und am folgenden Morgen gegen Mittag. Jemand wagte es, ihm den Strumpf abzuziehen, darunter war alles unversehrt, die Haut rötlich und die liegenden Adern deutlich zu sehen. Als man die andere Wade mit einem Messerschnitt öffnete, lief das Blut flüssig und rot wie bei einem lebendigen Menschen heraus. Die Nase, welche bei gestorbenen Leuten zuerst einfällt, war ganz unbeschädigt und nicht eingeschrumpelt. Kuntze war im Leben klein und hager gewesen, seine Leiche aber schien viel kräftiger, das Gesicht war geschwollen, die Backen aufgelaufen und alles aufgebläht, sodass die Fülle des Körpers im Sarg fast keinen Platz mehr hatte, worin er vom 8. Februar bis zum 20. Juli gelegen war.[31]

Die Einwohner beschlossen nach diesem Fund, den Leichnam verbrennen zu lassen, und erbaten hierfür die Erlaubnis des Landesfürsten. Als dieser nicht gleich einwilligte, beauftragten sie kurzerhand einen Scharfrichter[32], der mitsamt seinen beiden Knechten auch anreiste, um die Leichenverbrennung vorzunehmen. Als Bezahlung bekam er neben Geld und freier Logis auch das Pferd, das Kuntze damals tödlich verletzt hatte.

Beim Holzsammeln half das gesamte Dorf, und zwar schlugen sie es frisch von einem vordem Kuntze gehörigen Waldstück. Der Leichnam schien ungewöhnlich schwer zu sein und wurde mit dem Schinderkarren, vor den Kuntzes Pferd gespannt worden war, zum Scheiterhaufen gekarrt und auf den Holzstoß gewuchtet. Der Leichnam wurde mitsamt der ihm im Grab am Hals gelegenen Erde und seinem Sterbekittel auf den Holzstoß gebracht und derselbe angezündet. Das Feuer brannte gut, doch zunächst verbrannten nur der Kopf, die Hände bis an die Ellenbogen und die Unterschenkel bis an die Knie, der Rumpf jedoch blieb fast ganz. Darauf zog ihn der Henker mit Feuerhaken vom Holzstoß, hieb den Körper in Stücke und wurde dabei über und über mit «frischem Blut» besprizt. Doch auch die Stücke verbrannten nur langsam, sodass der Brand bis in die Nacht dauerte. Auch auf der Stelle, wo man ihn zerstückelte, wurde ein Feuer entzündet, weil dort alles blutig war. Die Nacht über wurden die Brandstätten bewacht[33], und am nächsten Morgen warf man die übrig

---

Kauwerkzeuge des Toten unbrauchbar gemacht werden sollten, sodass er kein Fleisch mehr zum Ansaugen vorfinden könne. (Siehe Kap. Nachzehrer)
[31] Die geschilderten Merkmale deuten auf normale Verwesungserscheinungen hin. Siehe hierzu auch das entsprechende Kapitel in diesem Buch: *Der natürliche Verwesungsprozess*.
[32] Dies dürfte der Scharfrichter aus der nächstgrößeren Statd Troppau/Opava gewesen sein.
[33] Dies geschah, damit niemand von der Asche stehlen konnte, um sie zu Zauberzwecken

gebliebene Asche in den vorbeifließenden Strom, ebenso die aus dem Grab ausgehobene Erde, und die Grube wurde mit großen Steinen ausgefüllt, auf dass niemand weiter an dieser Stelle begraben werden könnte. Es ging das Gerücht, dass die Leichen der Eltern und des Bruders der zweiten Frau Kuntzes (er war dreimal verheiratet gewesen) vor einiger Zeit unter ähnlichen Umständen ausgegraben und verbrannt worden wären.

Nach der Verbrennung von Kuntzes Leichnam sollen alle Heimsuchungen aufgehört haben. Die Nachtwächter, die die Brandstätten bewacht hatten, sagten, es wäre die ganze Nacht hindurch ruhig gewesen. Als aber nach einiger Zeit eine Magd aus dem Haushalt Kuntzes gestorben und ehrenhaft bestattet worden war, steckte man ihr sicherheitshalber noch einen Radnagel, einen Silbergroschen, einen Handfeger und einen Grassoden[34], den man ihr unter das Kinn legte, in den Sarg. Dies alles sollte zur Verhinderung etwaiger Hexereien dienen – aber vergeblich. Denn acht Tage nach ihrem Tode erschien ein gewöhnlicher Poltergeist und drückte die andere Magd so sehr, dass ihr die Augen davon zuschwollen. Er ergriff ein Kind in der Wiege und hätte es erwürgt, wenn nicht eine Kinderfrau herzugesprungen und es mit oftmaliger Anrufung des Namens Jesu noch gerettet hätte. In der folgenden Nacht kam es in Gestalt eines Huhns in den Stall. Weil nun die andere Magd meinte, es wäre ihr eins aus dem Korb herausgeflogen, und es wieder einfangen wollte, wurde es in einem Augenblick entsetzlich groß, ergriff die Magd beim Hals und kniff sie so grob, dass ihr der Hals anschwoll und sie einige Tage ohne großen Schmerz weder essen noch trinken konnte. Das neuerliche Poltern dauerte einen ganzen Monat lang an.

Man dachte sich, dass auch in diesem Fall das Verbrennen des Körpers die beste Lösung sei, grub die Magd aus, besichtigte den Sarg und fand, dass sie sich in einem ähnlichen Zustand befand wie vormals Kuntzes Leiche, zudem hätte sie den am Hals liegenden Rasen bis auf die bloße Erde weggefressen. Man verbrannte also den Körper und streute die übrig gebliebene Erde und die Asche in ein vorbeifließendes Wasser.

---

zu gebrauchen. Diese nämlich wurde mitunter aufgesammelt und als Schutz vor den Nachstellungen des Wiedergängers oder auch als Heilung in einem Getränk verrührt oder in Brot eingebacken zu sich genommen. Von der Kirche wurde dies missbilligt. «Die Asche gilt seit den ältesten Zeiten bei den verschiedensten Völkern als mit besonders wirksamen, heilvollen Kräften ausgestattet, wohl deshalb, weil sie einerseits an die vernichtende Kraft des Dämonen verscheuchenden Feuers erinnert, andererseits als Überrest des läuternden Feuers frei von dämonischem Stoff ist.» Bächtold-Stäubli/Hoffmann-Krayer: *Handwörterbuch des deutschen Aberglaubens.* Band 1. S. 611, Berlin 2000.

[34] So sollte verhindert werden, dass die Tote im Grab sich selbst das Fleisch anfrisst und dadurch schädigend auf die Hinterbliebenen wirken kann.

Hexen beim Zaubern.

Damit hatte die neue Poltergeisterei zu Bennisch ein Ende gefunden und die vom Geist gedrückten Personen wurden zusehends wieder gesund.[35]

Eine weitere sehr bekannte Wiedergänger-Erzählung handelt von dem Kringer[36] Bürger Jure Grando. Überliefert findet man sie ursprünglich im Buch *Ehre des Ertz-Herzogthums Crain* des Freiherrn Johann Weichard von Valvasor. Die Geschichte wurde als gut dokumentiertes Beispiel eines zurückkehrenden Toten oft von späteren

---

[35] Christian Stieff: *Schlesisches Historisches Labyrinth. Breslau und Leipzig 1737. S. 363 ff.*; Johann Georg Grässe: *Sagenbuch des preußischen Staats. Glogau 1871 2. Band, S. 214 ff.*
[36] Das heutige Kringa in Kroatien.

Schreibern aufgegriffen, so auch in Erasmus Franciscis *Höllischen Proteus* und in Johann Christoph Harenbergs *Vernünfftigen und Christlichen Gedancken uber die Vampirs...*, einer maßgeblichen Abhandlung der Vampirdebatte der 1730er Jahre. Auch Grando soll nach seinem Tod wiedergekehrt sein und wurde von mehreren Einwohnern seines Wohnorts gesehen. Als seine Frau schließlich behauptete, er belästige sie auch nachts im Schlafzimmer, schritt man zur Tat und exekutierte den Leichnam. Valvasor hegte keinerlei Zweifel daran, dass die Geschichte sich genauso zugetragen hatte, denn er bemerkt am Ende der Erzählung, dass er selbst mit Augenzeugen[37] dieser Begebenheit gesprochen habe, die ihm deren Wahrhaftigkeit bestätigten.[38] Zu guter Letzt gibt es noch einen bekannten Fall aus Mykonos. Eine Gruppe französischer Naturforscher, unter der Leitung des berühmten Botanikers Joseph Pitton de Tournefort, gelangte während einer Reise in das Türkische Reich unter anderem auch auf die griechische Insel Mykonos. Dort wurden sie am 1. Januar des Jahres 1701 Zeuge eines Prozesses gegen einen so genannten *Brucolakas*, der griechischen Variante des Wiedergängers. Kurz nachdem man dort einen ermordeten Bauern begraben hatte, war das Gerede entstanden, er kehre als Brukolak wieder. Die Leiche wurde mehrfach, auch im Beisein von Tournefort und seinen Mitreisenden ausgegraben und gepfählt, das Herz wurde ihm herausgeschnitten, und schließlich wurde der Leichnam auf einem Scheiterhaufen verbrannt. Tournefort beschrieb diesen Vorfall detailliert in seiner *Relation d'un Voyage du Levant*, die im Jahr 1717, neun Jahre nach seinem Tod, erstmals erschien.

Der Nachzehrer

> «Schon lange hat es sich hin und wieder in der Welt bis auf unsere Zeiten geäußert, dass man aus den Gräbern heraus die eingescharrten Toten hat schmatzen hören wie die Schweine, wenn sie essen, oder patschen, klopfen und ein anderes Geräusch machen.»
> — WSGE, *Curieuse und sehr wunderbare Relation...*

Der Nachzehrer ist im Gegensatz zum Wiedergänger und zum Vampir ein *passiver* lebender Toter. Er streift nicht außerhalb seines Grabes umher wie die beiden anderen Untotenarten, sondern entfaltet seine schädigende Wirkung auf die Lebenden

---

[37] Valvasor nennt an anderer Stelle seines Buches (Bd. VI. S. 335.) die Namen aller beteiligten Personen: Micolo Nyena, Stipan Milasich, Miho Radetich, Mattio Chericatin, Nicolo Macina, Jure Macina, Juira Sorsich, Martino Udoreicich und Micula Crairaer.
[38] «An der Gewissheit dieses Verlaufs haftet kein Zweifel, denn ich habe selbst mit Personen geredet, die mit dabei gewesen sind.» Bd. XI. S. 319.

durch das Kauen seiner Grabgewänder oder seines eigenen Fleisches aus seinem Grab heraus. Besonders stark vertreten waren diese schädigenden Toten in Pest- und Seuchenzeiten, in denen die Menschen in großer Anzahl dahinstarben. Der Volksglaube besagte, dass in der Regel weibliche Personen zu solchen Nachzehrern würden, die dann vornehmlich ihre Verwandten durch das Kauen an ihren Leichentüchern oder an den eigenen Körperteilen ins Grab nachziehen würden. Solange sie nämlich im Grab «kauten», ließen die Lebenskräfte ihrer Verwandten nach, bis diese stürben. Ein so Gestorbener wurde allerdings nicht zwangsläufig selbst zum Nachzehrer. Zum Nachzehrer konnte ein Leichnam vielmehr werden, wenn man ihm nicht den Daumen aus der Hand bog oder wenn man seinen Mund mit dem Leichentuch bedeckte. Wenn ein Toter beispielsweise sein Leichentuch oder seine Hand in den Mund bekommen sollte, fing er mitunter an, daran zu kauen und zu schmatzen, und das Unglück nahm seinen Lauf. Ob ein Leichnam überhaupt dazu neigte, ein Nachzehrer zu werden, erkannte man an einer rötlichen Gesichtsfarbe nach dem Tode oder einer nicht einsetzenden Totenstarre, aber auch daran, dass der Tote die Augen halb oder ganz geöffnet behielt. Hatte man den Verdacht, es mit einem Nachzehrer zu tun zu haben, grub man ihn wiederum aus und oft fand man ihn dann scheinbar «unverwest, mit frischem Äußeren und mit flüssigem Blut im Körper» vor. Um zu verhindern, dass ein solches Nachzehren bei einem Toten einsetzen konnte, legte man diesem eine Grassode unter das Kinn oder stopfte seinen Mund mit Erde aus. Mancherorts, wie in Sachsen, war es üblich, dem Gestorbenen ein Tuch um den Hals zu legen und dieses fest zuzuziehen, um zu verhindern, dass er im Grab schlucken könnte. Auch gab man den Toten eine Münze oder einen Stein in den Mund, sodass diese, wenn sie anfangen sollten zu kauen, sich an diesem harten Gegenstand «die Zähne ausbeißen» sollten.[39] Trat in einer Familie eine unerklärliche Häufung von Todesfällen auf oder vernahm man auf dem Friedhof schmatzende Geräusche aus einem Grab, wurde das verdächtige Grab wieder ausgehoben und dem Leichnam mit einem Spaten der Kopf vom Rumpf abgetrennt oder auch ein Pfahl durch die Brust geschlagen, um ein zukünftiges Nachzehren zu unterbinden. Nicht selten kamen aber auch gänzliche Leichenzerstückelungen mit der anschließenden Verbrennung des Toten vor. Heutzutage findet man in älteren Gräberfeldern manchmal auf den Bauch gedrehte Skelette. Indem der verdächtige Leichnam mit dem Gesicht nach unten be-

---

[39] Das Vorfinden einer Münze in der Mundhöhle eines Leichnams weist nicht zwangsläufig darauf hin, dass es sich dabei um einen Nachzehrer oder Ähnliches gehandelt haben muss, da es in der Antike und teils noch im Mittelalter üblich war, den Toten eine Münze, praktisch als Fährgeld ins Jenseits, mitzugeben. Wenn ein solcher Fund gemacht wird, muss auf die Art der Münze geachtet werden, da Nachzehrern meist spezielle Münzen in den Mund gegeben wurden, insbesondere mit christlicher Symbolik, um das Böse zu bannen.

erdigt wurde, sollte seine verderbliche Energie beim Vorgang des Kauens in die Erde hinein- statt aus dieser hinausgelangen. Den krank gewordenen Hinterbliebenen des exekutierten Toten gab man dessen bei der Abschlagung des Kopfes hervorgetretenes Blut zu trinken oder mengte dieses Blut unter Brotteig. Von diesem Brot mussten die Kranken dann essen; es ging der Glaube, dass diese dann wiederum vollkommen von der Krankheit, die der nachzehrende Leichnam verursacht hatte, genesen würden. Den Nachzehrer trifft man im gesamten osteuropäischen Raum an, vereinzelt auch in westeuropäischen Staaten, wie Frankreich, Italien und Großbritannien. Seinen Schwerpunkt hatte er unzweifelhaft in den deutschsprachigen Gebieten, wobei in diesen der Volksglaube an nachzehrende Tote in Sachsen, Böhmen, Mähren, Schlesien, Pommern, Ost- und Westpreußen am weitesten verbreitet war.

Von kirchlicher – sowohl katholischer als auch protestantischer Seite – und auch von den Naturwissenschaften wurde das Vorhandensein nachzehrender Toter stets als Aberglaube abgetan. Die Kirchen legten es als einen Schabernack des Teufels aus, der die Menschen nur «narren» und in Angst versetzen würde. Die Naturwissenschaften sahen darin schon damals nichts anderes als die Geräusche des Verwesungsprozesses der Leiche im Grab, in welcher die austretenden Gase in Verbindung mit den Verwesungssäften jene gurgelnden, schmatzenden Laute der toten Körper verursachten. Nichtsdestotrotz war der Glaube an die «fressenden Toten» im Volk fest verwurzelt, und so verwundert es nicht, dass uns die Geschichte etliche skurrile Historien von solchen Begebenheiten hinterlassen hat. Im Jahre 1345 beispielsweise lebte in einem Städtchen namens Levin[40] ein Töpfer mit Namen Duchacz, der eine Frau namens Brodka hatte, welche man für eine Hexe hielt. Als diese starb, dachte man, die bösen Geister, die sie beschwören hätte, hätten sie getötet und man begrub sie deshalb nicht auf dem christlichen Friedhof, sondern verscharrte sie auf einem Scheideweg. Nachdem man sie wieder gesehen zu haben glaubte, grub man die Leiche aus, sah, dass sie ihren Schleier «in sich hineingefressen hatte», und pfählte sie. Da man sie nach dieser Prozedur aber immer noch umgehen sah, verbrannte man sie, erst dann herrschte Ruhe.[41]

---

[40] Hierbei handelt es sich nicht um den ca. 20 km westlich von Glatz/Kłodzko gelegenen Ort Lewin Kłodzki an der böhmisch-schlesischen Grenze, sondern um das wesentlich weiter entfernte Levín in der Nähe von Aussig/Usti nad Labem nahe der deutschen Grenze. Levín musste damals ebenfalls Abgaben an die Glatzer Burg leisten, sodass die Erwähnung des Vorfalls in der Glatzer Chronik durchaus seine Berechtigung hat.
[41] J. G. T. Grässe: *Sagenbuch des preußischen Staats*. Glogau 1871. 2. Bd. S. 198 f. Zitiert aus: Georgius Aelurius: *Chronik von Glatz*. Frankenstein 1625. S. 236 f. Ursprünglich aus Hajek: *Böhmische Chronik*. 1547.

Von einem jüngeren Ereignis aus dem Jahre 1830 berichtet Fr. Helms in einem Artikel im *Hannoverschen Magazin*:

«An einem Tag im November vorigen Jahres ließ mir der Kirchenvorsteher zu Jetzel eiligst anzeigen, die Brüder Dietrich wollten den Sarg ihrer im Februar unverheiratet gestorbenen Schwester wieder ausgraben, weil sie eine Doppelsaugerin[42] wäre, und fragte mich, ob ich das erlauben wolle? Ich ließ zurücksagen, dass ich auf keinen Fall dazu schweigen würde, wenn man die Gräber verletze und den Kirchhof entweihe, sondern dass ich davon sogleich beim Königlichen Amt Anzeige machen würde. Das Ausgraben unterblieb.

Aber einige Wochen darauf kamen zwei Brüder der Verstorbenen, von denen der eine, welcher auch seine Frau mitgebracht hatte, damit sie ihm half, leichenblass und ganz abgemagert war, und eröffneten ihr Anliegen:

Ihre im Februar verstorbene Schwester Anna Catharina sei offenbar eine Doppelsaugerin, denn noch ehe sechs Monate vergangen waren, habe sie schon ihren Bruder, den im August ohne erkennbare Krankheit verstorbenen Johann Friedrich Dietrich zu Jetzel, hinuntergezogen. Und kaum sei dieser unter die Erde gebracht worden, so komme nun er selbst an die Reihe; denn seit dem Todestag seines Bruders fange er an, schwächer zu werden und abzumagern, obgleich er doch nicht eigentlich krank sei, da er keinen Schmerz fühle. Es helfe ihm keine Arznei, das Essen selbst gedeihe ihm nicht und er könne kaum noch gehen und die Axt (er ist ein Zimmermann) nicht mehr heben. Offenbar hatte er die Familienkrankheit, an der auch sein Bruder gestorben war und wahrscheinlich auch die Schwester, die Auszehrung; und sein leichenblasses Gesicht, die tief liegenden Augen, die hervorstehenden Backenknochen und die schlotternden Glieder gaben ihm auch fast das Ansehen einer Leiche. Ich blieb aber meinem Vorsatz treu, ihrem Gesuch nicht stattzugeben; und auf ihren Einwand, dass es gar nicht von mir abhänge, ihnen zu gestatten, ein Grab wieder zu öffnen, erklärte ich doch bestimmt zugleich, ich würde die Verletzung des Kirchhofs in jedem Fall anzeigen; und selbst der Vorwand, sie gewönnen doch dadurch die beruhigende Überzeugung, wenn sie dann die Zeichen nicht fänden, dass die Verstorbene eine Doppelsaugerin sei, konnte mich nicht umstimmen. Natürlich versuchte ich den Geängstigten durch Gründe der Vernunft und Tröstungen des Christentums von seinen fürchterlichen Vorstellungen zu heilen, merkte aber bald, dass Erstere wenig halfen, zumal ich damals noch meinte, der Aberglaube denke sich ein Hervorgehen des Vam-

---

[42] Der Name Doppelsauger entsprang der Vorstellung, dass ein Kind, wenn es nach der Entwöhnung von der Mutterbrust (die ersten 24 Stunden der Entwöhnung nicht mitgerechnet) wieder die Brust erhalte, einmal zu einem solchen entsetzlichen Wesen werden müsse, sobald es gestorben ist.

pirs aus dem Grabe[43], und ich also dahin meine Waffen richtete, wo kein Feind stand. Meine bestimmte Erklärung aber, die Verletzung des Grabes nicht stillschweigend zu dulden, und der wiederholte Rat, er solle stattdessen zu einem guten Arzt gehen, schien zuletzt doch einigen Eindruck zu machen. Sorgfältig habe ich mich in der Stille erkundigt, ob sie die Schwester wieder ausgegraben hätten, es ist jedoch noch nicht geschehen. Der Kranke aber hat einen Arzt konsultiert und scheint zur Besserung zu kommen; dagegen hätte gewiss seine Krankheit zugenommen und ihn bald getötet, wenn man seinem Aberglauben beigestimmt hätte, schon aus dem Grunde, weil er dann keinen Arzt gebraucht hätte. Denn ‹gegen einen Doppelsauger hilft kein Doktor› ist ihre Weise zu glauben und zu reden.»[44]

Der Vampir

> «Weil sie nun daraus sahen, dass er ein wirklicher Vampir sei, so haben sie demselben nach ihrer Gewohnheit einen Pfahl durchs Herz geschlagen ...»
> — Johann Flückinger, *Visum et repertum*.

Der Vampir unterscheidet sich von anderen wiederkehrenden schädigenden Toten dadurch, dass nur er allein den lebenden Hinterbliebenen das Blut aussaugt und ihnen so das Leben nimmt. Er hat seine größte Verbreitung im serbischen, rumänischen, bulgarischen und russischen Raum, findet sich aber auch vereinzelt in Böhmen, Mähren, Polen und den alten deutschen Ostgebieten.

Das Wort *Vampir*, oder, wie vor einigen Jahrhunderten üblicher, in der Schreibweise *Vampyr*, als Bezeichnung für einen Blut saugenden Toten war vor dem Jahre 1725 in Deutschland unbekannt. In Schlesien, West- und Ostpreußen kannte man dieses Wesen unter dem Namen Gierrach, Gierhals, Unbegier oder auch einfach Blutsauger. Das Wort Vampir für Blut saugende Leichname kam am 6. April 1725 mit dem Bericht über den Blut saugenden Verstorbenen Peter Plogojovitz aus dem Dorf Kisolova[45] des kaiserlichen Verwalters von Gradiska im österreichisch besetzten Serbien, Frombald, erstmals nach Deutschland. Die Wurzeln des Wortes liegen im Dunkeln. Johann Christoph Harenberg hegt in seinem 1733 erschienenen Buch *Vernünftige und christliche*

---

[43] Der Beamte war offenbar mit dem dortigen Volksglauben nicht allzu gut vertraut, da er zuerst von einem Wiedergänger statt von einem Nachzehrer ausging.
[44] Fr. Helms: *Von dem Aberglauben an Vampyre in unserem Vaterlande*. In: *Hannoversches Magazin* Nr. 57. u. 58. Jg. 1831.
[45] Das heutige Kisiljevo.

Gedancken über die Vampirs die Vermutung, das Wort *Vampir* setze sich aus dem altgriechischen *vam* für «Blut» und dem altdeutschen *piren* für «begierig nach einer Sache trachten» zusammen.[46] 1737 bringt Stieff es in seinem *Schlesischen historischen Labyrinth* mit einem allerdings nicht nachweisbaren *ujamperischt* oder *ujamferischte* in Verbindung, das «Schlafegel oder Nachtgeist» bedeuten soll.[47] Stefan Hock schreibt in seinem Buch *Die Vampyrsagen und ihre Verwertung in der Literatur,* das Wort *Vampir* käme vom Serbischen вампир, kann aber keine Wortbedeutung dafür angeben.[48] Er führt stattdessen Franz Miklosichs *Etymologisches Wörterbuch der slavischen Sprachen*[49] an, der es «von dem nordtürkischen *uber* (= Hexe)» ableiten wollte. Der Prager Professor Dr. G. Polivka schreibt ebenfalls, das Wort *Vampyr* selbst könne aus keiner slawischen Sprache erklärt werden, da es unzweifelhaft unslawisch sei: «Die in den verschiedenen slawischen Sprachen vorkommenden Formen des Wortes *Vampyr* hängen nicht direkt zusammen und bezeugen, dass das Wort selbst zu den Nordslawen (Polen, Kleinrussen, Weißrussen, Südgroßrussen) aus einer anderen Quelle gedrungen ist als zu den Südslawen (Serben, Bulgaren). Das südslawische *vampir* hängt mehr mit dem Altbaktrischen *vyāmbara* (= Geister in Menschen- oder Tiergestalt, die in Ruinen hausen) zusammen; und das polnische *upiór,* fem. *upierzyca,* kleinrussische *upýr,* weißrussische *vupir,* südgroßrussische *upýr* erinnern an das nordtürkische *uber* (= Hexe).»[50] Gegen letztere Wortherkunft könnte sprechen, dass von dem Volkskundler Klapper befragte Nordtürken aussagten, das Wort *uber* überhaupt nicht zu kennen.[51]

Wie dem auch sei, die serbische Bevölkerung gebrauchte es für den *Blutsauger,* und diese Bedeutung wollen auch wir ihm zumessen.

Wer wird zum Vampir?

Zu einem solchen Vampir konnten Hexen, Zauberer und Werwölfe nach ihrem Tod werden, wobei letzterer Fall ebenfalls den Zaubermakel in sich schließt, da nur Zau-

---

[46] Johann Christoph Harenberg: *Vernünftige und christliche Gedancken über die Vampirs.* Wolfenbüttel 1733. Vorrede.
[47] J. Klapper: *Die schlesischen Geschichten von den schädigenden Toten.* In: *Mitteilungen der schlesischen Gesellschaft für Volkskunde.* Breslau 1909. Nr. 11. S. 63.
[48] Stefan Hock: *Die Vampyrsagen und ihre Verwertung in der Literatur.* Berlin 1900. S. 55.
[49] Franz Miklosich: *Etymologisches Wörterbuch der slavischen Sprachen.* Wien 1886. S. 374 f.
[50] Aus einem Brief an die Redaktion der *Zeitschrift für österreichische Volkskunde* Nr. 7. Wien 1901. S. 185.
[51] J. Klapper: *Die schlesischen Geschichten von den schädigenden Toten.* In: *Mitteilungen der schlesischen Gesellschaft für Volkskunde.* Breslau 1909. Nr. 11. S. 63.

berer in der Lage sind, sich in Werwölfe zu verwandeln.[52] Ferner gottlose Menschen, ungetauft verstorbene Kinder[53] oder das gestorbene uneheliche Kind zweier unehelich geborener Eltern.[54] Es konnte auch der Leichnam zum Vampir werden, über den während der Totenwache eine Katze sprang oder den ein sonstiges Tier berührte. Allgemein glaubte man, dass in Verstorbene, die in der kirchlichen Exkommunikation gestorben waren, nach dem 40. Tag ihrer Beerdigung ein Teufel in den toten Körper einfahre und so die schrecklichen Verrichtungen an den Lebenden vornehme. Ob ein Toter zu einem Vampir werden kann, zeigt sich, wie schon beim Wiedergänger und beim Nachzehrer, daran, dass die Leiche beweglich bleibt, die Augen halb, ganz oder auch nur das linke Auge offen hält, nach dem Tod eine rosige Gesichtsfarbe behält und so fort. Der Vampir zeigt sich in den verschiedenen Ländern in verschiedenen Formen. Es gibt gar *lebende* Vampire, die nach ihrem Tod zu den gefürchteten Blutsaugern werden. In einigen Orten war man davon überzeugt, dass der Vampir leibhaftig als lebender Leichnam aus seinem Grab zu den Hinterbliebenen zurückkehre, anderswo glaubte man, dass nur ein *vampirisches Gespenst* von dem Leichnam ausgehe, um das Blut der Lebenden zu holen. Wird der Verdacht gehegt, ein Vampir treibe sein Unwesen, und der verdächtige Leichnam wird ausgegraben, so findet man ihn scheinbar unverwest, aufgedunsen und rosig vor. Die Untersuchenden nehmen oft keinerlei Verwesungsgeruch wahr, und das von dem Toten gesogene Blut läuft ihm aus Mund, Nase, Ohren und gar den Geschlechtsteilen. Die Kopf- und Barthaare wirken durch eine Schrumpfung des Gewebes länger und scheinen somit nach dem Tode «gewachsen» zu sein, die obere Schicht der Nägel von Fingern und Füßen ist herabgefallen und an ihre Stelle scheint daher eine «neue» getreten zu sein. Die oberste Hautschicht fällt ab und eine «neue» rosige, zarte, lebendig wirkende Haut zeigt sich an ihm. Die Leiche wird dann, um dem Übel entgegenzuwirken, entweder geköpft, mit einem langen eisernen Nagel durch Stirn oder Schläfen traktiert, ein spitzer Holzpflock wird ihr durch die Brust geschlagen oder sie wird verbrannt. Oftmals bediente man sich auch mehrerer dieser Mittel oder auch aller zusammen, sodass das vollständige Programm einer Vampirexekution nichts für zarte Gemüter war. Die alten Berichte sprechen von einem großen Blutfluss der Leichname oder gar von einem Röcheln, wenn ihnen der Pfahl durch das Herz geschlagen wurde. Schenkt man den Erzählungen und Berichten Glauben, so hörte das Sterben stets mit der Hinrichtung der vampirischen Toten auf.

---

[52] Wilhelm Hertz: *Der Werwolf*. Stuttgart 1862. S. 14; S 87.
[53] Sogar Säuglinge konnten vampirische Tätigkeiten entwickeln!
[54] Wobei dies natürlich auch einen gestorbener Erwachsenen meinen kann, ausschlaggebend ist hier die uneheliche Herkunft.

Der Vampirglaube in den einzelnen Ländern

Bulgarien

In Bulgarien, wo der Glaube an Vampire in ländlichen Gegenden teils auch heute noch vorhanden ist, hieß es, dass jemand zu einem Vampir würde, wenn er nach dem Tod nicht mit Wein und Öl eingerieben würde, ihm mit dem Finger kein Kreuzzeichen auf Stirn, Brust Hände und Füße gezeichnet würde, wenn man bei der Beerdigung vergaß, einen Becher voll Öl und Wein ans Kopfende des Sarges auszugießen, oder wenn man ihn in Abwesenheit eines Geistlichen beerdigte. Auch wenn ein Huhn oder eine Katze über den Leichnam sprang, musste nach dem Volksglauben ein Vampir aus dem Toten werden. Dieser hatte dann die Gestalt, die er auch zu Lebzeiten hatte, nur hatte er keine Knochen und kein Fleisch mehr am Leib und bestand nur noch aus Haut und Blut. Toten, die schon zu Lebzeiten im Verdacht standen, nach ihrem Tod zu Vampiren zu werden, wurde vor der Beerdigung eine Nadel in den Magen gestochen.[55]

Es hieß im bulgarischen Volksglauben, dass die Vampire sich auch in Tiere wie Hunde, Pferde und Hirsche oder auch in Feuer verwandeln könnten. Man sagte auch, dass die Vampire oft ihre Frauen besuchten und Kinder mit ihnen zeugten. Sie fürchteten sich nur vor Wölfen, die ihre größten Feinde sind und vor denen sie sich nicht verstecken könnten. Es gab in Bulgarien allerdings professionelle Vampirjäger, die *Vampiridži*, vor welchen die Untoten nicht flüchten konnten. Die Vampirjäger lernten ihre Kunst, wie die Menschen glaubten, auf folgende Weise: Um Mitternacht gingen sie auf einen Friedhof und verbrannten dort auf einem Grab Rohr, wobei sie ihre Gewehre hin und her schwangen. Daraufhin erschienen ihnen die dort befindlichen Vampire und flehten um ihr Leben. Dies wurde natürlich nicht gewährt und so schoss der Vampirjäger den vermeintlichen Vampir einfach mit seinem Gewehr nieder. Damit aus dem Blut des erschossenen Vampirs nicht wieder ein Vampir entstand, wurde die Blutlache mit kochendem Wasser begossen oder glühende Kohlen darauf gestreut. In manchen Gegenden Bulgariens ging man samstags um Mitternacht zum Grab des Vampirs, zu welcher Zeit, wie man glaubte, sich dieser nicht rühren konnte und somit machtlos war, grub darauf die Leiche aus und verbrannte sie. Konnte der Vampirjäger den Untoten nicht vernichten, so bannte er ihn zumindest in einen anderen Landstrich.

Neben dem klassischen Vampir gab es aber auch noch andere Blut saugende Ungeheuer in Bulgarien, wie z. B. den so genannten *Ustrel*. Ein Ustrel ist ein schwaches, aber recht schweres, veränderliches und unsichtbares Wesen, das aus einem samstags geborenen und ungetauft gestorbenen Kind entsteht. Im Grab verwandelt sich

---

[55] Auch hier wird das das Böse abwehrende Eisen benutzt.

das gestorbene Kind dann nach und nach in einen Ustrel. Am neunten Tag nach der Beerdigung ist die Verwandlung abgeschlossen und das Ungeheuer verlässt sein Grab durch ein kleines Loch, das es sich nach oben gegraben hat. Am Tag ruht der Ustrel, nachts aber ist er auf der Suche nach Beute, und nur samstags ist er gänzlich untätig. Große Furcht hegt er vor Feuer und vor Wölfen. Nachts sucht er unentwegt nach Tieren, um ihnen das Blut auszusaugen. Wird ein Ustrel aber gereizt, wagt er sich auch an Menschen heran. Bei Morgengrauen steigt er wieder in sein Grab hinab, wo er dann bis zur nächsten Nacht schläft. Wenn ein Ustrel nach etwa zehn Tagen an Kraft zugenommen hat, was geschieht, wenn er das Blut mehrerer Tiere getrunken hat, beginnt er mit größeren Streifzügen durch das Umland. Wenn ihm auf einem solchen Streifzug eine größere Schaf- oder Rinderherde begegnet, dann kehrt er nicht mehr in sein Grab zurück, sondern verbringt den Tag entweder zwischen den Hörnern eines starken Kalbes oder Schafbocks zu oder aber zwischen den Hinterbeinen einer Milchkuh. Die Tiere, denen er das Blut ausgesogen hat, sterben noch in der gleichen Nacht. Ein Ustrel saugt zuerst das stärkste Tier der Herde aus und geht dann auf die schwächeren über, bis er letztlich die gesamte Herde getötet hat. Der Körper eines verendeten Tieres treibt bis zum Morgengrauen auf, und wenn ihm das Fell abgezogen wird, kann man am Rücken, an der Seite oder am Bauch deutlich eine bläuliche blutunterlaufene Stelle erkennen.[56] Dort soll dann der Ustrel dem Tier das Blut aus dem Körper gesogen haben. In einer Nacht kann ein Ustrel fünf Tiere töten, manchmal aber auch mehr. Er ist auch in der Lage, sein Gewicht extrem zu verändern. So spürt zum Beispiel ein Schafbock ihn zwischen seinen Hörnern kaum, wenn er dort den Tag zubringt, wenn er sich aber nachts auf eine Kuh setzt, kann diese sich nicht rühren und brüllt vor ihrem Tod höchstens einige Male vor Schmerzen auf, so sehr drückt er sie dann mit seinem Gewicht zu Boden. Ein Ustrel kann viele verschiedene Gestalten annehmen, vornehmlich die von Tieren, aber auch die von Fabelwesen. Will er nicht gesehen werden, kann er sich auch unsichtbar machen. Wenn es ihm doch einmal in den Sinn kommt, einen Menschen anzugreifen, saugt er ihm das Blut aus der Kehle, bis der Tod eintritt. Hat ein Ustrel Menschenblut genossen, kann er auch die Gestalt eines Menschen annehmen, was ihn umso gefährlicher macht, da man ihn dann des Nachts nicht mehr so leicht erkennen kann.

Tiere und Menschen, die an einem Samstag zur Welt gekommen sind, können einen Ustrel sehen und seine jeweilige Gestalt erkennen, und weil alle Wölfe, dem bulgarischen Volksglauben gemäß, am Karsamstag geboren werden, so können auch

---

[56] Der plötzliche Tod des Viehs und die Einblutung in die Haut können auch auf eine Milzbranderkrankung hindeuten. Durch den Pansen werden die Körper verendeter Kühe meist innerhalb weniger Stunden aufgetrieben.

diese alle ihn sehen und greifen ihn auch an. Die am Samstag geborenen Hunde heulen furchtbar, wenn ein Ustrel sich nähert. Man kann ihn vertreiben, indem die von ihm befallene Herde zwischen zwei Feuern hindurchgetrieben wird, was den Ustrel veranlasst, aus Furcht vor dem Feuer zu fliehen. Töten können ihn Wölfe oder ein Vampirjäger, indem er ihm am Tag einen Holzpflock durch die Brust schlägt.

Ein dem Ustrel verwandtes Wesen ist der *Lepir*, der auch aus einem Verstorbenen entsteht. Dies geschieht, wenn über den aufgebahrten, noch nicht beerdigten Leichnam eine Katze hinwegspringt. Er verlässt nachts sein Grab, drückt und würgt die Menschen im Schlaf und unterhält sexuelle Beziehungen mit lebenden Personen. Wie ein Ustrel kann auch ein Lepir verschiedene Gestalten annehmen. Einen Lepir kann man nur dadurch töten, dass man den betreffenden Toten ausgräbt, auf seinem Grab ein Feuer entfacht und diesen darin verbrennt.[57]

Rumänien
In Rumänien war der Glaube an Vampire ebenso vielfältig ausgeprägt wie in Bulgarien. In Rumänien überschneidet sich jedoch das Verhältnis zwischen einer vermeintlichen Hexe oder einem Zauberer und einem Vampir besonders stark, sodass, wie der Volksglaube annahm, im Verdacht der Zauberei befindliche Personen nach ihrem Tode stets zu Vampiren werden beziehungsweise Verstorbene nach ihrem Tode zu Hexen (und als solche wiederum zu Vampiren) werden. Die Begriffe Hexe, Zauberer und Vampir werden in einem Atemzug genannt; alle zusammen bergen in sich die gleichen Eigenschaften: Bernhard Stern beschreibt in seinem Buch *Medizin, Aberglaube und Geschlechtsleben in der Türkei* ausführlich den rumänischen, montenegrinischen, albanischen und griechischen Volksglauben an Vampire:

Rumänische Mütter, deren Kinder vor der Taufe gestorben waren, begossen jedes Jahr am Tag der Wasserweihe, dem Dreikönigstag, das Grab mit Weihwasser und sprachen dabei: «Getauft sei der Diener Gottes.» War es ein Mädchen, sagte man: «Die Dienerin (hier wurde der Name eingefügt) im Namen Gottes, des Sohnes und des Heiligen Geistes. Amen.» Man fürchtete, dass solche Kinder, ebenso wie tot geborene oder abgetriebene, noch sieben Jahre lang zur Mutter zurückkämen, um Milch zu fordern, und dass sie so zu Hexen oder *Moroi* werden würden. Ungetauft verstorbene Kinder konnten dem rumänischen Volksglauben nach nicht in den Himmel kommen. Sie gelangten zum Mond, an dem sie zehrten. Verdunkelte sich der Mond, so war das ein Zeichen seiner Trauer, weil er von diesen Wesen so sehr geplagt wurde. Vom siebenten oder neunten Kind wurde behauptet, dass es die Eigenschaft habe, sich nach Belieben in ein Tier zu verwandeln und als solches schlafenden Menschen

---

[57] A. Strausz: *Die Bulgaren*. Leipzig 1898. S. 188 ff.

Alb würgt einen Schlafenden.

das Blut auszusaugen. Es handelte sich also um einen *lebenden Vampir*. Nichtsdestotrotz wurden auch erwachsene Personen nach ihrem Tod zu solchen *Moroi*, wenn dabei bestimmte Voraussetzungen wie die bereits genannten erfüllt waren, aber auch das bereits bekannte Offenbleiben der Augen nach dem Tod, die nicht einsetzende Totenstarre bei der Leiche oder auch die lebendig wirkende Gesichtsfarbe eines Verstorbenen deuteten darauf hin, dass er ein solcher Blutsauger werden würde. Eine große Rolle spielten bei den Rumänen die eben erwähnten *Moroi*, die man zu den Hexen oder *Strigoi* zählte. Diese waren kleine Hexen, die aus der abgetriebenen Leibesfrucht, aus ungetauft verstorbenen oder tot geborenen Kindern entstanden und noch sieben Jahre lang ihre Mutter besuchten und von ihr Milch begehrten. Solche Kinderleichen wurden von den Hebammen in Lappen eingehüllt und außerhalb des Friedhofs in ziemlicher Entfernung von den anderen Toten verscharrt. Die Gräber wurden mit Dornen bedeckt, damit man sie nicht übersehen und überschreiten konnte. Denn wer über ein solches Grab schritt, Mensch oder Tier, wurde von einem unheilbaren Siechtum befallen. Die Moroi verließen um Mitternacht die Gräber, trieben sich im Dorf, auf der Landstraße und in den Gärten umher und versammelten sich auf kahlen Bergen, wo man sie im Mondschein oft sehen konnte. Seltener hatten sie die Gestalt menschlicher Kinder. Gewöhnlich zeigten sie sich als Windhund, als Katze oder als eine rote Flamme. Als rote Flammen stiegen sie den Menschen auf den Kopf, machten sie stumm, wahnsinnig oder schwer krank. Als Katzen kletterten sie die Bäume hinauf, sprangen auf nächtliche Wanderer und zerkratzten ihnen das Gesicht. Als Windhunde bissen sie die Leute. Die aus abgetriebenen Leibesfrüchten stammenden Moroi waren die gefährlichsten. Sie krochen besonders auf den Dachboden des Hauses ihrer Mutter, kreischten und brüllten entsetzlich, liefen durch die Zimmer, setzten sich den Schlafenden auf die Brust, warfen sie aus den Betten, kratzten und schlugen sie. Wie bereits erwähnt konnten auch Erwachsene zu Moroi werden. Von diesen sagte man, dass sie nach ihrem Tod des Nachts in die Häuser ihrer Verwandten kämen, sie anfassten, krank machten und ihnen das Blut aussaugten, doch nicht auf eine solch gewaltsame Art wie der serbische Vampir. Sie standen in einer Ecke des Zimmers, nur der Erkrankte konnte sie sehen und sie raubten diesem allein durch ihre Anwesenheit auf unsichtbare Weise Blut und Lebenskraft, bis er starb.

Als der gefährlichste Untote galt der *Nosferat*, der nicht nur schlafenden Menschen das Blut aussaugte, sondern auch als Sukkubus oder Inkubus Unheil stiftete. Ein Nosferat war das tot geborene uneheliche Kind zweier Leute, die beide ebenfalls unehelich geboren worden waren. Kaum wurde das von einer solchen Mutter und einem solchen Vater stammende uneheliche und tot geborene Kind in der Erde verscharrt, erwachte es zum Leben, entstieg seinem Grab und kehrte nicht mehr dahin zurück. Als schwarze Katze, als schwarzer Hund, als Käfer, Schmetterling oder auch bloß als Strohhalm besuchte es nachts die Menschen. Wenn es männlichen Geschlechts war, die Frauen; wenn es weiblichen Geschlechts war, die Männer. Mit jungen Leuten trieb es geschlechtlichen Verkehr, bis diese krank wurden und an Auszehrung starben.[58] In diesem Fall kam es auch als schöner junger Mann oder als schönes Mädchen, während die Opfer halb wachlagen und sich ihm widerstandslos fügten. Oft wurden die Frauen von ihnen geschwängert und brachten Kinder zur Welt, die durch ihre Hässlichkeit und dadurch, dass ihr ganzer Körper mit Haaren bedeckt war, erkennbar waren. Diese Kinder wurden dann wieder zu Hexen und als solche nach ihrem Tod zu Moroi – so schließt sich der Kreis ...

---

[58] Johann Wolfgang von Goethe hat diesen Stoff in seiner *Braut von Korinth* aus dem Jahre 1797 verarbeitet. Darin nimmt die verstorbene Verlobte ihren versprochenen Ehegemahl, den sie so im Leben nicht besitzen konnte, durch todbringenden Geschlechtsverkehr zu sich ins Grab.

Ein Nosferat erschien bei Braut und Bräutigam und machte sie impotent und unfruchtbar. Man besprengte daher das Brautlager mit Weihwasser oder legte darunter Kohlen aus dem Weihrauchfass der Kirche.

Die Walachen hielten besonders rothaarige Männer für solche, die Vampirblut in den Adern haben und nach ihrem Tod als Geister umgehen und ihren überlebenden Verwandten und Freunden, besonders aber jungen Mädchen, das Blut aussaugen würden. Wenn ein solcher im Verdacht des Vampirismus stehender Mensch starb, wurde seine Leiche deshalb mit einem großen eisernen Nagel, der durch den Sarg getrieben und außen angenietet wurde, in diesem festgenagelt. Nach walachischer Ansicht hausten die Vampire oder Strigoi in verlassenen Häusern oder einsamen Wäldchen. Bei Nacht kamen sie hervor und saugten das Blut der Lebenden aus. Ähnlich waren die *Staffii*. Man versuchte diese Geister zu besänftigen, indem man an ihren Gräbern Speisen und Getränke und samstags, an dem Tag der Reinigung, auch ein Gefäß mit Wasser aufstellte. Um sich gegen sie zu schützen, musste man auf dem Kopf drei Wochen lang sieben ausgerupfte Haare in einem von einem Priester geweihten und gefalteten, mit heiligem Öl getränkten Papier tragen. Die Walachen kannten zudem lebende Vampire, Somnambulisten, die nachts aus ihren Hütten gingen, Menschen und Tiere überfielen und mit ihren Zähnen zerrissen. Hier wird besonders die Verwandtschaft zum Werwolf deutlich, der sich ähnlich verhält, sodass Werwolf und Vampir in den Balkanländern oft sehr schwer zu trennen sind und häufig nahtlos in ein und dasselbe übergehen.[59]

Dalmatien
In Dalmatien wurden die Vampire in zwei Arten unterteilt: In schuldlose und schuldbeladene, obwohl beide Arten gleichermaßen Verderben und Unheil verursachten. Die eine Art hieß *Denac*, die andere *Orko*. Eine Leiche, die unbeaufsichtigt auf der Bahre lag, sodass ein Tier unter ihr hinweglaufen konnte, wurde ein *Denac*. Leute, die während der religiösen Feste arbeiteten, den Sabbat nicht heiligten, viel und gottlos fluchten, Geizhälse oder lasterhafte Menschen waren, wurden nach ihrem Tod zu *Orkos*. Die Leichen, von denen man fürchtete, dass sie Vampire werden könnten, wurden vor der Beerdigung mit einem Weißdornpfahl durchbohrt, auch durchschnitt man ihnen die Sehnen der Füße, sodass sie ihr Grab nicht mehr verlassen und umhergehen konnten.[60]

---

[59] Bernhard Stern: *Medizin, Aberglaube und Geschlechtsleben in der Türkei*. Berlin 1903. 3. Teil, Kap. 20. Wilhelm Hertz: *Der Werwolf*. Stuttgart 1862. S. 113 f.
[60] Bernhard Stern: *Medizin, Aberglaube und Geschlechtsleben in der Türkei*. Berlin 1903. 3. Teil, Kap. 20.

Albanien, Bosnien, Montenegro und Serbien

In Albanien, Bosnien, Montenegro und Serbien finden sich auch so genannte *lebende Vampire*, dort sind diese zugleich auch mit Hexen und Zauberern identisch. In Albanien glaubte man, dass es Frauen gebe, die das Herz von kleinen Kindern fressen. Diese Frauen konnten ihre Fähigkeiten gut verbergen und ihre Macht durch das Bestreichen mit einer Salbe auch auf andere Personen übertragen. Sie hielten sich für Gesandtinnen Gottes, da sie die von ihnen getöteten Kinder ins Paradies senden würden. Bei ihren Ausflügen, die sie nachts unternahmen, ließen sie ihren Körper zu Hause und nur ihr Geist streifte umher. Überall konnten sie sich Zugang verschaffen und verschonten oft ihre eigenen Kinder nicht. Am Leichnam eines Kindes, dessen Herz sie gefressen hatten, hinterließen sie keine Spur. Wenn die Hexe ihren nächtlichen Ausflug beendet hatte, kehrte sie in ihr Haus und in ihren menschlichen Körper zurück. Wenn jedoch jemand ihren Körper während ihrer Abwesenheit umdrehte und mit den Füßen nach oben legte, wo sich zuvor der Kopf befunden hatte, sollte dies den zauberischen Vampirgeist unschädlich machen, da dieser nicht mehr den Mund zum Hineinfahren fand und daher sterben müsste.

Um die Kinder vor Hexen zu schützen, welche nachts die Kinderherzen essen wollten, bestrich man in Nordalbanien ihre Stirn mit schwarzer Farbe und ließ sie am letzten Faschingsabend Knoblauch essen. Zudem verwendete man Amulette, die man den Kindern um den Hals hängte.

Für den eigentlichen, den toten Vampir kannte man in Albanien die Bezeichnungen *Lugat*, *Sampiri*, aber auch *Wurwolak* und *Wukodlak*. Der dortige Volksglaube besagte, dass die Vampirleiche nicht verwese. Das Grab eines Vampirs war jede Nacht von einem Lichtschimmer umgeben. Nach 40 Tagen erhob sich die Leiche und begann umzugehen. Der Vampir stellte dann allerlei Unheil an, im eigenen Haus und bei Verwandten. Er schlief bei seiner Frau und konnte sie sogar schwängern. In der Gegend von Perlepe soll es noch um 1860 solche Vampirabkömmlinge gegeben haben. Sie wurden ängstlich gemieden, aber da sie die Fähigkeit besaßen, die Vampire in ihren Gräbern festzubannen, bat man sie oft nach anderen Städten, wo Vampire ihr Unwesen trieben, um diesen den Garaus zu machen. Eine Witwe, die nach langer Ehelosigkeit ein Kind bekam, konnte sich dadurch entschuldigen, indem sie sagte, ihr verstorbener Mann wäre ein Vampir und hätte sie besucht. Nur der Sohn einer solchen Vereinigung war imstande, einen Vampir zu erkennen und unschädlich zu machen. Zu diesem Zweck durchzog er, gefolgt von einem Tamburinschläger, nachts die Straßen der Stadt, und wenn der Vampir, angelockt durch die Töne des Tamburins, erschien und zu tanzen begann, tötete der Vampirjäger ihn mit einem Gewehrschuss.

Die Angehörigen eines Verstorbenen, der als Vampir galt, pflegten ferner auf dessen Grab ein Feuer anzuzünden und dieses mit ungelöschtem Kalk zu bedecken. Oder es sprang jemand dreimal mit einem Pferd der Breite nach über das Grab. Durch das eine wie durch das andere Mittel wurde der Vampir gehindert, künftig aus dem Grab zu entweichen.[61]

In Montenegro nannte man den Vampir *Wukodlak*. Der Wukodlak bewohnte als eine verfluchte Seele sein Grab. Der Volksglaube besagte, dass er mit offenen Augen daliege. Seine Nägel und seine Haare wüchsen im Grab weiter und in seinen Adern habe er warmes Blut. In Vollmondnächten würde er sein Grab verlassen, zu den Lebenden gehen und diesen das Blut aussaugen. Wenn ein Toter verdächtigt wurde, ein Wukodlak zu sein, grub man ihn mit aller Vorsicht und Feierlichkeit aus. War der im Grab befindliche Leichnam verwest, so war der Verdacht falsch gewesen, man besprengte den Toten mit Wasser und gab ihn der Erde zurück. Wenn aber die Leiche rot und blutig war, stieß man ihr einen Pfahl durch die Brust, damit sie sich nicht mehr rühren konnte, und beerdigte sie darauf wieder. Manchmal zertrümmerte man ihr noch den Kopf durch Gewehrschüsse oder verbrannte den ganzen Körper. In Montenegro sagte man, dass die Raben wüssten, welcher Tote ein Vampir werde, denn sie rührten eine solche Leiche nicht an. Kamen in einem Dorf viele ungewöhnliche Sterbefälle vor, legte man dies einem Vampir zur Last. Man nahm also ein schwarzes männliches Pferd, führte es auf den Friedhof und ließ es über die Gräber gehen. Das Grab, über welches es nicht hinwegschreiten wollte, war das Grab des Vampirs.[62] Die Leiche wurde ausgegraben und in entsprechender Weise mit ihr verfahren. Eine Variante dieses Brauches war, dass der schwarze Hengst zuvor niemals eine Stute besprungen haben durfte und von einem jungen nackten Mann, der seine Unschuld noch nicht verloren hatte, über den Friedhof geführt oder geritten werden musste, um das Grab des Vampirs ausfindig machen zu können.[63]

Wenn bei den Balkanvölkern ein Mensch, von dem man glaubte, dass er sterben würde, wider Erwarten am Leben blieb, so sah man diesen als einen *Shivi* oder *lebenden Vampir* an, und in seinem Körper wohnte der *Netschastivi*, der Unreine. Ein solcherart Genesener konnte sich durch den stets erlebten und von Kindheit an vermittelten Volksglauben tatsächlich in den Wahn hineinsteigern, ein Shivi zu sein. Häufig nutzte er den Aberglauben seiner Zeitgenossen auch für sich aus und erwirtschaftete sich seinen weiteren Lebensunterhalt als *Porok*, als Wahrsager, oder als *Wratsch*, als Heilkundiger, um so eine Menge Geld zu verdienen, da das Volk der Meinung war, *lebende Vampire* würden die Zukunft kennen und sich auf allerlei geheime Künste verstehen.

---

[61] Bernhard Stern: *Medizin, Aberglaube und Geschlechtsleben in der Türkei*. Berlin 1903. 3. Teil, Kap. 20.
[62] Dieser Brauch fand sich auch in Rumänien, Bulgarien und Serbien.
[63] Bernhard Stern: *Medizin, Aberglaube und Geschlechtsleben in der Türkei*. Berlin 1903. 3. Teil, Kap. 20

Russland und Polen
In Russland glaubte man ebenfalls an *lebende Vampire*. Wenn eine schwangere Frau den Priester beim Betreten der Kirche anschaute, glaubte man, dass ihr Kind ein Vampir würde. Diese nannte man dann *Opyr* oder *Upyr*. Diese Bezeichnung fand man auch in Polen für ihn. Ein solcher Vampir hatte zwei Seelen und man erkannte ihn daran, dass er ständig mit sich selbst redete. Mit einem Vampir durfte man nicht in Frieden und Freundschaft leben, weil er dann am leichtesten den Menschen schädigen oder sogar töten konnte. Es musste mit ihm stets gestritten und er musste gemieden werden, wodurch er seine dämonische Macht verlor oder diese zumindest verringert wurde.

Die Macht des Vampirs war bereits zu seinen Lebzeiten groß und vielfältig. Es war ihm möglich, Menschen zu töten und sogar sie bei lebendigem Leib aufzufressen. Auch standen ihm zauberische Kräfte zur Verfügung und so konnte er den Menschen verschiedene Krankheiten und Seuchen bringen. Er konnte Gewitter, Hagel und Regen herbeiführen oder aber auch von einem Ort entfernen. Er vermochte die Kühe und ihre Milch, die Früchte des Feldes oder was auch immer zum täglichen Bedarf der Menschen erforderlich ist zu bezaubern und dadurch unbrauchbar zu machen. Er kannte alle Geheimnisse und konnte die Zukunft voraussagen, sich unsichtbar machen oder sich auch in Tiergestalten und verschiedene Gegenstände verwandeln. Viel schlimmer und gefährlicher wurde der Vampir jedoch nach seinem Tod. Er stieg dann jede Nacht zwischen Mitternacht und dem ersten Hahnenschrei aus seinem Grab heraus und begab sich zu den Lebenden. Er saugte ihnen im Schlaf das Blut bis auf den Tod aus oder lockte sie in sein Grab hinein. Auch hier traf es im Besonderen die engsten Verwandten und Freunde, die von ihm heimgesucht wurden. Man glaubte auch, dass der tote Vampir zu seiner hinterbliebenen Frau zurückkehrte und mit ihr geschlechtlichen Umgang pflegte. Gegen einen *toten Vampir* griffen die Russen zu den bewährten Mitteln: Das Grab des Blutsaugers wurde geöffnet, der Kopf wurde ihm abgeschnitten und zwischen seine Füße gelegt. Dann nagelte man ihn mit einem Espennagel auf dem Sargboden fest, scharrte das Grab wieder zu und ließ es erneut segnen. Der Vampir wurde durch diese Verfahrensweise an sein Grab gebannt und konnte es nicht mehr verlassen.[64]

Griechenland
Bei den Griechen fand sich für gewöhnlich der Wiedergänger, aber auch der eigentliche Vampir kam bei ihnen vor. Zum Vampir wurde, wer in der Exkommunikation starb, wer seiner Schwägerin geschlechtlich beiwohnte, wer von den Eltern verflucht,

---

[64] Ebenda.

wer eines gewaltsamen Todes gestorben war oder wer unbestattet blieb. Ein untrügliches Zeichen eines Vampirs war, dass die Leiche im Grab nicht verweste, sondern auftrieb, womit häufig ein «lebendiges Aussehen» des Toten verbunden war. Frisch und kräftig blieb der Vampir, weil er sich von dem Fleisch und Blut der Lebenden ernährte, wobei zunächst die nahen Verwandten an die Reihe kamen. Die griechischen Vampire liebten es, ihren Opfern die Leber aus dem Leib zu reißen und diese dann roh oder gebraten zu verspeisen.

Nach dem Volksglauben auf der Insel Chios klopfte der Vampir oft nachts an die Türen der Häuser und rief einen der Bewohner beim Namen. Antwortete dieser dem Vampir, starb er am folgenden Tag, gab er ihm jedoch keine Antwort, so blieb er verschont. Der griechische Vampir war fähig, sich in verschiedene Gestalten zu verwandeln, und hatte auch die Gabe zu fliegen. Wenn ein Verstorbener in den Verdacht des Vampirismus kam, wurde zunächst eine Messe für die Ruhe der Seele gelesen. Hatte diese Prozedur keinen Erfolg, öffnete man sein Grab, und falls die oben geschilderte Beschaffenheit der Leiche den Verdacht zu bestätigen schien, nahm der anwesende Priester eine Beschwörung des bösen Geistes vor. Half auch dieses nicht, so riss man dem Toten das Herz heraus, hackte es in Stücke und verbrannte hierauf den ganzen Körper. Vereinzelt kam auch das Festnageln des toten Körpers im Sarg vor. In Mytilene wurden die Gebeine derjenigen, die nicht ruhig in den Gräbern liegen wollten, auf eine in der Nähe befindliche kleine Insel überführt und hier wieder begraben, weil ein Vampir salziges Wasser nicht überschreiten konnte.[65]

Die alten deutschen Ostprovinzen
Im alten Osten Deutschlands, also in Schlesien, Posen, West- und Ostpreußen, Pommern sowie auch in Polen, wurde ein gottloser Mensch, ein Kind, das ohne Taufe gestorben war, eine Leiche, über die eine Katze gesprungen ist, ein Toter, bei dem die Leichenstarre nicht einsetzte oder der eine lebhafte Farbe im Gesicht behielt, zum Vampir – was dieselben Merkmale sind, die auch bei anderen Völkern als Anzeichen dafür galten. Die Unschädlichmachung des Vampirs durch Abtrennen des Kopfes vom Rumpf, das Durchstechen der Brust mit einem spitzen Holzpflock, das Umdrehen der Leiche im Sarg oder deren Festnagelung verstehen sich deshalb fast schon von selbst.

---

[65] Ebenda.

Krieg und Elend – das Leben vor 300 Jahren in Serbien

Um sich ein besseres Bild von dem Gebiet zu machen, in welchem die berühmten Vampirvorfälle von Kisolova 1725 und von Medvegya 1731/32 stattfanden, ist es nützlich, einen Blick in die Reiseliteratur und die Geschichtsbücher vergangener Jahrhunderte zu werfen. Diese haben Land und Leute in ihren Beschreibungen festgehalten, sodass man einen recht umfassenden Eindruck von dieser verflossenen Zeit gewinnen kann.

Das serbische Königreich wie auch das restliche Südosteuropa litten zu dieser Zeit stark unter den Auseinandersetzungen der um die Vorherrschaft auf dem Balkan ringenden beiden Großmächte Österreich-Ungarn und Türkisches Reich. Es existierten zu jener Zeit keine unabhängigen slawischen Länder in Südosteuropa, die gesamte Region war unter den beiden mächtigen Staaten aufgeteilt. Serbien war in zwei Teile zerschnitten. Den nördlichen beherrschte Österreich, den südlichen die Türkei. Dennoch kam es in regelmäßigen Abständen zu kriegerischen Auseinandersetzungen zwischen Österreichern und Türken. Das Kriegsglück schwankte von Mal zu Mal, sodass verschiedene Provinzen sogar mehrmals den Besitzer wechselten. Die ansässige Bevölkerung hatte unter diesen Umständen am meisten zu leiden. Das Land konnte sich in den wenigen Jahren zwischen den immer wieder ausbrechenden Kriegen kaum erholen. Türkische und österreichische Truppen nahmen sich von der Bevölkerung, die fast ausschließlich aus Kleinbauern und Viehzüchtern bestand, erbarmungslos, was für die Verpflegung ihrer Truppen benötigt wurde. Unzählige Dörfer wurden in den Kampfgebieten zerstört, viele Christen wurden von den Türken in die Sklaverei verschleppt oder getötet und die übrig gebliebenen Einwohner verließen oft ihre Heimat, um sich an einem sichereren Ort niederzulassen. Diese Zustände im Krieg forderten den Menschen alles ab, sodass es in den harten Wintermonaten wenig zu essen gab, und mitunter mussten sogar verendete Tiere die hungrigen Mägen füllen. In der Fastenzeit war die Versorgung sogar noch schlechter und bestand aus einer fleischlosen Nahrung mit viel rohem Gemüse, Sauerkraut, Essig und Schnaps.[66] Die unausweichliche Folge waren Krankheiten, Seuchen und die daraus resultierende hohe Sterblichkeit bei Jung und Alt. Ungarische Wehrbauern, Rätzen[67] und Heidu-

---

[66] Georg Tallar: *Visum repertum anatomico chirurgicum ...* Wien 1784. Kap. *Beschreibung der Krankheit*, 4. Anmerkung.
[67] Ein kleines Volk, das zwischen der Morava, Donau, Sau und Drin in Serbien wohnte und im 14. Jahrhundert unter türkische Herrschaft geriet. Sie waren griechisch-orthodoxen Glaubens. Später, unter österreichischer Herrschaft, wurden sie von diesen gerne als Grenzsoldaten eingesetzt.

cken[68] wurden ins Land gebracht, um die unsichere Grenze zum Türkischen Reich zu überwachen und um die großen Bevölkerungsverluste auszugleichen.[69]

Aber auch in der Zeit zwischen den Kriegen sah es im Land oft nicht viel besser aus. Überall waren verbrannte Dörfer, Wüstungen, unbebaute Felder und das stets gegenwärtige Militär, auf das man allenthalben stieß, zu sehen. In den dazwischen liegenden vereinzelten, ärmlichen Gehöften und Weilern waren die Menschen dankbar für jedes Friedensjahr. In der Regel wurde mehr Viehzucht als Ackerbau betrieben, insbesondere die Schafzucht. Den Herden stellten, vor allem im Winter, Wölfe und Bären nach, die im Land häufig anzutreffen waren und welche von den Bauern bejagt wurden, wenn sich die Gelegenheit dazu ergab. Doch damit nicht genug, führten in den unsicheren Zeiten etliche Räuberbanden diesseits wie jenseits der Grenze ihre Streifzüge durch, sodass Reisen in jener Gegend sehr gefährlich war. Ging man außer Haus, führten die Bauern und ihre Knechte – jeder Hof war gut mit Waffen ausgerüstet – stets ihre Gewehre und *Handschars* genannten, kurzen kräftigen Säbel mit sich. Die Einwohner galten als vaterlands- und gesetzestreu, zudem als sehr gastfreundlich.

Der Volksglaube an gute und böse Geister war ebenso verbreitet wie die Ausübung von abergläubischen Praktiken zum Schutz der Familie, des Hauses, der Tiere und zur Heilung Kranker. Der christliche Glaube, wenn sie ihn auch in vielen Bereichen nicht verstanden, war bei ihnen tief verwurzelt, sodass die Bewohner Priestern und Mönchen in allen Angelegenheiten des täglichen Lebens äußersten Gehorsam schenkten.

Starb jemand, so wurde dies sofort dem örtlichen Priester berichtet, wenn er nicht ohnehin schon anwesend war. Die Glocke der Dorfkirche wurde dann mehrmals täglich in bestimmten Abständen geläutet, sodass jeder erfuhr, dass ein Mensch gestorben war. Alle Bewohner des Dorfes kamen herbei, um den Hinterbliebenen Trost zuzusprechen. Der Leichnam wurde kurze Zeit nach dem Verscheiden von den engsten Familienangehörigen gewaschen, frisch eingekleidet und danach aufgebahrt. Eine Nachtwache, die aus Männern der Verwandtschaft bestand, bewachte den toten Körper dann bis zum nächsten Morgen. Die Beerdigung wurde recht früh, in der Regel innerhalb eines Tages nach dem Verscheiden der Person vorgenommen. Der

---

[68] Als Heiducken bezeichnete man unter österreichischem Kommando stehende spezielle ungarische Fußsoldaten, die sich auch als Partisanen und Freikorpskämpfer hervortaten. Von den Österreichern wurden diese gerne in die Grenzgegenden zum Türkischen Reich angesiedelt, wo sie dann als Wehrbauern ständige Wohnsitze erhielten, den Grenzdienst versahen und gleichzeitig eine schnelle Eingreiftruppe darstellten, wenn es zu türkischen Übergriffen auf österreichisches Gebiet kam.

[69] Dr. J. F. Schneller: *Die Geschichte Ungarns*. Dresden 1833. 2. Band.

Tote wurde dann von männlichen Verwandten zum Friedhof getragen, auf welchem das Grab schon vorbereitet war. Der Priester erteilte den Segen und der Tote wurde vergraben. Ohne den priesterlichen Segen mussten ungetaufte Kinder, Selbstmörder und von der Kirche Exkommunizierte auskommen, sodass für diese von vornherein schon die Gefahr bestand, zu Vampiren zu werden, da ohne den Segen Gottes das Böse in diese Körper einziehen konnte. Das Volk gehörte der griechisch-orthodoxen Kirche an und im Land selbst befanden sich viele Klöster. Von den Autoren der Vampirtraktate der 1730er Jahre wird wiederholt die Unwissenheit der griechisch-orthodoxen Priester und Mönche angeprangert, und dass diese Priester, die das vollste Vertrauen ihrer Gemeinde genossen, oft durch den selbst bei ihnen verwurzelten Aberglauben dem des Volkes Vorschub leisteten, statt ihn zu bekämpfen. Die Mönche standen im Land in noch größerem Ansehen als die Dorfpriester[70]. Von ihnen empfingen die Landesbewohner am liebsten das österliche Abendmahl, und Kranke hegten den festen Glauben, dass ihre Leiden durch den Segen der Mönche gelindert oder geheilt würden. Die religiöse Handlung des Abendmahls und die unerlässliche Fastenzeit wurden äußerst streng beachtet, während sonst eine kaum verhohlene Gleichgültigkeit in anderen Glaubensdingen beobachtet werden konnte.[71]

---

[70] Wollte jemand Priester werden, so musste er lediglich volljährig sein, eine gewisse Kenntnis im Lesen und Schreiben haben und die zum Gottesdienst erforderlichen Zeremonien erlernen. Die Priester hatten auch das Recht sich zu verheiraten, doch musste dies vor dem Empfang der Weihe geschehen. Die *Konsekration*, die Priesterweihe, wurde in der Regel von den griechischen Bischöfen für eine bestimmte Summe erkauft. Die Mittel zu ihrem Unterhalt erwirtschafteten sich die Priester teils durch Ackerbau, teils durch Abgaben und Spenden des Volkes. Es bestand der Brauch, dass irgendein Mönch oder Priester an jedem Ersten des Monats von Haus zu Haus ging, um die Schwelle und die Wände desselben mit Weihwasser zu besprengen. Zugleich trat er an jeden der Anwesenden mit dem Weihrauchfass, über welches geneigt dann ein Kreuz geschlagen wurde. Für diesen hochgeschätzten Dienst wurde ihm dann etwas Geld je nach Vermögen des Gesegneten gegeben.

[71] Emanuel Thal: *Serbiens Neuzeit*. Leipzig und Wien 1840. Dr. Fr. S. Krauss: *Volksglaube und religiöser Brauch der Südslaven*. Münster 1890. Fr. Chr. Schlosser: *Weltgeschichte für das deutsche Volk*. Frankfurt 1844–1857.

Der slawische Vampir in der Geschichte: 18. – 20. Jahrhundert

> «Und so meinten auch einige, man solle nur beizeiten diesen Blutschlürfern ihr Handwerk niederlegen, ehe sie die Lust bekämen, auch das deutsche Blut zu versuchen.»
> — WSGE, *Curieuse und sehr wunderbare Relation ...*

Gegen Ende des 17. Jahrhunderts erreichen erste Meldungen über Blut saugende Tote in Polen die Gelehrtenstuben in Deutschland und Frankreich.[72] In Ungarn wird 1707 in der lutheranischen Synode von Rózsahegy über die unmäßigen Leichenhinrichtungen diskutiert,[73] und 1709 berichtet der ungarische Arzt Samuel Köleséri während der Pest in Transsylvanien von zahlreichen Pfählungen und Enthauptungen von Leichen, denen man die Ursache für das Sterben zuschrieb.[74] 1718 wird eine detaillierte Beschreibung der Geschehnisse um einen Wiedergänger mit Namen Michael Kaspareck im ungarischen Lublau[75] publiziert.[76] Die Geschichte erlangte einige Berühmtheit, auch wegen ihrer phantastisch erscheinenden Elemente, sodass sie in großen Zügen als eine Erdichtung zu betrachten ist, dennoch hat sie aber einen wahren Kern, da unabhängig von dem Bericht des *Europäischen Niemand* auch der Pfarrer Georg Buchholz aus dem etwas unterhalb von Lublau befindlichen Ort Késmárk den Sachverhalt, natürlich etwas nüchterner, seinem Sohn Jakob im ostpreußischen Elbing mitteilte.[77] Allerdings brachte erst der Fall um den «Vampir» Peter Plogojovitz aus dem serbischen Dorf Kisolova und später die berühmt-berüchtigte Vampirepidemie in Medvegya die Diskussion über vermeintlich zurückkehrende und den Lebenden das Blut raubende Tote ins Rollen.

---

[72] *Mercure galant.* Jg. 1693/94. A. Calmet, *Gelehrte Verhandlung der Materi ...*, T. II. S. 60 f.
[73] G. Klaniczay: *Heilige, Hexen, Vampire.* Berlin 1991. S. 86.
[74] G. Klaniczay: *Heilige, Hexen, Vampire.* Berlin 1991. S. 86. S. a.: *Magyari Kossa* 1930, IV: 29 f.
[75] Das heutige Lubló.
[76] *Der Europäische Niemand.* T. II, Nürnberg 1719. *Extractum Litterarum ex Comitatu Liptoviensi in superiori Hungaria* 1718, mense Julio. S. 972 ff. in Latein. Übersetzungen des Berichts in: E. D. Hauber: *Bibliotheca sive Acta et Scripta Magica.* Lemgovia 1738. S. 709 ff. und in G. C. Horst: *Zauber-Bibliothek.* Mainz 1825. T. 5. S. 387 ff.
[77] Rudolf Weber (Hrsg.): *Historischer Geschlechtsbericht von Georg Buchholtz, dem Älteren, nebst einem Auszug aus dem Tagebuche seines Sohnes Jackob Buchholtz.* Budapest 1904. S. 368 ff. S. a.: Thomas M. Bohn: *Das Gespenst von Lublau. Michael Kaspereks/Kaspareks Verwandlung vom Wiedergänger zum Blutsauger.* Spiegel der Forschung Nr. 2/Dezember 2009, 26. Jahrgang, S. 78–83

Der Bericht des *Mercure galant* 1693/94 über polnische Vampire

In der französischen Monatszeitung *Mercure galant* findet sich unter den Ausgaben des Jahrgangs 1693/94 die erste Erwähnung von Blut saugenden Toten aus dem Königreich Polen.[78] Der Grund zu dieser Meldung war wahrscheinlich das Schreiben einer ungenannten Person an die Pariser Universität Sorbonne aus jenem Jahr 1693 mit der Schilderung eines Falles von Vampirismus in Polen und der Bitte eines gelehrten Gutachtens darüber. Die sich damit befassenden Doktoren der Sorbonne verneinten in ihrer Antwort das Vorhandensein von Blut saugenden Leichen. Die Geschichte wurde in der Öffentlichkeit nicht groß beachtet, bis der lothringische Abt Augustin Calmet sie in seinem Buch über die Erscheinungen der Geister und zurückkehrenden Verstorbenen aus dem Jahre 1746 wieder von Neuem aufgriff und publizierte. Die Meldung des *Mercure galant* beinhaltet Folgendes:

«Dort wird von Vampiren berichtet, die sich in Polen, besonders aber in Polnisch-Russland von Mittag bis um Mitternacht sehen lassen und Menschen und Vieh das Blut in solcher Menge aussaugen, dass dieses ihnen zum Mund, zur Nase und besonders durch die Ohren herausläuft und auch der Leib öfters im Sarg gleichsam im Blut schwimmt. Man sagt auch: Die Vampire haben Hunger und verzehren sogar das Leintuch, in das sie gewickelt sind. Sie (oder der böse Geist in ihrer Gestalt) kommen bei Nacht aus ihrem Grab zu ihren Verwandten, drücken diese und saugen ihnen das Blut dergestalt aus, dass sie davon sterben. Sie begnügen sich auch nicht mit einer Person, sondern wenn man ihnen nicht den Kopf abschlägt und das Herz herausschneidet, richten sie alle vom Haus zu Grunde. Obschon sie schon lange gestorben seien, findet man ihren Leib nichtsdestoweniger im Sarg weich, beweglich, aufgeschwollen und rot gefärbt, und sie geben eine Menge Blut von sich. Um sich vor ihnen zu schützen, mengen einige von ihrem Blut unter das Brotmehl, und diejenigen, die von diesem Brot essen, bleiben vor ihnen sicher.»[79]

---

[78] *Mercure Galant*. Paris. Mai 1693. S. 62 ff.
[79] A. Calmet: *Gelehrte Verhandlung der Materi...*, Augspurg 1751. 2. T. 13. Kap. S. 48 f. (Neuausgabe Edition Roter Drache, 2006).

Kapitel 3

**Die slawischen Vampire halten Einzug in Deutschland:
Die beiden bekanntesten Fälle in Kisolova 1725 und in Medvegya 1731/32**

> «Wenn es je in der Welt eine gerechtfertigte und bewiesene Geschichte gegeben hat, so ist es die der Vampire. Nichts fehlt: Offizielle Berichte, Aussagen von angesehenen Persönlichkeiten wie Chirurgen, Geistlichen, Richtern; das juristische Beweismaterial ist allumfassend.»
>
> — Jean-Jacques Rousseau, *Lettre 224*.

Im Jahre 1716 kam es in Südosteuropa erneut zum Krieg zwischen Österreich-Ungarn und dem Türkischen Reich. Vordergründig unterstützte Österreich Venedig, das sich seit 1714 mit den Türken im Krieg befand und in große Bedrängnis geraten war. In Wirklichkeit aber verfolgte Österreich seine expansiven Bestrebungen auf der Balkanhalbinsel und dadurch eine größtmögliche Schwächung der Türken, um selbst von diesen für längere Zeit unbehelligt zu bleiben. Durch die für Österreich glücklich verlaufenden Schlachten von Peterwardein am 5. August 1716 und Belgrad am 16. August 1717 mussten die Türken schließlich den für sie ungünstigen Frieden von Passarovitz vom 21. Juli 1718 unterzeichnen. In diesem Friedensvertrag wurde Österreich das Temesvarer Banat, die kleine Walachei sowie der nördliche Teil Serbiens und Bosniens inklusive der Festungsstadt Belgrad zugesprochen.

Die neu hinzugewonnenen Gebiete wurden von den Österreichern in Militärbezirke unterteilt, denen jeweils ein Verwalter vorstand. Belgrad wurde Sitz der obersten Militärverwaltung. Dieser stand als politischer und militärischer Befehlshaber als Vertreter Kaiser Karls VI. der Feldmarschall Karl Alexander, Prinz von Württemberg, vor, der dieses Amt von 1719 an für 18 Jahre lang innehatte. An den Grenzgegenden zum Türkischen Reich siedelte man mit Vorliebe Rätzen und Heiducken an, die die Aufgabe versahen, Lebensmittel zu produzieren und vornehmlich die unsichere Grenze zum Türkischen Reich zu überwachen. Die Dörfer, in denen diese Bauern lebten, waren militärisch organisiert, sodass es dort einen Befehlshaber, Offiziere, Unteroffiziere usw. gab. Unter diesen beiden Bevölkerungsgruppen war der Vampirglaube stark verbreitet. Es wird in der einschlägigen Literatur jener Zeit immer wieder darauf hingewiesen, dass ausschließlich Einheimische, nie jedoch die österreichischen Soldaten von diesem Übel angegriffen wurden. Ab dem Jahre 1737 befand sich Österreich erneut im Krieg mit den Türken. Nach anfänglichen Erfolgen kehrte sich das Kriegsglück letztlich zugunsten des Türkischen Reiches, und Österreich musste den demütigenden Frieden von Belgrad am 18.9.1739 unterzeichen, in welchem es seine bosnischen und serbischen Eroberungen von 1718 sowie die kleine Walachei wiederum an die Türken abtreten musste; allein das Banat verblieb bei Österreich. In diese wenigen Jahre fallen die bis heute bekanntesten Fälle von Vampirismus. Die Vorkommnisse über die Blut saugenden Toten aus den eroberten Gebieten machten den Begriff *Vampir* erst in den deutschen Staaten bekannt, wobei es mit Sicherheit eine große Rolle spielte, dass die Berichte darüber durch die angestellten Untersuchungen der österreichischen Militärbehörden eine offizielle Note besitzen. Etliche solcher vampirischen Leichen wurden in dem Zeitraum von 1718 bis 1739 in den neu hinzugewonnenen Gebieten an der südlichen Grenze des Habsburgerreiches untersucht. Die meisten Fälle erregten keinerlei Aufsehen, wurden archiviert und weggeschlossen. Die Ausnahme hiervon bildeten die berühmt gewordenen Fälle von Kisolova[80] 1725, Medvegya[81] im Winter 1731/32 und Kucklina[82] 1732 im nördlichen Serbien.

Durch sie entstand in den Jahren von 1725 bis 1739 in Deutschland unter den Gelehrten eine Diskussion um die wiederkehrenden Toten, die vornehmlich in Leipzig stattfand und in deren Verlauf eine Vielzahl von Abhandlungen zu den serbischen Vampiren verfasst wurde. Ohne diese sehr bekannten Fälle wäre das Phänomen Vampirismus in den Archiven der ethnologischen Forschung versunken und alles Nachfolgende, der galante, aristokratische Vampir der Romantik, Stokers Dracula, der ein ganzes Genre begründete, die heutigen Vampirrollenspiele und die vornehmlich unter Jugendlichen verbreitete Vampirsubkultur der heutigen Zeit, würde nicht existieren.

Warum wurden also gerade diese Ereignisse so bedeutsam? Zum einen wurde der erste Fall, von Kisolova, in ganz Österreich und Deutschland und bald gar europaweit bekannt, da der ihn untersuchende österreichische Verwalter des Bezirks Gradiska[83] den Vorfall nicht, wie sonst bei den dortigen Behörden üblich, als eine regionale An-

---

[80] Das heutige Kisiljevo.
[81] Das heutige Medveda.
[82] Das heutige Kucklijn.
[83] Das heutige Veliko Gradište.

gelegenheit betrachtete und sich nicht weiter darum kümmerte, sondern von den Umständen, deren Zeuge er geworden war, so beeindruckt war, dass er seinen detaillierten Bericht wohl nicht nur zur Landesadministration nach Belgrad, sondern auch direkt an eine übergeordnete Behörde nach Wien übersandte, wo sich später der Hofkriegsrat als auch Kaiser Karl VI. damit auseinandersetzten. Zum anderen wurden sie in der Öffentlichkeit durch ein Flugblatt mit dem Titel *Entsetzliche Begebenheit, welche sich in dem Dorff Kisolava, ohnweit Belgrad, in Ober-Ungarn, vor einigen Tagen zugetragen (1725)*[84] verbreitet und im Frombald'schen Bericht im *Wienerischen Diarium* vom 21. Juli desselben Jahres wiedergegeben. Des Weiteren befasste sich der junge Gelehrte Michael Ranft an der Leipziger Universität mit dem Fall von Kisolova und hielt dort am 27. September 1725 seine Habilitationsdisputation über den Vampir Peter Plogojovitz, die noch im selben Jahr unter dem Titel *De masticatione mortuorum in tumulis* in einem 28 Seiten umfassenden, kleinen Druck erschien. Er sorgte hiermit maßgeblich für die Verbreitung und das Bekanntwerden des Falles im deutschsprachigen Raum und war somit auch direkter Auslöser dessen, was als die so genannte *Leipziger Vampirdebatte* in die Geschichte einging, doch hierzu später mehr.

Der Kisolova-Fall spielte sich folgendermaßen ab: Im Dorf Kisolova in Serbien begab es sich, dass innerhalb von acht Tagen neun Personen nach kurzer, heftiger[85] Krankheit verstarben. Die Einwohner des Dorfes hielten den bereits zehn Wochen zuvor verstorbenen Bauern Peter Plogojovitz für den Auslöser der Todesfälle. Sie sagten aus, dass dieser als ein Blut saugendes Gespenst nachts über sie herfiele und ihnen das Leben raube. Eine Gesandtschaft des Dorfes ging darauf zur Verwaltungsbehörde nach Gradiska, um den dortigen Verwalter Frombald[86] dazu zu bewegen, die Erlaubnis zur Ausgrabung und Exekution des vermeintlichen Vampirs zu erteilen. Frombald wies die Gesandten darauf hin, dass er erst eine Anfrage diesbezüglich zur obersten Regierungsstelle nach Belgrad senden müsse; sie sollten die Antwort darauf abwarten. Die Gesandtschaft drohte ihm jedoch damit, dass die Einwohnerschaft das Dorf samt und sonders verlassen würde, wenn man ihrem Begehren nicht sofort stattgeben wollte, mit der Begründung, dass das ganze Dorf bis dahin von dem Vampir ausgerottet sein werde, wie es bereits schon unter türkischer Herrschaft geschehen wäre. Da Frombald nicht riskieren konnte, dass die Bewohner des Dorfes ihre Drohung wahr machten – die Bauern waren aus militärischen Gründen in der unsicheren Grenzge-

---

[84] *Austria*, Jahrg. 1843, S. 135, aus Hock: *Die Vampyrsagen*. Berlin 1900.
[85] Nach Frombalds Bericht führte die Erkrankung in nur 24 Stunden zum Tod.
[86] Oft wird der Cameral-Provisor Frombald als «Staatsapotheker» bezeichnet, was offenbar durch eine Fehlinterpretation des Wortes «Provisor» (was unter anderem «Apothekersgehilfe» bedeuten kann) aufgekommen ist. Hier ist aber eindeutig ein hoher Verwaltungsbeamter des «Cameral-» bzw. Regierungsbezirks von Gradiska gemeint.

Philip Burne-Jones: Der Vampir, 1897.

gend zum Türkischen Reich unverzichtbar –, sah er sich genötigt nachzugeben und begleitete sie, um die Angelegenheit selbst in Augenschein zu nehmen.

Die bei seiner Ankunft bereits ausgegrabene (!) Leiche des Peter Plogojovitz wirkte zu seiner Verwunderung unverwest, und es ließ sich, obwohl sie seit zehn Wochen beerdigt war, kein schlechter Geruch feststellen. Frombald stellte fest, dass Haare und Bart an der Leiche gewachsen zu sein schienen und dass es aussah, als hätte sich eine neue, rosige Haut gebildet, nachdem die alte sich vom Körper gelöst hatte; ein Gleiches war mit den Fingernägeln geschehen. Erstaunt bemerkte er, dass sich im Mund Plogojovitz' «frisches Blut» befand. Nach der Untersuchung ließ Frombald zu, dass die Einwohner dem vampirischen Toten einen angespitzten Pfahl durch die Brust schlugen, wobei, wie Frombald bemerkte, eine große Menge frischen Blutes nicht nur aus der Wunde, sondern auch aus Mund und Ohren floss. Danach wurde der Leichnam zu Asche verbrannt. Der Verwalter verfertigte darauf nach seiner Rückkunft an seinem Amtssitz seinen folgenschweren Bericht über den Fall und die Umstände der Exekution der Leiche, datiert auf den 6. April 1725.[87] Der Bericht ist

---

[87] Der Bericht Frombalds vom 6. April 1725: «Nachdem bereits vor zehn Wochen ein in dem Dorf Kisolova im Rahmer Distrikt wohnhafter Untertan namens Peter Plogojovitz gestorben ist und nach örtlichem Brauch bestattet wurde, sind in dem benannten Dorf Kisolova innerhalb von acht Tagen neun Personen, sowohl alte als auch junge, nach überstandener vierundzwanzigstündiger Krankheit gestorben, welche, als sie noch auf dem Totenbett lebendig gelegen, öffentlich ausgesagt haben, dass oben genannter, vor zehn Wochen verstorbener Plogojovitz zu ihnen im Schlaf gekommen sei, sich auf sie gelegt und gewürgt habe, sodass sie nunmehr den Geist aufgeben müssten. Gleichwie denn hierüber die übrigen Untertanen sehr bestürzt waren und in solchem noch mehr bestärkt wurden, da das Weib des verstorbenen Peter Plogojovitz, nachdem sie zuvor ausgesagt hatte, dass ihr Mann zu ihr gekommen sei und seine Schuhe begehrt habe, dann von dem Dorf Kisolova weggegangen sei und sich in ein anderes begeben habe. Nachdem aber bei solchen Personen, die sie Vampire nennen, verschiedene Zeichen zu sehen sein müssten, wie dass deren Körper unverweslich seien und Haut, Haar, Bart und Nägel an ihnen wachsen, haben sich die Untertanen einmütig dazu entschlossen, das Grab des Peter Plogojovitz zu öffnen, um zu sehen, ob sich wirklich die oben genannten Zeichen an ihm finden. Zu diesem Zweck haben sie sich zu mir hierher verfügt und mich nebst Andeutung des erwähnten Falles mitsamt dem hiesigen Popen oder Geistlichen gebeten, der Besichtigung beizuwohnen, und obwohl ihnen erstens die Tatsache erklärt wurde, dass ein solches Unternehmen vorher an eine übergeordnete Verwaltungsbehörde untertänigst gehorsam zu berichten sei und derselben Erlaubnis hierüber vorliegen müsste, haben sie sich doch keineswegs hierzu bequemen wollen, sondern vielmehr diese kurze Antwort gegeben: Ich möchte tun, was ich

nicht namentlich unterzeichnet und in den gedruckten Quellen wird auch niemals der Name des Verwalters genannt, glücklicherweise ist er aber in den Akten des österreichischen Haus-, Hof- und Staatsarchivs unter der Bezeichnung *Copia des vom Hrn. Frombald Kayl. Cameral Provisore zu Gradiska im Königreich Servien erlaßenen Briefes anno 1725, die im Königreich Servien damals in Schwang gegangenen sogenannte vampiri oder Blutsauger betreffend* erhalten.[88] Der Hofkriegsrat schenkte der Begebenheit ebenfalls Beachtung. Im Sitzungsprotokoll vom 25. Juli 1725 wurde eine weitere Untersuchung des Falles angeordnet, die im August durch die kaiserliche Administration in Belgrad unter Prinz Karl Alexander von Württemberg durchgeführt und über welche auch ein Bericht erstattet wurde. Damit verläuft sich die behördliche Bestandsaufnahme des Falles.

Prinz Karl Alexander von Württemberg als auch Kaiser Karl VI. zeigten sich an den

---

wollte, aber sofern ich ihnen nicht gestatten würde, auf vorherige Besichtigung und rechtliche Erkenntnis mit dem Körper nach ihrem Brauch zu verfahren, müssten sie Haus und Gut verlassen, weil bis zur Erhaltung einer gnädigsten Erlaubnis von Belgrad wohl das ganze Dorf (wie es schon unter türkischen Zeiten geschehen sein sollte), durch einen solchen üblen Geist zugrunde gehen könnte, welches sie nicht abwarten wollten. Da nun solche Leute weder mit guten Worten noch Bedrohungen von ihrem gefassten Entschluss abzuhalten sind, habe ich mich mit Zuziehung des Gradisker Popen in genanntes Dorf Kisolova begeben, den bereits ausgegrabenen Körper des Peter Plogojovitz besichtigt und wahrheitsgemäß Folgendes befunden: Dass erstens von diesem Körper und dessen Grab nicht der mindeste, sonst der Toten gewöhnlicher Geruch ausging, der Körper, außer der Nase, welche etwas abgefallen, ganz frisch, Haar und Bart, ja auch die Nägel, wovon die Alten abgefallen, an ihm gewachsen, die alte Haut, welche etwas weißlich war, hat sich hinweggeschält und eine neue frische darunter hervorgetan, das Gesicht, Hände und Füße und der ganze Leib waren so beschaffen, dass sie in seinen Lebzeiten nicht hätten vollkommener sein können. In seinem Mund habe ich nicht ohne Erstaunen einiges frisches Blut erblickt, welches er der allgemeinen Aussage nach von denen durch ihn Umgebrachten gesogen habe. Alles in allem waren alle Indizien vorhanden, welche dergleichen Leute (wie schon oben bemerkt) an sich haben sollten. Nachdem sowohl der Pope als auch ich dieses Schauspiel gesehen hatten, der Pöbel aber mehr und mehr ergrimmter als bestürzter wurde, haben sämtliche Untertanen hastig einen Pflock angespitzt, um mit diesem den toten Körper zu durchstechen, und haben ihn an das Herz gesetzt. Bei dieser Durchstechung floss nicht nur viel frisches Blut, auch durch Ohren und Mund, sondern es gingen noch andere *wilde Zeichen* (welche ich wegen hohen Respekts umgehe) vor.

Sie haben schließlich den oft erwähnten Körper nach in diesem Falle üblichen Brauch zu Asche verbrannt, welches ich dann einer hochlöblichen Verwaltungsbehörde melden und anbei gehorsamst untertänigst bitten wolle, dass wenn man hierin einen Fehler begangen haben sollte, diesen nicht mir, sondern dem vor Furcht außer sich selbst gesetzten Pöbel beizumessen. Kaiserlicher Verwalter im Gradisker Distrikt.» (aus: *Wienerisches Diarium* vom 21. Juli 1725. Ferner: *Visum et Repertum über die sogenannten Vampirs* ..., Anonym, Nürnberg 1732.)

[88] Stk. 191. Türkei I. Turcica. 1724/25 I/II, S. 25 – 26. S. a. A. Schröder: *Vampirismus*.

Ereignissen um den untoten Peter Plogojovitz sehr interessiert. Da durch den Kisolova-Fall das Augenmerk so hochrangiger Persönlichkeiten auf die vampirischen Leichen gelenkt wurde, sensibilisierte sich auch die gelehrte Welt immer mehr für nachfolgende Fälle solcher Art. Nachdem es nach 1725 wieder etwas ruhiger um den Vampir als Forschungsgegenstand geworden war, kam die Diskussion durch die Ereignisse in dem Dorf Medvegya im Winter 1731/32 erneut in Gang.

Im Dezember des Jahres 1731 wurde der kaiserliche Seuchenarzt Glaser von dem Kommandeur der österreichischen Armee in Jagodina, Oberstleutnant Schnezzer,[89] in das Dorf Medvegya an der Morava entsandt, da dieser sich mit Klagen der dortigen Einwohner über eine regelrechte Vampirepidemie konfrontiert sah. Glaser konnte in dem Dorf nichts feststellen, das einer tödlichen Seuche gleichkäme. Die Dorfbewohner gaben dem Arzt jedoch zu verstehen, dass Blut saugende Tote, also Vampire für das Sterben verantwortlich seien. Sie beschuldigten eine alte Frau namens Miliza, die nach ihrem Ableben einige Wochen zuvor der Auslöser der Vampirseuche gewesen sei. Sie habe zu Lebzeiten behauptet, Fleisch von Schafen gegessen zu haben, die von Vampiren umgebracht worden wären. Dadurch habe sie den Keim in sich getragen, nach ihrem Tod selbst zum Vampir zu werden.

Die Bauern baten Glaser darum, die Ausgrabung und Vernichtung der vampirischen Leichen zu gestatten, gleichzeitig mit der Drohung versehen, dass sie, wenn ihrem Begehren nicht stattgegeben würde, das Dorf verlassen würden. Der Arzt sah sich gezwungen, die Gräber öffnen zu lassen, und sah zu seiner Verwunderung die gleichen vampirischen Merkmale an den als Blutsaugern benannten Leichen wie der kaiserliche Verwalter Frombald einige Jahre zuvor in Kisolova. Er erstellte darauf einen Bericht an Oberstleutnant Schnezzer, in dem er empfahl, die Hinrichtung der entsprechenden Toten zu gestatten, da die Ortschaft von Bedeutung war und er nicht riskieren wollte, dass die Einwohner sie verlassen. Davon abgesehen habe er selbst auch keine bessere Erklärung für die dortigen Todesfälle.

An dieser Stelle muss erwähnt werden, dass der Bericht Glasers nicht namentlich unterzeichnet ist (gleichwie derjenige Frombalds vom Kisolova-Fall) und sein Familienname, wenn auch leider nicht sein Vorname, nur durch zwei Quellen bekannt ist: Zum einen aus der Überschrift, die sein Bericht im österreichischen Hofkammerarchiv unter der Bezeichnung *Bericht des kaiserlichen Physici Contumaciae Glaser*[90] führt, und zum anderen durch den Brief seines Vaters Johann Friedrich Glaser, gleichfalls

---

[89] Sein Name ist bekannt durch das Schreiben des Belgrader Kommandanten Marquis Antoniotto Botta d'Adorno. Hoffinanz Ungarn, Rote Nummer 654, S. 1132.
[90] Hoffinanz Ungarn. Rote Nr. 654, S. 1134 – 1136. S. a. A. Schröder: *Vampirismus*. S. 6.

Arzt, an die Gelehrtenzeitschrift *Commercium Litterarium*, welcher in der Ausgabe vom 12.3.1732 veröffentlicht wurde. Der Brief gelangte gleichfalls in die Redaktionsstube der *Geistlichen Fama*, einer theologischen Fachzeitschrift, und wurde dort im 8. Stück der Ausgaben des Jahres 1732 wiedergegeben.

Kommandant Schnezzer war mit dem Ausgang der Untersuchung nicht zufrieden und sandte den Bericht Glasers an das Oberkommando der österreichischen Serbienarmee nach Belgrad. Dort wurde von Marquis Botta d'Adorno,[91] als Stellvertreter Prinz Karl Alexanders von Württemberg entschieden, dass eine Untersuchungskommission von Offizieren und Militärärzten unter der Führung des Regimentsfeldscherers Johann Flückinger vom Fürstenbuschischen Regiment durchgeführt werden sollte. Anfang Januar 1732 traf die Kommission in Medvegya ein, wo sich durch eine Befragung der Einwohner herausstellte, dass die Vampirseuche einen früheren Ursprung als die genannte verstorbene alte Frau Miliza hatte: Ein Bauer namens Arnout Pavle[92], der sich in den 1720er Jahren in dem Dorf niedergelassen hatte, hatte zu seinen Lebzeiten erzählt, dass er im Kosovo im (damals) türkischen Teil Serbiens von einem Vampir geplagt worden wäre und, um sich von ihm zu entledigen, von der Erde dessen Grabes gegessen und sich mit dem Vampirblut eingerieben hätte. Bei einem Sturz von einem Heuwagen im Jahre 1727 hatte er sich das Genick gebrochen. Nach seinem Tod jedoch soll er als Vampir umgegangen sein und mehreren Menschen und Schafen das Blut ausgesaugt und sie so getötet haben. Mit seiner Leiche wurde daraufhin von den Dorfbewohnern auf traditionelle Weise verfahren. Andere Dorfbewohner jedoch aßen, wohl in Folge eines Mangels an anderen Lebensmitteln, von dem Fleisch des von ihm getöteten Viehs, was wiederum dazu führte, dass diese Personen nach ihrem Ableben gleichfalls zu Vampiren haben werden müssen.

Flückinger stellte am 7. Januar eine genaue Untersuchung der als Vampire angegebenen Leichen an und machte die gleichen Beobachtungen wie Glaser kurze Zeit vor ihm. Darüber hinaus stellte er fest, dass Verstorbene, die eine identische Zeitspanne wie die vampirischen Leichname in direkter Nachbarschaft mit diesen Körpern und in derselben Erde gelegen hatten, bereits in Zersetzung begriffen, die vampirischen Leichen hingegen gänzlich intakt waren, mit allen körperlichen Anzeichen, die die Dorfbewohner den Blutsaugern nachsagten.

---

[91] * 1688, † 29. 12. 1774
[92] Im Originaldokument liest sich der Name – von laxer Hand geschrieben – Arnout Pavle, in späteren Drucken wird er als Arnond oder Arnold Paole oder auch als Arnold Paul wiedergegeben. Offenbar hieß der Mann schlicht Pavle, und der Name «Arnaut», eine türkische Bezeichnung für einen Albaner, die hauptsächlich in der Bedeutung von einem albanischen Soldaten gebraucht wurde, wurde nur ergänzend vorangesetzt.

Flückinger konnte sich dies nicht erklären und ordnete daraufhin die Exekution der als Vampire verdächtigten Toten an: Ihnen wurden die Köpfe abgeschlagen und die Körper anschließend verbrannt. Die Asche wurde in den am Dorf vorbeifließenden Fluss Morava geworfen.

Der Bericht über die Geschehnisse wurde von Johann Flückinger am 7. (Datum des Beginns der Untersuchung) bzw. am 26. Januar 1732 erstellt und von den Offizieren sowie den Unterfeldscheren der Untersuchungskommission gegengezeichnet. Unter dem Titel *Visum et Repertum* erhielt er dann im gleichen Jahr durch seine öffentliche Bekanntmachung – zumal durch den anonymen Nürnberger Druck mit gleichnamigem Titel – seine bis heute ungebrochene Berühmtheit als einer der am besten dokumentierten Fälle über Vampirismus. Zu den Geschehnissen in Medvegya ereignete sich zeitgleich in dem wenige Kilometer entfernten Dorf Kucklina ein Fall von Vampirismus, der durch den Brief des Offiziers Alexander Freiherr von Kottwitz vom Alexandrischen Regiment, wohl ein Mitglied der Untersuchungskommission Flückingers aus Medvegya, publik wurde.[93] Dieser sandte seine Nachricht mit Beschreibung der Umstände an den hochgestellten Leipziger Mediziner Prof. Dr. Michael Ernst Ettmüller, mit der Bitte, ein Gutachten seinerseits hierüber auszustellen.[94]

Die Originale des Glaser'schen Berichts sowie des *Visum et Repertum* sind heute leider verschollen, im Wiener Hofkammerarchiv befinden sich jedoch handschriftliche Kopien davon. Der Bericht Glasers befindet sich auf drei Folioblättern in sauberer Kurrent-Schrift wiedergegeben, das *Visum et Repertum*, eng beschrieben auf drei Folioblättern, in hastigerer Kurrent. Beide Berichtkopien stammen aus derselben Zeit und wurden wohl unmittelbar nach ihrem Eintreffen in Wien angefertigt. Glasers Bericht wurde in der Folgezeit, d. h. in den 1730er Jahren, nie gedruckt, was ihn deshalb etwas in Vergessenheit geraten ließ. Flückingers Bericht hingegen erlebte viele Wiedergaben in den Abhandlungen der auf ihn folgenden Vampirdebatte in Deutschland. Da er sich in vielen Details von den gedruckten Versionen des *Visum et Repertum* unterscheidet, gehe ich davon aus, dass der amtliche Kopist den Bericht exakt so wiedergegeben hat, wie ihn Flückinger eingereicht hatte. Er wurde ebenso wie Glasers Bericht im Laufe seiner Lagerung im Archiv offenbar eifrig konsultiert, wie die Verschmutzungen im unteren Bereich der Aktenseiten, die durch häufiges Anfassen und Umblättern entstehen, vermuten lassen.

---

[93] Sein Brief ist gleichen Orts und Datums wie der Bericht Flückingers, auch gehörte er dem gleichen Regiment an wie die Offiziere, die den Medvegya-Bericht gegengezeichnet hatten.
[94] Das erbetene Gutachten ist offenbar nie geschrieben worden. Professor Ettmüller starb im selben Jahr, am 25.09.1732, im Alter von nur 59 Jahren.

Auch das Original des Briefes von Kottwitz ist heute verlorengegangen. Er findet sich nur noch in den gedruckten Quellschriften der Vampirdebatte von 1732. Die erhaltenen Dokumente lauten transkribiert wie folgt:

Der Bericht Glasers aus Medvegya vom 12. Dezember 1731

«Bericht von der Dorfgemeinschaft Metwett[95] an der Morava, welche sich dort über ein Sterben beklagten. Darauf bin ich als kaiserlicher Seuchenarzt zu Parakin[96] dahin gegangen, habe selbiges Dorf von Haus zu Haus genau durchsucht und verhörte die Einwohner am 12. Dezember 1731. Jedoch habe ich dort keine einzige ansteckende Krankheit oder ansteckende Zustände gefunden, als nur Tertian und Quartanfieber,[97] Seitenstechen und Brustbeschwerden, die alle von den durchgeführten Völlereien ihrer Rätzischen Fastengewohnheit[98] herrühren. Als ich aber weiter untersuchte, warum sie sich denn beschweren, dass innerhalb von sechs Wochen 13 Personen gestorben seien, und worüber sie sich beklagten, bevor sie gestorben sind, da sagten sie alle das Gleiche aus, nämlich dass sie Seitenstechen und Brustbeschwerden, auch langwierige Fieber und Gliederreißen gehabt hätten. Sie glauben aber nicht, dass die allzu schnell nacheinander folgenden Begräbnisse von diesen Zuständen herrühren können, sondern weil die genannten Vampire oder Blutsauger vorhanden seien. Darauf haben sowohl ich als auch ihr eigener Offizier im Beisein des Führers von Kragobaz[99] und des Korporals[100] von Stallada[101] nach aller Möglichkeit versucht, es ihnen auszureden. Wir redeten und legten es ihnen dar, aber es war nicht möglich, ihnen ihre Meinung zu nehmen, und sie sagten, ehe sie sich auf diese Weise umbringen ließen, wollten sie sich lieber an einem anderen Ort ansiedeln. Nachts legen sich die Bewohner von zwei oder auch drei Häusern zusammen, um teils zu schlafen, während die anderen wachen. Sie sagen, es werde auch nicht eher mit dem Sterben aufhören, bis nicht von einer löblichen Obrigkeit eine Exekution der genannten Vampire beschlossen und durchgeführt werde.

---

[95] Von Glaser benutzter Name für Medvegya, dem heutigen Medveda.
[96] Das heutige Paraćin.
[97] Ein Wechselfieber, das, wie die lateinische Bezeichnung *tertiar* oder *quartan*, entweder alle drei oder vier Tage auftritt.
[98] Die Rätzen hielten, wie alle Angehörigen der griechischen Kirche, besonders in der Winterzeit ein sehr strenges Fasten ein, was laut vielen alten Berichten häufig zu ernsthaften gesundheitlichen Problemen führte. (Siehe auch G. Tallar: *Visum repertum* ..., 1756).
[99] Das heutige Kragujevac.
[100] Unteroffiziere.
[101] Das heutige Stalać.

Denn, so haben sie erzählt, waren in dem Dorf zwei Weiber, welche sich zu ihren Lebzeiten vervampiert haben, und nach ihrem Tod würden sie gleichfalls Vampire werden, wie sie wiederum andere vervampieren würden. Diese also sind vor sieben Wochen gestorben, und die Leute beharren hartnäckig darauf, besonders auf jenes alte Weib. Daher habe ich zehn Gräber öffnen lassen, um der Wahrheit auf den Grund zu gehen und zu berichten, und zwar zum ersten das jenes alten Weibes mit Namen Miliza, auf welches sie sich versteiften, dass sie den Anfang gemacht habe:

Vampir mit 50 Jahren, liegt sieben Wochen; ist vor sechs Jahren von der türkischen Seite herübergekommen und hat sich zu Metwett niedergelassen. Sie hat allezeit nachbarlich gelebt, keiner kann von ihr sagen, ob sie etwas Diabolisches geglaubt oder Zauberei getrieben habe. Sie war von dürrer, hagerer Gestalt. Während ihrer Lebzeiten hat sie aber den Nachbarn erzählt, sie habe, als sie noch auf der türkischen Seite gewohnt habe, zwei Schafe gegessen, welche die Vampire umgebracht hätten. Daher werde sie, wenn sie stirbt, gleichfalls ein Vampir werden. – Auf diese Reden von ihr gründet der Pöbel fest seine Meinung.

Diese Person habe ich auch wirklich gesehen, und weil diese vormals von einer dürren, hageren Beschaffenheit des Leibs gewesen sein sollte, alt von Jahren, sieben Wochen lang gelegen, in keinem Sarg, sondern in der bloßen feuchten Erde, hätte sie notwendigerweise schon halb verwest sein sollen. Aber sie war noch vollkommen ganz, der Mund war geöffnet, das helle frische Blut ist aus Nase und Mund herausgeflossen, der Leib war hoch aufgeblasen und mit Blut unterlaufen; welches mir selbst suspekt vorkommt und ich den Leuten nicht unrecht geben kann.

Nach Öffnung einiger weiterer Gräber, in denen welche waren, die jünger von Jahren, bei Lebzeiten von fetter Gestalt, kurz vor ausgestandener Krankheitszeit, und zwar schwächerer Krankheit waren, als jene Alte sie hatte, sind diese so verwest vorgefunden worden, wie es sich es für einen gewöhnlichen Leichnam gehört.

Das andere Weib als Vampir mit Namen Stanno[102]: Ein Weib, während des Gebärens gestorben; hat das Kind auf die Welt gebracht, dieses ist aber auch gleich gestorben. Sie war 20 Jahre alt und liegt seit einem Monat begraben. Sie erzählte ihren Nachbarn zu Lebzeiten, dass sie, als sie noch in dem Türkischen war – wo die Vampire auch sehr stark herrschen – sich einst, um sich vor solchen zu schützen, mit dem Blut eines Vampirs einschmierte, weshalb sie sagte, dass sie nach ihrem Tod auch ein Vampir werden würde. Sie war in gleicher Weise beschaffen wie die Erstere, ebenso das unmündige Kind, und weil dieses Kind die Taufe noch nicht empfangen hatte, haben sie es nicht auf dem Friedhof, sondern hinter einem Zaun beerdigt, wo die Mutter gewohnt hat und welchen Platz ich auch gesehen habe. In gleicher Weise waren

---

[102] Glaser bezeichnet damit die in Flückingers Bericht unter Punkt 1. benannte Stana.

die anderen so beschaffen und kurz nacheinander darauf gestorben, welche sich mit vervampiert haben. Vampire sind nach Meinung der Leute:

Milloi, ein Kerl von 14 Jahren; liegt fünf Wochen.

Joachim, ein Kerl von 15 Jahren; liegt fünf Wochen. Beide sind einen Tag voneinander gestorben, nach vorher gehabter Völlerei bei einem Namenstag eines Dorfheiducken (wegen ihrer Fastengewohnheit). Sie sind in gleicher Weise wie die anderen beschaffen.

Ruschiza, ein Weib von 40 Jahren; liegt 15 Tage; ist halb verdächtig.

Nunmehr, weil jetzige von jüngeren Jahren waren, von kürzeren und schwächeren Krankheitsbeschwerden, auch kürzere Zeit im Grab liegen, und gänzlich, wie sich es gehört, verwest sind – sagen die Metwetter: Warum diese schon gänzlich verwest seien und die anderen nicht, obwohl sie viel stärker, korpulenter, jünger und frischer waren als die anderen? Dieser vorgebrachte Grund scheint nicht unlogisch, und es ist, wie z. B. Milosowa, die Frau eines Heiducken (30 Jahre alt; liegt seit drei Wochen in der Erde), von dieser Zeit an, wie es sich gehört, bereits ziemlich verwest. Auch diejenigen, die folgen:

Radi, ein Kerl von 24 Jahren; liegt drei Wochen.

Wutschiza, ein Junge von 9 Jahren; liegt einen Monat.

Daher bitten sie untertänig, es möchte doch von einer löblichen Obrigkeit nach dem Gutachten die Erlaubnis gegeben werden, eine Exekution durchzuführen, um dieses Übel abzuwenden. Was ich selbst für gut halte, um die Untertanen zufriedenzustellen, zumal es ein ziemlich großes Dorf[103] ist, – denn in der Sache an sich befindet es sich genau so.»[104]

Wie dem darauffolgenden Gutachten des Militärchirurgen Johann Flückingers zu entnehmen ist, starben in der Zeit zwischen der Untersuchung der Vorfälle in Medvegya von Glaser am 12.12.1731 und derjenigen seiner abgeordneten Kommission am 7. Januar noch vier weitere Menschen; er spricht in seinem Bericht von nunmehr 17 Gestorbenen, wohingegen Glaser erst 13 anführte. Besonders hebt er hier die Ehefrau eines Heiducken namens Stanacka unter Punkt 13. hervor, die am 20. Dezember 1731, also acht Tage, nachdem Glaser seinen Bericht geschrieben hatte, durch den gleichfalls schon bei Glaser genannten Millove umgebracht worden sei. Die Aufregung im Dorf musste bei Flückingers Ankunft Anfang Januar 1732 bereits den Siedepunkt erreicht haben.

---

[103] Glaser befürchtete, dass die Bewohner Medvegyas wegen ihrer Furcht vor den Vampiren das Dorf ansonsten wirklich aufgeben und verlassen würden, um sich woanders anzusiedeln.
[104] Hofkammarchiv Wien, Hoffinanz Ungarn. Rote Nr. 654, S. 1134 – 1136. S. a.: K. Hamberger: Mortuus non mordet. S. 46 ff. Wien 1992.

Der Bericht Johann Flückingers vom 7./26. Januar 1732

Visum et Repertum[105]

Über die so genannten Vampire, oder Blutaussauger, so zu Medvegya in Serbien, an der türkischen Grenze, den 7. Januar 1732 geschehen.

Nachdem die Anzeige geschehen ist, dass im besagten Dorf die so genannten Vampire einige Personen durch Aussaugung des Blutes umgebracht haben sollen, bin ich auf hohe Verordnung des hiesigen hochlöblichen Oberkommandos hin, um die Sache vollständig zu untersuchen, nebst dazu kommandierten Herren Offizieren und zwei Unterfeldscherern[106] dahin abgeschickt worden, und die gegenwärtige Untersuchung wurde im Beisein des Stallater Heiducken-Kompaniekapitäns Gorschitz, Hadnack[107], Barjactar[108] und ältesten Heiducken des Dorfes folgendermaßen vorgenommen und gehört. Diese sagten dann einhellig aus, dass vor ungefähr fünf Jahren ein hiesiger Heiducke namens Arnout Pavle[109] sich durch einen Fall von einem Heuwagen den Hals gebrochen habe. Dieser hatte sich zu seinen Lebzeiten öfters verlauten lassen, dass er im Kosovo im türkischen Serbien von einem Vampir geplagt worden sei, daher habe er von der Erde des Grabes des Vampirs gegessen und sich mit dessen Blut beschmiert, um von der erlittenen Plage entledigt zu werden. 20 oder 30 Tage nach seinem Todesfall haben sich einige Leute beklagt, dass sie von dem genannten Arnout Pavle geplagt würden und auch vier Personen von ihm umgebracht worden seien. Um nun dieses Übel einzustellen, haben sie auf Anraten ihres Hadnacks (welcher schon vorher bei dergleichen Begebenheiten gewesen war) diesen Arnout Pavle ungefähr 40 Tage nach seinem Tod ausgegraben und befunden, dass er ganz vollkommen und unverwest sei, auch, dass ihm das frische Blut zu den Augen, Nase, Mund und Ohren herausgeflossen sei, dass Hemd, Übertuch und Sarg ganz blutig gewesen seien, die alten Nägel an Händen und Füßen samt der Haut abgefallen und dagegen eine andere neue gewachsen wäre. Weil sie nun daraus sahen, dass er ein wirklicher Vampir sei, so haben sie demselben nach ihrer Gewohnheit einen Pfahl durchs Herz geschlagen, wobei er einen wohl vernehmlichen Ächzer getan und viel Blut von sich gelassen habe, worauf sie den Körper noch am selben Tag zu Asche

---

[105] *Visum et repertum* (Lat.: *In Augenschein genommen und berichtet*) lautet die Bezeichnung für einen von einem Arzt dazu abbestellten offiziellen Bericht über verwundete oder tote menschliche Körper.
[106] Feldchirurgen, Militärärzte.
[107] Ungar. Leutnant.
[108] Wörtl. Bannerträger, Stammesführer, in diesem Fall Dorfoberster.
[109] Im handschriftlichen Flückinger-Bericht des Wiener Hofkammerarchivs liest man durchgängig die Schreibform Arnout Pavle. In den gedruckten Varianten des Flückinger'schen *Visum et Repertums* kommt in der Regel die Schreibweise Arnold Paole vor.

verbrannt haben und diese wieder in das Grab warfen. Ferner sagen die genannten Leute aus, dass alle diejenigen, welche von den Vampiren geplagt und umgebracht würden, ebenfalls zu Vampiren werden müssten. Also haben sie die oben genannten vier Personen auf gleiche Art gerichtet. Diesem fügen sie auch hinzu, dass jener Arnout Pavle nicht nur die Leute, sondern auch das Vieh angegriffen und ihm das Blut ausgesogen habe. Weil nun die Leute das Fleisch von solchem Vieh genutzt haben, so zeigt es sich aufs Neue, dass sich wiederum einige Vampire hier befinden, zumal in einer Zeit von drei Monaten 17 junge und alte Personen gestorben sind, worunter einige ohne vorher gehabte Krankheit in zwei oder längstens drei Tagen starben. Dabei berichtet der Heiducke Joviza, dass seine Schwiegertochter namens Stanacka sich vor 15 Tagen frisch und gesund schlafen gelegt habe, um Mitternacht aber mit einem entsetzlichen Geschrei und vor Angst zitternd aus dem Schlaf aufgefahren sei und geklagt habe, dass sie von einem vor 9 Wochen verstorbenen Heiduckensohn namens Millove am Hals gewürgt worden sei, worauf sie einige Schmerzen auf der Brust empfunden und von Stund zu Stund sich schlechter befunden habe, bis sie schließlich am dritten Tag gestorben sei. Hierauf sind wir denselben Nachmittag auf den Friedhof gegangen, um die verdächtigen Gräber zu öffnen und die darin befindlichen Körper zu besichtigen, wobei sich gezeigt hat:

Ein Weib namens Stana, 20 Jahre alt, welche vor 2 Monaten nach dreitägiger Krankheit seit ihrer Niederkunft gestorben war und vor ihrem Tode selbst ausgesagt hatte, dass sie sich mit dem Blut eines Vampirs bestrichen hätte, folglich sowohl sie als auch ihr Kind, welches nach der Geburt gestorben und wegen schlechter Beerdigung von den Hunden bis auf die Hälfte verzehrt worden war, ebenfalls zu Vampiren haben werden müssen. Diese war ganz vollkommen und unverwest. Bei Eröffnung des Körpers zeigte sich in der Brusthöhle eine große Menge frisches, aus den Gefäßen ausgetretenes Blut. Die Arterien und Venen nebst den Herzkammern waren nicht, wie sonst gewöhnlich, mit geronnenem Blut angefüllt. Sämtliche Eingeweide wie Lunge, Leber, Herz, Milz, Magen und Gedärme waren ganz frisch, wie bei einem gesunden Menschen. Der Uterus befand sich sehr groß, war äußerlich entzündet und befand sich, weil die Nachgeburt darin geblieben war, in völliger Fäulnis. Die Haut an Händen und Füßen, fiel samt den alten Nägeln von selbst herunter, hingegen zeigten sich neben einer frischen und lebhaften Haut ganz neue, aber etwas mit Blut unterlaufene Nägel.

Befand sich ein Weib namens Miliza, ungefähr 60 Jahre alt, welche nach dreimonatiger Krankheit gestorben war und vor etwa neunzig Tagen begraben wurde. In der Brust befand sich viel flüssiges Blut, die übrigen Eingeweide waren ebenso wie bei der vorgenannten Person in einem guten Zustand. Die umstehenden Heiducken haben sich bei der Sezierung über ihre Fettheit und Vollkommenheit des Leibes sehr verwundert und sagten aus, dass sie das Weib von ihrer Jugend an gut gekannt haben und diese Zeit ihres Lebens ganz mager und ausgedörrt ausgesehen habe, mit der Versicherung, dass sie in dem Grab zu dieser verwunderungswürdigen Fettheit gelangt sei. Der Aussage der Leute nach soll sie zu jetziger Zeit den Anfang der Vampire gemacht haben, indem sie das Fleisch von den Schafen, welche von den vorhergehenden Vampiren umgebracht worden seien, gegessen hätte.[110]

Ein achttägiges Kind, welches bei der Sezierung die Brust nebst dem Herzen voll frischem Blut zeigte und neue Nägel an Händen und Füßen hatte. Das Gehirn aber war einer wohlgekochten Materie gleich. Dieses Kind hatte 90 Tage im Grab gelegen.

Wurde eines Heiducken Sohn, Millove[111] genannt, von 16 Jahren, ausgegraben, welcher neun Wochen in der Erde gelegen hatte, nachdem er an einer dreitägigen Krankheit gestorben war. Es zeigten sich bei ihm alle die oben gemeldeten Umstände.

Ist Joachim, auch eines Heiducken Sohn, 17 Jahre alt, nach dreitägiger

T: *Nosferatu/Nosferatu*; D: Max Schreck; R: Fs Ws (Friedrich Wilhelm) Murnau; P: D; J: 1922

---

[110] In diesem Punkt widerspricht Flückinger dem Bericht Glasers, welcher schreibt, dass Militza ca. 50 Jahre alt wäre und erst sechs Jahre zuvor von der türkischen Seite nach Medwegya gezogen wäre. «Im Türkischen», so Glaser, hätte sie auch die von einem Vampir getöteten Schafe gegessen.

[111] Auch bekannt unter Milloè, s. Hofkammerarchiv Wien, Hoffinanz Ungarn, Rote Nr. 654, S. 1138–1140.

Krankheit, wie der Vorige gestorben, auch wie der Vorige bei der Sektion befunden worden, obgleich er schon 36 Tage im Grab gelegen hatte.

Ein Weib namens Ruscha, welche nach zehntägiger Krankheit gestorben und vor sechs Wochen begraben worden war, bei welcher viel frisches Blut nicht nur in der Brust, sondern auch im Magen gefunden wurde: Ihr Kind, das 18 Tage alt und vor fünf Wochen begraben worden war, befand sich in gleichen Umständen.

Nicht weniger befand sich ein Mädchen von 10 Jahren, welches vor zwei Monaten gestorben war, in dem oben beschriebenen Zustand, ganz vollkommen und unverwest, und hatte in der Brust viel frisches Blut.

Hat man des Hadnacks Eheweib mit ihrem Kind ausgegraben, welche vor sieben Wochen, ihr Kind aber, welches acht Wochen alt war, vor drei Wochen gestorben sind, und befunden, dass sowohl Mutter als Kind völlig verwest waren, obwohl sie gleich neben den vorgemeldeten Gräbern der Vampire gelegen hatten.

Ein Knecht des hiesigen Heiduckenkorporals namens Rhade, 23 Jahre alt, ist nach dreimonatiger Krankheit gestorben und nach fünfwöchigem Begräbnis völlig verwest gefunden worden.

Des hiesigen Barjactars Weib, samt dem kleinen Kind, welche vor fünf Wochen gestorben war, ist gleichfalls ganz verwest gefunden worden.

Bei Stanco, einem Heiducken, 60 Jahre alt, welcher vor sechs Wochen gestorben war, habe ich wie bei den anderen viel flüssiges Blut in der Brust und im Magen gefunden.

Millove, ein Heiducke von 25 Jahren, welcher sechs Wochen in der Erde gelegen hatte, befand sich in gleichem Zustand.

Stanacka,[112] eines Heiducken Eheweib, 20 bis 22 Jahre alt, ist nach dreitägiger Krankheit gestorben und vor 18 Tagen begraben worden. Bei der Sektion habe ich befunden, dass sie im Gesicht und am Hals ganz rot und lebhaft ausgesehen hat. Wir haben bereits oben gemeldet, dass sie von des Heiduckens Sohn Millove um Mitternacht am Hals gewürgt worden sei. Dieses hat sich noch jetzt gezeigt, indem sie rechts unter dem Ohr einen blauen, mit Blut unterlaufenen Fleck, so lang wie ein Finger, gehabt hat. Bei Herausnehmung aus dem Grab floss eine Menge frisches Blut aus der Nase. Bei der Sektion fand sich ein recht balsamisches frisches Blut nicht nur in der Brusthöhle, sondern auch in der Herzkammer. Sämtliche Eingeweide befanden sich in vollkommen gesundem und gutem Zustand. Die Unterhaut des ganzen Körpers samt den neuen Nägeln an Händen und Füßen waren gleichfalls ganz frisch.

---

[112] Auch bekannt unter Stanjoicka, s. a. Hofkammerarchiv Wien, Hoffinanz Ungarn, Rote Nr. 654, S. 1138 – 1140.

Nach geschehener Untersuchung sind den Vampiren durch die dortigen Zigeuner die Köpfe heruntergeschlagen und samt den Körpern zu Asche verbrannt worden, die Asche aber in den Fluss Morava geworfen worden. Die verwesten Körper aber hat man wieder in ihre vorigen Gräber gelegt. Welches hiermit nebst denen mit zugegebenen Unterfeldscherern bekräftigen:
Untersucht und geprüft:
Johann Flückinger, Regimentsfeldscherer des löblichen Baron Fürstenbuschischen Regiments zu Fuß.
J. H. Siegell, Feldscherer von dem löblichen Morallischen Regiment und
Johann Friedrich Baumgärtner, Feldscherer von dem löblichen Baron Fürstenbuschischen Regiments zu Fuß.
Wir zum Ende Unterschreibende bezeugen hiermit, dass wir alles dasjenige, welches der Regimentsfeldscherer vom löblichen Fürstenbuschischen Regiment samt beiden hier oben unterzeichneten Feldscherersgesellen, die Vampire betreffend, in Augenschein genommen hat, in allen und jeden der Wahrheit gemäß und in unserer eigenen Gegenwart vorgenommen, untersucht und geprüft worden ist. Zu Bekräftigung dessen ist unsere eigenhändige Unterschrift und Fertigung.
Belgrad, den 26. Januar 1732.
Büttner, Oberstleutnant des löblichen Alexandrischen Regiments
J. H. von Lindenfels, Fähnrich des löblichen Alexandrischen Regiments.»[113]

Im Gegensatz zu Glasers Bericht enthält derjenige Flückingers noch besondere Details zum Vampirglauben unter den Einwohnern Serbiens. Vorsichtsmaßnamen sowie die Möglichkeiten der Ansteckung mit dem Vampirismus werden ausführlicher als bei Glaser dargelegt. Flückinger nimmt nicht wie Glaser nur die reinen Fakten zur Kenntnis, sondern verhört die Bewohner Medvegyas eindringlicher als dieser, und so kommt bei ihm erstmals die Begebenheit um den Vampir Arnout Pavle im Jahr 1727 zum Vorschein. Leider gibt der Bericht Flückingers (wie derjenige Frombalds 1725 über den Kisolova-Fall) nicht wieder, was nach der Exekution der vampirischen Leichen geschah und ob das Sterben innerhalb des Dorfes damit beendet wurde oder nicht.

Im Anschluss an den Bericht Flückingers folgte ein Schreiben des Freiherrn Alexander von Kottwitz, einem Mitglied der Medvegya-Kommission Flückingers, an den Leipziger Mediziner Prof. Dr. Michael Ernst Ettmüller über einen Fall von Vampirismus in dem nur eine kurze Wegstrecke von Medvegya entfernt gelegenen Dorf Kucklina:

---

[113] Hofkammerarchiv Wien, Hoffinanz Ungarn, Rote Nr. 654, S. 1138–1140. Gedruckt: *Visum et Repertum über die sogenannten Vampirs ...*, Anonym, Nürnberg 1732.

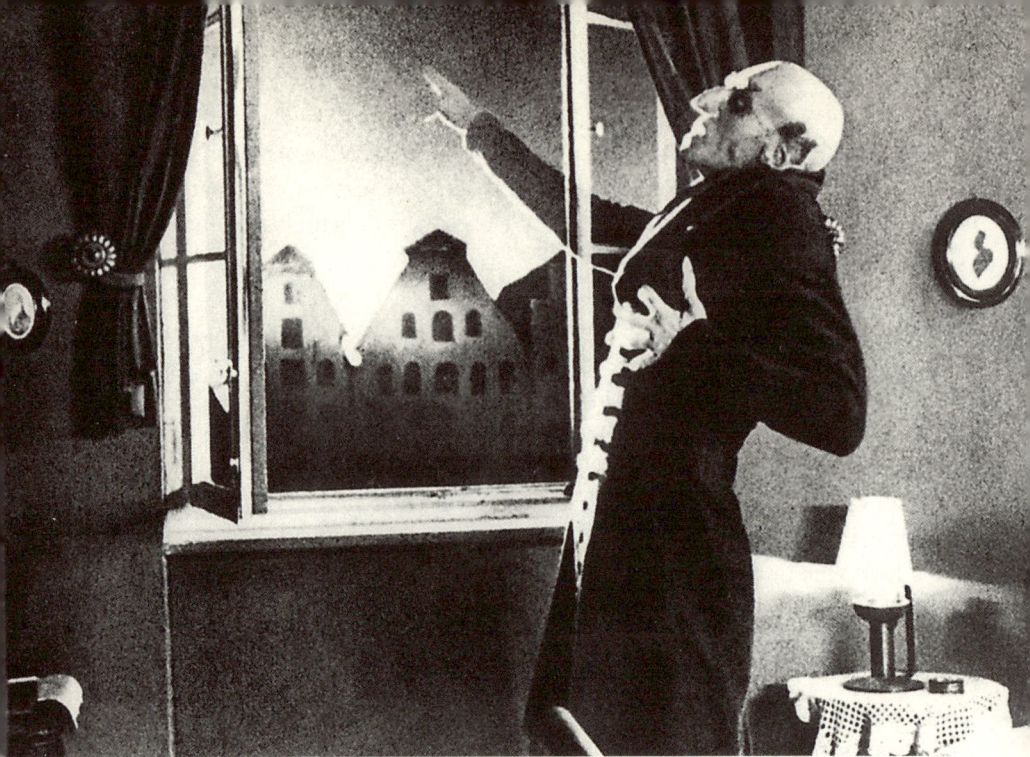

T: *Nosferatu/Nosferatu*; D: Max Schreck; R: Fs Ws (Friedrich Wilhelm) Murnau; P: D; J: 1922

«Hochedler, hochgeehrter Herr Doktor.

Ich nehme mir die Freiheit, Ihnen selbst einen Fall mitzuteilen, welcher sich zwar schon seit einiger Zeit, jedoch jetzt besonders in unserem Königreich Serbien ereignet, welchen Euer Hochedeln aus beigelegtem Bericht der an dortigem Ort von einem löblichen Oberkommando angestellten Untersuchungskommission ersehen können. Es werden solche Kadaver in der türkischen Sprache Vampire oder Menschensauger genannt, welche im Stande sind, in kurzer Zeit ein ganzes Dorf an Menschen und Vieh zu ruinieren, weswegen fast täglich viele Klagen bei hiesiger Regierung einlaufen.¹¹⁴ Es hat sich noch außer in dem darin genannten Dorf Medvegya in einem

---

¹¹⁴ Zu dieser Zeit wurden oft Untersuchungskommissionen angestellt, über die man heute wegen der schlechten Aktenlage keine Kenntnis mehr besitzt. Augustin Calmet erwähnt beispielsweise weitere offizielle Untersuchungskommissionen, von denen heute keinerlei Akten mehr erhalten sind und von denen man nur noch indirekt durch sein Buch informiert wird (siehe z. B. A. Calmet: *Gelehrte Verhandlung der Materi ...* 2. Teil, Kap. 8 (Hajdamak) und Kap. 9 (ein weiterer Vorfall in Kisolova) und Kap. 14 (in der Nähe von Belgrad). Die noch bekannten Fälle sind, man muss es so sagen, nur die Spitze des Eisbergs, und auch heute noch werden in

anderen, Kucklina genannt, zugetragen, welches auch dortige Einwohner eidlich bekräftigen, dass zwei Brüder von so einem Vampir zur Nachtzeit geplagt worden sind, weswegen sie abwechselnd um einander gewacht haben. Dann hat es wie ein Hund die Tür geöffnet, ist auf Anschreien aber gleich wieder davongelaufen, bis schließlich alle beide einmal eingeschlafen sind, und da hat es dann dem einen in einem Augenblick einen roten Fleck unter dem rechten Ohr gesaugt, worauf er in drei Tagen davon gestorben ist. Und was noch abscheulicher ist, so ist ein gestern beerdigter Heiducke folgende Nacht zu seinem Weib gekommen und hat ihr ordentlich beigewohnt, welche dies gleich tags darauf dem Hadnack selbigem Orts angedeutet hat, mit behauptete, dass er seine Sache so gut wie zu Lebzeiten verrichtet habe, außer dass der Samen ganz kalt gewesen sei.[115] Sie ist davon schwanger geworden und hat

---

vielen Landstrichen, z. B. Rumäniens, Eingaben zwecks Exhumierung vermeintlicher Vampire gemacht. Natürlich werden diese Exhumierungen und Exekutionen heute nicht mehr gestattet, zumindest nicht offiziell.

[115] Der «kalte Samen» soll auf einen dämonischen Ursprung hindeuten. – Auch in Hexenprozessen

nach der gewöhnlichen Zeit von 40 Wochen ein Kind geboren, welches die völlige Proportion eines Knaben, jedoch kein einziges Glied gehabt habe, sondern wie ein pures Stück Fleisch gewesen und nach drei Tagen wie eine Wurst zusammengerunzelt sei. Weil man nun hier ein ungemeines Wunder daraus macht, so unterstehe ich mich, Ihre persönliche Meinung mir gehorsamst auszubitten, ob solches etwas im geheimen Wirkendes, Teuflisches oder astralischer Geister Wirkung sei, der ich mit vieler Hochachtung verharre.

Belgrad, den 26. Januar 1732, meines hochgeehrtesten Herrn Doktors gehorsamster Diener.

Sieg. Alexander Freiherr von Kottwitz, Fähnrich des löblichen Prinz Alexandrischen Regiments.»[116]

Darauf folgte der auf den 13.02.1732 datierte Brief des Mediziners und Vaters des Seuchenarztes Glaser, Johann Friedrich Glasers, an das *Commercium Litterarium*, nachdem dessen Sohn ihm die Ereignisse um die Vampire von Medvegya mitgeteilt hatte:

«Im verwichenen Januar hat mir mein Sohn, vielleicht um mir einen Gefallen zu erweisen, einen Bericht aus Serbien in Form einer Relation zugesandt, worin er bezeugt, dass er persönlich dabei gewesen und alles genau eingesehen und untersucht habe: Und zwar dass zu Medvegya, einem Dorf unweit Parakin, wo mein Sohn als Medicus steht, eine magische Seuche sich hervorgetan habe, wo die verstorbenen und begrabenen Leute aus den Gräbern und Tüchern unverletzt bei Nacht aufstehen, durch verschlossene Türen eingehen, die schlafenden Leute im Bett überfallen und ihnen das ganze Blut aussaugen, sodass sie den dritten Tag sterben. Diese auf solche Weise umgebrachten Leute stehen auch aus den Gräbern auf und saugen gleichfalls andere gesunde Leute aus. Da nun diese Seuche eingerissen ist, gab die Generalität zu Belgrad den Befehl, die Sache genau zu untersuchen, und es wurden nebst zwei Deputierten etliche Feldscherer hingesandt, welche mit Zuziehung meines Sohns den Richter des Dorfs und Geschworene zusammenrufen ließen, um der Sache Beschaffenheit zu vernehmen, die dann alles bestätigt haben. Sie öffneten die Gräber und fanden die Leiber von 11 Personen, die ganz unverwest waren, als ob sie lebend dalägen. Man nahm sie völlig heraus und öffnete sie. Vor der Öffnung sah man den

---

wurde in den Aussagen der Hexen immer wieder dargelegt, dass der Samen von «Buhlteufeln» oder Inkuben stets kalt sei. (Remy: *Daemonolatria*, 1. Buch, Kap. 6. Sprenger/Institoris: *Der Hexenhammer*. 1. Buch Kap. 3.; Molitor: *Von Unholden und Hexen*. Dial. 6 und 12).

[116] Aus: Putoneus: *Besondere Nachricht von denen Vampyren oder so genannten Blut = Saugern ...*, Leipzig, 1732.

Sarg, das Übertuch und die Kleidung voll Blut, und das Blut tropfte ihnen auch aus Nase, Mund und den Geschlechtsteilen heraus. Nach der Öffnung der Leiber waren Brust und Magen voll mit frischem Blut und die Eingeweide ganz gesund. Man hat sie geköpft und verbrannt, ja die Asche in das Wasser geworfen. Weil dies alles von meinem Sohn ausführlich an das Collegium Sanitatis[117] *und die Regierung gesandt worden, gibt es Gelegenheit zu vielem Forschen.(...)»*[118]

Trotz der guten Aktenlage wird es kaum möglich sein, diesen wohl berühmtesten Vampirfall der Geschichte vollständig zu erklären. Es kann durchaus sein, dass die Einwohner Medvegyas durch den Verzehr des Fleisches von an einer unbekannten Krankheit verendeten Tieren, in diesem Fall Schafen, eine Seuche in ihrem Dorf verursacht haben. Dies könnte in diesem Fall für die Milzbrandtheorie als Erklärungsversuch des Vampirismus sprechen, da Milzbrand bei Schafen relativ häufig vorkommt und mitunter auch auf den Menschen übertragbar ist. Nicht erklären kann diese These allerdings, weshalb die Todkranken eben jene gestorbenen Personen als «Gespenster» sahen, die sie würgten und schließlich ums Leben brachten, die nach der Öffnung der Gräber durch Flückinger auch die «vampirischen Merkmale» aufwiesen und verhältnismäßig gut erhalten waren. Des Öfteren wird argumentiert, dass diese Gräberöffnungen nachts, bei Fackel- und Kerzenschein durchgeführt wurden und so die Untersuchenden im Zwielicht und in Folge der nervlichen Belastung nicht recht erkennen konnten, ob eine Leiche sich nun im verwesten oder unverwesten Zustand befunden habe. In Medvegya war dies mit Sicherheit nicht der Fall, da Flückinger in seinem Bericht ausdrücklich schreibt, dass die Öffnung der Gräber und die Beschau der Leichen nachmittags durchgeführt wurden, also bei gutem Licht. Wie bereits bei Glasers Schreiben zu erkennen ist, befanden sich auch die vampirischen Leichen in einem, wenn auch vielleicht verkannten, Verwesungszustand (aufgelaufene Körper, Blutaustritt aus Nase und Mund), dennoch mussten sich diese in einem unerklärlich besseren Zustand als andere, zu gleicher Zeit oder danach gestorbene Personen befunden haben. Ferner muss beachtet werden, dass der gesamte Vorfall sich über den Spätherbst/Winter hinstreckt, sodass es durchaus sein kann, dass einige Körper während des Frosts, andere zu weniger kalter Zeit in die Erde gebracht wurden.[119] Diejenigen,

---

[117] Der Gesundheitsausschuss in Wien, der über ausgebrochene Seuchen stets in Kenntnis gesetzt wurde.
[118] *Geistliche Fama, 8. Stück, 1732. II. Der Todten Essen und Trincken. S. 25 f. (Ursprünglich in lateinischer Sprache erschienen in: Commercium Litterarium, Nürnberg, 12.03.1732).* Ebenfalls nachzulesen bei Hamberger: *Mortuus non mordet*, Wien 1992. S. 54 f.
[119] Hierbei muss man auch die damalige Gewohnheit berücksichtigen, Verstorbene in einem Grab von oft nicht mehr als 60 cm Tiefe zu beerdigen.

die in der frostigen Periode beerdigt wurden, konnten deshalb durchaus weniger Verwesungsanzeichen zeigen als diejenigen, die in frostloser Zeit beerdigt wurden, obwohl sie sich in unmittelbarer Nachbarschaft zu den gut erhaltenen Leichen befanden.

Man könnte nun spekulieren, dass die Verwesungserscheinungen an den Leichnamen von den ärztlichen Mitgliedern der Untersuchungskommission in Medwegya lediglich nicht richtig erkannt worden sind. Vielleicht wurden aber auch die beteiligten Ärzte von der offenkundigen Furcht der Dorfbewohner beeinflusst und wollten sich deswegen in ihrem Urteil nicht festlegen, oder aber sie manipulierten ihren Bericht gar absichtlich in dieser Richtung. Schließlich musste es der Kommission in erster Linie darauf ankommen, die verängstigten Menschen wieder zu beruhigen. Gegen letztere Vermutung spricht allerdings, dass die Kommission es in diesem Fall ebenso hätte halten können wie der Cameralprovisor Fromauld, der in seinem Bericht darauf hinwies, dass er die Exhumierung und Exekution nur um des lieben Friedens willen zuließ.

Kapitel 4

Weitere Beispiele von Vampirismus aus der Zeit der österreichischen Herrschaft im nördlichen Serbien und dem Temesvarer Banat 1718–1739

Das öffentliche Bekanntwerden der Ereignisse in Medvegya löste an den deutschen Universitäten, vornehmlich in Leipzig, einen längeren Gelehrtenstreit aus. Die so genannte Leipziger Vampirdebatte erreichte ihren Höhepunkt.

Doch nicht nur die Fälle um blutsaugende Tote von Kisolova und Medvegya wurden aktenkundig erfasst. Man hatte noch erheblich mehr aus Serbien, Ungarn und dem Banat zu vermelden:

Herinbiesch, Lugos-Facseter Distrikt, 31. März 1725

Am 31. März 1725 beauftragte der kaiserliche Oberinspektor Baron von Rebenstich den Verwalter des Lugos-Facseter Distriktes, Johannes Ràcz de Mehàdia, nachdem dieser ihm Bericht über einen eventuell vorhandenen Vampir in der Ortschaft Herinbiesch[120] erstattet hatte, den verdächtigen Leichnam, bei dem es sich um eine zu Lebzeiten im Verdacht der Zauberei stehende Person handelte, exhumieren und begutachten und ihm dann weitere Nachricht zukommen zu lassen.

Der Verwalter Johannes Ràcz verfasste darauf unter dem Datum vom 3. April 1725 folgenden Bericht:

«Auf einen von der löblichen kaiserlichen Administration erlassenen Befehl hin habe ich wegen dem zu Herinbiesch in Verdacht geratenen Zauberer den Gegenschreiber dahin geschickt, um das Grab öffnen zu lassen. Dieser hat auch festgestellt,

---

[120] Vermutlich handelt es sich hierbei um das heutige Herendeşti, ein kleines Dorf südwestlich von Lugos/Lugoj im heutigen Rumänien.

dass derselbe Verstorbene frisch und unversehrt ausgesehen hat, ja die rechte Hand beim Mund gehabt, den Kopf nach rechts gewandt hat und unter dem Kopf Blut gesehen worden ist. Also dass man keine andere Mutmaßung hat, dass dieser der Blutsauger sein muss, weil der Körper doch schon über drei Monate in der Erde liegt und keine Versehrung an ihm gefunden werden kann. Weswegen ich von einer löblichen kaiserlichen Administration mir gnädigen Befehl erbitte, was fernerhin mit diesem Körper zu tun sei, weil dieser in eröffnetem Grabe mit dabei stehender Wache liegt.»

Der österreichische Oberinspektor Baron von Rebenstich ließ darauf dem Verwalter Johannes Ràcz, datiert auf den 10. April 1725, folgenden Bescheid übersenden:

«Nachdem sich in genauer Untersuchung gezeigt hat, dass der in Verdacht gewesene Zauberer auf die beschriebene Art und Weise aus rechtmäßigem Verdacht als ein Blutsauger zu achten ist, so kann derselbe (der Verwalter Johannes Ràcz) auch mit dem Körper ohne Weiteres dasjenige vollführen lassen, was man sonst bei solchen Begebenheiten in dieser Zeit hier zu beobachten gewohnt ist und praktiziert hat.»[121]

D. h. der Leichnam wurde vermutlich durch die Brust gepfählt und/oder zusätzlich geköpft. Nach dieser Prozedur wurde der Leichnam entweder mit seinem Kopf zwischen den Beinen wiederum beerdigt, wahrscheinlicher jedoch verbrannt und seine Asche zerstreut.

Babscha, Distrikt Lugos-Facset, 1. August 1725

In der kleinen Gemeinde Babscha[122] begab es sich, dass ein Vampir sein Unwesen trieb und die Einwohner der Dorfes sich darin behalfen, den Leichnam des in Verdacht stehenden wiederum auszugraben und zu Asche zu verbrennen. Sie wurden daraufhin von dem zuständigen orthodoxen Priester ihrer Gemeinde exkommuniziert. Der Unterverwalter von Lugos-Facset bat daraufhin, dass man sich dafür einsetzen solle, dass die Exkommunikation bei dem hiesigen Bischof wieder rückgängig gemacht würde.[123]

Lugos-Facset, 24. Januar 1726

Der Oberverwalter des Distrikts Johannes Rácz de Mehádia ließ, nachdem in Lugos viele Einwohner der Gemeinde in bekannter Weise ums Leben gekommen waren, eine

---

[121] Ung. Landesar., Temesvarer Administ.-Akten, Fasc. Nr. 129.
[122] Das heutige Babşa nordwestlich von Lugos/Lugoj im heutigen Rumänien.
[123] Rot. Lug.-Facs. Verwalteramt, I. 1725, 18.

als Vampir in Verdacht stehende alte Frau aus ihrem Grab erheben. Ihr wurde, nachdem man an ihrer Leiche vampirische Wahrzeichen erkannt hat, mit einem Spaten der Kopf vom Rumpf getrennt. Johannes Rácz ließ den Leichnam darauf verbrennen.[124]

Possega, Slavonien, Januar 1730

«Wenn alle Umstände wahr sind, welche man von den so genannten Vampiren oder Blutsaugern ausgesprengt hat, so gehören selbige allerdings zu den denkwürdigen und seltsamen Begebenheiten. Allein wenn man dem Bericht eines glaubwürdigen Mannes, der aus eigener Erfahrung redet, bei Gelegenheit der jetzt wieder Mode gewordenen Vampire annimmt, so sieht selbiger gegen die bisherigen Nachrichten ganz anders aus; wenigstens kann man hierdurch auf besonderes Nachsinnen gebracht werden.

Er erzählt, dass zu Anfang des Jahres 1730 in Slavonien an der türkischen Grenze ein von der Herde abgekommenes Schaf von einem Vampir, was eine Art dortiger Schlange ist, totgebissen worden wäre und solchem das Blut ausgesaugt worden. Welches nach einigen Tagen ein Pandur, nach unserer deutschen Sprache einer von der Landmiliz, tot liegend gefunden, und weil es noch zum Essen getaugt, solches nach Haus geschleppt und mit den seinigen wirklich verzehrt hat. Davon sind seine zwei Kinder, er selbst nebst seinem Weib erkrankt, und nachdem sie vorher in eine Raserei verfallen, kurz nacheinander alle zusammen verstorben.[125] Nach dortiger Landessitte, die Toten zu begraben, hat man diese nur 3 Spannen (ca. 60 cm) tief in die Erde verscharrt.

Inzwischen, als man hiervon in dem nächsten *Varos* oder Marktflecken Possega erfuhr, wurde ein Feldscherer vom Graf Jung-Daunischen Regiment nebst einem türkischen Doktor der Medizin beordert, um die Sache zu untersuchen, welche, nachdem sie sich dahin begeben hatten, auch von den Einwohnern daselbst vernommen haben, dass dort bereits 1721 verschiedene Personen von Vampiren, oder Schlangen, solchergestalt ausgesaugt worden und ums Leben gekommen wären.

Bei der Öffnung des Grabes wurde von oben erwähnten Körpern wahrgenommen, dass Mann, Weib und Kinder nicht allein am Leib und im Gesicht, sondern auch die Nägel an Händen und Füßen unversehrt gewesen waren. Aus Sorge, dass die Schlangen diesen toten Körpern nachgehen und ihre Nahrung bei den Lebendigen suchen würden, habe man hierauf gedachten vier Leichnamen die Köpfe abgehauen und überdies dem Mann einen Pfahl durch das Herz gestoßen. Die genannten Körper

---

[124] Rot. Lug.-Facseter Verwalteramt, I, 1726, 2.
[125] Das Fleisch war offenbar durch den bereits begonnenen Verwesungsprozess oder eine bakterielle Verseuchung hochgiftig geworden.

wären nicht länger als ungefähr 20 Tage unter der Erde gelegen, ehe man sie ausgegraben, nachher verbrannt und die Asche wiederum in das Grab geworfen hätte.»[126]

Dieser erst im Jahre 1732 publik gemachte Vorfall aus dem österreichischen Grenzort Possega ist in vielerlei Hinsicht der Beachtung wert. Zum einen weil es der einzige mir bekannte offizielle Bericht aus dem 18. Jh. ist, in dem von gestaltwandlerischen Vampiren die Rede ist. Der Korrespondent der *Relationes historicae* ..., in welcher dieser die Umstände des Vampirvorfalles wiedergibt, wusste nichts von dem dortigen Volksglauben, der die Gattung der Blutsauger in zwei Unterarten einteilte: den *lebenden* und den *toten* Vampir.[127] Wie bereits erwähnt, sind vor allem die *lebenden* Vampire in der Lage, ihre Gestalt in die von Tieren zu verändern, und diese stellten dann auch vornehmlich Tieren nach. Die dortige Bevölkerung musste daher annehmen, dass das Schaf zum Opfer eines solchen *lebenden* Vampirs geworden war. Die Folgen für die Familie, die nach dem Genuss des «vampirisch vergifteten» Fleisches verstorben war, waren jedoch dieselben, als hätten sie unliebsamen Kontakt mit einem *toten* Vampir gehabt: Nach Ausgrabung ihrer Leichen zeigten sich an allen die vampirtypischen Anzeichen und es wurde mit ihnen nach dem Brauch verfahren.

Zum andern weil bei der Untersuchung des Vorfalls neben dem Feldscherer des Graf Jung-Daunischen Regiments auch ein türkischer Arzt konsultiert wurde. Dies zeigt, dass trotz der gespannten politischen Verhältnisse Österreichs zum Türkischen Reich der Austausch in wissenschaftlichen Fragen durchaus üblich war, und zweitens, dass der gute Ruf der islamischen Ärzte weit verbreitet war und ihre oft höheren Fertigkeiten im medizinischen Bereich anerkannt wurden.

Haidamac, 1730

«Als ein Soldat zu Haidamac an der ungarischen Grenze[128] einquartiert war, sah er, als er mit seinem Hauswirt und den übrigen vom Haus zu Tisch saß, einen unbekannten Mann hineintreten, der sich zu ihnen an den Tisch setzte. Der Hauswirt und alle übrigen erschraken heftig, und der Soldat, welcher um das Geheimnis nichts wusste,

---

[126] *Relationes historicae semestralis autumnalis continuatio. Jacobi Franci Historische Beschreibung der denckwürdigen Geschichten, so sich in Hoch- und Nieder-Teutschland ... zugetragen. Zwölffter Haupt-Titul. Von denckwürdig seltsamen Begebenheiten.* am Main 1732.
[127] Siehe hierzu: E. Weslowski: *Die Vampirsage im rumänischen Volksglauben.* Aus: *Zeitschrift für österreichische Volkskunde.* 16/1910, S. 216 ff.
[128] Der Ort ist nicht lokalisierbar, und der Verdacht liegt nahe, dass die Bezeichnung «Haidamac» hier lediglich den Besitz eines «Haidamac» oder Freikorpskämpfers (im Balkan Heiducken

T: *Shadow of the Vampire / Shadow of the Vampire*; D: Willem Dafoe;
R: E. Elias Merhige; P: USA/GB/L; J: 2000

konnte sich nicht erklären, was dieser Schrecken bedeutete. Als aber der Hauswirt tags darauf starb, erkundigte er sich der Sache näher, und man sagte ihm, derjenige, den er tags zuvor für einen unbekannten Mann angesehen habe, sei der schon vor zehn Jahren verstorbene und begrabene Vater des Hauswirts und habe diesem seinen Tod angekündigt und verursacht. Der Soldat zeigte die Sache bei seinem Regiment und dieses dem Hauptmann des Regiments an. Der Graf Cabrera, Hauptmann des Regiments von Alandetti zu Fuß, empfing Befehl, die Sache zu untersuchen. Er begab sich auch mit anderen Offizieren, einem Feldscherer und dem Feldrichter zu dem Ort, verhörte die gesamten Hausbewohner, und diese bestätigten einhellig, was der Soldat berichtet hatte. Und weil zugleich auch alle Einwohner des Dorfes Zeugnis gaben, so gingen sie zum Grab, ließen den seit zehn Jahren Toten herausziehen, und man fand denselben, als wenn er erst im selbigen Augenblick verschieden wäre, mit frischem Blut, wie eines lebendigen Menschen. Der Graf von Cabrera ließ ihm den Kopf abschlagen und ihn wieder ins Grab legen.

Darauf untersuchte er, was ihm von einem anderen, vor mehr als dreißig Jahren Verstorbenen angebracht wurde: Derselbe sei nämlich dreimal zur Essenszeit in sein Haus gekommen und habe zuerst seinem eigenen Bruder, hernach einem seiner Söhne und drittens dem Knecht vom Haus das Blut ausgesogen, und alle drei seien auf der Stelle gestorben. Der Graf ließ diesen ebenfalls ausgraben, fand ihn durchaus so frisch als den obigen, befahl, ihm einen großen Nagel durch die Schläfe zu schlagen und ihn wieder zu begraben.

Einen dritten, sechzehn Jahre zuvor Verstorbenen, welcher seinen beiden Söhnen auf ebensolche Weise das Blut ausgesogen und den Tod verursacht hatte, ließ er verbrennen. Und nachdem er den Befehlshabern vom Regiment den Bericht darüber erstattet hatte, sandten diese ihn nach Wien, die Sache bei Hof anzuzeigen. Woraufhin der Kaiser Kriegsoffiziere, Richter und Rechtsgelehrte, Mediziner und Chirurgen nebst einigen anderen Gelehrten benannte, die solche seltsame und außerordentliche Begebenheit untersuchen sollten.»[129]

Der lothringische Abt Augustin Calmet führt in seinem 1746 erschienenen Werk über die Erscheinungen der Geister und Vampire in Ungarn auch noch folgenden, gut dokumentierten Fall eines Vampirs in Serbien an. Das Besondere an diesem Fall

---

genannt) bezeichnet, oder aber dass der Soldat lediglich bei einem Haidamac einquartiert war. Siehe hierzu auch: J. Gordon Melton: *The Encyclopedia of the Undead; Art. Vampires in the Czech Republic and Slovakia*.

[129] A. Calmet: *Gelehrte Verhandlung der Materi, von Erscheinungen der Geisteren, und denen Vampiren in Ungarn, Mahren etc.* Augspurg 1751. T. 2. VIII. Cap. S. 30 ff. (Neuausgabe Edition Roter Drache, 2006).

ist der Umstand, dass Prinz Karl Alexander von Württemberg persönlich der Untersuchung beiwohnte. Der Grund hierfür dürfte zweifellos die Medvegya-Affäre von 1731/32 sein, die so hohe Wellen schlug, dass der Prinz, als sich ihm die Gelegenheit bot, es sich nicht nehmen ließ, einen solchen Fall selbst zu untersuchen. Ort und Datum des Ereignisses sind leider aufgrund fehlender Untersuchungsakten nicht mehr genau bekannt. Die einzige erhaltene Quelle hierfür ist ein Schreiben des ehemaligen Hauptmanns L. von Beloz, der seine Dienstzeit in dem Regiment des Barons von Trenck in Serbien verbrachte und Calmet Folgendes in einem Schreiben mitteilte:

Serbien, in der Nähe von Belgrad, Frühjahr 1732

«Um dem Verlangen des Herrn Abts Calmet Genüge zu leisten, gibt sich der Unterschriebene die Ehre, demselben zu versichern: Es sei nichts wahrhafter und gewisser, als was aus öffentlichen und gedruckten Urkunden durch die Zeitungen durch ganz Europa berichtet worden ist. Über all dies aber kann sich der Herr Abt vornehmlich auf eine bekannte und durch eine von Karl VI. dem Kaiser glorwürdigen Angedenkens anbefohlene und von Prinz Alexander von Württemberg, damaligen Vizekönigs oder Statthalters von Serbien hochfürstlichen Durchlaucht benannte Abordnung von Belgrad gerichtlich untersuchte Geschichte verlassen; obschon ich (weil ich meine Schriften nicht bei mir habe) das Jahr, den Monat und Tag solcher Untersuchung nicht verzeichnen kann.

Der Prinz fertigte eine teils aus Gerichtspersonen, teils Kriegsoffizieren und dem Generalauditor des Königreichs[130] bestandene Abordnung nach einem Dorf, wo ein viele Jahre zuvor gestorbener Vampir unter den Seinigen gräuliche Schaden verübte. – Denn es ist zu bemerken, dass die Vampire für gewöhnlich nur ihren eigenen Verwandten nachstellen. Die Abgeordneten waren lautere von Vernunft, ehrbarem Wandel und Wissenschaft angesehene, eigens darauf beeidigte und durch einen Grenadierleutnant des Regiments Prinzens Alexanders von Württemberg mit 24 Mann begleitete Personen. Der Herzog fügte sich zumal samt allem, was von Ansehen in Belgrad war, dazu und wollte ein Zuschauer und persönlicher Zeuge dessen, was gefunden würde, abgeben.

Als sie in den Ort kamen, fanden sie, dass der Vampir innerhalb 15 Tagen nebst einem seiner eigenen Brüder auch drei seiner Enkel und Enkelinnen aus der Welt geräumt und der noch übrigen Enkelin, einer schönen jungen Person schon zweimal das Blut auszusaugen angefangen habe. Dieser Mörderei aber steuerte man auf

---

[130] Der oberste Militärrichter.

folgende Weise: Mit Anfang der Nacht begaben sich die Abgeordneten zum Grab des Vampirs.

Der Herr, der mir den Verlauf erzählt hat, konnte mir die Todesumstände der schon verstorbenen Personen vom Haus, und wie selbigen das Blut ausgesogen worden sei, nicht sagen. Die junge Person aber befand sich nach solchem Saugen in einem gar elenden, schwachen, matten und gänzlich entkräfteten Zustand – so heftig und gewaltig nämlich ist diese Plage.

Als man zum Grab des schon drei Jahre zuvor gestorbenen Vampirs kam, sah man auf selbigem einen Schein wie von einer Laterne, doch nicht gar so hell. Als man das Grab öffnete, fand man den Toten so ganz und dem Ansehen nach so frisch und gesund als einen unter uns Anwesenden. Seine Haare, Nägel und Zähne und halb offenen Augen hielten so fest am Leib und waren so lebhaft wie an uns, die wir lebten, und sein Herz klopfte. Als man den Leib aus dem Grab erhob, war selbiger zwar nicht weich, beweglich oder biegsam, doch so ganz, dass nicht das Mindeste daran mangelte. Man durchstach ihm das Herz mit einem runden, spitzen Lanzeneisen, und es floss eine weißliche Materie mit Blut, doch mehr Blut als weiße Materie heraus. Und bei all diesem verspürte man nicht den mindesten üblen Geruch. Darauf schlug man ihm mit einem Beil, dergleichen man sich in England zum Enthaupten gebraucht, den Kopf ab, und es floss abermals nebst vielem Blut eine solche weiße Materie heraus. Darauf warf man den Leib wieder mit vielem ungelöschtem Kalk in sein Grab, und seine Enkelin befand sich zu Hause von Stund an besser. Am Ort, wo sie gesogen worden, blieb ein bläuliches Mal zurück. Die Vampire aber beobachten im Saugen keinen gewissen Ort, sondern saugen bald hier, bald dort.

Diese Geschichte ist in der Gegend überall bekannt und nebst den gerichtlichen Protokollen von mehr als dreizehnhundert persönlichen und glaubwürdigen Zeugen bestätigt. Um dem Begehren des gelehrten Herrn Abts Calmet vollkommener zu genügen, behalte ich mir vor, dasjenige, was ich mit eigenen Augen gesehen habe, ausführlicher zu beschreiben und ihm durch den Ritter von St. Urbain zu übersenden. Mache mir auch hiervon, wie von jeder anderen Gelegenheit, die größte Freude, ihm beweisen zu können, dass ich mehr als sonst jemand mit allem ehrerbietigstem Respekt sei.

Sein demütig gehorsamster Diener

L. von Beloz, ehemals Hauptmann unter dem Regiment des Prinzen von Württemberg, dermalen erster Grenadierhauptmann vom Regiment des Herrn Barons von Trenck.»[131]

---

[131] A. Calmet: *Gelehrte Verhandlung der Materi von Erscheinungen der Geisteren, und denen Vampiren in Ungarn, Mahren etc.* Augspurg 1751. T. 2. XIV. Cap. S. 51 ff. (Neuausgabe Edition Roter Drache, 2006).

Der ausführlichere Bericht erreichte Calmet offenbar zumindest bis zur Drucklegung seines Buches nicht, da er zu diesem Fall nichts weiter anführt.

Radojevo, Serbien, Juli 1732

Ein mustergültiger Fall eines serbischen Vampirs findet sich in dem Buch *Le Vampirisme* des französischen Okkultisten Robert Ambelain. In dem von Ambelain zitierten Fall soll der österreichische Regimentschirurg Joszef Faredi-Tamarzski eine Vampirseuche in dem Dorf Radojevo untersuchen. Er trifft im Juli 1732 dort ein, die vampirischen Vorfälle sollen sich jedoch bereits im Januar und Februar des entsprechenden Jahres zugetragen und 11 Personen das Leben gekostet haben. Der verdächtigte Vampir ist ein gewisser Milosch oder Miloch, der bereits zu Lebzeiten in Verdacht gestanden hatte, ein Zauberer zu sein. So soll er einen Vogel gehabt haben, der sprechen konnte, ebenso einen gezähmten Wolf. Der verdächtige Miloch selbst soll im Sommer des vorhergehenden Jahres plötzlich und ohne erkennbaren Grund gestorben sein. Tamarzski ließ ihn, laut Bericht, ausgraben. Er fand den Leichnam in unverwestem Zustand, eine große Menge Blut aus Mund und Nase abgebend. Daraufhin ließ er die übrigen Gräber derer öffnen, von denen die Dorfbewohner aussagten, sie wären dem Vampir zum Opfer gefallen. Diese hätten acht bis zehn Tage an einer sie auszehrenden, mit Delirien begleitenden Krankheit gelitten, ehe sie verstarben, auch zuweilen zwei bläuliche Male an der Kehle gezeigt, an welcher Stelle er ihnen nach Ansicht der Dorfbewohner das Blut ausgesaugt hätte. Acht davon sollen verwest, die drei übrigen, zwei Frauen und ein Mann, nur «verdächtig» gewesen sein, d. h. ihre Körper waren noch relativ gut erhalten. Tamarzski ließ dem vermeintlichen Vampir Miloch, nachdem er vergeblich versucht hatte, die Dorfbewohner von der Unmöglichkeit des Vorhandenseins von Vampiren zu überzeugen, doch noch einen Lanzenstich durch die Brust versetzen und ihn, um ihn vor weiteren Verstümmelungen oder der Verbrennung zu bewahren, mit ungelöschtem Kalk bestreuen. Mit den drei anderen verdächtigen Leichen geschah ein Gleiches.

Tamarzski soll diesen Bericht im Oktober 1732 vor einer Militärkommission in Belgrad abgegeben haben.

Ich halte es aber für sehr unwahrscheinlich, dass ausgerechnet im Medvegya-Jahr, als die Öffentlichkeit wie auch die zuständigen Militärbehörden ganz besonders für Vampirvorfälle sensibilisiert waren, von diesem Fall nirgendwo in den zeitgenössischen Berichten, Gutachten oder Abhandlungen die Rede ist. Zudem bleiben viele Fragen offen: Warum ist die Vampirseuche nur im Januar und Februar aufgetreten und nicht mehr danach? Weshalb wurde dieser Vorfall erst im Juli untersucht, ein halbes Jahr nach seinem Auftreten? Weshalb erstattete Tamarzski erst im Oktober den Bericht über seine Untersuchung? Es werden weiter keine genauen Daten in dem Bericht genannt, auch keine Namen der Mitglieder sowohl der Untersuchenden in Radojevo als auch der verhörenden Kommission in Belgrad. Es wird lediglich vage von einer kaiserlichen Kommission und von einem ungenannten Oberst seines ebenso ungenannten Regiments berichtet, von welchen Tamarzski den Auftrag zur Untersuchung erhalten haben will. Was, um es vorsichtig auszudrücken, recht ungewöhnlich für ein offizielles Dokument wäre, vor allem wenn man dieses mit anderen zeitgenössischen Dokumenten wie dem des Kisolova-, Medvegya- oder des Kapnick-Falles vergleicht, in welchen alle Personen und zuständigen militärischen Behörden und Einheiten namentlich unter genauem Datum verzeichnet sind. Das Dokument findet sich lediglich (als Übersetzung in französischer Sprache) in dem bereits genannten Buch Ambelains. Ein Originaldokument, welches in deutscher oder lateinischer Sprache abgefasst sein müsste, ist nirgends nachweisbar. Das Einzige, was an dem Fall real scheint, ist der Ort Radojevo, welcher im Gegensatz zu dem dort vermutlich hingedichteten Ereignis wirklich existiert.[132]

Wie dem auch sei, das Kriegsjahr 1738 bescherte den durch die Türken arg gebeutelten österreichischen Behörden noch einmal einen aktenkundigen Untoten aus einem uns wohlbekannten Dorf. In Kisolova starb Anfang September des genannten Jahres ein 62-jähriger Mann. Kurze Zeit darauf erschien dieser wiederum seinem Sohn in dessen Haus. Er erzählte es seinen Nachbarn – drei Tage nach dieser Begebenheit fand man in tot im Bett liegen. Zur gleichen Zeit erkrankten mehrere Einwohner des Dorfes an einer unerklärlichen Krankheit und starben kurze Zeit später. Es wurde wiederum aufgrund der Vorfälle nach Belgrad gesandt, und eine kleine behördliche Abordnung untersuchte die Umstände. Ob der Verwalter Frombald aus dem früheren Geschehen 1725 mit von der Partie war, ist leider nicht überliefert. Bekannt ist die Geschichte, von welcher keine Akten mehr existieren, aus zwei Quellen: Den so genannten *Lettres juifs*[133] und der umfangreichen Schrift Augustin Calmets über die Erscheinungen der Geister und Vampire. Er liefert dort eine Zusammenfassung des 137. Jüdischen Sendschreibens:

---

[132] Robert Ambelain: *Le Vampirisme. De la légende au réel*. Paris 1977. s. 167 ff.
[133] Marquis d'Argens: *Lettres Juifs*. Amsterdam 1737, 137. Brief.

Kisolova, Rahmer Distrikt, September 1738

1738 fand in Ungarn ein weiterer Vorfall statt, der durch zwei Gerichtsbeamte von Belgrad und einen kaiserlichen Offizier der Mannschaft von Gradiska bezeugt wurde:
«Anfang September starb im Dorf Kisolova, anderthalb Meilen von Gradiska, ein Mann von 62 Jahren. Drei Tage aber nach seinem Begräbnis kam er bei Nacht wieder zu seinem Sohn und begehrte etwas zu essen. Der Sohn stellte ihm etwas vor, und nachdem er es genossen hatte, verschwand er wieder. Am folgenden Morgen erzählte der Sohn seinen Nachbarn, was ihm begegnet sei.

Die Nacht darauf kam der Vater nicht, die folgende Nacht aber ließ er sich wieder sehen und begehrte zu essen. Ob ihm der Sohn etwas gegeben hatte oder nicht, ist nicht bekannt; in der Frühe aber fand man den Sohn in seinem Bett tot auf. Es erkrankten auch noch am selbigen Tag fünf bis sechs Personen plötzlich im Dorf und starben in wenigen Tagen hintereinander. Als nun der Richter des Orts dies vernahm, berichtete er es an die Regierung in Belgrad. Diese ernannte zwei Bevollmächtigte, welche sich mit dem Scharfrichter zu dem Ort begaben und die Sache untersuchen sollten. Und weil besagter kaiserlicher Offizier zu Gradiska viel davon gehört hatte, so fügte er sich auch dazu. Man öffnete die Gräber aller seit sechs Wochen Verstorbenen, und als man auf den gemeldeten 62-jährigen kam, fand man ihn mit offnen Augen, mit einem lebhaften, wohlgefärbten Angesicht und ganz natürlichen Atem[134], im Übrigen aber wie tot, unbeweglich, und schloss daraus, er müsse ein Erzvampir[135] sein. Der Scharfrichter stieß ihm daher einen Pfahl durchs Herz und verbrannte ihn auf einem Scheiterhaufen. An den Leibern seines Sohns hingegen und der übrigen Verstorbenen fand man kein Zeichen, dass sie Vampire seien.»[136]

---

[134] Gemeint ist hier, dass kein Verwesungsgeruch feststellbar war.
[135] «Erz», d. h. «Der Erste».
[136] *Jüdisches Sendschreiben Nr. 137*, 1738. S. a. A. Calmet: *Gelehrte Verhandlung der Materi von Erscheinungen der Geisteren, und denen Vampiren in Ungarn, Mahren etc.* Augspurg 1751. T. 2. IX. Cap. S. 32 ff.

Kapitel 5

Der Vampir in der Folgezeit: 1740 – 1800.
Verlagerung des Schwerpunktes der Vampiruntersuchungen nach dem Banat, Böhmen, Mähren und in die Preußischen Ostprovinzen

> «*Der ganze Hergang der Sache ist ärgerlich. Dieser nunmehr durch die Untersuchungskommission vollständig dargelegte Hergang der Sache ist (...) nichts anderes als ein aus verderbter Einbildungskraft und sträflichen Vorurteilen herrührender Zusammenhang abscheulicher Abergläubigkeiten und unverantwortlicher Illegalitäten.*»
> — Kaiserin Maria Theresia, 17. März 1755.

Mit dem Verlust der serbischen Besitzungen Österreichs an das Türkische Reich nach 1739 kehrte in den vierziger Jahren aufgrund fehlender Nachrichten aus diesen Gebieten eine Ruhepause in der Diskussion um die lebenden Toten ein. Diese Ruhe unterbrach im Jahre 1746 der lothringische Benediktinerabt Augustin Calmet.[137] Dieser war durch seine theologischen und historischen Schriften auch über die Grenzen Lothringens hinaus bekannt geworden. Keines dieser Werke (darunter der umfangreichste Bibelkommentar, der je in französischer Sprache erschien) ist aber so berühmt geworden wie sein 1746 erschienenes Buch *Dissertations sur les apparitions des anges, des démons et des esprits. Et sur les revenans et vampires de Hongrie, de Boheme, de Moravie et de Silesie. Paris 1746*. Es handelt sich hierbei um ein Werk, welches in zwei Teile gegliedert ist. Der erste umfasst die theologische und philosophische Beurteilung der Geistererscheinungen, Besessenheitszustände, Wahrsagerei und der Macht des Teufels im Allgemeinen, der zweite Teil befasst sich ausschließlich mit dem Phänomen des Vampirismus. Das Buch ist mit vielen Beispielen solcher Ereignisse angefüllt, sodass es bald eine hohe Popularität erlangte und, wie andere von

---

[137] Augustin Calmet, ein bedeutender katholischer Theologe im 18. Jahrhundert (* 26.2.1672, † 25.10.1757), Abt des Benediktiner-Klosters Senones in Lothringen und Verfasser vieler maßgeblicher theologischer und historischer Schriften.

Calmets Werken auch, in verschiedene europäische Sprachen übersetzt wurde. Er führt in diesem zweiten Teil einige Vampirvorfälle an, die sonst nirgends mehr nachweisbar sind und die der Nachwelt ohne seine Schrift verlorengegangen wären. In Deutschland wurde das Buch unter dem langen Titel *Des hochwürdigen Herrn Augustini Calmet, Abbtens des Gotteshauses Sennon in Lotharingen/Ord. S. Bened. Gelehrte Verhandlung der Materi von Erscheinungen der Geistere, und denen Vampiren in Ungarn, Mahren etc.* bekannt und erschien bei Matthäus Rieger in Augsburg bis 1757, dem Sterbejahr Calmets, in drei Auflagen.

Calmet hegte offenbar schon sehr früh ein Interesse an den serbischen Vampiren, denn es existiert ein Brief[138] von ihm, datiert auf den 19. April 1732, in dem er um die Zusendung des Bandes des *Glaneur* bat, in dem «man von den Vampiren spricht».[139] Calmet schreibt im Vorwort seines Buches, dass er es zu seinem Selbststudium verfasst habe[140], dachte aber ursprünglich nicht an eine Veröffentlichung. Wahrscheinlich bewog ihn die 1744 erschienene Abhandlung *Dissertatione sopra i vampiri* des italienischen Kardinals Giuseppe Davanzati dazu, in welcher die katholische Kirche offiziell Stellung zu den Vampirvorfällen nimmt und Davanzati die Umstände, die zu solchen Gräberöffnungen und Leichenexekutionen führen, als Einbildung und den Glauben an Vampire als gottlos verwirft. Da es von einem seiner Kirchenoberen verfasst wurde, reifte wohl spätestens ab diesem Zeitpunkt in Calmet der Entschluss, seine mittlerweile gesammelten Studien zu ordnen und in dem umfangreichsten Buch, das bis dahin zu den Vampirvorfällen geschrieben worden war, zu veröffentlichen.

Dieses Buch lenkte erneut die Aufmerksamkeit auf die slawischen Vampire und es dauerte nicht lange, bis wieder neue Nachrichten von den Blut saugenden Toten öffentlich wurden. Die Berichte kamen allerdings nicht mehr aus den zwischenzeitlich verlustig gegangenen serbischen Ländereien, sondern vornehmlich aus dem Temesvarer Banat, Böhmen, Mähren und den preußischen Ostprovinzen.

---

[138] Philippe Martin (Hg.): *Dom Augustin Calmet. Un itinéraire intellectuel.* Paris 2008.
[139] Hierbei handelt es sich um folgenden Text: «Appendice au vampirisme» in: *Le Glaneur Historique, politique, moral, littéraire, galant et calotin.* La Haye: J. B. Varenne. no XXII (17 de març de 1732).
[140] «Ich habe es zu meinem eigenen Unterricht unternommen, damit ich von allem dem, was man von der Erscheinung der Engel, der Teufel und der abgeleibten Seelen sagt, selbst eine rechte Erkenntnis erlangte» A. Calmet, *Gelehrte Verhandlung der Materi…* Vorw. Punkt III.

Karansebes (Banat), 12. Juni 1748

Das Karansebeser[141] Verwalteramt erstattete Bericht auf die unter dem 5. Juni erlassene Verordnung des dortigen Protopopen, nämlich dass dieser die Kirche hat sperren lassen und dass die Toten durch die untergebenen Popen nicht ordnungsgemäß beerdigt wurden. Derselbe äußerte sich, dass er diesen Befehl von seinem Bischof empfangen habe, weil er diesem die Mitteilung hinterbracht habe, dass die Einwohner von Karansebes 11 Tote, die sie als Vampire verdächtigten, auf dem Friedhof des Orts wieder ausgegraben haben. Sie haben sie darauf teils verbrannt, teils auch mit kochendem Wasser übergossen und die Leichen darauf wieder eingegraben, und dies alles, ohne die Kirche um Erlaubnis zu bitten.[142]

Jacobsdorf, Westpreußen, um 1750

«In der Mitte des vorigen Jahrhunderts starb ein Mitglied der Familie von Wollschläger in Westpreußen; mehrere seiner Verwandten folgten ihm ganz unvermutet, und ohne dass die Veranlassung ihres Todes klar war, nach. Man wollte sich auch erinnern, dass das Antlitz des Verstorbenen die rote Farbe nicht verloren gehabt habe, und es entstand daher die Überzeugung, dass derselbe ein Blutsauger sei. Es wurde ein Familienrat gehalten und darin beschlossen, dass der im Jahre 1820 als Landschaftsdirektor in hohem Alter verstorbene Joseph von Wollschläger, damals noch ein junger Mann, da er für den Beherztesten und Unerschrockensten galt, seinem verstorbenen Oheim den Kopf abhauen solle. Von einem Mönch des Bernhardinerklosters Jacobsdorf begleitet, begab er sich in die Gruft dieses Klosters, wo der Verstorbene beigesetzt war, jeder mit einer Kerze in der Hand. Der Sarg wurde geöffnet und der Leichnam emporgezogen, um den Hals auf den Rand des Sarges zu legen. Die natürliche Bewegung, welche das infolgedessen zurücksinkende Haupt machte, jagte dem Mönch solches Entsetzen ein, dass er die Leuchte fallen ließ und entfloh. Obwohl allein, verlor von Wollschläger doch nicht die Besonnenheit. Mit dem mitgebrachten Beil schlug er den Kopf ab; aber ein mächtiger Strahl Bluts sprang ihm entgegen und verlöschte auch die einzige noch übrige Kerze. Nur mit Mühe gelang es ihm in der fast gänzlichen Finsternis, etwas Blut in einem Becher aufzufangen und mit diesem heimzukehren. Aber die Tat, welche die Seinen sichern sollte, hätte fast dem Vollbringer das Leben gekostet. Gleich nach der Rückkehr fiel er in eine lebensbedrohliche Krankheit, die

---

[141] Das heutige Caransebeș in Rumänien; ca. 40 km südöstlich von Lugos/Lugoj.
[142] Rot. Karanseb. Verwalteramt III, 59.

ihn mehr als ein halbes Jahr am Rande des Grabes hielt. Die Leiche mit dem Haupt zwischen den Füßen ist bis auf den heutigen Tag in der Gruft des Klosters Jacobsdorf, und zwar in deren mittleren Kammer, wo sich das Erbgewölbe der Wollschläger befindet, zu sehen.»[143]

Dem ist heute leider nicht mehr so. Im *Westpreußen-Jahrbuch* 12/1962, S. 90 schreibt Leo Gerschke in dem Beitrag *Vom Vampirglauben im alten Westpreußen*, dass er den Toten noch im Jahre 1916 gesehen hätte. Als er sich 1940 wieder zu der Gruft begab, um den Fall fotografisch zu dokumentieren, musste er leider feststellen, dass irgendjemand (Gerschke nennt ihn nur einen *Fanatiker*) 14 Tage vor seinem Eintreffen die Toten aus ihren Särgen hatte entfernen und deren sterbliche Überreste in ein Massengrab werfen lassen, sodass der Schauplatz unwiederbringlich zerstört war.

Kubin, Pancsovaer Distrikt, 26. Februar 1751

Aus dem Verwalteramt von Pancsova[144] erging der Bericht, dass in dem Ort Kubin[145] ein Blutsauger die Einwohner jede Nacht so behellige, dass jedermann das Dorf meide und die Bewohner es verlassen wollten. Eine Abordnung aus Offizieren und einem Arzt wurde von der Garnison aus Pancsova dorthin entsandt. Der Verdächtige, ein Mann namens Marinko Kálárit, wurde in Anwesenheit der Offiziere und der Gemeinde ausgegraben und von dem Arzt untersucht, der ihn mit den vampirischen Merkmalen und voller frischem Blut vorfand. Die Offiziere ordneten daher die Verbrennung des Leichnams an.[146]

Deliblato, Pancsovaer Distrikt, 6. Februar 1752

Die Landesadministration teilte dem Pancsovaer Verwalteramt mit, dass nach einer an das Generalkommando geschehenen Anzeige einige Einwohner des Dorfes Deliblato[147] auf dem dortigen Friedhof vier Verstorbene ausgegraben hätten, da sie diese

---

[143] Tettau/Temme: *Die Volkssagen Ostpreußens, Litthauens und Westpreußens*. Berlin 1837, S. 275 f. Jacobsdorf ist vermutlich das heutige Zamarte, südwestlich von Konitz/Chojnice im heutigen Polen.
[144] Pancevo im heutigen Serbien.
[145] Kovin im heutigen Serbien.
[146] Rot. Pancs. Verwalteramt, III, 106.
[147] Deliblato liegt ca. 30 km östlich von Pancevo im heutigen Serbien.

im Verdacht hatten, Vampire zu sein. Sie haben darauf die Leiber derselben aufgeschnitten, die Herzen entnommen, diese gekocht und noch verschiedene andere Operationen an ihnen ausgeführt. Das Pancsovaer Verwalteramt wurde mit der Ermittlung der Umstände beauftragt, mit der Anweisung, die Täter dingfest zu machen.[148]

Slatina, Karansebeser Distrikt, 20. Februar 1752

Das Verwalteramt von Karansebes teilte mit, dass in dem Dorf Slatina[149] die dortigen Einwohner trotz des erteilten strengen Verbotes sowohl von Seiten der Kirche als auch des Verwalteramtes vier Verstorbene beiderlei Geschlechts, die sie wegen der vielen Todesfälle im Dorf in Verdacht hatten, Vampire zu sein, ausgegraben hätten. Sie haben ihnen die Eingeweide herausgeschnitten und sie wieder verkehrt herum, mit dem Gesicht nach unten, beerdigt.[150]

Der folgende Fall wurde von dem Regimentsarzt Georg Tallar, von dem später noch ausführlicher berichtet wird, durchgeführt. Im Archiv des Ujpalanker Verwalteramtes[151] war der konkrete Untersuchungsauftrag hinterlegt:

Klein-Dikvan und Rakasdia, Ujpalanker Distrikt, 11. Januar 1753

Das Ujpalanker Verwalteramt teilte mit, dass in dem Dorf Klein-Dikvan 30 und in Rakasdia[152] 20 Personen innerhalb kürzester Zeit verstorben sind. Die Einwohner vermuteten eine dort eingerissene Vampirplage. Das Verwalteramt bat bei der Landesadministration um eine Untersuchung der Umstände und darum, das Nötige gegen die dort herrschenden Vampire zu veranlassen.[153]

---

[148] Rot. Pancs. Verwalteramt, III, 150.
[149] Slatina Timis liegt im heutigen Rumänien, etwas unterhalb von Caransebeş.
[150] Rot. Karanseb. Verwalteramt, III, 169.
[151] Die Stadt Ujpalanka (auch Opalanka) heißt heute Banatska Palanka und liegt in Serbien.
[152] Die Ortschaften heißen heute Ticvaniu-Mic und Racasdia.
[153] Rot. Ujpal. Verwalteramt, III, 251. S. a. G. Tallar: *Visum Repertum ...*, 1756. Gedruckt: *Visum Repertum anatomico chirurgicum*, Wien 1784.

T: *Dracula/Dracula*; D: Helen Chandler, Bela Lugosi; R: Tod Browning; P: USA; J: *1930*

Tschakowa, 22. Januar 1753

Die Landesadministration befahl dem Tschakowaer Verwalteramt, einige Einwohner des Dorfes Schebel[154] 14 Tage in Arrest zu nehmen, weil sie die Dreistigkeit besessen hatten, auf dem dortigen Friedhof drei Verstorbene, zwei Männer und eine Frau, die im Verdacht standen Vampire zu sein, ohne Erlaubnis der Behörden ausgegraben und verbrannt zu haben.[155]

Stamora, Tschakowaer Distrikt, 7. Februar 1753

Das Verwalteramt in Tschakowa meldet der Landesadministration, dass der Ortsrichter des Dorfes Stamora[156] einen Bericht übersandt habe, wonach sich in dem genannten Ort Vampire sehen ließen.[157]

Wermesch, Tschakowaer Distrikt, 14. Februar 1753

Das Verwalteramt in Tschakowa teilte der Landesadministration mit, dass in dem Dorf Wermesch[158] eine Vampirplage herrschte.[159]

Kapnick, Oberungarn, Winter 1752/53

Neben dem Medvegya-Vorfall von 1731/32 existiert noch ein ähnlich gut dokumentierter Fall von Vampirismus in dem kleinen Bergwerksort Kapnick[160] an der siebenbürgischen Grenze zu Oberungarn. Der Ort gehörte zusammen mit Mizbanya und Felsö-Banya[161] und einigen anderen Dörfern zu dem Oberberg- und Inspektoramt

---

[154] Das heutige Jebel westlich von Ciakowa im heutigen Rumänien.
[155] Rot. Tschakowaer Verwalteramt, II, 530 S. a. G. Tallar: *Visum Repertum* ..., 1756. Gedruckt: *Visum Repertum anatomico chirurgicum*, Wien 1784.
[156] Liegt heute in der rumänischen Gemeinde Moravica.
[157] Rot. Tschak. Verwalteramt, II, 534.
[158] Vermes im heutigen Rumänien.
[159] Rot. Tschak. Verwalteramt, II, 542.
[160] Cavnic im heutigen Rumänien.
[161] Heute heißen die Ortschaften Miszbanya und Baja Sprie.

Nagybanya[162], wo sich auch die Königliche Münze, die Münzprägestätte von Ungarn, befand. In den Bergwerken wurde nach Gold und Silber sowie nach verschiedenen anderen Metallerzen gegraben. Vor 1748 befand sich das Bergwerk zu Kapnick in einem fast unbrauchbaren, äußerst maroden Zustand, wurde aber wegen der großen Erzvorkommen mit hohem Aufwand wieder instand gesetzt. Auch erhielt Kapnick ein ordentliches Bergamt mit mehreren Beamten, die für den kontrollierten Abbau des Erzes verantwortlich waren. Verständlicherweise siedelten sich in Kapnick hauptsächlich Bergmänner mit ihren Familien an. In der Zeit nach 1748 blühte in Kapnick der Handel und in den Bergwerksfamilien entfaltete sich ein gediegener Wohlstand.[163] Die Idylle wurde jedoch im Winter 1752/53 durch mehrere unerklärliche Todesfälle unter der männlichen Bevölkerung Kapnicks empfindlich gestört. In den umliegenden Ortschaften begann man zu argwöhnen, dass sich in Kapnick eine Seuche ausbreiten würde. Die Händler blieben dem Dorf fern, und nachdem die Einwohner zu fürchten begannen, dass eventuell ein Vampir für diese Todesfälle verantwortlich sein könnte, wurde eine offizielle Untersuchungskommission aus mehreren Beamten und Feldscherern eingesetzt, die die Vorfälle untersuchen sollten. Diese traf im Februar 1753 in Kapnick ein. Nach Verhören der Bevölkerung stellte sich heraus, dass diese vornehmlich gegen zwei im Herbst 1752 verstorbene Frauen namens Dorothea Pihsin und Anna Tonnerin den Verdacht hegten, sie könnten Vampirinnen sein. Ein kurz zuvor verstorbener Bergmann wurde durch die Kommissionsärzte obduziert, die zu ihrem Erstaunen keinen Tropfen Blut mehr in dem Körper vorfinden konnten. Es folgte der Entscheid zur Exhumierung der beiden verdächtigen Leichen am folgenden Tag. Der Körper der Anna Tonnerin stellte sich als vollkommen in Verwesung begriffen heraus, wohingegen derjenige der Dorothea Pihsin bis auf die Gesichtspartie als intakt erschien. Die Kommissionsärzte führten auch an diesem eine Obduktion durch und es wurde befunden, dass das Fleisch «frisch und blutend» sei. Da sich so der Verdacht bei Dorothea Pihsin als bestätigt darstellte, wurde beschlossen, den Körper durch den Scharfrichter auf einem Scheiterhaufen verbrennen zu lassen. Die sterblichen Überreste der Anna Tonnerin hingegen wurden wieder auf dem örtlichen Friedhof beigesetzt. Der Bericht der Untersuchungskommission verzeichnet, dass nach der Exekution der Leiche Dorothea Pihsins keine weiteren Todesfälle in dem Dorf vorgefallen sind, außer dem eines Bergmannes, der jedoch schon zuvor aufgrund einer schweren Erkrankung bettlägerig gewesen sei. Der Gesundheitszustand der Bevölkerung Kapnicks soll sich danach also insgesamt besser befunden haben.

---

[162] Baja Mare im heutigen Rumänien.
[163] Joh. Jak. Ferber, *Physikalisch-metallurgische Abhandlungen über die Gebirge und Bergwerke in Ungarn*. Berlin 1780, S. 261 ff.

Der handschriftliche, auf acht halbseitig beschriebenen Folioblättern wiedergegebene Bericht ist glücklicherweise im Original erhalten. Der breite Schreibrand wurde für Hinzufügungen bzw. Kommentare absichtlich freigelassen, jedoch nicht genutzt. Auf Blatt 1 befindet sich auf der ersten Seite im unteren Bereich die handschriftliche Hinzufügung «iii Marty 753», also der 3. März 1753: Es ist wahrscheinlich das Eingangsdatum des Berichts bei dem k. u. k. Direktionshofkollegium für das Münz- und Bergwesen in Wien, an welches der Bericht auch gerichtet ist. Gefertigt und unterschrieben wurde er am 28. Februar 1753 von den drei führenden Mitgliedern der Kapnicker Untersuchungskommission: dem Inspektor Frantz von Gerstorff, dem Münzmeister Joseph Brunner und dem Hofrichter Michael Roga:

«Hochlöbliches kaiserlich-königliches Münz- und Bergwesens Direktionshofkollegium
 Ihrer hochgräflichen Exzellenz und Gnaden
 gnädig und hochgebietende Herrn.
Um von jenem, was in Bezug einer Blutsaugerin und in Bestätigung dieses Falles nach abgehaltener behördlicher Ratssitzung festgestellt und was später an derselben Kadaver durch die von dem Scharfrichter auf dem Scheiterhaufen vollbrachte Hinrichtung am 20. dieses Monats in Kapnick vorgegangen ist, wird es erforderlich sein, an Euere hochgräfliche Exzellenz und Gnaden den untertänigen Bericht zu erstatten, um den eigentlichen Verhalt von seinem Ursprung an den genauen Umständen gemäß vorzutragen: Und zwar hat schon im vergangenen Herbst die kaiserlich-königliche Berghandlung Kapnick das Unglück getroffen, dass dort wohnhafte Leute in größerer Anzahl als gewöhnlich dahingestorben sind. Weil nun aber dieser Umstand auch unsere königlichen Berghauer betroffen hat, hat man es nicht unterlassen, den dortigen Bergwerksfeldscherer Kautscher in die Versorgung der Kranken mit einzubeziehen. Es wurden auch schon Mitte Dezember Anstalten gemacht, zusätzlich zu dem bereits oben genannten Kapnicker Berghandlungsfeldscherer den Nagybanier Apotheker und Chirurgen nebst den Felsobanier Feldscherer nach Kapnick abzusenden, um sowohl den Ursprung der Krankheit zu untersuchen als auch vorkehrende Rettungsmittel vorzuschlagen. Nachdem sich aber zu eben jener Zeit das Übel gelegt hatte und man sich sorgte, dass durch derlei Vorkehrung ein nachteiliger Ruf von einem sich in Kapnick befindlich sein sollenden ansteckenden Übel erregt werden könnte, so ist derweil von dieser Untersuchung Abstand genommen worden. Da aber während des Winters im Monat Januar zwei, in diesem jetzt laufenden Februar bis zum 16. drei Hauer gestorben sind und deren Zustand auf gleiche Art mit Frost, etwas mit Blut vermischten Speichel und schmerzhaftem Brennen im Innern des Körpers sich geäußert hat, auch diese von gesundem Zustand innerhalb von drei bis vier Tagen tot waren, jedoch konnte von diesem traurigen Umstand aber gar keine begründete Ursache ausfindig

gemacht werden. Gleichermaßen ist beobachtet worden, dass dieses Übel zum größeren Teil und außer einigen Kindern und Weibern sozusagen fast nur die Berghauer befallen hat, und so hat die unumgängliche Notwendigkeit erfordert, die Sache mit rechtem Ernst anzugreifen, weshalb der entseelte Leib des am 16. dieses Monats in Kapnick verstorbenen Berghauers Johann Jablonovski, eines ansonst gesunden und starken 26-jährigen Menschen von den drei Nagybanier, Felsobanier und Kapnicker Amts- und Handlungsfeldscherern am 17. Februar in Gegenwart der Kapnicker Bergbeamten geöffnet worden ist. In demselben war aber keine Ursache des Todes zu erkennen, außer dass in dem ganzen inneren Leib und sogar in dem zerteilten Herzen kein Tropfen Blut gefunden wurde. Wohl aber hat sich der ganze Leib mit einer Menge Wasser angefüllt gezeigt, woraus dann sogleich die vormals schon entstandene Mutmaßung eines verborgen sein müssenden Blutsaugers um so mehr bekräftigt worden ist. Auch gab es unter anderen mehrere Erzählungen von Gespenstern, die sich hätten sehen lassen und die einige in Kapnick wohnhafte Leute in der Nacht gewürgt hätten. Besonders hat auch das Kapnicker Volk zwei verstorbene Weibspersonen namens Dorothea Pihsin und Anna Tonnerin dessen beschuldigen wollen, wovon erstere den 15. Oktober, die zweite aber den 8. November 1752 bestattet worden ist, und von dieser Zeit sich das Sterben in Kapnick öfter als sonst ergeben hat. Solchem nach haben wir zum Ende Unterschriebene nach Empfangen dieser Nachrichten uns sogleich den 19. dieses Monats mit Hinzuziehung zweier geschworener Landesbewohner nach Kapnick begeben und auch am selben Tag die Untersuchung mit Vereidigung und Einvernehmung der Zeugen angefangen, wodurch sie die oben genannte Dorothea Pihsin schwer belastet haben. Wegen der einbrechenden Nacht hat die Untersuchung abgebrochen werden müssen und die bereits vereinbarte Öffnung der Gräber am selben Tag nicht mehr vorgenommen werden können. Man hat es jedoch für nötig erachtet, während der Nacht hindurch auf dem Friedhof Wächter aufzustellen, wo sodann des anderen Tags, den 20. des laufenden Monats nach dem Gottesdienst zuerst das Grab der Dorothea Pihsin, welche 129 Tage unter der Erde gelegen, und dann auch das Grab der Anna Tonnerin, welche 105 Tage gelegen hat, geöffnet und bei diesen in Gegenwart der drei amtlichen Feldscherer die Beschau vorgenommen. Dabei ist aber befunden worden, dass der Körper der Anna Tonnerin schon gänzlich von der Verwesung angegriffen worden sei, wohingegen bei dem Körper der Dorothea Pihsin das Gesicht zwar verwest, die Hände und Füße aber so frisch und lebhaft wirkten wie bei einem lebendigen gesunden Menschen. Nicht weniger war auch der obere Leib völlig ganz und das Leinentuch, womit dieser tote Körper eingewickelt war, um den Hals herum mit frischem Blut gefärbt gewesen. Nach der vorgenommenen Beschau hat man sich wiederum in das Quartier verfügt und nach abgehaltener Beratung die Anna Tonnerin als unschuldig befunden, hingegen beschlossen, in den Körper der Dorothea Pihsin einige Einschnitte machen zu lassen, und bei Vollziehung dessen ist ein frisches mit Blut vermengtes Fleisch gefunden worden. Wonach dann also in Kraft dieser von einem 129 Tage in der Erde gelegenen toten Körper ganz außerordentlichen Umständen als auch der die Dorothea Pihsin belastenden eidlichen Aussagen der Beschluss nach beiliegender Untersuchungsakte gefasst worden ist, den entseelten Körper oft genannter Dorothea Pihsin wegen vielfältig begründeter Anzeigen wegen von der Pihsin verübter Zaubereien und Blutsaugungen aus dem Friedhof ausgraben und durch die Hände des Scharfrichters unter dem Galgen auf einem Scheiterhaufen verbrennen zu lassen. Dieses Urteil wurde dann auch an dem oft genannten Körper am selben Tag bei dem Kapnicker Halsgericht vollzogen. Es wurde auch von den bei der Exekution dabei gewesenen Wächtern berichtet, dass, als dieser Körper auf dem Scheiterhaufen gebrannt hat, eine Menge Blut aus diesem herausgeflossen sei. Da nun also dieses letzter Tage in Kapnick vorgegangen, auch hierbei alle Umsicht gebraucht worden ist, so haben wir ferner zusätzlich eine Spezifikation der von dem Todesfall viel angeführten Dorothea Pihsin bis zu der an deren Körper vollzogenen Exekution verstorbenen königlichen Handlungsberghauern hiermit beilegen wollen. Des Weiteren berichten wir untertänig, dass von Zeit dieser Exekution an ausgehend von den letzten und neuesten Nachrichten das gesamte Kapnicker Handlungsvolk sich in gesunden Zustand befindet und weiterhin nur ein einziger königlicher Berghauer, welcher schon vor der Exekution sehr krank darnieder gelegen hat, den 22. dieses Monats verstorben ist. Derweil ist aber durch das vorangegangene vermehrte Dahinsterben des in Kapnick befindlichen Volks in dem benachbarten Marmorosser Bezirk und Kövarer Distrikt der üble Ruf von einem in Kapnick befindlich sein sollenden ansteckenden Übel entstanden und von dortigen, nächst anliegenden Dörfern die Berghandlung Kapnick nicht mehr besucht worden. Es ist darum des Weiteren für nötig erachtet und bewirkt worden, sowohl an dem Herrn Vizeverwalter des Marmorosser Bezirks als auch dem Herrn Vizehauptmann des Kövarer Distrikts von den eigentlichen Umständen in Kapnick eine glaubwürdige Information zuzusenden als auch diese darin um Hilfe zu ersuchen, damit an die Kapnick nächst angelegenen Dörfer ein Rundschreiben ausgehe, welches beinhalte, dass deren Einwohner sich nicht vor einem in Kapnick befindlichen ansteckenden Übel zu fürchten bräuchten. Worüber dann auch laut beiliegenden von Herrn Stephan Sarmasagi, Vizehauptmann des löblichen Kövarer Distrikts, das hier im Original beiliegende Antwortschreiben indessen eingetroffen ist. Unter anderem war aber hieraus zu entnehmen, dass der Kövarer Distrikt von dem hochlöblichen siebenbürgischen Gouvernement schon ermahnt worden sei, wegen einer in Polen fortdauernden pestartigen Seuche niemand ohne Pass einzulassen. Weswegen dann auch hier zusammen mit dem benachbarten Marmarosser Bezirk und Kövarer Distrikt die erforderlichen

Vorkehrungen getroffen worden sind und auch dass bei wider besseres Hoffen einlaufen sollenden Nachrichten nicht unterlassen werden würde, sofortigen Bericht zu erstatten.

Indessen in Hoffnung gnädiger Ratifikation alles oben Berichtete uns zu hohen Wohlwollen und Gnaden ganz untertänig anzurechnen und in tiefstem Respekt verharren,

Nagybania, den 28. Februar 1753

Euer hochgräflichen Exzellenz und Gnaden, unseren gnädig und hochgebietenden Herrn

Untertänig gehorsamste

Frantz von Gerstorff, Inspektor

Joseph Brunner, Münzmeister

Michael Roga, Hofrichter»[164]

Es scheint, dass sich die Bergbaubeamten und Feldscherer der staatlichen Untersuchungskommission tatsächlich in ihrem Urteil darüber einig waren, dass sie es hier mit einem echten Fall von Vampirismus zu tun hatten. Die Untersuchungskommission schien es als erwiesen anzusehen, dass der Körper der Dorothea Pihsin, anders als der der zweiten Verdächtigen Anna Tonnerin, trotz des verwesten Gesichtes gut genug erhalten war, um die Kriterien eines Blutsaugers zu erfüllen. Natürlich besteht auch die Möglichkeit, dass die Beamten der Untersuchungskommission die Exekution des vermeintlichen Vampirs nur durchführten, um das aufgebrachte Volk zu beruhigen, welcher Effekt auch tatsächlich eintrat. Aus der Formulierung im offiziellen Bericht kann es jedoch nicht eindeutig abgelesen werden, und so bleiben beide Interpretationsmöglichkeiten offen. Nach der erfolgten Exekution der Dorothea Pihsin durch Verbrennen des Körpers geben die Kommissionäre, anders als im unklaren Ausgang des Medvegya-Falles, an, dass die übermäßigen Sterbefälle in Kapnick damit tatsächlich ein Ende hatten. Nur ein einziger Bergmann, der vordem schon gefährlich erkrankt war, sei noch gestorben, wohingegen alle anderen Menschen sich darauf wieder wohlauf befunden hätten.

Dass hierbei eine tatsächliche Krankheit die tödliche Hauptrolle spielte, liegt auf der Hand, dennoch bleibt eine wichtige Frage unbeantwortet: Wenn in Kapnick tatsächlich eine ansteckende Seuche im Umlauf war, wie konnte sie dann so plötzlich wieder verschwinden? Andererseits könnte die Exekution des Leichnams der Dorothea Pihsin durchaus eine solche Erleichterung bei den verängstigten Einwohnern

---

[164] Hofkammerarchiv Wien, Münz- und Bergwesen, Rote Nr. 90, fol 6.ff. S. a. K. Hamberger: *Mortuus non mordet.* Wien 1992, S. 88 ff.

hervorgerufen haben, dass sie mit der Krankheit besser zurechtkamen und dank ihrer nun positiveren Einstellung wieder genasen.

Hermersdorf, schlesisch-mährische Grenze, Januar 1755

Der kleine mährische Ort Hermersdorf[165] erlebte in den Jahren 1753–55 eine regelrechte «Vampirplage». Den Anfang machte eine Frau, die man zu Lebzeiten die «Wenzel Richterin» nannte[166] und die in jener Gegend mit Wunderkuren ihren Lebensunterhalt verdiente und um die Mitte des Jahres 1753 dort verstarb. In der Folgezeit soll sie viele andere Dorfbewohner als Untote belästigt haben sowie für weitere vampirische Leichen auf dem dortigen Friedhof verantwortlich sein. In besonderem Verdacht stand eine Frau namens Rosina Polakin, die am 22. Dezember 1754 verstorben war und bald darauf in den Verdacht des Vampirismus geriet. Die Angelegenheit wurde dann auf Drängen der Dorfbewohner untersucht und am 19. Januar 1755 die Leiche der Polakin und einiger anderer exhumiert und verbrannt. Der Ausgang der Affäre ist besonders interessant, da dies bisher der einzige mir bekannte Fall aus dem 18. Jahrhundert ist, der für die Ausführenden der Vampirexekution ein Nachspiel hatte: Von staatlicher Seite wurde gegen diese Personen aufgrund des so genannten «Vampirerlasses» der Kaiserin Maria Theresia vom 1. März 1755 gerichtlich vorgegangen. Am 30. Januar 1755 traf die Nachricht von den behördlicherseits angeordneten Vampirexekutionen in Wien ein. Die Nachricht verursachte einiges Aufsehen unter der Wiener Bevölkerung und am Hof selbst. Die Kaiserin wandte sich darauf am 8. Februar schriftlich an den obersten Kanzler, den Grafen von Haugvitz, er solle bei ihrem Hofarzt, Gehard van Swieten[167] nachfragen, ob er einen guten Chirurgen wüsste,

---

[165] Die *Berlinische Privilegirte Zeitung* bezeichnet den Ort als Hermsdorf. Hermsdorf oder vielmehr Hermersdorf ist mit ziemlicher Sicherheit das etwas unterhalb von Krnov (deutscher Name Jägerndorf) und westlich von Opava (deutscher Name Troppau) gelegene heutige Swobodne Hermanice (deutscher Name Freihermersdorf).
[166] Im folgenden Berliner Zeitungsbericht wird sie auch die «Tiroler Doktorin» genannt.
[167] Gerard van Swieten wurde am 7. Mai 1700 im holländischen Leyden als Sohn eines alten ritterlichen Geschlechts geboren, das dort seit dem 13. Jahrhundert nachweisbar ist. Sein Vater, Thomas van Swieten, sorgte für die gute schulische Ausbildung seines Sohnes, da er bereits früh seine Interessen in den Naturwissenschaften zeigte. Als junger Mann besuchte er die Universität seiner Vaterstadt, um seine große Leidenschaft, die Medizin, zu studieren. Da van Swieten der katholischen Konfession angehörte, war es ihm in den protestantischen Niederlanden untersagt, ein Lehramt innezuhaben, und so zog es ihn in die Welt hinaus. Van Swieten erlangte einen so guten Ruf als Arzt, dass er 1744 an den Wiener Hof berufen wurde und ein Jahr später zum Leibarzt Franz I. und Maria Theresias von Österreich avancierte. Ferner ernannten ihn

den man nach Hermersdorf absenden könnte, um die Angelegenheit zu untersuchen und die, wie die Kaiserin sich ausdrückte, abergläubischen Menschen von ihrem Irrtum zu überzeugen.[168] Van Swieten antwortete der Kaiserin noch am selben Tag und empfahl ihr den Anatomen Johannes Gosser und den Feldchirurgen Christian Wabst. Gosser und Wabst wurden mit einem Begleitschreiben der Kaiserin an die mährisch-schlesische Landesverwaltung bereits am folgenden Tag zum Ort des Geschehens abgesandt.

Auf den Bericht der Untersuchungskommission hin, die den Fall der Vampirin Rosina Polakin darin eindeutig als Aberglauben abgetan hatten, drängte der Leibarzt der Kaiserin, Gerard van Swieten, auf ein scharfes Gesetz zur Verhinderung solchen Aberglaubens, genauer gesagt darum, die unerlaubte Öffnung von Gräbern und die daraus folgenden Leichenschändungen unter Strafe zu stellen, um dem «Aberglauben» des Volkes abzuhelfen. Der Erlass der Kaiserin beinhaltete aber auch den Zusatz, dass künftige Fälle von vermeintlichen Blut saugenden Toten angezeigt werden müssten und dann gegebenenfalls die dafür zuständigen staatlichen Stellen die Angelegenheit untersuchen sollten:

Die *Berlinische Priviligirte Zeitung* berichtet erstmals in ihrer Ausgabe vom Donnerstag, dem 2. April 1755 über die Ereignisse:

«Die berüchtigten Blutsauger, oder so genannten Vampire, haben lange nichts von sich hören lassen. Nunmehr aber kann man aus hiesiger Gegend folgende zuverlässige Nachricht davon erteilen. Schon vor zweieinhalb Jahren verstarb zu Hermersdorf oberhalb Troppau eine Weibsperson, welche man in ihrem Leben die «Tiroler Doktorin» genannt hatte. Diese Weibsperson kurierte auf dem Lande herum und konnte dabei allerhand vermeintliche Zauberkünste bewerkstelligen. Man sagt, sie habe vor ihrem Tod ihrem Mann aufgetragen, ihr nach ihrem Tod den Kopf abzuhauen und sie nicht auf dem katholischen Kirchhof begraben zu lassen. Immittelst hat sich bald nach ihrem Tod allerhand geäußert, wovon man überzeugt wurde, dass sie eine Vampirin

---

die beiden Majestäten in der Folgezeit nacheinander zum Präfekten der Wiener Hofbibliothek, zum Präsidenten der wienerischen medizinischen Fakultät und Direktor des Medizinalwesens der kaiserlichen Staaten und schließlich zum Bücherzensor. Eine noch größere Ehre wurde ihm vom der Kaiserin am 10.5.1753 zuteil, als sie ihn am jenen Tag in den Freiherrenstand erhob. Im Jahr darauf organisierte der unermüdliche van Swieten die Wiener Universität neu und erlangte im Lauf der Jahre den Ruf, einer der verständigsten und gelehrtesten Ärzte Europas zu sein. Er verstarb am 18. Juni 1772 in Wien und hinterließ zwei Söhne, Gerhard II. und Gottfried, von denen letzterer 1777, gleichwie sein berühmter Vater, das Amt des Präfekten der Hofbibliothek überantwortet bekam. Er behielt es bis zu seinem Tode im Jahr 1803.
[168] Franz Xaver Linzbauer: *Codex sanitario-medicinalis Hungariae*. Buda. 1852–56. S. 722.

gewesen sei; da nach und nach in dem Dorf Hermersdorf viele Personen gestorben sind, von denen man glaubte, dass sie von Blutsaugern zu Tode gequält worden seien. Da dieses Übel weiterging und mehrere Personen starben, auch dabei verharrten, dass die Vampire ihren Tod verursachten, so wurde allerhöchst verordnet, eine Untersuchung gerichtlich anzustellen, die dahin ausfiel, dass man die als Blutsauger in Verdacht geratenen Personen diesem allerhöchsten Obrigkeitlichen Befehl zufolge ausgraben sollte, und es wurden an der Zahl 30 ausgegraben. 10 davon wurden unschuldig befunden und wieder verscharrt; bei 19 erwachsenen Personen aber und einem Kinde wurde noch Blut befunden, ungeachtet dass die Leichname ein Jahr, auch etliche zwei Jahre und länger bereits in der Erde gelegen hatten. Diesen wurden als Vampiren die Köpfe abgehauen, das Herz durchstoßen und sodann die Körper zu Asche verbrannt. Diese Exekution ist auf kaiserlichen Befehl vor sechs Wochen in dem Dorf Hermersdorf geschehen, wozu Knechte und Scharfrichter von Troppau, Jägerndorf, Teschen und umliegenden Orten zugezogen wurden.»

Da durch das Gutachten der kaiserlichen Untersuchungskommission unter Wabst und Gosser die Affäre nicht ohne Folgen blieb, berichtete die *Berlinische Priviligirte Zeitung* vom 8. Mai 1755 aus Wien nach einer offiziellen Mitteilung vom 23. April erneut über den Vampirfall in Hermersdorf:

«Nachdem durch die aus Oberschlesien eingetroffenen Nachrichten der Ruf ausgebreitet worden war, dass sich dort zu Lande zu Hermersdorf einige so genannte Vampire oder Blutsauger spüren ließen und deswegen von den dortigen Einwohnern die wirkliche Ausgrabung und Verbrennung einiger bei ihnen in Verdacht gefallenen Körper vorgenommen worden wäre, so haben Ihro Kaiserl. Königl. Majestät zu gründlicher Erforschung der Sache eine eigene Kommission von erfahrenen und dem Werk gewachsenen Männern dahin abgeordnet, von welchen nach genauester Untersuchung aller Umstände befunden wurde, dass dieses Vorgehen bloß von der durch die seit vielen Jahren her eingewurzelten betrüglichen Vorurteile, einen sträflichen Aberglauben und der verderbten Einbildungskraft der dortigen Bauersleute herrühre, folglich auch alles, was davon ausgestreut worden war, grundfalsch und diese greuliche Exekution einzig und allein aus eigenem Antrieb der dortigen Einwohner ohne Vorwissen der gehörigen Landesstände vollzogen worden sei. Welches ärgerliche Beginnen Ihre Majestät nicht nur gegen alle diejenigen, die hieran teilgenommen haben, scharf geahndet, sondern auch mittelst eines an alle Dero Länderrepräsentationen erlassenen Rundschreibens, allen sowohl geistlichen als weltlichen Obrigkeiten allergnädigst anbefehlen lassen, dass sie ihre Untergebenen von solchen sträflichen und abergläubischen Irrtümern ableiten und bei schwerster

Ahndung abhalten sollen, auf solche ärgerliche und abergläubische Art künftig zu verfahren.»

Inwieweit das Gesetz der Kaiserin Maria Theresia nun fruchtete, sei dahingestellt. Glaube oder Unglaube lässt sich bekanntlich nicht per Dekret in den Köpfen der Menschen verankern. In der Folgezeit wurden nur noch wenige Fälle von Vampirismus in der Habsburgermonarchie bekannt, was allerdings nicht bedeutet, dass sie nicht stattgefunden haben. Die Menschen, die nun nicht mehr mit Hilfe von behördlicher Seite rechnen konnten, zogen es anscheinend vor, die Exekutionen verdächtiger Leichen heimlich und still zu vollziehen. Wenn ein solcher Vorfall doch durch einen eifrigen Dorfbeamten am nächsten Tag wegen des frisch aufgeworfenen Grabes bemerkt wurde, so konnte er außer einer Meldung an die übergeordnete Landesadministration nichts weiter tun. Die Ermittlungen verliefen im Sande, weil die Einwohner nichts bekanntgaben und mit der Staatsmacht nicht mehr kooperierten.

Einer der letzten offiziell in Österreich aufgenommenen Fälle stammt aus dem Temesvarer Banat und wird dort in einer kurzen Note der Landesadministration festgehalten:

Knéz, Temesvarer Distrikt, 27. April 1756

Das Verwalteramt in Temesvar berichtet, dass 30 Menschen innerhalb von zehn Tagen in dem Dorf Knéz[169] verstorben seien. Die Einwohner des Dorfes hegten den starken Verdacht, dass das Sterben von einem oder mehreren Vampiren herrühre.[170]

Polen, 1770

Der französische Philosoph Louis Antoine Caracioli konnte während seiner Reisen in Polen um 1770 noch über folgendes Erlebnis einer Vampirexhumierung berichten, bei welcher er fast selbst körperlichen Schaden durch die aufgelaufene Menschenmenge erlitt, die ihn mit Steinen bewerfen wollte, als er versuchte, sie davon zu überzeugen, dass ihr vermeintlicher Blutsauger doch in Wirklichkeit eine ganz gewöhnliche Leiche

---

[169] Der heutige Name des Örtchens lautet Satchinez; es liegt einige Kilometer nordwestlich von Temesvar (dem heutigen Timisoara in Rumänien).
[170] Rot. Temesv. Verwalteramt.

Oben: T: Mark of the vampire

Unten T: Zeichen des Vampirs, Das/Mark Of The Vampire, The; D: Carol Borland, Bela Lugosi; R: Tod Browning; P: USA J: 1935

wäre. Er beschreibt das Ereignis in seiner 1772 erschienen *Reise der Vernunft durch Europa* und spricht von sich in der dritten Person als «Lucidor»:

«... Unser Philosoph machte sich fertig abzureisen, als man ihm die Nachricht brachte, dass sich das Volk in der Nachbarschaft versammelte, um einen Kadaver zu sehen, den man für einen Vampir hielt. Er begab sich auch dahin, und obschon er nichts als einen wirklich toten Menschen ohne Bewegung und ohne Leben sah, der aber nur ein erhitztes Gesicht hatte, so behaupteten die Ordensgeistlichen doch, dass er sich bewegte, ja sogar, dass er schrie. So sehr ist man mit Vorurteilen eingenommen, wenn man sich von dem Aberglauben beherrschen lässt. Sie sind allemal willkommen und machen den Leuten weis, was sie wollen, denn es ist keine polnische Familie, die nicht einen Mönch zum Ratgeber hätte.

Lucidor mochte ihnen immerhin erklären, dass die Röte, welche sie so sehr in Erstaunen setzte, keine andere Ursache hätte als die Beschaffenheit der Erde, wo man die Körper hinlegte und aufbewahrte. Weit entfernt, ihm zuzustimmen, behandelten sie ihn vielmehr als einen Gottlosen, und hätten ihn beinahe gesteinigt ...»[171]

---

[171] L. A. Caracioli, *Reise der Vernunft durch Europa*. Leipzig 1772, S. 22 f.

Kapitel 6

Der Vampir im 19. Jahrhundert.

«Wie tief der Vampirglaube im Volke wurzelt, lehren fast täglich vorkommende Beispiele von Leichenausgrabungen.»
— Wilhelm Mannhardt, *Zeitschrift für deutsche Mythologie und Sittenkunde*, 1859.

Im 19. Jahrhundert, von der Gelehrtenwelt jedoch größtenteils mit Ignoranz gestraft, blieb der Vampir im Volksglauben weiterhin lebendig und fand Eingang in die romantische Literatur. Fasziniert von allem Übernatürlichen und vom Spiritismus, griffen vor allem die Gelehrten Joseph von Görres[172], Herbert Mayo[173], Maximilian Perty[174] und Franz Hartmann[175] das Thema Vampirismus ab den 1840er Jahren erneut auf und meldeten sich mit ihren eigenen Theorien zu diesem Phänomen zu Wort.

Vielfältige Berichte aus den preußischen Ostprovinzen als auch aus Russland sind erhalten geblieben. Besonders dem Volkskundler Wilhelm Mannhardt[176] und dem St. Petersburger Justizministeriumsmitarbeiter August Löwenstimm[177], der Einsicht in viele solcher Fälle hatte, die am dortigen Gericht eingingen, ist es zu verdanken, dass uns etliche dieser Ereignisse noch heute bekannt sind.

In der zweiten Hälfte des Jahrhunderts, genauer gesagt im Jahre 1870, erlebte Deutschland seinen letzten großen Vampirskandal. In Kantrzyno/Westpreußen

---

[172] Joseph von Görres: *Die christliche Mystik*. Regensburg 1836–1842
[173] Herbert Mayo: *Wahrheiten im Volksaberglauben*. Leipzig 1854.
[174] Maximilian Perty: *Die mystischen Erscheinungen der menschlichen Natur*. Leipzig und Heidelberg 1872.
[175] Franz Hartmann: *Lebendig begraben*. Leipzig 1896.
[176] Wilhelm Mannhardt: *Die praktischen Folgen des Aberglaubens*. Berlin 1878.
[177] August Löwenstimm: *Aberglaube und Strafrecht*. Berlin 1897.

entspann sich an den dortigen Gerichten ein mehrere Jahre andauernder Prozess um die Erben des Gutsbesitzers Franz von Poblocki, die dessen Leiche als einem Vampir den Kopf abgeschnitten hatten. Doch hierzu später mehr. Beginnen wir in chronologischer Reheinfolge mit den ersten bekannten Vampirvorfällen im noch jungen 19. Jahrhundert.

Groß-Gorzütz, Oberschlesien, 1801

«Die Leiche der Marguna Warlin aus Uchilsko wurde nach Groß-Gorzütz[178] in der Herrschaft Oderberg zur Beerdigung gebracht. Auf das Gerücht, dass dieses Weib eine Schere auf dem Rücken[179] habe und also ein so genannter Vampir sei, ließ der dortige Pfarrer einen Lukaszettel[180] unter die Zunge legen, ihr die Nasenlöcher mit Erde verstopfen, sie im Sarg umwenden und auf Bauch und Gesicht legen und so ohne Sang und Klang beerdigen. Auf die Beschwerde der Tochter der Verstorbenen ordnete der Erzpriester die Ausgrabung dieser *Strzyga* an. Eine Schere fand sich auf ihrem Rücken nicht; der Lukaszettel und die Erde wurden aus Mund und Nase entfernt und die Leiche christlich beerdigt. Das geschah am 15. Mai 1801 in Gegenwart der Dorfgerichte.»[181]

Pless, Schlesien, 1803

Die schlesischen Provinzialblätter aus jenem Jahre berichten, dass man in der Ortschaft Pless[182] dem einen oder anderen Toten, von welchem man den Verdacht hege,

---

[178] Die Ortschaften Uchylsko und Groß-Gorzütz/Gorzyce liegen heute im südlichen Polen an der Grenze zu Tschechien.
[179] Laut einem Volksglauben in Schlesien wurde eine Person, die ein Mal in Form einer Schere auf dem Rücken trug, zu einer Striga, die, wenn man sie begrub, wie sie war, ein Jahr nach ihrem Begräbnis ein großes Sterben durch eine Seuche verursachen würde. Die Seuche höre erst auf, wenn die Schere auf dem Rücken verwest sei. Paul Drechsler: *Sitte, Brauch und Volksglaube in Schlesien*. Leipzig 1906. 2 Band, S. 317.
[180] Den Lukaszettel oder Lukasbrief gab es in regional unterschiedlichen Ausführungen. Es handelte sich dabei um ein Stück Papier von rund 5 x 5 cm Durchmesser, auf welches fromme Symbole und, wenn man so sagen will, christliche Zaubersprüche geschrieben waren. Das zusammengefaltete Papier wurde dem Toten unter die Zunge gelegt, um dessen schädliche Wirkung auf die Lebenden zu verhindern.
[181] *Schlesische Provinzial-Blätter.* Jg. 1801. Bd. 34. S. 186.
[182] Das heutige Pszczyna in Polen.

er könne als Wiedergänger oder Vampir den Lebenden nachstelle, einen Lukaszettel in den Mund stecke, um so sein Wiederkommen zu verhindern.[183]

Konitz, Westpreußen, 1831

Als in der Gegend von Konitz[184] im Jahre 1831 eine entsetzliche Choleraepidemie das Land verwüstete, hegten die dortigen Einwohner den Verdacht, dass Vampire an diesem Unglück die Schuld zuzuschreiben wäre. An mehreren Orten wollte man die zuerst an der Seuche Dahingerafften wieder ausgraben, weil die ihnen bald nachgefolgten Hausgenossen glauben ließen, dass sie Blutsauger wären, und es bedurfte durchgreifender Maßregeln von Seiten der Behörde, um die Ausführung jener Absicht zu verhindern.[185]

Grabau, bei Danzig/Westpreußen, um 1840

«Im Dorf Grabau[186], nahe bei Danzig, nach der Küste zu, begann einmal, vor noch nicht allzu langer Zeit, ein allgemeines Sterben, und besonders wurden Jungfrauen in der Blüte ihres Lebens hingerafft, und jede so schnell Gestorbene hatte am Herzen ein kleines Wundmal. Da fielen endlich die Dorfältesten auf den Gedanken, es möge wohl ein Vampir auf ihrem Kirchhof liegen, und ließen viele Gräber und Särge öffnen, und da fand sich auch ein Leichnam, der war nicht verwest wie die andern, sondern Nägel und Barthaar waren ihm gewachsen und an seinen Lippen zeigte sich die Spur frischen Blutes. Alsbald wurde das bekannte, bis nach Serbien hinein und dort sehr häufig angewandte Mittel ebenfalls angewandt. Das Haupt des Toten wurde mittelst eines Grabscheites vom Körper abgestoßen und durch das Herz ein Pfahl von Dornholz geschlagen und alles zu Asche verbrannt. Da hörte das Sterben auf.»[187]

---

[183] *Schlesische Provinzial-Blätter.* Jg. 1803. Bd. 37. S. 532.
[184] Das heutige Chojnice im Norden Polens.
[185] Tettau/Temme: *Die Volkssagen Ostpreußens, Litthauens und Westpreußens.* Berlin 1837. S. 276 f.
[186] Heute gehört Grabau/Grabowek zur westlich von Danzig/Gdansk gelegenen Stadt Gdingen/Gydnia.
[187] Ludwig Bechstein: *Deutsches Sagenbuch.* Leipzig 1853. S. 215.

Weliko-Shuchowitz, Russland, 1848

Am 17. August 1848 wurde der Ortskreisrichter des Gouvernements Minsk von dem Priester der Weliko-Shuchowitzschen Kirche im Kreis Nowogrod[188] benachrichtigt, dass die Bauern gegen seinen Willen ein verstorbenes Bauernmädchen namens Justina Juschkow ausgegraben und an ihr eine «tierische Operation» vollzogen hätten. Dies hätten sie getan, um die unter ihnen herrschende Cholera zu beseitigen. Als man gerichtliche Nachforschungen anstellte, gestanden die Bauern alles und erzählten, dass Justina Juschkow als Erste an der Cholera gestorben und bestattet worden sei. Im August aber, als die Epidemie heftiger wurde, habe der unter ihnen lebende Feldscherer Rubzow ihnen versichert, dass ein liederliches Mädchen, das in schwangerem Zustand gestorben wäre, die Schuld an der Krankheit trage. Um die Cholera zu vertreiben, müsse man daher das Grab öffnen und nachsehen, in welcher Lage das ungeborene Kind sich befinde und ob der Mund der Juschkow geöffnet sei oder nicht. Wenn der Mund offen stehe, so müsse ein Pfahl hineingetrieben werden. Anfangs hörten die Bauern nicht auf den Feldscherer, aber als die Cholera immer schlimmer wütete, entschlossen sie sich, es mit dem empfohlenen Mittel zu versuchen. Sie öffneten das Grab, zogen den Leichnam heraus und schnitten ihm den Leib auf. Aber im Mutterleib fand sich kein ungeborenes Kind vor, woraufhin sie den Sarg durchsuchten und dort den Leichnam eines Kindchens fanden. Nun warfen sie die Leichen zurück ins Grab, trieben aber vorher einen Pfahl aus Eschenholz in das Bauernmädchen, da sie es mit offen stehendem Mund aufgefunden hatten. Danach schütteten sie das Grab zu und waren überzeugt davon, dass nun die Cholera beseitigt wäre.[189]

Borgfeld[190], bei Danzig/Westpreußen, 1849

In jenem Jahr war dort eine alte Frau, genannt die «alte Welmsche», gestorben. Niemand achtete darauf, dass sie als Leiche im Gesicht rot war. Bald aber kam sie allnächtlich aus dem Grab, peitschte und prügelte ihre Tochter, ein junges Mädchen, im Bett und kratzte sie mit ihren langen spitzen Fingernägeln blutig. Da das Unwesen kein Ende nahm, wandte man sich an den als Teufelsbanner bis auf zwanzig Meilen in der Runde

---

[188] Es handelt sich vermutlich um die etwas oberhalb von Lomza gelegene Ortschaft Nowogrod im heutigen Polen.
[189] A. Löwenstimm: *Aberglaube und Strafrecht*. Berlin 1897. S. 99 f.
[190] Das heutige Borkowo.

hochberühmten katholischen Pfarrer in Mariensee.[191] Dieser ließ die Tote ausgraben, der Leiche den Kopf abschlagen und unter den Arm legen. Sie wurde auf einem Kreuzweg verscharrt, nachdem man ihr den Sarg voll Mohnkörner gelegt hatte.[192]

Deva, Siebenbürgen, 1850

Deva in Siebenbürgen, 12. Juli. «Die Rinderpest herrscht noch fortwährend in dem hiesigen Bezirk, der an die Stelle des Hunyader Komitats getreten ist. Die walachischen oder, wie sie lieber heißen, romanischen Bauern wollen gegen diese Seuche die von den Bezirksbehörden empfohlenen Heilmittel nicht anwenden, weil sie behaupten, dass diese Seuche von Hexerei herrühre. Vor kurzem hat man daher in Ober-Lapugy[193], einem Dorf in dem Illyer Unterbezirk, die Leichen von sieben Hexen und Hexenmeistern ausgegraben («Strigoije» heißt hier Hexe; man hört die Verwandtschaft mit der italienischen «Strega») und fand, dass fünf derselben – natürlich von Fäulnis – angeschwollen waren. Dies war für die Bauern ein Beweis, dass sie in der Nacht ihre Gräber verlassen und dem Rindvieh das Herz ausgefressen hatten[194]. Sie wurden, obwohl der Pope sich widersetzte, verbrannt, zwei dagegen, bei denen sich keine Anschwellung zeigte, als unschuldig wieder begraben. Die Anstifter des Autodafé[195] wurden von der jetzigen auf Ordnung haltenden österreichischen Behörde einige Zeit eingesperrt und dann, nachdem man sie eines Besseren belehrt hatte, wieder entlassen.»[196]

---

[191] Mannhardt erwähnt dazu: «Dieser Mann, der jetzt in unfreiwilliger Muße zu Schoeneck lebt, beschäftigte sich hauptsächlich damit, *Weichselzöpfe* zu besprechen.» (Weichselzöpfe siehe Fußnote 11)
[192] W. Mannhardt: *Die praktischen Folgen des Aberglaubens*. S.15. Mannhardt erwähnt zusätzlich zu diesem Vorfall, dass er sich auch ähnliche Begebenheiten aus den westpreußischen Orten Putzig (Puck), Mariensee (Przywidz), Rheinfeld (Przyjaźń) und Wonneberg (Ujescisko) notiert habe, auf welche er jedoch in seiner Schrift leider nicht näher eingeht. In: Franz von Holtzendorff (Hg.) *Deutsche Zeit- und Streit-Fragen*. Jg. VII. Berlin 1878.
[193] Das heutige Lăpugiu de Sus in Siebenbürgen.
[194] «Herz fressen»: Im übertragenen Sinn besagte der Volksglaube, dass Hexen, Zauberer (Vampire), die Fähigkeit besäßen, Menschen und Vieh das «Herz auszufressen», was man daran bemerkte, wenn Mensch oder Vieh auf unerklärliche Weise an körperlicher Gesundheit und Konstitution abnahmen und so schließlich starben.
[195] Wörtl. «Glaubensakt», bezeichnet aber im Allgemeinen die öffentlichen Gerichtsverhandlungen der spanischen Inquisition gegen Andersdenkende, Zauberer, Hexen etc. Es ist diesem Fall natürlich nur im übertragenen Sinn zu verstehen.
[196] *Allgemeine Augsburger Zeitung*. Jg. 1850. Nr. 223.

Brüsewitz, Pommern, um das Jahr 1850

Ein Dr. Petermann erzählt: «Oftmals hatte ich von älteren und auch wohl jüngeren Leuten meines Heimatdorfes, Schöneberg bei Stargard in Pommern, erzählen hören, wie häufig es vorkomme, dass ein verstorbenes Familienmitglied alle oder doch mehrere Mitglieder der Familie ‹nachfresse›. Dies war der allgemein gebräuchliche Ausdruck für die Macht des Verstorbenen, mit welcher er seinen vernichtenden Einfluss ausübte. Wolle man aber die Kraft eines solchen Nachfressers vernichten, so müsse des Nachts sein Grab geöffnet, ihm das Haupt mit einem Spaten abgestochen und dieses dann zu seinen Füßen gelegt werden. Recht lebhaft hörte ich aber diesen Aberglauben die Landbevölkerung meiner Heimat beschäftigen, als in dem benachbarten Dorf Brüsewitz[197] ein kräftiger Bauerngutsbesitzer starb, dem in kurzen Intervallen zwei robuste erwachsene Söhne folgten. Wahrscheinlich grassierte eine Seuche, aber allgemein sprach man, der Vater fresse die ganze Familie nach, wenn man nicht mit dem Verstorbenen die oben genannte Prozedur vornehme. Mein Onkel, der Lehrer des Dorfes war, äußerte bei Gelegenheit eines Besuches zu meinem Vater, er fürchte, dass er eines schönen Morgens auf dem Kirchhof, der übrigens dicht vor seinem Hause lag, die Spuren vorfinden werde, dass das Grab geöffnet sei, und er fürchte das um so mehr, wenn die jetzt noch schwer krank darniederliegende Tochter auch sterben sollte. Er wollte aber, wenn der Fall eintrete, meinen Vater sofort benachrichtigen, damit er sehe, wie groß die Macht des Aberglaubens noch sei. Nach wenigen Tagen erfuhren wir, dass die Tochter wirklich gestorben sei, und drei Tage nach deren Begräbnis erschien dann auch in aller Frühe ein Bote, der meinen Vater einlud, sofort nach Brüsewitz zu seinem Bruder zu kommen. Ich durfte meinen Vater begleiten. Wir fanden den Onkel am frisch zugeworfenen Grab des vor etwa sechs Wochen verstorbenen Bauerngutsbesitzers, und die umherliegenden Erdhäufchen, die sich in der Nacht nicht hatten gut beseitigen lassen und der in aller Eile hergerichtete Grabhügel ließen uns keinen Zweifel, was da vorgegangen war. Die Sache wurde von meinem Onkel dem Pastor angezeigt (Brüsewitz war damals noch Teil des Dorfes Pansin). Derselbe begnügte sich damit, am nächsten Sonntag der Gemeinde von der Kanzel herab über den krassen Aberglauben, der noch in ihr herrsche, Vorhaltungen zu machen, unterließ aber die Anzeige an das Landratsamt, sodass keine weitere Untersuchung erfolgte. Als aber nun wirklich kein Mitglied aus der besagten Familie mehr starb, war man allgemein der Ansicht, dass die vorgenommene Prozedur die richtige und helfende gewesen sei.»[198]

---

[197] Das heutige Brudzewice, ca. 15 km östlich von Stargard Szczeciński in Polen gelegen.
[198] Dr. Petermann in: *Die Gartenlaube*. Nr. 41./Jg. 1873. Unter *Blätter und Blüten*, S. 674

Kreis Berditschew, Russland, 1851

«Im Jahre 1851 herrschte in dem Dorf Possady[199], im Berditschewschen Kreis des Gouvernements Kiew, eine starke Choleraepidemie. Da verbreitete sich plötzlich im Volk das Gerücht, dass der frühere Kirchendiener und seine Frau die Urheber dieser Krankheit seien, da sie Vampire wären und den Leuten das Blut aussögen. Infolgedessen wurde das Grab des Ehepaars geöffnet und dem Kirchendiener und seinem Weib die Köpfe abgeschlagen und verbrannt, während man ihre Körper mit Eschenpfählen an die Erde heftete.»[200]

Danzig, Westpreußen, 1855

«Als der sehr geachtete katholische Propst in Danzigs Vorstadt St. Albrecht[201] in jenem Jahr das erste Opfer einer Seuche wurde, entstand bald das Gerede, er habe das rote Mal auf dem Gesicht gehabt und erscheine den Ortsbewohnern des Nachts als Gierhals. In der Gaststube der Pennerschen Brauerei rotteten sich schon die Arbeiter zusammen und konnten nur mit Mühe davon abgebracht werden, das Grab des Propstes gewaltsam zu öffnen und mit ihm dem Brauch nach als einem Vampir zu verfahren.»[202]

Westpreußen, 1870

Im Mai wurde im Dorf Beelitz bei Bromberg[203] der Versuch einer Ausgrabung verhindert, bei der es sich um eine als Kartenlegerin bekannte Person handelte, der drei andere Familienmitglieder in Kurzem nachgestorben waren.

Wenige Monate darauf, am 13. September verhandelte das Kreisgericht zu Konitz[204] über die gegen den Organisten Karczynski aus Neukirch, einen Brettschneider, und den Gutsbesitzer Drzewitzki aus Mühlchen gerichtete Anklage wegen unbefugter Zerstörung von Gräbern. Urheberin des Vergehens war die inzwischen verstorbene Mutter Drze-

---

[199] Da *Possady* zu Deutsch *Stadtteil* bedeutet, kann hier von einem Ortsteil von Berditschew/Berdyčiv ausgegangen werden.
[200] August Löwenstimm: *Aberglaube und Strafrecht*. Berlin 1897. S. 97.
[201] Das heutige Święty Wojciech im Süden Danzigs/Gdansks.
[202] W. Mannhardt: *Die praktischen Folgen des Aberglaubens*. S.1 6. In: Franz von Holtzendorff (Hg.) *Deutsche Zeit- und Streit-Fragen*. Jg. VII. Berlin 1878.
[203] Bielice bei Bydgoszcz im heutigen Polen.
[204] Das heutige Chojnice in Polen.

witzki gewesen, welche ihren Sohn dazu beredet hatte, im Verein mit anderen das Grab des entschlafenen Vaters zu öffnen, da er ein Vampir sei und an ihrem Leben zehre. Die Verhandlung endete mit Verurteilung der Angeklagten zu je drei Wochen Gefängnis.[205]

Pniewno[206], Kreis Schwetz/Westpreußen 1870

«Der Waldwart Gehrke und dessen Kinder waren bald nach dem Tod seiner Frau schwer erkrankt. Demzufolge verbreitete sich die Meinung, dass die verstorbene Frau ihren Mann und ihre Kinder ‹nachholen› wolle, weshalb sich G. Gehrke, der Bruder des kranken Mannes, mit mehreren Befreundeten entschloss, als Mittel zur Abwendung des befürchteten Todes der Kranken, den Sarg zu öffnen und in denselben einen Strick und etwas Leinsamen zu legen.

Nachdem sie zu diesem Zweck das Grab und den Sarg geöffnet und die Leiche mit geröteten Wangen vorgefunden hatten, schien es ihnen noch rat- und wirksamer, den Kopf der Leiche vom Rumpf zu trennen. Dieses führten sie gemeinsam aus, indem der eine den Spaten auf den Hals der Leiche setzte, die übrigen aber so lange auf das Ende des Spatenstiels schlugen, bis die Trennung bewirkt war. Sie legten dann den Kopf unter den Arm der Leiche, worauf sie Sarg und Grab wieder schlossen. Hierin fanden die Anklage und der erste Richter ‹unbefugte Beschädigung eines Grabes und einen an demselben verübten beschimpfenden Unfug›.

In zweiter Instanz machte G. Gehrke geltend, er habe – wie er unter Beweis stellte – im Einverständnis mit den nächsten Angehörigen der Verstorbenen, also mit Autorisation der dazu berechtigten Personen gehandelt – und die erwähnten Maßnahmen an der Leiche keineswegs frivoler Weise, sondern höchst ungern und widerstrebend, aus brüderlicher Liebe zu seinem erkrankten Bruder als ein allgemein für heilsam erachtetes Mittel vorgenommen. Das Appellationsgericht bestätigte indessen die Erkenntnis der ersten Instanz, ohne den beantragten Beweis zu erheben: ‹Es könne dahingestellt bleiben, ob etwa im Fall des Gelingens dieses Beweises (über die Ermächtigung seitens der nächsten Angehörigen) der Mangel des erforderlichen Bewusstseins hinsichtlich der Eröffnung des Grabes vorhanden sein würde. Jedenfalls bleibe der beschimpfende Unfug bestehen, da G. Gehrke sich habe sagen müssen, dass er trotz der Aufforderung der nächsten Angehörigen der Verstorbenen, Waldwart Gehrke, nicht so mit der Leiche verfahren durfte, wie er getan, und da er habe wissen müssen, dass er dadurch be-

---

[205] W. Mannhardt, *Die praktischen Folgen des Aberglaubens*. S.16. In: Franz von Holtzendorff (Hg.) *Deutsche Zeit- und Streit-Fragen*. Jg. VII. Berlin 1878.
[206] Bei Świecie im heutigen Polen.

schimpfenden Unfug an der Leiche und folgeweise an dem Grab verübe›. – Auf die Nachbeschwerde des G. Gehrke ist diese Erkenntnis vernichtet und die Sache zur anderweitigen Verhandlung und Entscheidung an ein anderes Appellationsgericht verwiesen worden. Die Begründung hierzu lautet:
‹Es ist klar, dass hiermit der Beweisantrag nicht beseitigt ist. Nicht darauf kommt es an, ob der Kläger sich alles das sagen und es wissen musste, sondern darauf, dass er es gewusst und in dieser Kenntnis unbefugt gehandelt hat. Seine Anführung ging gerade dahin, dass er in gerechtfertigter Weise, in voller Überzeugung seiner Berechtigung und in löblicher Absicht zu Werke gegangen sei, dass es demnach an einem erforderlichen strafrechtlichem *Vorsatz* gemangelt habe. Solchergestalt hat der Appellationsrichter das Verteidigungsrecht in unzulässiger Weise beschränkt›.»[207]

Kantrzyno[208], Westpreußen, Februar 1870

Wie bereits erwähnt, erlebte die deutsche Öffentlichkeit Anfang des Jahres 1870 ihren letzten großen Vampirskandal. Der Fall des verstorbenen Gutsherrn Franz von Poblocki, der, nach seinem Tode als Blutsauger verschrien, wieder von seinen Verwandten aus dem Grabe erhoben und von diesen geköpft worden war, wurde über die Grenzen des preußischen Königreichs hinaus bekannt. Die Gerichte der Provinz Westpreußen befassten sich mehr als zwei Jahre mit der Affäre, die mit der Beschuldigung der Grabschändung gegen die Ausführenden der Vampirexekution eingeleitet wurde, schließlich jedoch mit deren Freispruch endete. Dieser Freispruch verursachte einiges Aufsehen, da allzu eifrige Gesetzeshüter und Volksaufklärer darin eine staatliche Bestätigung des Glaubens an Vampire sahen, was den Aberglauben im Volk unterstützen würde. Wilhelm Mannhardt führte den Fall in seiner Schrift *Die praktischen Folgen des Aberglaubens* in kurzer Form aus. Ein unter dem Pseudonym «Carus Sterne»[209] verfasster Artikel in der damals sehr geschätzten Zeitschrift *Die Gartenlaube* trägt den Fall in detaillierter Weise vor:

«Am 5. Februar 1870 war zu Kantrzyno (Kreis Neustadt in Westpreußen) der Anteilsbesitzer und Kirchenvorsteher Franz von Poblocki im Alter von 63 Jahren an der

---

[207] Erk. V. 8. Feb. 1871. Aus: Oppenhoff, *Die Rechtsprechung des Königl. Obe-Tribunals und des Königl. Ober-Appellations-Gerichts in Strafsachen*. Bd. 12, 1871, S. 78 ff.
[208] Das heutige Kętrzyno in Polen.
[209] Das Pseudonym des Volkskundlers und Schriftstellers Ernst Krause (* 22. 11. 1839, † 24. August 1903).

T: Stunde, wenn Dracula kommt, Die/La Maschera Del Demonio; D: Barbara Steele, Ivo Garrani;
R: Mario Bava; P: I; J: 1960

Auszehrung verstorben und auf dem Friedhof des jenseits der Provinzialgrenze gelegenen Dorfes Roslasin[210] (Kreis Lauenburg in Pommern) am 9. Februar beerdigt worden. Wenige Tage darauf erkrankte sein ältester, 28 Jahre alter Sohn Anton und starb am 18. desselben Monats, nach Aussage des erst kurz vor dem Tode herbeigerufenen Arztes an der so genannten «galoppierenden Schwindsucht». Da fast gleichzeitig die Gattin des Erstgenannten und eine jüngere Tochter desselben erkrankten, ein zweiter Sohn und ein Schwager (von Wittke) sich sehr unwohl fühlten und alle Genannten über unbeschreibliche Angst und Beklemmung klagten, so kam man auf den ‹in hiesiger Gegend weit verbreiteten Aberglauben› – ich gebrauche die Worte des freundlichen Auskunftsgebers, dem ich die meisten Einzelheiten verdanke –, dass der verstorbene Vater ein so genannter Vampir sei und dass sie alle sterben müssten, wenn nicht schleunigste Hilfe geschaffen werde.

Nachdem der älteste Sohn des Hauses, Anton von Poblocki, seinem Vater so schnell gefolgt war und mehrere seiner Geschwister sowie die Mutter erkrankt waren, bildete sich die vielleicht schon früher gehabte Vermutung, dass der Vater in den Vampirstand getreten sei, zu eine fixen Idee aus. Man versammelte an den Betten der Erkrankten einen Familienrat, in welchem einstimmig beschlossen wurde, das drohende Unheil durch die wirksamsten der eben erörterten Mittel zu bekämpfen. Die Ausführung wurde dem zweitältesten Sohn Joseph, der durch die beiden Sterbefälle zum Oberhaupt der Familie geworden war, übertragen. Da sein verstorbener Bruder

---

[210] Das heutige Rozlazino, wenige Kilometer nördlich von Kętrzyno gelegen.

nunmehr der Theorie dieses Aberglaubens zufolge ebenfalls aus einem Opfer des Vampirs ein Bundesgenosse geworden war, wurde damit begonnen, ihm in der beschriebenen Art das Haupt vor die Füße zu legen. An dem Leichnam des Vaters sollte die nämliche Operation in der Nacht vor dem Begräbnis des im Stillen enthaupteten Sohnes vorgenommen werden. Joseph von Poblocki traf am Tage vor der Beerdigung, die auf den 22. Februar festgesetzt war, in Begleitung zweier beherzter, mit Radhacke und Spaten bewaffneter Arbeitsleute aus Kantrzyno in Roslasin ein und setzte sich mit dem Totengräber des Ortes in Verbindung, demselben ein gutes Stück Geld anbietend, wenn er das Grab für seinen Bruder so nah an das des Vaters machen wolle, dass man in der Nacht ohne sonderliche Mühe die Erdscheidewand durchbrechen könne, um den Sarg des vermeintlichen Vampirs zu öffnen.

Der Totengräber sagte seine Mitwirkung zu diesem auf Rettung einer ganzen Familie gerichteten Unternehmen zu, und man stärkte sich im Dorfkruge durch Bier und Spirituosen zu dem schaurigen Vorhaben. Inzwischen kamen dem Totengräber doch einige Bedenken gegen den heimlichen Charakter des nächtlichen Werkes; er offenbarte dem Ortspfarrer Block die ganze Angelegenheit, wahrscheinlich erst, um von ihm zu erfahren, ob etwas Unrechtes an der Sache sei. Der würdige Geistliche beschränkte sich nicht darauf, ihm jede Beteiligung an der beabsichtigten Friedhofsentweihung zu untersagen und ihm aufzutragen, das Grab für den Sohn in angemessener Entfernung von dem des Vaters aufzuwerfen, sondern er ließ auch die Fremden vor der Ausführung ihres straffälligen Vorhabens warnen und den Arbeitern das Betreten des Friedhofes untersagen. Außerdem beauftragte er seinen Organisten und den Dorfnachtwächter, den Friedhof während der Nacht zu beobachten, um die in Aussicht genommene Grabschändung zu abergläubischen Zwecken zu verhüten. Der Organist wachte bis ein Uhr nachts, ohne etwas Auffälliges zu bemerken. Der Nachtwächter hat dann auch später – aus welchen Gründen, ist nicht erörtert worden – nichts wahrgenommen. Dagegen erwachte der Besitzer des nahe beim Friedhof gelegenen Dorfkruges und vernahm ein dumpfes Gepolter, welches von dem Aufschlagen der hartgefrorenen Erdschollen auf den Sarg hervorgebracht wurde, den man eben im Begriff war, wieder mit Erde zu bedecken. Er rief den auf dem Friedhof beschäftigten Leuten zu, was sie da machten, erhielt aber keine Antwort und jagte sie endlich durch sein Näherkommen in die Flucht. Auf diese Weise wurde die Arbeit unterbrochen und der Sarg erschien am anderen Morgen nur zur Hälfte mit Erde bedeckt.

Der Pfarrer Block, dem am andern Morgen sogleich Anzeige von dem trotz seiner Vorsichtsmaßregeln ausgeführten Werk des Aberglaubens gemacht wurde, begab sich früh an Ort und Stelle und ließ den Sarg vollends bloßlegen und öffnen. Der Anblick war der zu erwartende. Der Kopf der Leiche lag am Fußende des Sarges, mit dem Gesichte nach unten gekehrt. Das Letztere zeigte einen ruhigen Ausdruck, etwas gerötete Wangen und aufgeworfene Lippen, wie sie der Verstorbene bei Lebzeiten nicht besessen haben soll. Auch zeigte sich kein auffälliger Verwesungsgeruch, der indessen bei einer seit 14 Tagen beerdigten Leiche in der kalten Jahreszeit auch kaum zu erwarten gewesen wäre. Blut war im Sarg nicht wahrzunehmen; die Trennungsfläche am Rumpf erschien natürlich blutrot. Der Pfarrer ließ den Sarg schließen und das Grab zuwerfen, nahm die bei der Flucht zurückgelassene Radhacke, welche sogleich von dem Totengräber als das Eigentum eines der Arbeiter erkannt wurde, mit denen er am Tag vorher verkehrt hatte, als Beweismittel an sich und erhob, nachdem er bei der Beerdigungsfeierlichkeit des Anton von Poblocki die Gelegenheit wahrgenommen hatte, den Leidtragenden wie den herbeigeeilten Dorfbewohnern das Sinnlose des Vampiraberglaubens darzustellen, gegen Joseph von Poblocki und seine beiden Hilfsarbeiter bei der Staatsanwaltschaft Anklage wegen Entweihung eines Grabes zu abergläubischen Zwecken. Der hiermit eingeleitete Vampirprozess hat länger als zwei Jahre bis zu seiner endgültigen Entscheidung gespielt und verdient wegen der darin hervorgetretenen Meinungsverschiedenheiten der Juristen über eine anscheinend einfache Gesetzesübertretung eine eingehendere Betrachtung.

Das Kreisgericht zu Lauenburg hielt die Rechtswidrigkeit der Handlung für zweifellos und verurteilte im Oktober 1870 den Gutsbesitzer Joseph von Poblocki und den Arbeiter Johann Dzigcielski, welcher an beiden Leichen die von dem Aberglauben geforderte Operation der Köpfung vermittelst eines Spatens vorgenommen hatte, zu je vier Monaten Gefängnis; den anderen Arbeiter, welcher nur in weniger wesentlichen Dingen Beistand geleistet hatte, zu sechs Wochen Gefängnis. Die Verurteilten appellierten gegen diese Erkenntnis mit dem Hinweis darauf, dass sie sich im Zustand der Notwehr befunden und ohne jede böse Absicht dasjenige begangen hätten, was man ihnen als Verbrechen auslege. Rettung des eigenen Lebens durch ein Mittel, welches keinem Mitlebenden Schaden verursache, welches aber auf öffentlichem Wege nicht zu erreichen gewesen wäre, der Umstand, dass dieses Mittel das einzige sei, was helfen könne gegen Todesgefahren, die kein Arzt abzuwenden imstande wäre, seien die Motive der dadurch gewiss hinreichend entschuldigten Handlung. Das Appellationsgericht zu Cöslin schloss sich im Allgemeinen diesen Ausführungen an und sprach die Angeklagten demgemäß von aller Strafe frei, da der Nachweis einer schlechten Absicht – des *dolus*, wie die Aktensprache sich ausdrückt – vollkommen mangele. Indessen wollte der Oberstaatsanwalt eine derartige Auffassung, welche die Straflosigkeit jeder durch den Aberglauben veranlassten Gesetzesübertretung, sofern daraus ein direkter Schaden für niemand erwächst, proklamieren würde, dann doch nicht gelten lassen und wies die Angelegenheit zu einer neuen Beweisaufnahme, insbesondere hinsichtlich der Dolusfrage, vor das Kreisgericht zu Lauenburg zurück. Hier ergab sich nun allerdings bis zur Zweifellosigkeit, dass die Angeklagten, wie man zu sagen pflegt, im besten Glauben

– im schlechtesten wäre wohl richtiger – gehandelt, dass die gesamte Familie noch jetzt fest der Überzeugung sei, der verstorbene Vater sei ein Vampir gewesen, dass man ohne Schwanken beschlossen habe, das einzige Schutzmittel, so schrecklich es auch sei, anzuwenden. Eine der Töchter, Antonie, die sich seitdem an einen Edelmann in Westpreußen verheiratet hat, erklärte freiwillig vor dem Kreisgericht in Neustadt, dass sie es gewesen sei, welche den Arbeiter Dzigcielski überredet habe, dem verstorbenen Bruder den Kopf abzuhacken. Alle Erkrankten der Familie hatten von dem hierbei gewonnenen Vampirblut – oder von dem des Vaters, genau kann ich diesen Umstand nicht angeben – genossen und alle waren danach gesund geworden, mit Ausnahme der Mutter des Hauptangeklagten, Josephine von Poblocki, die es nicht über sich bringen konnte, den schrecklichen Trank zu genießen, die aber auch dafür, wie ihr Sohn Joseph den Gerichten gegenüber behauptete, am 28. Februar 1870, also in demselben Monat, ihrem Gatten und Sohn ins Grab folgen musste. Was half es, dass der Arzt ihre Krankheit als ein bei der vorhergegangenen Aufregung sehr erkläliches Nervenfieber bezeichnete. Die Familienglieder waren überzeugt, die eigentliche Todesursache besser zu kennen. Ob man auch an dem Leichnam der Mutter die erwähnten Vorsichtsmaßregeln getroffen hat, ist mir nicht bekannt; vielleicht schützte sie dagegen der Aberglaube selber, welcher in der Regel nur von männlichen Vampiren weiß.

Das Kreisgericht beharrte bei seiner Ansicht, dass, wenn auch das große Unglück, welches die Familie heimgesucht hatte, als Milderungsgrund anzusehen sei, man doch in dem Aberglauben, der gewiss das Unglück selbst beförderte, eine gänzliche Entschuldigung ihres Tuns nicht finden könne, und hielt deshalb an der Verurteilung fest. Natürlich appellierten die Verurteilten von Neuem, und das Appellationsgericht von Cöslin wiederholte sein freisprechendes Erkenntnis, da der Mangel des *dolus* klar sei, der Hauptangeklagte sich entschieden im Zustande einer relativen Notwehr (!) befunden habe und, im Vampiraberglauben befangen, gar nicht anders hätte handeln können, als er gehandelt habe. Der Oberstaatsanwalt wiederholte nochmals seine Nichtigkeitsbeschwerde, indem er, wie mich dünkt, sehr richtig ausführte, dass von einem gänzlichen Mangel des *dolus* umso weniger die Rede sein könne, als eine besondere Warnung des Geistlichen vorausgegangen war. Der Angeklagte wusste also bei Vornahme seiner Tat ganz genau, dass er gegen die Staatsgesetze verstoße; er konnte sich also, selbst in seinem Wahn befangen, nicht verhehlen, dass er dem Strafgesetz mit einer gegen das erwartete Gut (die Rettung seiner Familie) freilich gering anzusehenden Strafe verfalle. Wenn außerdem das Strafgesetz den Notstand als einen strafausschließenden Fall betrachte, so könne dieser Paragraph hier keine Anwendung finden, da der Gesetzgeber gewiss keinen durch Aberglauben erzeugten Notstand im Sinne gehabt habe, den sich der Handelnde in seiner Geisteskrankheit erst selbst schafft, und dessen blinde, erträumte Gefahren er mit grauenhaften Zauberkünsten zu verscheuchen gedenkt. Wenn man erwägt, dass selbst derjenige, der durch Unkenntnis, Unvorsichtigkeit und Leichtsinn die Gesetze übertritt, gestraft wird, so sollte wohl der Aberglaube nicht als eine gänzliche Entschuldigung dienen können, am wenigsten bei einer Familie, die die Mittel besaß, ihren Angehörigen einige Schulbildung anzueignen. Und wie stand es endlich mit der Straflosigkeit der beiden Arbeiter, die sich doch gewiss in keinem direkten Notstand befunden haben, wenn man nicht so weit gehen will, das ganze Dorf Kantrzyno durch das Umsichgreifen der Vampirseuche für gefährdet zu halten?

Es liegt mir natürlich fern, den Urteilsspruch des Obertribunals der Provinz, welches sich dem freisprechenden Erkenntnis des Appellationsgerichtes anschloss, hier kritisieren zu wollen; wir können den Beklagten in diesem Prozess die endlich im Frühjahr des vorigen Jahres erfolgte endgültige Freisprechung von ganzem Herzen umso lieber gönnen, da sie im Grunde nur sich selber geschadet haben und den Toten die Operation nicht wehgetan haben wird. Eine andere Frage ist es freilich, ob dieser Urteilsspruch nicht einen verhängnisvollen Präzedenzfall geschaffen hat, der den relativen Notwehrstand der Anhänger dieses Glaubens rechtfertigt und damit dem Aberglauben Vorschub leisten könne. Die Gerichte haben gleichsam eine Berechtigung dieses Aberglaubens noch für das 19. Jahrhundert anerkannt.»[211]

Boguschewitschi, Russland, 1871

Im Jahre 1871 wurde eine Bäuerin in dem Dorf Boguschewitschi[212] im Gouvernement Minsk auffällig, weil sie sehr häufig zum Grab ihres Mannes ging. Als der Geistliche sie zu sich kommen ließ, bat sie ihn, das Grab öffnen, den Kopf ihres Mannes abschlagen und ihn zu seinen Füßen legen zu lassen. Ihrer Ansicht nach war dies nötig, weil er jede Nacht zu ihr zurückkehrte.[213]

Belotincz, Siebenbürgen, 1873

«In der Gemeinde Belotincz[214] war die Cholera ausgebrochen und hatte bereits zahlreiche Opfer gefordert, sodass die Einwohner dieses Orts sehr bestürzt waren und in

---

[211] Carus Sterne: *Der Vampyrschrecken im 19. Jahrhundert.* Aus: *Die Gartenlaube.* Jg. 1873. Nr. 34, S. 555 ff., Nr. 35, S. 569 ff. und Nr. 37, S. 598 ff.
[212] Der Ort heißt heute Bahuševičy bzw. *Bušaviçy.*
[213] August Löwenstimm: *Aberglaube und Strafrecht.* Berlin 1897. S. 97.
[214] Belotinţ bei Lipova.

ihrer Furcht vor der Seuche ihre Zuflucht zu allerlei abergläubischen Mitteln nahmen. Als dieselben nichts fruchteten, beschloss man, zu dem energischen, vor 150 Jahren in diesen der serbischen Grenze nahen Gegenden oft bewährtem Mittel seine Zuflucht zu nehmen. Die Einwohner von Belotincz gruben nämlich auf dem Kirchhof elf Leichen von an der Cholera verstorbenen Personen aus, ließen dieselben durch einen gemieteten «Hexenmeister» öffnen und ihnen die Herzen herausnehmen, über welche der Zauberer dann allerhand wahnsinnige Beschwörungsformeln sprach. Hierauf verteilte er die Herzen unter die Bewohner als Mittel gegen die Cholera. Sie sollten natürlich gegessen werden. Die Gemeinde Petirs[215], wo ebenfalls Cholerafälle vorgekommen waren, hörte von dieser Geschichte und dingte denselben Hexenmeister für dasselbe abgekürzte Verfahren mit ihren Choleravampiren; zum Glück erfolgte jedoch die Verhaftung desselben, bevor er in Petirs seine Kunst üben konnte.»[216]

Schwetz, Westpreußen, Juli 1873

«Vor wenigen Wochen (Juli 1873) kam vor dem Kreisgericht zu Schwetz (Westpreußen) die Anklage einer neuen Grabschändung aus gleichen Motiven zur Verhandlung. Der Ziegler M. aus Neu-Klunkwitz[217] hatte mit Hilfe zweier seiner Schwäger und einer dritten Person das Grab seiner verstorbenen Frau geöffnet und ihr den Kopf mit der Axt abgehauen, weil ihre Schwester ihr schnell im Tode gefolgt war. Auch hier war die Stärkung durch Schnaps vorausgegangen, und es hatte den Beteiligten geschienen, als ob sich bei dem erstversuchten Spatenhieb, der so ungeschickt geführt wurde, dass der Spaten zerbrach, die Leiche erhebe. Das Gericht sprach die Angeklagten wiederum wegen des vermeintlichen Notwehrstandes von der Leichenschändung frei, verurteilte sie aber wegen Grabschändung zu acht Tagen Gefängnis.»[218]

Tuchla, Österreich-Ungarn, August 1873

Die Bauern von Tuchla[219] waren alle überzeugt, dass ihr verstorbener Dorfschulze Nikolaj Macewko als Vampir unter ihnen hause und auch die Cholera ihnen aufgehalst

---

[215] Das heutige Pătârş, ca. 15 km südlich von Belotinţ.
[216] Carus Sterne: *Der Vampyrschrecken im 19. Jahrhundert.* Aus: *Die Gartenlaube.* Jg. 1873
[217] Das heutige Nowe Krąplewice, gute 10 km nördlich von Schwetz/Świecie in Polen.
[218] Carus Sterne: *Der Vampyrschrecken im 19. Jahrhundert.* Aus: *Die Gartenlaube.* Jg. 1873
[219] Wahrscheinlich sind damit die benachbarten ca. 50 km von Stryi entfernten Orte Tykhyi und Lybokhora in der heutigen Ukraine gemeint. Eine Ortschaft namens Slavs'ke befindet sich knapp 10 km unterhalb von Lybokhora.

habe. Mit dem Dorfschulzen Olega Ilkon aus Liborussa an der Spitze marschierten sie zum Grab des Nicolaj Macewko, rissen die Leiche des Verdächtigen heraus und trieben einen Pfahl in seinen Kopf, einen in die rechte Rippe und einen in den Rücken. Zur größeren Sicherheit schoss Olega Ilkon seinem toten Amtsvorgänger noch eine Kugel ins Herz. Der so bearbeitete Leichnam wurde darauf zerrissen und jeder Bauer nahm ein Stückchen von demselben als Präservativ mit sich nach Hause. (...) In anderen Gegenden des Kreises Stryi ahmte man sofort das Beispiel von Tuchla nach. So führte der Dorfschulze Ludwig Geiring in Slawka seine Gemeinde zu einem Grab, wo sie einen die Cholera verursachenden Vampir vermutete, mit dem die Bauern so verfuhren wie ihre Freunde in Tuchla.[220]

Paris, 5. Oktober 1874

Der *Figaro* berichtete, dass unter nämlichen Datum der russische Fürst Borolajovac in der Stadt verstorben sei, welcher durch den Glauben seiner Umgebung, dass die Mitglieder seiner Familie nach dem Tode zu Vampiren würden, aus seiner Heimat vertrieben war. Er selbst konnte diesen Aberglauben nicht ganz verleugnen und riet wenige Tage vor seinem Tode seinem Hauswirt, ihm, wenn er sterbe, das Herz ausreißen zu lassen, damit er nicht als Vampir zurückkehre.[221]

Heidemühl, Westpreußen, März 1877

In Heidemühl[222] im Kreis Schlochau wurde die Leiche eines kurz zuvor verstorbenen Kindes, da es im Verdacht des Vampirismus stand, wieder ausgegraben und mit ihr in gewohnter Weise verfahren. Ferner wurde von der Leiche ein Stückchen Fleisch einem anderen erkrankten Kind als Heilmittel eingegeben.[223]

---

[220] *Wiener Blätter* vom 1. August 1873
[221] W. Mannhardt: *Die praktischen Folgen des Aberglaubens.* S. 19. In: Franz von Holtzendorff (Hg.) *Deutsche Zeit- und Streit-Fragen.* Jg. VII. Berlin 1878.
[222] Das heutige Borowy Młyn in Polen.
[223] W. Mannhardt: *Die praktischen Folgen des Aberglaubens.* S. 17 f. In: Franz von Holtzendorff (Hg.) *Deutsche Zeit- und Streit-Fragen.* Jg. VII. Berlin 1878.

Danzig, Westpreußen, Winter 1886/87

«Die Strafkammer verhandelte gestern eine Anklage, in welcher der Aberglaube eine große Rolle spielte. Der Gutsbesitzer Robert von Gostovski zu Saboncz war der Leichenschändung angeklagt, und zwar begangen an seinem eigenen Vater. Letzterer war an der Schwindsucht gestorben und sein Sohn ließ demselben kurz vor der Beerdigung den Kopf vom Rumpf trennen, in ein Tuch wickeln und in den Sarg legen. Die Leiche wurde alsdann beerdigt. Später ging der Angeklagte zum Totengräber und bewog diesen, wie auch einen Arbeiter durch reichliche Schnapsspenden, das Grab nochmals zu öffnen. Dies geschah auch, und nun vollzog sich auch das kaum Glaubliche: Der Sohn drehte die Leiche seines Vaters um, nahm den Kopf heraus und warf denselben in ein nahes Gebüsch! Der Angeklagte von Gostovski behauptet, dass die Trennung des Kopfes vom Rumpf auf ausdrücklichen Wunsch des verstorbenen Vaters geschehen wäre, der ihm kurz vor seinem Tode erzählt habe, dass, als seine Mutter starb, bald darauf vier seiner Geschwister erkrankt seien und dass es in seiner Familie nicht mit rechten Dingen zugehe. Erst als an der Leiche seiner Mutter ebenfalls der Kopf abgehauen worden wäre, seien die erkrankten Familienmitglieder wieder genesen. Auch nach dem Tod des Vaters will der Angeklagte erkrankt und erst gesund geworden sein, als der Kopf des Vaters aus dem Sarg genommen wurde. Die Zeugen bekundeten, dass der verstorbene von Gostovski vor seinem Tode verlangt habe, man solle seiner Leiche den Kopf abhauen, da er ein Vampir sei. Der Gerichtshof verneinte das Vorhandensein einer Leichenschändung, weil die Angeklagten im bedauerlichen Aberglauben gehandelt und das Bewusstsein der strafbaren Handlung ihnen gefehlt habe. Der Gerichtshof nahm groben Unfug an und verurteilte die Schuldigen zu kleineren Gefängnisstrafen.»[224]

Somenischki, Russland, 1892

Im August 1892 fand man im Wald beim Dorf Somenischki, im Kreis Ponewjesch des Gouvernements Kowno[225], die Leiche der Bäuerin Galinassow, die sich erhängt hatte. Der katholische Priester verweigerte die Beerdigung und lehnte auch die Annahme des Geldes für das Glockenläuten ab, weil die Seele eines Selbstmörders dem Teufel verfallen sei. Die Söhne der Verstorbenen, die davon überzeugt waren, dass ihre Mut-

---

[224] St. Petersburger (deutsche) Zeitung vom 28. Dec.1886 – 9. Jan. 1887
[225] Den Ort «Somenischki» konnte ich nicht identifizieren, Ponewjew heißt heute Panevėžys, Kowno Kaunas.

ter im Grab keine Ruhe finden und in der Welt umherschweifen werde, weil sie ohne Abendmahl und Kirchensegen verschieden sei, entschlossen sich, der Leiche den Kopf abzuhacken und vor die Füße zu legen.[226]

Taschtamakowa, Russland, 1893

Ein außerordentlich interessanter Fall der Öffnung eines Grabes hat sich am 30. Juli 1893 im Sterlitamakschen Kreise im Gouvernement Pensa[227] zugetragen. Auf dem Friedhof des Dorfes Taschtamakowa wurde das Grab der Bäuerin Marina Kusjmin geöffnet, die zu Lebzeiten im Ruf einer Hexe gestanden hatte. Die Bauern trieben einen Eschenpfahl in ihren Leichnam und brachten dann das Grab wieder in Ordnung. Bei der gerichtlichen Verfolgung dieser Angelegenheit ergab es sich, dass das Verbrechen von allen Bauern dieses Dorfes, und zwar gemäß dem Beschluss der Dorfversammlung, verübt worden war. In dem Dorf wütete eine epidemische Krankheit, welche die Bauern dem Umstand zuschrieben, dass in jeder Nacht aus dem Grab der Hexe eine feurige Kugel hervorgeflogen und in lauter kleine Feuerzungen zerplatzt sei und so die Krankheit in die Hütten getragen habe. Wie die Bauer sagten, hätten sie sich nur um sich von diesem Unheil zu befreien entschlossen, das Grab zu öffnen und dem alten Weib einen Eschenpfahl in den Rücken zu bohren.

In dieser Sache wurde vor dem Gerichtshof zu Kasanj gegen zwölf Männer prozessiert, von denen einer zu Gefängnis und die übrigen zur Einweisung in die Korrektions-Arrestanten-Abteilung[228] auf je ein Jahr und vier Monate verurteilt wurden. «Der Gerichtshof beschloss ferner, im Hinblick auf die äußerst geringe geistige Entwicklung der Beschuldigten und auf den Umstand, dass sie das Verbrechen nur unter dem Einfluss des Aberglaubens und zur Rettung ihres eigenen Lebens ihrer Hausgenossen verübt hätten, beim Zaren die Umwandlung der den Angeklagten zudiktierten Strafe in Polizeiarrest von je einem Monat zu befürworten.»[229]

---

[226] A. Löwenstimm: *Aberglaube und Strafrecht*. Berlin 1897. S. 98.
[227] Das heutige Tashtamak etwas oberhalb von Sterlitamak in der heutigen autonomen Republik Baschkortostan in Russland.
[228] Eine Art befristete Verbannungsstrafe mit dem Entzug verschiedener Rechte, jedoch keine Gefängnishaft. S. Bernhard Stern: *Geschichte der öffentlichen Sittlichkeit in Russland*. Berlin 1908. 2. Band, S. 202.
[229] A. Löwenstimm: *Aberglaube und Strafrecht*. Berlin 1897. S. 100 f.

Südungarn, 1897

Im Jahre 1897 hatte ein Mann namens Nikola Gersin aus einem Dorf in Südungarn seine Frau zu Tode gequält. Danach plagten ihn schreckliche Gewissensbisse und bald schien es ihm, als käme nachts der Geist seiner Frau zu ihm und würge ihn. Aus Angst beauftragte er drei rumänische Bauern um Geld und Branntwein damit, das Grab seiner Frau zu öffnen, ein Stück ihres Kleids verbrennen und den Leichnam zu zerstückeln.[230]

Krassova, Rumänien, November 1899

Die *Neue Freie Presse* vom November 1899 berichtet über einen Fall aus eben jenem Monat, dass die Bauern der Gemeinde Krassova aus dem Krasso-Szörenyer Komitat[231] zur Vernichtung der dort herrschenden Diphtherieepidemie nachts 30 Leichen ausgruben und zerstückelten. Sie glaubten, dass diese in ihren Gräbern unruhig wären, umgingen und als Vampire diese Seuche zu verantworten hätten.[232]

Pommern, berichtet im Jahre 1900

Um 1890 starb im östlichen Teil der Provinz Pommern ein uneheliches, noch nicht ein Jahr altes Kind und kurz darauf auch die Mutter. Diese war kaum begraben, als auch ihre Schwester, die im selben Haus wohnte, schwer erkrankte. Vermutlich handelte es sich um eine ansteckende Krankheit, doch es ist nichts weiter darüber bekannt. Die übrigen Familienmitglieder berieten sich und kamen zu dem Schluss, dass das verstorbene uneheliche Kind ein Vampir gewesen sein müsse. Der Großvater des Kindes empfahl, den vermeintlichen kleinen Vampir unschädlich zu machen, damit es nicht noch andere Familienmitglieder «nachziehe». Und so begaben sich drei männliche Familienmitglieder nachts auf den Friedhof, hoben das Grab aus, öffneten den Sarg und trennten mit einem Spaten den Kopf des Kindes vom Rumpf. Ein Teil der dabei austretenden Flüssigkeit fingen sie auf und nahmen sie mit. Danach richteten sie das Grab wieder her. Von dieser ekelerregenden Flüssigkeit wurde der immer noch schwerkranken Tante des Kindes etwas eingeflößt. Da sie trotzdem genas, waren natürlich alle davon überzeugt, dass das Mittel geholfen habe.[233]

---

[230] Dr. A. Hellwig: *Verbrechen und Aberglaube*. Leipzig 1908. S. 26.
[231] Das heutige Caraşova etwas westlich von Caraş Severin.
[232] *Neue Freie Presse* vom 8. November 1899.
[233] Dr. A. Hellwig: *Verbrechen und Aberglaube*. Leipzig 1908. S. 26 f.

Kapitel 7

Der Vampir im 20. Jahrhundert

«Diese wenigen Fälle, die sich leicht um das Zehnfache vermehren ließen, müssen zum Nachweis genügen, dass der Vampirglaube auch für den modernen Kriminalisten noch von praktischer Bedeutung werden kann.»
— Albert Hellwig, *Verbrechen und Aberglaube*, 1908.

Auch das erst verflossene Jahrhundert brachte noch eine Vielzahl von Vampirfällen zu Tage, wenn diese auch längst nicht mehr das Aufsehen der vorhergehenden Zeiten erregten. Dies führte leider auch dazu, dass nicht mehr alle bekannt gewordenen Vorfälle offiziell registriert oder in irgendeiner Form publik gemacht wurden. Ebenfalls begünstigend für den erneuten Rückgang von Vampirfällen war der Umstand, dass im Verlauf des 19. Jahrhunderts von behördlicher Seite immer rigoroser versucht wurde, solche Leichenexekutionen zu verhindern, und wenn diese schon nicht hatten verhindert werden können, die Verantwortlichen dafür zur Rechenschaft zu ziehen. Es ist deshalb nur zu verständlich, dass es den örtlichen Behörden nicht mehr mitgeteilt wurde, wenn in irgendeinem Dorf ein Vampir vermutet wurde und die Ausgrabung der verdächtigen Leiche in aller Stille und heimlich geschah, wie es bis heute geblieben ist. Der Vampir verschwand wieder aus der Öffentlichkeit, in die er zu Beginn des 18. Jahrhunderts getreten war. Dennoch lebte der Glaube an die Blutsauger in den Balkanländern und deutschen Ostprovinzen weiter fort; es wurden in steter Folge Exekutionen an vampirischen Leichen durchgeführt – nur sprach nun niemand mehr darüber. Eine kuriose Ausnahme bildet hierbei der Fall des so genannten «Highgate-Vampirs» aus dem Jahr 1970 in London. Diesem werde ich mich später noch eingehender widmen.

Prejam, Rumänien, Mai 1902

«In der Gemeinde Prejam im Distrikt Vilcea haben unbekannte Täter den Leichnam eines vor kurzem verstorbenen dreizehnjährigen Knaben ausgegraben und den Körper in einem an das Dorf grenzenden Wald zu Asche verbrannt. Die angebrannten Gebeine des Knaben sowie Fetzen von den Kleidern, mit denen er begraben worden war, wurden dann später von der Gendarmerie aufgefunden und gaben zur Entdeckung der Tat Anlass. Wie man glaubt, wurde die Tat von Familienangehörigen des Verstorbenen verübt, um den Vampir daran zu hindern, auch den Tod anderer Mitglieder der Familie herbeizuführen, welche gleich nach dem Ableben des Knaben schwer erkrankt waren.»[234]

Abrudbanya, Ungarn, 1903

Als in Abrudbanya (Abrud) eine alte Frau gestorben war, von der es zu Lebzeiten stets hieß, dass sie eine Hexe sei, befürchteten die Dorfbewohner, «dass das Herz der Hexe in Gestalt eines Vampirs wiederkehre und die Menschen heimsuche». Um das zu verhindern, stachen sie ihr einen glühenden Drahtspieß durch das Herz, füllten die Mundhöhle der Toten mit Hufenstollen und kleineren Eisenstücken und legten die Leiche schließlich mit dem Gesicht nach unten in den Sarg. Nach der Beerdigung erfuhren die Behörden von der Sache und leiteten ein Verfahren gegen die Täter ein.[235]

Odessa, Russland, 1905

Die folgende Begebenheit ist eine echte Rarität, da sie von einem so genannten *Kornvampir* handelt, der weniger den *Menschen* als vielmehr den *Feldfrüchten* die Lebensenergie entzieht und ihr Gedeihen verhindert.

Ich kenne lediglich diesen von offizieller Stelle bestätigten Fall über die Unschädlichmachung eines solchen Vampirs:

Im Jahre 1905 wurde aus Odessa über die Ermordung eines russischen Dorfpriesters in der Krim berichtet. Als im Jahre 1905 eine große Trockenheit die Ernte in Odessa

---

[234] *Bukarester Tageblatt* vom 17. Mai 1902. Zitiert aus Bernhard Stern: *Medizin, Aberglaube und Geschlechtsleben in der Türkei*. Berlin 1903. Band 1, S. 370.
[235] Dr. A. Hellwig: *Verbrechen und Aberglaube*. Leipzig 1908. S. 26.

vernichtete, war das Volk davon überzeugt, dass ein alter Mann, der zuvor gestorben war und den man für einen «Opyr» oder Zauberer hielt, dafür verantwortlich war, denn seit seiner Beerdigung hatte es nicht mehr geregnet. Um den rastlosen Geist des Zauberers zu besänftigen, wollten die Einwohner dessen Gebeine um Mitternacht ausgraben, von einem Popen mit Weihwasser besprengen lassen und danach wieder vergraben. An einem Sonntag zogen sie also in einer langen Prozession zum Friedhof. Der Leichnam des vermeintlichen Zauberers wurde ausgegraben, in sitzender Stellung gegen den Baum gelegt und vierzig bis fünfzig Bauern führten unter der Musik der Dorfmusikanten einen seltsamen Tanz um den Leichnam auf. Doch plötzlich erschien mitten unter den Tanzenden der Dorfpope Vater Konstantin und die Bauern jubelten ihm freudig zu, weil sie glaubten, er wolle den Leichnam mit Weihwasser besprengen und ihrem Brauch dadurch die rechte Wirksamkeit verleihen. Doch der Priester schalt sie wegen ihrer gotteslästerlichen Barbarei, verfluchte ihren Aberglauben und weigerte sich, bei so sündigen und heidnischen Zeremonien mitzuwirken. Diese Worte erregten bei den Bauern, die schon etwas angetrunken und durch die Musik und den Tanz erregt waren, eine große Wut gegen ihren Priester, und sie schrieen nun, dass er der eigentliche Zauberer sei, denn der Geist des Toten sei in seinen Körper gefahren und richte neues Unheil an. Die fanatische Menge ergriff den Priester und stieß ihn in das geöffnete Grab hinein, dann warf man die Leiche nach und schüttete Erde und Steine darüber. Der arme Mann muss jämmerlich erstickt sein. Am folgenden Tag jedenfalls schickte der von zwei Frauen benachrichtigte Polizeikommissar Leute zum Friedhof, die das Grab wieder aufgruben und den Leichnam des Popen bargen.[236]

Pecs, Ungarn, 1907

In der Gemeinde Pécs war der 19-jährige Bursche T. Kapeczan an Tuberkulose gestorben. Nach der Beerdigung verbreitete sich das Gerücht, dass Kapeczan keines natürlichen Todes gestorben sei, worauf von der Behörde die Exhumierung der Leiche angeordnet wurde. Als man den Sarg öffnete, bot sich der Kommission ein schrecklicher Anblick dar. Mitten durch das Herz der Leiche und ebenso durch den Kopf und die Füße waren etwa 25 cm lange Nägel getrieben, die den Leichnam an den Boden des Sarges hefteten. Die Nägel waren mit derartiger Wucht eingeschlagen worden, dass der Schädel des Verstorbenen total zertrümmert war. Die Mutter und ein Bruder des Verstorbenen wurden als dringend Verdächtige verhaftet und gestanden nach längerem

---

[236] Ebenda S. 27 f.

Leugnen, die Leiche in der oben beschriebenen Weise im Sarg angenagelt zu haben, damit die Seele des Verstorbenen nicht mehr nach Hause zurückkehren könne. Die Obduktion ergab, dass Kapeczan tatsächlich an Tuberkulose gestorben war.[237]

Korbesz, Ungarn, 1907

In der ungarischen Gemeinde Korbesz war ein Bauer namens Georg Tripa an Lungenentzündung gestorben. Er wurde begraben, aber schon in der nächsten Woche begann sich im Dorf das Gerücht zu verbreiten, dass die Seele Tripas zurückkehre. Ein paar Leute wollten die Seele sogar auf ihrem Flug in das Dorf gesehen haben und behaupteten, dass sie in verschiedene Ställe fliege, um dort die Kühe zu verhexen. Die Dorfbevölkerung beriet sich und kam zu dem Entschluss, dem Zauber ein Ende zu machen. In der Nacht zogen sie mit Lampen und Schaufeln bewaffnet auf den Friedhof, gruben die Leiche aus, schnitten das Herz heraus, spießten es auf eine Mistgabel und verbrannten es. Die Behörden leiteten, nachdem sie davon erfahren hatten, eine strafgerichtliche Untersuchung gegen die betreffenden Dorfbewohner ein.[238]

Budapest, Ungarn, 15. Februar 1912

Im *Daily Telegraph fand man unter obigem Datum folgende Meldung:*

«Ein Telegramm von Budapest an den *Messaggero* berichtet von einem schrecklichen Beispiel des Aberglaubens. Ein Junge von vierzehn Jahren starb vor einigen Tagen in einem kleinen Dorf. Ein Landwirt, bei welchem der Junge in Arbeit war, dachte, dass der Geist des Letzteren ihm jede Nacht erscheinen würde. Um diesen vermeintlichen Besuchen ein Ende zu setzen, ging der Bauer, von einigen Freunden begleitet, des Nachts auf den Friedhof, grub den Leichnam des Jungen aus und steckte diesem drei Stücke Knoblauch und drei Steine in den Mund. Als Letztes stieß man einen Pfahl durch die Leiche, um diese auf dem Boden des Sarges anzuheften. Dies geschah, ‹um sich vor dem bösen Geist zu schützen›, wie der Landwirt und seine Freunde sagten, als sie verhaftet wurden.»[239]

---

[237] Ebenda S. 25.
[238] Ebenda S. 25 f.
[239] Dudley Wright: *Vampires and vampirism*. London 1924. S. 79 f.

T: *Dracula im Schloß des Schreckens/Nella stretta morsa del ragno*; D: Klaus Kinski;
R: Anthony Ms Dawson; P: BRD/F/I; J: 1972

Armasesti, Rumänien, Feb./März 1949

Folgende Begebenheit findet sich in dem Buch *Mythologie du Vampire en Roumanie* des französischen Autors Adrien Cremene:
   In Armasesti starb am 10. Februar ein Mann und wurde wie gewöhnlich mit allen Zeremonien zu Grabe getragen. Alles blieb ruhig bis zum 25. März, als die Witwe des Toten krank wurde. Am Tag darauf erkrankten auch die Schwiegertochter der Witwe, einer ihrer Söhne sowie ein kleines Mädchen. Ein Priester wurde gerufen, der die Betroffenen fragte, was mit ihnen geschehen sei. Sie gaben zur Antwort, dass etwas ihnen ihre ganze Lebenskraft aussauge, und es hatte tatsächlich den Anschein, dass sie sterben würden. Nun wurde der verstorbene Großvater verdächtigt, die Schuld an dem ganzen Übel zu tragen, worauf beschlossen wurde, das Grab des Beschuldigten zu überprüfen. Dort angekommen stellte man fest, dass sich ein kleines Loch in der Graberde befand, ungefähr dort, wo seine Füße liegen mussten. Das Grab wurde daraufhin geöffnet und der Leichnam darin unversehrt gefunden, was allerdings nach der kurzen Liegezeit und den kalten Temperaturen nicht allzu sehr verwundern sollte. Bart, Haare und Nägel schienen an dem Toten weitergewachsen zu sein, und so entschied man sich, das Herz des Toten mit einem Pfahl zu durchbohren.
   Entdeckt wurde die ganze Geschichte dadurch, dass von den daran beteiligten Personen (sie schienen sich nun nach der durchgeführten Prozedur wieder bei guter Gesundheit zu befinden), der Priester inbegriffen, am 29 März 1949 an den Protopopen von Cozia und Horezu eine Bittschrift um Vergebung ihrer begangenen Sünde eingereicht wurde, in welcher der ganze Sachverhalt dargelegt wurde. Die Leute plagte nach der Pfählung des Toten ein schlechtes Gewissen, dass sie nicht doch durch ihr Handeln eine schwere Sünde gegenüber Gott begangen hätten, und sie getrauten sich ohne den Ablass des Protopopen nicht mehr in die Kirche.[240]

Rodna und Capatineni, Rumänien, 1969

Der bekannte Folklorist und Autor Raymond T. McNally berichtet in seinem 1974 erschienenen Buch *A Clutch of Vampires*, dass er, als er im Jahre 1969 bei einer Reise durch Rumänien in das Dorf Rodna gelangte, die Beerdigung einer jungen Frau beobachtete. Er ging zu den Trauernden und sprach mit einigen der Anwesenden, die ihm sagten, die junge Frau habe sich selbst umgebracht und die Bewohner des Dorfes fürchteten nun, sie könnte als Vampir wiederkehren. Um diesem vorzubeugen,

---

[240] Adrien Cremene: *Mythologie du Vampire en Roumanie*. Monaco 1981.

spießten sie dem toten Körper bei der Beerdigung einen Pfahl durchs Herz. Damit nicht genug, lernte McNally in dem nicht allzu weit von Rodna entfernten Dorf Capatineni eine Zigeunerin namens Tinka kennen, die ihm erzählte, als ihr Vater dreißig Jahre zuvor gestorben war, also ca. 1939, er, wie üblich, über Nacht im Haus aufgebahrt wurde. Am nächsten Tag stellten die Menschen fest, dass er im Gesicht noch immer eine lebendige Farbe hatte und seine Glieder beweglich waren. Es war für sie das sichere Anzeichen, dass er ein Vampir sei, und sie stießen ihm deshalb noch vor der Beerdigung einen Pfahl durch die Brust. Die Zigeunerin berichtete McNally noch eine weitere Geschichte von einer alten Frau aus Capatineni. Nach deren Tod starben plötzlich mehrere ihrer Verwandten, auch starb in der Nähe ihres Hauses auf unerklärliche Weise das Vieh. Die Dörfler argwöhnten, die Alte könnte zu einer Vampirin geworden sein, und hoben ihr Grab aus. Nach Öffnung des Sarges stellte man fest, dass der Leichnam die Augen geöffnet und sich auf die Seite gedreht hatte. Der Körper wurde aus der Grube gehoben und verbrannt.[241]

Der Highgate-Vampir, London, 1970

Die Geschichte um den so genannten «Highgate-Vampir» aus den frühen 1970er Jahren, die sich auf dem Londoner Highgate Cemetery zugetragen hat, ist in Deutschland nahezu unbekannt. Dieser Fall gehört durchaus auch zu den verwirrendsten dieser Art, da es zwei verschiedene Überlieferungsstränge gibt. Eine Überlieferung stammt von David Farrant, dem Präsident und Gründer der «British Occult Society», die andere von Sean Manchester, Bischof der «British Old Catholic Church» in England.

Im Dezember 1969 befand sich David Farrant mit mehreren anderen Personen auf dem Highgate-Friedhof, als er dort eine große graue Gestalt ausmachte, die über dem Boden zu schweben schien. Auch andere meldeten sich und behaupteten gleichfalls, verschiedene Geistererscheinungen auf dem besagten Friedhof wahrgenommen zu haben. Diese Geschichten fanden bald ihren Eingang in die örtliche Zeitung, den *Hampstead and Highgate Express*, was dazu führte, dass der Friedhof eine gewisse Berühmtheit erlangte und Neugierige anzog. Zu gleicher Zeit meldete sich Sean Manchester zu Wort, welcher behauptete, ein König der Vampire, ein rumänischer Adliger aus dem Mittelalter sei damals mit einem Schiff nach England gebracht und an der Stelle, wo sich nun der Highgate-Friedhof befindet, beerdigt worden.[242] Dieser Vampir

---

[241] Raymond T. McNally: *Auf Draculas Spuren*. Berlin 1996. S. 121.
[242] Es entsteht hier sehr der Eindruck einer freien Interpretation des Stoker'schen Dracula in

sei nun von Satanisten zu neuem Leben erweckt worden, und er wolle ihn finden und zur Strecke bringen. Farrant hatte das Gleiche im Sinn. Obgleich Farrant eher einen Wiedergänger oder ein Gespenst als einen Vampir im Sinn hatte (er sagt heute, dass die Presse die Geschichte vom «Vampir» aufgebracht hätte), machte er sich doch mit Kreuz, Weihwasser und Holzpflock auf die Jagd. In der Nacht vom 13. auf den 14. März 1970 kam es zu einer tumultartigen Vampirjagd auf dem Areal des Highgate-Friedhofs mit rund einhundert Teilnehmern, angeführt von dem Geschichtslehrer Allan Blood (!). Die genaueren Umstände dieser Vampirjagd sind als verworren zu bezeichnen, da letztlich niemand so recht die Verantwortung dafür tragen wollte. Sean Manchester sagte, dass er eine offizielle Vampirjagd an jenem Freitag durchführen würde, Farrant hatte in einem Fernsehinterview einen Tag zuvor bekannt gegeben, dass er beabsichtige, die Erscheinung auf dem Friedhof mit einem Holzpflock zu töten, was beides wohl den Auftakt zu dem Menschenauflauf gegeben hatte. Allan Blood traf sich mit Farrant, Farrant lehnte jedoch die Teilnahme an der Jagd wegen der vielen Menschen vor Ort ab. Manchester hingegen will an jenem Tag den Friedhof mit einigen Getreuen unbemerkt über ein eingefallenes Gitter des angrenzenden Gottesackers betreten haben, während die Polizei alle Hände voll mit der den Friedhof stürmenden Menschenmenge zu tun hatte. Dort angekommen betraten sie eine Katakombe, in der sie den vermeintlichen Vampir vermuteten, fanden jedoch nur leere Särge vor, die sie vorsichtshalber mit Knoblauch auslegten und mit Weihwasser besprengten. Farrant besuchte den Friedhof mehrere Male, um die geheimnisvolle Gestalt ausfindig zu machen. Unbestritten wurden auf dem Highgate-Friedhof zu jener Zeit schwarzmagische Rituale durchgeführt. Überreste davon – wie z. B. ausgeblutete Tierkadaver – fanden sich immer wieder, am spektakulärsten war aber der Fund einer kopflosen, verkohlten Frauenleiche, die im August 1970 unweit einer Katakombe offen auf dem Areal lag und, wie die Polizei vermutete, zu okkulten Praktiken verwendet worden war. Im Zuge dessen wurde David Farrant von der Polizei einige Tage später auf dem Gelände des Friedhofs verhaftet, als sie ihn dort mit Kreuz und Holzpflock bewaffnet antraf. Er wurde jedoch nicht vor Gericht angeklagt. Farrant gelang es nicht, die mysteriöse Geistergestalt jemals zu stellen, jedoch will Sean Manchester darin mehr Glück gehabt haben. Er berichtet, dass es ihm gelungen sei, den angeblichen Vampir in einem leer stehenden Haus in Highgate Hornsey ausfindig gemacht und vernichtet zu haben. Es existieren von dieser Vampirexekution sogar noch Fotos. David Farrant hingegen behauptet, dass die Erscheinung noch heute auf dem Highgate-Friedhof herumgeistere und zuletzt noch im Jahre 2005 von unterschiedlichen Zeugen gesehen worden sei. Es sei dahingestellt, welche Version

---

die reale Welt mit Sean Manchester als einer Art Verkörperung Prof. Abraham Van Helsings.

glaubwürdiger oder unglaubwürdiger ist, in England jedenfalls erreichte die Highgate-Erscheinung solche Bekanntheit, dass sogar mehrere Bücher über sie geschrieben wurden[243] und 2010 auch ein Film in die Kinos kommen wird.[244]

Barbatesti, Rumänien, 1998

In Barbatesti, einem kleinen rumänischen Dorf, ermittelte die Polizei einem Zeitungsbericht zufolge[245] gegen die 35-jährige Vasilica Popescu wegen der Schändung der Leiche ihres Lebensgefährten. Diesem Mann, er hieß Tudor Manda, schlug die Genannte einen langen Nagel durch die Brust, aus Furcht, er könnte zu einem Untoten werden. Sie berichtete ferner, dass dies in ihrem Dorf seit jeher Brauch gewesen sei und dass der Verstorbene zu Lebzeiten auch mehreren toten Personen Nägel durch die Brust in eben dieser Absicht geschlagen hätte. Laut Polizei hingegen werde nur allein gegen Vasilica Popescu ermittelt und dass ihr weitere solche Vorfälle unbekannt seien – was ich nicht bestreiten möchte, da solche Vorfälle heutzutage in der Regel im Geheimen stattfinden und nur in Ausnahmefällen ans Licht der Öffentlichkeit gelangen.

---

[243] David Farrant: *Beyond the Highgate Vampire*. London 1991; Sean Manchester: *The Highgate Vampire*. London 1985 und 1991; J. Gordon Melton: *The Vampire Book: The Encyclopedia of the Undead*. Detroit, Washington and London 1994; Bill Ellis: *The Highgate Cemetery Vampire Hunt* in: *Folklore* 104 (1993), S. 13–39.
[244] Der Film orientiert sich eher an der Version Manchesters, ist aber «sehr frei» gestaltet.
[245] Gigi Ciuncanu: *O gorjeanca a infipt un cui in inima concubinului mort*. Ziua, 24. November 1998

Kapitel 8

Der Vampir im 21. Jahrhundert

«... *dann fragt man sich doch, wie viel Wahnwitz nicht im Alltag und in den Köpfen von uns allen steckt und ob man Vampirjäger deswegen nicht einfach streng ermahnen, letztlich aber von dannen ziehen lassen sollte.*»
— Mark Benecke, *Vampire unter uns!*

Das eben begonnene 21. Jahrhundert hat gleichfalls schon seine Vampire vorzuweisen. Hauptbrennpunkt der heutigen Vorfälle ist Rumänien. In Tschechien, Polen, Russland, Ungarn und Serbien scheint es in den vergangenen 80 Jahren etwas ruhiger um die Blut saugenden Toten geworden zu sein, oder aber es gelangen nicht mehr so viele Nachrichten an die Öffentlichkeit. Dies mag zum Teil auch an den gewaltigen politischen und gesellschaftlichen Umwälzungen innerhalb der letzten hundert Jahre in Europa liegen, die den Menschen viele ihrer Traditionen raubten. In Böhmen, Mähren und den früheren deutschen Ostprovinzen Schlesien und Westpreußen (heute Tschechien und Polen) beispielsweise wurde dem Vampirglauben mit dem Ende des 2. Weltkriegs gewissermaßen der Nährboden entzogen, da sich damals die gesamte Bevölkerungsstruktur veränderte. Auch auf diese Weise ist es möglich, Untoten das Leben zu nehmen.

In Rumänien hingegen, vor allem in den ländlichen Gegenden, besteht der Vampirglaube aber anscheinend immer noch ungebrochen fort. Der berühmteste Fall in den letzten Jahren, dem es seit langer Zeit wieder vergönnt war, über die Landesgrenzen hinaus europaweit bekannt zu werden, ist sicherlich der des Dorflehrers Petre Toma aus Marotinu de Sus aus dem Jahr 2003/2004. Ein Jahr zuvor, 2002, war jedoch bereits ein ähnlicher Fall bekannt geworden, der, da es hier offenbar zu keiner strafrechtlichen Verfolgung kam, allerdings keine so hohen Wellen schlug.

Piesesti, Siebenbürgen, Rumänien, 2002

Im Mai 2002 informierte ein Priester in Siebenbürgen Nicolae Mihut darüber, dass dessen Mutter Anghelina, die eben gestorben war, wahrscheinlich ein Vampir werden würde. Eine Katze war an diesem Tag über den Sarg gesprungen, und ihre Wangen und ihre Lippen waren rot. Um zu verhindern, dass sie ein Vampir werde, sah der Sohn sich gezwungen, gemäß der mündlichen Überlieferung ihrer Vorfahren zu handeln, nach der man einer Leiche, deren Seele nicht aus ihr fahren solle, eine silberne Klinge in den Leib stoßen musste. Also stieß Mihut seiner toten Mutter den Dolch in ihr Herz. Er wusste, dass er das Richtige getan hatte, als er hörte, wie ein langer Seufzer entfuhr und sie erbleichte. «Es war furchtbar, aber wir mussten es tun. Uns wurde gesagt, wenn wir ihre Seele nicht befreien würden, so würde sie zurückkommen, um uns zu jagen oder gar zu töten.»[246]

Marotinu de Sus, Rumänien, 2003/04

Am 26. Dezember 2003 starb der 76-jährige Petre Toma in dem kleinen rumänischen Dorf Marotinu de Sus und wurde einige Tage später beerdigt. Kurz darauf erkrankten mehrere seiner Verwandten, auch soll man ihn selbst gesehen haben, wie er nachts im Dorf umging. Der Bruder des Verstorbenen entschied sich, zu den bewährten Mitteln zu greifen. Er begab sich eines Nachts zusammen mit fünf anderen Verwandten auf den Friedhof und grub Toma aus. Sein Brustkorb wurde geöffnet, das Herz entfernt, zu Asche verbrannt und diese mit Wasser vermischt den Kranken zu trinken gegeben. Nach deren eigener Aussage wurden sie daraufhin sofort wieder gesund.

An die Öffentlichkeit gelangte dieser Vorfall durch die Tochter des Verstorbenen, die den Sachverhalt, empört über die rohe Behandlung ihres Vaters, bei den Behörden anzeigte, die daraufhin ein Strafverfahren gegen die Ausführenden des ganzen Handels einleiteten. Anfang des Jahres 2005 wurden die sechs Männer wegen Grabschändung und Störung der Totenruhe allesamt zu einigen Monaten Gefängnis verurteilt.[247]

---

[246] Aus einer Mitteilung vom 29. Mai 2002 der rumänischen Presseagentur Romnet, zu finden unter: http://www.monitor.hr/vijesti/probio-majci-srce-srebrnim-nozem-da-ne-postane-vampir/42307/
[247] Mark Benecke: *Vampire unter uns*. Rudolstadt 2009. S. 7 ff. Vom selben Autor: *Mordspuren*. Bergisch Gladbach 2007. S. 40 ff.

Weitere Vampirvorfälle 2002 – 2008

Im Jahr 2004 hatte sich auch in dem rumänischen Dorf Truşeşti etwas Unheimliches ereignet, das die Bewohner dazu veranlasste, den örtlichen Friedhof zu meiden: Bei der Beerdigung eines Mannes (der im Familiengrab beigesetzt werden sollte) stellte sich heraus, dass dessen Ehefrau mit Namen Mariana Andrei, die sich elf Jahre zuvor durch einen Arsencocktail das Leben genommen hatte, in einem körperlich äußerst guten Zustand befand, wie es sonst bei anderen Leichen, die so lange unter der Erde liegen, verständlicherweise nicht mehr der Fall sein dürfte.[248] Die Einwohner von Truşeşti waren jedoch auch davon überzeugt, dass die verschiedene Mariana zu Lebzeiten vom Teufel besessen war, der sie schließlich dahin getrieben hatte, sich das Leben zu nehmen. Sie war also unter solch verdächtigen Umständen ums Leben gekommen, dass sich im Grunde genommen niemand darüber wunderte, nun einen *Moroi* im Grab vorzufinden. Der hinzugezogene Priester des Dorfes sagte den Leuten, sie sollten niemandem erzählen, was sie hier vorgefunden hätten. Aber die Geschichte kam natürlich doch ans Tageslicht, und nun begannen die Menschen auch die Gestalt der verstorbenen Mariana in ihren Träumen zu sehen, wie sie sich außerhalb ihres Grabes bewegte. Von Schatten und unerklärlichen Geräuschen auf dem Friedhof war die Rede. Darüber befragt, was die Kirche nun zu tun gedächte, antwortete der Priester des Dorfes, dass die Kirche «die Handlung[249] vornehmen würde, die in einem solchen Fall zu beachten sei», danach werde der Körper in gewöhnlicher Weise verwesen.[250]

Doch es sind noch andere Fälle ähnlich diesem bekannt. Da gibt es zum Beispiel den der Zigeunerin Ghiulten Memedani, die im Alter von 39 Jahren plötzlich und unerwartet an einem Herzinfarkt verstarb. Sie wurde darauf auf dem islamischen Friedhof von Medgidia (Rumänien) begraben. Mit ihr begraben wurden einige Schmuckstücke aus Gold, die sie vor einigen Jahren aus Italien mitgebracht hatte, als sie dort arbeitete. Dies geschah im März 2008. Kurze Zeit später behauptete der Bruder der Verstorbenen, der Geist von Ghiulten würde ihm nachts erscheinen und hätte ihm mitgeteilt, dass ihm das Gold aus dem Grab gehören sollte. Der Sohn der Toten gab später an, dass dies nur ein Vorwand seines Onkels gewesen wäre, um an den Schmuck seiner verstorbenen Mutter zu gelangen, da er nie etwas Außergewöhnliches im Haus seines Onkels

---

[248] Die Dörfler vergaßen dabei allerdings den Umstand, dass Arsen auf organische Körper einen stark konservierenden Einfluss ausübt, sodass Menschen, die durch Arsen aus dem Leben geschieden sind, sich im Grab sehr wohl erhalten können.
[249] Er sprach offenbar von einer Lossprechung.
[250] A. C.: *Terorizati de strigoiul unei femeii sinucigase*. Stirile Zilei, 17. November 2004.

T: *Comtesse des Grauens/ Countess Dracula*
D: Ingrid Pitt; R: Peter Sasdy;
P: GB; J: 1970

wahrgenommen hätte, als er dort einige Nächte zubrachte. Wie dem auch sei, die Dorfbewohner brachten einige Tage später eine Kuh, von der sie behaupteten, dass sie von dem Geist der Toten besessen sei, und schlachteten diese. Es wurde darauf im Familienrat beschlossen, den Leichnam Ghiultens vorsichtshalber doch einmal auszugraben. Da man sich wohl nicht so recht zu etwas entschließen konnte, wurde der Körper wieder vergraben. Die Unruhe war den Menschen allerdings nun nicht mehr zu nehmen und sie versuchten, das Grab erneut zu öffnen, wobei allerdings die Polizei gegen die Ausführenden einschritt. Die behördlich angeordnete Ruhe war in der Folgezeit etwas zu trügerisch, sodass sich die Staatsgewalt einmal versichern wollte, ob ihren Anweisungen auch entsprochen worden war. Sie ließen, um sich davon zu überzeugen, im September 2009 noch einmal selbst das Grab der Zigeunerin öffnen. Dabei sahen sie, dass dem Leichnam nun doch in einer unbeobachteten Stunde der Brustkorb geöffnet und das Herz entnommen worden war.[251]

---

[251] Dan David: *Ghiulten, strigoiul care a bagat spaima in romii din Ali Baba*. Telegraf, 14. Mai 2008. Und Florin Cical: *Strigoiul din Medgidia a fost eliminat*. Telegraf, 11. September 2009.

Berichte und Meldungen dieser Art finden sich regelmäßig in den rumänischen Tagesblättern, und es scheint so, dass uns auch noch in Zukunft immer wieder einmal ein interessanter Fall um einen vermeintlichen Vampir oder, wie man sie in Rumänien nennt, einen *Strigoi* oder *Moroi* zu Ohren kommen wird.

Der jüngste bekannte Vorfall: Gornje Stopanje/Leskovac, Serbien, September 2009

Im serbischen *PressMagazin* (Pressonline) fand sich am 17. September 2009 der Bericht über einen Vampirvorfall in dem südserbischen Dorf Gornje Stopanje.[252] Die Dorfbewohner berichteten, dass es, 40 Tage nachdem ein alter Mann begraben worden war, nachts im Dorf nicht mehr geheuer sei: Es wurde an Türen und Hauswände geschlagen, Glas ging zu Bruch und eine Einwohnerin konnte eine schemenhafte Gestalt eines Mannes, «einen Schatten», wie sie sich ausdrückte, durch die Straße huschen sehen. Einige beherzte Männer begannen schließlich, Nachtwache zu halten, und konnten dabei den vermeintlichen Vampir sogar fotografieren! Sie sagten, dass sie einen Schatten auf der Straße bemerkt hätten, der sich zu einer Kugel verdichtet habe und danach ungefähr drei Meter hoch auf ein Hausdach geflogen sei, wo er noch eine Zeitlang beobachtet werden konnte, ehe er verschwand. Die Fotos dieses Gespenstes wurden natürlich angezweifelt und mit einer Blitzlichtreflexion erklärt, einer der Bewohner des Dorfes sagte jedoch, dass das, was auf den Fotos zu sehen wäre, mehrmals und aus verschiedenen Perspektiven aufgenommen worden wäre und es sich daher nicht um ein reflektierendes Blitzlicht gehandelt haben könne. Wie dem auch sei, die Dorfbewohner riefen daraufhin jedenfalls zwei Priester zu Hilfe, die entsprechende Segen vornahmen. Die Phänomene hätten sich danach nicht mehr gezeigt.

---

[252] Genau genommen handelt es sich bei dem «Gespenst» vielmehr um einen Wiedergänger, es wurde aber in den Medien und auch von den betroffenen Dorfbewohnern durchweg als Vampir bezeichnet.

Oben: T: Dracula / Horror Of Dracula; D: Christopher Lee; R: Terence Fisher P: GB; J: 1958

Links: T: Bram Stoker's Dracula / Dracula; D: Gary Oldman; R: Francis Ford Coppola; P: USA J: 1992

Oben links: T: Bram Stoker's Dracula, Dracula; D: Sadie Frost; R: Francis Ford Coppola; P: USA, 1992

Oben rechts: T: Bram Stoker's Dracula / Dracula; D: Winona Ryder; R: Francis Ford Coppola; P: USA; J: 1992

Rechts: T: The Lost Boys; D: Kiefer Sutherland

Links: T: New Moon - Biss zur Mittagsstunde / Twilight Saga, The: New Moon D: Kristen Stewart, Robert Pattinson R: Chris Weitz P: AUS J: 2009

Oben: T: Eclipse - Biss zum Abendrot / Twilight Saga: Eclipse, The D: Robert Pattinson, Kristen Stewart R: David Slade P: USA J: 2010

Oben: Die US-amerikanische Schauspielerin Kristen Stewart, aufgenommen in München (Bayern) bei einem Fan-Event zur Kinopremiere von «Twilight: Biss zum Morgengrauen» (Foto vom 06.12.08).

Rechts: T: New Moon – Biss zur Mittagsstunde / Twilight Saga, The: New Moon D: Robert Pattinson R: Chris Weitz P: AUS J: 2009

Buffy – Im Bann der Dämonen

2. Teil

Die Erklärungsversuche der Wissenschaft

M. Michael Ranfts
Diaconi zu Nebra,

TRACTAT

von dem

Kauen und Schmatzen
der Todten
in Gräbern,

Worin die wahre Beschaffenheit
derer Hungarischen

VAMPYRS

und

Blut-Sauger

gezeigt,

Auch alle von dieser Materie bißher
zum Vorschein gekommene Schrifften
recensiret werden.

***

Leipzig, 1734.
Zu finden in Teubners Buchladen

Titelblatt von Michael Ranft's Traktat von dem Kauen und Schmatzen der Toten in Gräbern. Ausgabe von 1734 (Exemplar UB Tübingen).

Kapitel 1

Das 17. Jahrhundert

Die frühen gelehrten Meinungen über ungewöhnliche Erscheinungen an Toten: Martin Böhm, Heinrich Kornmann, Christian Friedrich Garmann und Philipp Rohr

> «Nichts bewirkt hier die Natur. Alles, was hier geschieht, muss man dem bösen Dämon, seinen Werkzeugen und Handlangern, den Lamien, anlasten.»
> — Christian Friedrich Garmann, *De miraculis mortuorum*.

Bereits einige Jahrzehnte vor den publikumsträchtigen Vampirskandalen des 18. Jahrhunderts befasste man sich mit dem Phänomen der wiederkehrenden Verstorbenen und dem besonders in Pestzeiten hörbaren, so genannten «Kauen und Schmatzen» der Leichname in ihren Gräbern. Martin Luther hatte hierzu bereits eine Antwort in seinen Tischreden parat, in der er dieses Schauspiel dem Teufel zuschrieb. Ausführlich auf Luthers These geht der protestantische Pfarrer Martin Böhm in seinem 1601 erschienenen Buch *Die drey grossen Landtplagen* ein, einer Sammlung von ihm verfasster belehrender Predigten. Er behandelt dieses Kauen und Schmatzen ausführlich und deklariert es als ein Blendwerk des Teufels, der stets unter den Menschen Streit anstifte. Durch die Misshandlung der toten Körper gerieten die betreffenden Toten und auch ihre Familien in einen schlechten Ruf, was sich diese natürlich nicht gefallen ließen. Zum anderen sei ein solches abergläubisches Handeln gegen die Religion, da man den Mitteln gegen die Toten mehr vertraue als wahrem Gottvertrauen.[253]

---

[253] Martin Böhm: *Die drey großen Landtplagen. Krieg, Tewrung, Pestilentz ...*, Wittenberg 1601. 17. Predigt. Pt. 3, Bl. 141 ff.

Ein anderer Gelehrter, der sich im 17. Jahrhundert eingehender mit dem Phänomen der schmatzenden Toten beschäftigte, war der Jurist Heinrich Kornmann.[254] In seiner umfangreichen Schrift *De miraculis mortuorum* beschreibt er die seltsamen Dinge, welche mit menschlichen Körpern nach dem Tode vorgehen können. Das im Jahre 1610 erschienene Buch gliedert sich in insgesamt zehn Teile, in denen er über die Begräbnissitten der antiken Völker bis in seine Zeit berichtet, über Geistererscheinungen, biblische Gespenster und vieles mehr. Interessant sind hier der dritte bis sechste Teil seines Buches, die vornehmlich die unverwesten Leichen und deren (vermeintliche) Wirkungen auf die Lebenden behandeln. Kornmann beschreibt darin mehrere Fälle von schmatzenden Toten, auch ihr vermehrtes Aufkommen zu Pestzeiten. Im Gegensatz zu dem verständigeren Prediger Martin Böhm gesteht er den vermeintlich unruhigen Leichnamen jedoch eine gewisse Macht zu, ihre Verwandten ins Grab nachzuholen. Michael Ranft führt Kormanns Buch in seinem *Tractat von dem Kauen und Schmatzen der Todten in Gräbern* an mehreren Stellen als Quelle an.

Im Jahre 1670 schuf der in Leipzig studierte Mediziner und Mitglied der naturwissenschaftlichen Akademie der «Leopoldina», Christian Friedrich Garmann[255], mit seiner Schrift *De miraculis mortuorum*, die mehrere Auflagen erlebte, ein weiteres durchaus aufklärerisches Buch über die so genannten «Wunderdinge der Toten». Dieses Buch ist die meistzitierte Quelle in Michael Ranfts späterem Traktat. Es gliedert sich in zehn Kapitel, in denen die kuriosen Dinge, die an toten Körpern beobachtet werden können, behandelt werden, wie z. B. das Wachstum der Haare und Nägel nach dem Tode[256], das Gebären von Kindern von Leichen (beziehungsweise von Scheintoten) im Sarg[257], das Aufplatzen der Leichen durch die Verwesung und das Heraustreten der inneren Organe[258], aber auch, und davon handelt das ganze dritte Kapitel, die kauenden und schmatzenden Toten.[259] Garmann schreibt über die vermehrte Wahrnehmung solcher Geräusche in den Gräbern zu Pestzeiten, bezeichnet es aber als Aberglauben des Volkes, wenn dieses die Pest oder eine andere Seuche

---

[254] * um 1579/80, † 1627. Kornmann befasste sich auch eingehend mit alten Volksüberlieferungen und Mythen, die er in seinem 1614 erschienenen Werk *Mons Veneris, das ist wunderbare und eigentliche Beschreibung der alten haydnischen und newen Scribenten Meynung von der Göttin Venere ... wie auch von den Wasser-, Erd-, Lufft- und Fewer-Menschen, sampt vielen andern Geschichten* zusammentrug.
[255] * 1640 in Merseburg, † 1708.
[256] Christian Friedrich Garmann: *De miraculis mortuorum*. Chemnitz 1670 (Neuausgabe Universitätsdrucke Göttingen 2003). Kap. 1.
[257] Ebenda, Kap. 9.
[258] Ebenda, Kap. 8.
[259] Ebenda, Kap. 3.

auf diese Leichen zurückführt.²⁶⁰ Er schreibt die Ursache des Schmatzens der Toten, nachdem er z. B. Leichen fressende Tiere als Grund für die Geräusche ausschließt²⁶¹, ebenso wie der Pfarrer Martin Böhm letztlich dem Teufel zu, der die Menschen dadurch, dass er sie so zu schrecklichen Handlungen an den Leichnamen verleite, von Gott abbringe und in die Irre führe.²⁶²

Als Vierter befasste sich der Arzt Philipp Rohr aus Markranstadt in seiner 1679 in Leipzig erschienenen *Dissertatio historico-philosophica de masticatione mortuorum* eingehender mit dieser Materie. Es handelt sich hierbei um eine nur wenige Blätter umfassende Schrift, die sich jedoch, gleichsam als Vorläufer der Vampirtraktate des 18. Jahrhunderts, ausschließlich mit dem Phänomen des Schmatzens der Verstorbenen befasst. Seine Arbeit ist in 15 einzelne Punkte unterteilt, die jeweils kurz abgehandelt werden. Zum vermehrten Auftreten der schmatzenden Toten zu Pestzeiten zieht er einige Beispiele solcher Toten aus der Geschichte heran und erwähnt, wie Garmann vor ihm, Leichen fressende Tiere oder den Dämon Azazel²⁶³ als mögliche Ursache des Schmatzens. Er nimmt nur weibliche Personen als solche Schmatzer an und beschreibt die Abwehrmittel des Volkes gegen diese, befindet sie jedoch für lächerlich, indem er dem Volk unterstellt, «durch solchen Unfug nur den Juden und ihren albernen Handlungen nachzueifern». Rohr vertritt die Ansicht, wie auch Martin Böhm, dass es äußerst gefährlich sei, die Körper an der Pest verstorbener Menschen wiederum auszugraben, da man sich dadurch sehr leicht selbst infizieren könne. Seine Thesen fanden durchaus Eingang in die späteren Schriften über die serbischen Vampire, nichtsdestotrotz wurde seine Schrift von Michael Ranft – und somit auch von späteren Schreibern, die bei Ranft abschrieben – meist als unzureichend bezeichnet.²⁶⁴

Die Gutachten der Sorbonne über die Blut saugenden Toten

Den Abschluss für das 17. Jahrhundert bildeten zwei Gutachten der französischen Universität Sorbonne aus dem Jahre 1693. In diesem Jahr ging bei dieser, als einer der

---

[260] Ebenda, Kap. 3. § 2.
[261] Ebenda, Kap. 3. § 8 ff.
[262] Ebenda, Kap. 3. § 22.
[263] Ein Teufel, dem im alten Judentum mit dem Ritual des in die Wüste getriebenen Ziegenbocks die Sünden des Volkes überantwortet wurden (3. Mose 16,5 ff). In der mittelalterlichen Dämonologie nimmt er einen hohen Rang innerhalb der höllischen Hierarchie ein.
[264] «Ich suchte anfangs viel darin, was meinem Kram dienen sollte. Aber als ich sie genauer ansah, befand ich, dass sie zwar vieles versprochen, aber wenig geleistet habe.» Michael Ranft: *Tractat von dem Kauen und Schmatzen der Toten in ihren Gräbern*. Leipzig 1734. Vorrede.

geachtetsten europäischen Universitäten, deren Gutachten gleich Gesetzen behandelt wurden, eine Zuschrift aus Polen ein, die eine Schilderung eines vampirischen Vorfalls ebendort und die Bitte um eine gelehrte Meinung hierüber enthielt. Es ist durchaus möglich, dass es sich hierbei um eine detailliertere Darstellung desselben Falles handelt, der zu dem bereits angeführten Bericht des *Mercure galant* Anlass gegeben haben könnte:

«Eine junge Weibsperson wurde vor kurzem von einem solchen Geist geplagt, erwachte wegen der heftigen Schmerzen, schrie um Hilfe und sagte, der Geist habe die Gestalt ihrer längst verstorbenen Mutter. Die Tochter nahm auch augenscheinlich (an Gesundheit) ab und wurde gänzlich ausgezehrt. Als man das Grab der Mutter öffnete, fand man ihren Leib weich, biegsam, aufgeschwollen und rötlich. Man schlug ihr das Haupt ab und durchstach das Herz. An beiden Orten floss viel Blut heraus, die Tochter befand sich wieder besser und ist nun frisch und gesund. Beim Ausgraben und Zergliedern des Körpers sind glaubwürdige Priester dabei gewesen, haben auch die Tochter gesehen, mit ihr gesprochen und den ganzen Verlauf aus ihrem Mund gehört.

Nun fragt sich, was der Beichtvater nicht nur gegen diejenigen, welche dergleichen Misshandlungen der Leiber unternehmen und verrichten, sondern auch gegen die, welche die Öffnung des Grabs begehren, damit dem Leib (wenn selbiger so, wie oben steht, gefunden wird) das Haupt abgeschlagen werde, zu tun habe?»[265]

Die Doktoren der Sorbonne äußerten sich in ihrem Urteil eindeutig missbilligend gegenüber solchen Praktiken. Sie stellten solche Handlungsweisen in den Bereich der Hexenkunst und somit in den außerordentlichen Straftatbestand der Teufelsbündnerei – also ein Verbrechen, das einen harmlosen Aberglauben ungebildeter Menschen weit überstieg. Ihrem Gutachten folgte ein weiteres, nicht unterzeichnetes Gutachten eines weiteren Doktors der Sorbonne. Dieser spricht sich in gleicher Weise und noch schärfer als seine Kollegen aus, denn er unterstellt denjenigen, die solche Leichenverstümmelungen vornehmen, einen wissentlichen Bund mit dem Teufel.[266]

---

[265] *Auszug eines unter dem 9. Januar 1693 aus Polen an die hohe Schule zu Paris, die Sorbonne genannt, erlassenen Schreibens.* Aus: Augustin Calmet: *Gelehrte Verhandlung der Materi ...*, Augspurg 1751. 2. Teil. S. 233 f.
[266] Siehe z. B. in: Augustin Calmet: *Gelehrte Verhandlung der Materi ...*, Augspurg 1751. 2. Teil. S. 239 f.

Kapitel 2

Das 18. Jahrhundert

«*So dreist stellte ich mich zwar, so untersuchte ich mit Gründen, so schmückte ich mich mit Autorität auf das Schönste, und etliche bewunderten auch meine Kenntnisse. Aber ich kriegte auch so kluge Leute vor mich, welche sich damit noch nicht abfertigen lassen wollten.*»

— WSGE, *Curieuse und sehr wunderbare Relation ...*

Karl Ferdinand Freiherr von Schertz: Die *Magia Posthuma*, Olmütz 1704/06

Aufgrund der in Böhmen und Mähren immer wieder vorkommenden Nachrichten über wiederkehrende Tote und das Verbrennen von deren Leichnamen verfasste im Jahre 1704 Karl Ferdinand von Schertz[267], Geheimrat und Hofkavalier des Olmützer Bischofs Karl, Prinz von Lothringen, ein kleines Büchlein mit dem Titel: *Magia Posthuma per juridicum illud pro & contra suspenso nonnullibi judicio investigata. Olmütz o. J.*, welches

---

[267] Das Geburtsdatum Karl Ferdinands von Schertz' ist leider unbekannt. Er stammte aus einem alten schlesischen Adelsgeschlecht, das um die Mitte des 14. Jahrhunderts aus seinem Stammsitz Liegnitz nach Mähren kam. Sein Vater, Paul von Schertz, hatte gegen Ende des 17. Jahrhunderts das Amt des Landkommissars von Tarnicza und Mladeczko inne. Karl Ferdinand von Schertz wurde später Herr der Lehensgüter Döschen, Sponau und Mladeczko, 1709 kamen noch die Herrschaften Bylau und Brandersdorf dazu. Ab dem Jahr 1697 war er Lehenrechtsbeisitzer und Beisitzer des fürstlichen Landrechts zu Troppau. 1703 schließlich wurde er an den Hof des Olmützer Bischofs Karl von Lothringen gerufen. Am 18. Oktober 1724 fand man ihn tot in seinem Bett. Siehe hierzu: Christian Ritter d'Elvert: *Schriften der historisch statistischen Sektion der k. k. mähr. schlesisch. Gesellsch. zur Beförderung der Landwirtschaft, der Natur- und Landeskunde.* 6. Band, S. 289.

er auch seinem Souverän widmete. Es gilt als die erste Abhandlung des 18. Jahrhunderts über die lebenden Toten, das Druckjahr wird, angefangen mit einer Erwähnung in Augustin Calmets *Gelehrte Verhandlung*[268] in der Regel mit 1706 angegeben.[269]

Karl Ferdinand von Schertz hat sein größtenteils in Latein abgefasstes Buch in mehrere Abschnitte eingeteilt, in denen auch einige Fälle von wiedergekommenen Verstorbenen erwähnt werden.

Er berichtet darin von einer Frau, die vier Tage nach ihrem Begräbnis vielen Leuten in Gestalt eines Hundes oder auch in der eines Menschen erschienen sei und ihnen unter vielen Schmerzen Hals und Magen zusammengedrückt und sie erstickt habe. Auch das Vieh habe sie geplagt, sodass man es entkräftet und halbtot gefunden habe. Das Treiben habe mehrere Monate lang gedauert.

Schertz fragt nun, wenn diese Dinge durch diese zuvor verstorbene Frau ausgeführt worden seien, ob es dann erlaubt sei, deren Leib auf diesen Verdacht hin auszugraben und zu verbrennen? Er führt ferner die Geschichte des aus dem Grab zurückgekehrten Hirten aus dem Dorf Blow bei Kadan an, der den Menschen einige Zeit nach seinem Tod erschienen sei, was sich in den Jahren 1336/37 abgespielt haben soll.[270]

Er schreibt weiter, dass sich in den schlesischen und mährischen Gebirgen sehr oft solche Wiedergänger zeigten, früher jedoch öfter als zu seiner Zeit, und man sehe sie bei Tag und Nacht. Dabei würden sich die Sachen bewegen, die ihnen zu Lebzeiten gehört hatten, obwohl man niemand wahrnehmen könne, der sie berühre. Um sich von ihnen zu befreien, schreibt Schertz, gebe es kein anderes Mittel, als den Leichnamen den Kopf abzuschlagen und sie zu verbrennen: Bevor dies allerdings geschehe, werde vor Gericht förmlich gegen die tote Person geklagt. Sie werde vorgeladen, Zeugen würden verhört und man besichtige den ausgegrabenen Körper. Wenn er die Zeichen eines Wiedergängers an sich habe und man darauf schließe, dass er derjenige wäre, der die Menschen derart heimsuche, übergebe man ihn dem Henker. Allerdings geschehe es

---

[268] In der deutschen Ausgabe von 1751: 2. Teil, S. 25 ff.
[269] Kürzlich tat sich allerdings auf dem Vampirismusforschungsblog «Magia posthuma» die Frage auf, ob das Buch wirklich erst im Jahr 1706 im Druck erschienen sei. Zwar setzen es sämtliche Quellen des 18. Jahrhunderts, die Schertz' Buch erwähnen, auf das Jahr 1706. Auf dem Titelblatt der *Magia Posthuma* ist allerdings kein Druckjahr angegeben, wohl findet sich aber auf den letzten Seiten die bischöfliche Druckgenehmigung vom 2. Juli 1704. Das Erscheinungsdatum 1706 ist offenbar auf Augustin Calmet zurückzuführen, der in seinem Buch über die Erscheinungen der Geister und der ungarischen Vampire, in welchem er einen kurzen Abriss des Inhaltes der *Magia Posthuma* wiedergibt, den Erscheinungstermin 1706 genannt hat. Welches Druckjahr nun das richtige ist, sei dahingestellt, ein interessantes Detail ist aber, dass das erhaltene Werk der *Magia Posthuma* in Nancy, welches wahrscheinlich auch Calmet studiert hatte, den handschriftlichen Vermerk «MDCCVI», 1706, im Vorsatz trägt.
[270] K. F. v. Schertz: *Magia posthuma*. Kap. I.

auch, dass sich die entsprechenden Toten noch bis zu vier Tage nach der Verbrennung des Körpers sehen ließen, danach aber nicht mehr. Verdächtige Personen lasse man daher auch manchmal sechs bis sieben Wochen unbegraben liegen. Wenn sie während dieser Zeitspanne keine Spuren von Verwesung zeigten, verbrenne man sie.[271]

Schertz fügte zur Anschaulichkeit des Vorgebrachten noch diesen schönen Bericht über einen Wiedergänger hinzu, in dem es heißt:

«Ein seltsamer Fall hat sich mit einem im Schnee gefundenen toten Körper zugetragen, über welchen, nachdem man ihn 1611 zur Erde bestattet hatte, bald darauf der Ruf erschallte, dass dieser verstorbene Mensch zur Nachtzeit, sowohl sichtbar als unsichtbar, die Menschen, besonders diejenigen, die ihn, als er noch vermisst wurde, gesucht hatten, durch Drücken und Würgen sehr plage. Dadurch wurde die Obrigkeit bewogen, das Grab öffnen und den Körper besichtigen zu lassen. Dort hat man diesen Körper nun, obwohl er bereits sechs Wochen und drei Tage begraben gewesen war, ganz unversehrt und frisches Blut von sich gebend vorgefunden. Hierauf hat die Obrigkeit beschlossen, dass sie den folgenden Tag diesen Leib durch den Henker zur Richtstatt befördern und zu Asche verbrennen lassen wolle; und weil das Eheweib jenes verschiedenen Menschen während dieser Exekution durch die Schranken gedrungen sei und ein Zetergeschrei angefangen hat, dass solche Prozedur über kurz oder lang nicht ungerächt bleiben sollte, ist sie von genannter Obrigkeit zur Tortur, Feuer und Schwert verurteilt worden. Sie hat dann auch die dreifache Tortur überstanden und nichts anderes gestanden, als dass sie diese Drohung und das Geschrei bloß aus ehelicher Liebe und Treue getan hätte. Darauf ist sie mit einer Urfehde[272] und mit Einziehung von allem ihrem Grund und Boden verbannt worden, welches nicht zu billigende Verfahren ihrer Majestät den 9. September 1616 durch ein Gutachten vorgelegt worden ist.»[273]

Schertz führt leider nicht aus, was weiterhin geschah und ob der Witwe des Verstorbenen durch den Kaiser letztlich Gerechtigkeit widerfahren ist. Es ist interessant, dass durch das Verfahren gegen den Verstorbenen und wegen der Drohungen der Witwe gegen die Richter ein Verfahren wegen Hexerei gegen diese Frau eingeleitet wurde. Nach der damaligen Meinung in Mähren konnte es in einer Familie, in der einmal ein Wiedergänger vorgekommen war, auch sonst nicht recht zugehen, und

---

[271] K. F. v. Schertz: *Magia posthuma*. Kap IV. ff.
[272] Das Gericht nahm die Verwünschung der Witwe offensichtlich sehr ernst, vermutete, sie wäre eine Hexe, und wollte demgemäß mit ihr verfahren. Da ihr auch durch die Folter kein Geständnis abgezwungen werden konnte, musste man sie freilassen. Allerdings war die Angst vor ihr doch so groß, dass sie zumindest enteignet und zu einer Urfehde gezwungen wurde, was bedeutete, dass sie schwören musste, sich trotz des ihr Geschehenen nicht zu rächen.
[273] K. F. v. Schertz: *Magia posthuma*. Add. Sec.

die Familie wurde argwöhnisch beäugt und gemieden. Dieser schlechte Ruf konnte durchaus dazu beitragen, eine Familie für Jahrzehnte in ein soziales Abseits zu stellen, auch wenn die Auslöser dieses Rufes schon längst gestorben waren, sodass sich diese Familien gezwungen sehen konnten, ihren Heimatort zu verlassen und sich woanders eine neue Heimstatt zu suchen, wo man sie nicht kannte.[274]

Die Leipziger Vampirdebatte 1725, 1732–1739

> «*Zwischen 1730 und 1735 redete alles nur noch von den Vampiren. Man jagte sie, man durchstieß ihnen das Herz und man verbrannte sie. Sie ähnelten den alten Märtyrern – je mehr man verbrannte, desto mehr tauchten auf.*»
>
> — Voltaire, *Œuvres complètes*

Im Zuge der Vampirskandale von Kisolova 1725 und Medvegya 1731/32 entspann sich nach deren Bekanntwerden vornehmlich in Deutschland eine Debatte in Form von Druckwerken aus Leipziger Pressen, die späterhin als *Leipziger Vampirdebatte* bekannt wurde. Den Anfang der Diskussion machte der Theologe und Philosoph Michael Ranft[275], der 1725 den Kisolova-Fall an der Leipziger Universität gewissermaßen ein-

---

[274] Gerard van Swieten: *Abhandlung von dem Daseyn der Gespenster nebst einem Anhang vom Vampyrismus.* Augsburg 1768. Anhang S. 18 f.

[275] Geboren wurde Michael Ranft am 9. Dezember 1700 im Haus seines gleichnamigen Vaters zu Güldengossa bei Leipzig, der dort als lutherischer Pfarrer tätig war. Dort wurde er zuerst von einem Hauslehrer unterrichtet, bis er im Jahre 1712 nach Chemnitz zur öffentlichen Schule gesandt wurde, die er bis 1719 besuchte. Gleich darauf schrieb er sich an der Universität zu Leipzig ein und widmete sich zuerst einem Studium der Theologie und dann der Philosophie, in welchem Studienfach er am 4. Dezember 1723 zum Baccalaureus graduierte. Einige Monate später, am 17. Februar 1724, erlangte er seinen Titel als Magister der freien Künste und hielt am 27. September 1725 seine Habilitationsdisputation über den Vampirfall von Kisolova aus jenem Jahre an der Universität zu Leipzig. Dieser Vortrag erschien noch 1725 in einem nur wenig mehr als zwanzig Seiten umfassenden Druck unter dem Titel *De masticatione mortuorum in tumulis*. Breithaupt, Lipsiae 1725. Ranft verließ die Leipziger Universität im November 1725 und verbrachte die Monate bis Juni 1726 als Hofmeister bei dem Appellationsgericht zu Gröbitz. Er kündigte die Stelle jedoch bald wieder, um seinen mittlerweile gebrechlichen Vater in dessen Droyßiger Pfarrei zu unterstützen. 1727 übernahm er schließlich das Amt des Diakons zu Nebra, das er bis zum Jahre 1740 innehatte. Ranft kehrte 1740 nach Droyßig zurück und übernahm 1743 nach dem Tode seines Vaters dessen Stelle als Gemeindepfarrer. 1749 wurde er Pfarrer von Großstechau und behielt dieses Amt bis zu seinem Tode am 18. April 1774. Er verfasste noch etliche weitere Bücher mit regionalhistorischem Hintergrund oder biographischen Inhalts, griff jedoch in seinen Schriften das Thema des Vampirismus nicht mehr auf.

führte. Der Fall um den Vampir Peter Plogojovitz aus Kisolova schien Ranft nicht mehr loszulassen, denn ein Jahr nachdem er Diakon in dem Städtchen Nebra geworden war, erschien 1728 eine um einen zweiten Teil stark erweiterte Neufassung seiner Leipziger Dissertation aus dem Jahre 1725 unter dem Titel *De masticatione mortuorum in tumulis liber singularis, continens duas dissertationes, quarum prior historico – critica, posterior vero philosophica est*. Martin, Lipsiae 1728. Während seiner Amtszeit als Diakon in Nebra trafen Anfang des Jahres 1732 die Nachrichten von dem Vampirvorfall von Medvegya ein. Vornehmlich an seiner Verbreitung beteiligt war ein anonymer Druck[276] aus Nürnberg, der in Deutschland rasche Verbreitung fand. Schon bald machten sich allerhand gelehrte Köpfe, wie der Weimarer Arzt Johann Christian Fritsch, die Philosophen Gottlob Heinrich Vogt und Christian Friedrich Demelius, der Theologe Johann Christoph Harenberg und mehrere anonyme Schreiber daran, den Umstand der serbischen Vampire aus ihrer Sichtweise zu erklären. Ranft ignorierte diese Schriften zuerst, aber nachdem er bemerkte, dass seine Arbeit und seine Thesen von verschiedenen Autoren teils wortwörtlich übernommen und verdreht wurden und er selbst in diesen Druckwerken mitunter heftig angegriffen wurde, setzte er im Jahr 1734 zum Gegenschlag an, als er seine 1728 veröffentlichte zweigliedrige lateinische Abhandlung über die Vampire ins Deutsche übersetzte und einen dritten Teil über den Medvegya-Fall hinzufügte, in welchem er obendrein sämtliche Schriften, die 1732 zu diesem Thema erschienen waren, rezensierte. Darin eingebettet ist eine sehr emotionale Streitschrift wider den Anonymus und Ranftkonkurrenten W.S.G.E., welcher ihn in seiner Schrift heftig kritisiert und lächerlich zu machen versucht hatte.

Ranfts Buch *Tractat von dem Kauen und Schmatzen der Todten in Gräbern. Worin die wahre Beschaffenheit derer Hungarischen Vampyrs und Blut=Sauger gezeigt, auch alle von dieser Materie bißher zum Vorschein gekommene Schrifften recensiret werden.* Leipzig 1734 setzte vorerst einen Schlussstrich unter die Diskussion. Es erschienen danach nur noch vereinzelt kleinere Artikel und Abhandlungen zum Vampirthema. Der Königsberger Medizinprofessor Christian Ludwig Charisius legte 1739 mit seiner Schrift *Medicinisches Bedencken von denen Vampyren, oder sogenannten Blutsaugern, ob selbe verhanden, und die Kraft haben, denen Menschen das Leben zu rauben?* die für die folgenden Jahre letzte Arbeit zum Vampirphänomen vor.

Die in den Veröffentlichungen der Jahre 1732–1739 vorgebrachten Thesen zur Erklärung des Vampirismus lassen sich in drei Abteilungen einordnen.

---

[276] *Visum et Repertum. Uber die so genannten Vampirs, oder Blut = Aussauger, So zu Medvegia in Servien, an der Türckischen Granitz, den 7. Januarii 1732 geschehen. Nebst einem Anhang Von dem Kauen und Schmatzen der Todten in Gräbern.* Nürnberg 1732.

T: *Tanz der Vampir / Vampire Killers, The*;
D: Iain Quarrier, Roman Polanski, Sharon Tate, Ferdy Mayne;
R: Roman Polanski; P: USA; J: 1966

1. Die Vertreter der philosophischen Theorie

Dem Geist der Aufklärung verpflichtet, doch weit davon entfernt, Gott, Teufel und die menschliche Seele als geistige Wesen und deren Wirkungen auf die materielle Welt zu verleugnen, fanden sich besonders protestantische Gelehrte, Theologen wie Naturwissenschaftler, die die Welt an sich und somit auch die Wirkungsweise der Vampire auf lebende Menschen gemäß den geistigen Lehren der antiken Philosophen, besonders Platon und Aristoteles, erklärten. Eine sehr gewichtige Rolle hierbei spielte die Seelenlehre Platons und Aristoteles', die der sichtbaren Welt einen so genannten «Weltgeist» zuschreibt, der alle Materie und alle Geister in gewisser Weise miteinander verbindet. Das Hauptargument fußt darauf, dass Gott in seiner Schöpfung nichts «Lebendiges» aus etwas «Totem» erschaffen könne, mithin jede Materie ein «Leben» besitze. Dieses «Leben» wiederum sei in drei Seelen unterteilt, die Gott seiner Schöpfung und seinen Geschöpfen zugeteilt habe: So besitzen zum Beispiel Pflanzen eine einzige, die so genannte «vegetative» Seele.[277] Sie verursacht das reine Wachstum und Leben eines Geschöpfes und ist aller Materie gemein. Tiere besitzen zusätzlich zu der vegetativen Seele die «animalische» oder «empfindsame» Seele, die die emotionalen und körperlichen Triebe wie Wut, Liebe, Verlangen und den Geschlechtstrieb steuert. Nur der Mensch verfügt jedoch, zusätzlich zu der vegetativen und der animalischen Seele, als ein «göttliches Wesen»[278] über die intelligente, «vernünftige» Seele, die nach seinem Tode wiederum zu Gott zurückkehrt. Die Dreiseelenlehre und der «Weltgeist»[279] spielen bei der philosophischen Erklärung des Vampirismus eine entscheidende Rolle: Die verschiedenen Seelen verfügen nach Meinung der Philosophen nach dem Tod eines Lebewesens auch über unterschiedliche Eigenschaften. Die menschliche, vernünftige Seele allein ist unsterblich und kehrt nach dem Tod des Menschen wieder zu ihrem Schöpfer zurück. Die animalische Seele vergeht sogleich

---

[277] Die Bedeutung des Begriffes «vegetativ» hat sich zwischenzeitlich gewandelt. Heute wird nur noch ein rein körperliches Leben ohne jede weitere höhere Regung oder eine Geistestätigkeit als «vegetativ» bezeichnet, wohingegen der Begriff des «vegetativen Lebens» nach Platons Lehre mehr umfasste und vielmehr ein Leben der Materie an sich bedeutete.

[278] Das heidnische Weltbild und die Lehre der göttlichen Erschaffung des Menschen von Platon und Aristoteles ließen sich in etwas abgewandelter Form problemlos später auf die christlichen Lehren anwenden und wurden auch von christlichen Philosophen übernommen. – Gemäß der Bibel schuf Gott den Menschen als sein Ebenbild und gab ihm seine Seele durch Einblasen des göttlichen Atems in die noch leblose Hülle. Durch diesen Akt hat der Mensch Anteil am göttlichen Wesen, weil seine Seele von dem allerhöchsten unsterblichen und reinen Geist ist und somit selbst Unsterblichkeit besitzt.

[279] Der Weltgeist umfasst in der philosophischen Lehre Platons und Aristoteles' das gesamte Universum. Er verbindet alle Materie und alle Lebewesen auf geistige Weise miteinander.

nach Eintritt des Todes, da jeglicher niederer Trieb mit dem Tod des Körpers aufhört, der dann keinerlei Bedürfnisse mehr empfindet. Die vegetative Seele, also die eigentliche in jeder Materie liegende Lebenskraft, vergeht jedoch erst nach und nach mit der fortschreitenden Verwesung des Körpers; und dies ist hierbei der springende Punkt: Dass vornehmlich zuerst die Verwandten eines Vampirs zu seinen Opfern zählen, erklärte man dabei mit diesem durch den *Weltgeist* besonders eng geknüpften Band der gleichen Abstammung einer Familie. Die sich ähnliche Materie führt, bedingt durch die nur langsam sich zersetzende vegetative Seele, zu einer Art sympathischen[280] Reaktion und einer unsichtbaren Verbundenheit der vampirischen Leiche mit ihren lebenden Verwandten. Die Verwesung der Leiche verzögert sich laut der philosophischen Theorie also durch eine Anzapfung der Lebenskraft, auch in Form des Blutes, und verursacht so den vorzeitigen Tod der lebenden Verwandten.

Doch auch die Einbildungskraft des menschlichen Geistes, die *Imagination*, wird behandelt. Manche, wie Michael Ranft,[281] rechneten diesem Umstand sogar äußerste Bedeutung zu, denn, wie er schreibt, die Einbildung könne einen sich in sie hineinsteigernden gesunden Menschen zu der festen Annahme verleiten, selbst mit einer Seuche infiziert zu sein, welche eingebildete Krankheit schlussendlich auch zum Tode des Betroffenen führen könne.[282]

---

[280] Die Sympathielehre kann am besten damit beschrieben werden, dass alle im Universum befindlichen materiellen und geistigen Wesen oder Dinge miteinander in Verbindung stehen, eine gewisse Anziehung aufeinander ausüben und somit auch aufeinander einwirken können (siehe Weltgeist). In der Magie findet sich sowohl schaden- als auch heilbringender Sympathiezauber.
[281] M. Ranft: *Tractat von dem Kauen und Schmatzen der Todten in Gräbern*. Leipzig 1734. 1. Teil § 47. 2. Teil § 43 sowie § 48–50.
[282] Vielleicht ist das Phänomen, das es bei den angeblichen Wirkungen der *lebenden* Toten auf die wahrhaft Lebendigen zu beobachten gibt, auch schlicht die Wirkung des menschlichen Geistes auf seinen eigenen Körper und dessen Funktionen. Dies könnte zumindest erklären, weshalb die dahinsiechenden Personen wieder an Körper und Geist genasen, wenn der vermeintliche Wiedergänger «unschädlich» gemacht wurde. Auf den Fall der Gutsbesitzerfamilie Poblocki im Jahre 1870 mag diese Möglichkeit zum Beispiel zutreffen. Bei den Geschehnissen von Kisolova 1725, Medvegya 1731/32 und Kapnick 1752/53, wo eine regelrechte «Vampirepidemie» herrschte, hingegen reicht dies als Erklärung nicht aus. Es muss in diesen Fällen von einer tatsächlich herrschenden Seuche ausgegangen werden, welche die Menschen in großer Zahl tötete, wenn sich auch heute nicht mehr feststellen lässt, um welche Krankheiten genau es sich dabei handelte. Aber auch in solchen Fällen mag die Einbildung noch eine gewisse Rolle gespielt haben. Die Menschen fürchteten sich damals nicht vor einer unbestimmten Krankheit, sondern vor einem Vampir, dem sie all ihr Unglück zuschrieben, und gaben sich so auch einer gewissen Hoffnungslosigkeit hin. War der vermeintliche Ursprung der Todesfälle mit

Ranft zieht hierzu in seiner Abhandlung den Arzt A. Q. Rivinus heran, dessen Meinung laute: «... dass die Angst vor der Pest und in anderen fiebrigen und ansteckenden Krankheiten mehr vermöge als die eigentliche Seuche selbst ...»,[283] und zitiert ferner Helmont: «Denn wenn das Gemüt anfängt, sich einzubilden, dass es wirklich etwas Ansteckendes in sich gesogen hat, wenn auch unter einiger Ungewissheit und Ängstlichkeit, (weil das Gift der Pest unsichtbar ist); so bewirkt schließlich eine solche Einbildung und die Beunruhigung des Gemüts in dem allgemeinen Bewusstsein einen falschen Glauben davon, wie der Keim entsteht, der die Pest hervorbringt ...»[284]

Ranft geht davon aus, dass es eine natürliche Erklärung für die Wirkungen eines Vampirs auf lebende Menschen gibt. Eine Mitwirkung des Teufels schließt er aus:

«Da nun auf keinerlei Art und Weise dieses Wunderzeichen der Natur unter die göttlichen Wunderwerke gerechnet werden kann, so stellt sich eine neue Frage: Ob es nicht dem Teufel und dessen Wirkungen, die er auf die natürlichen Körper ausübt, zuzuschreiben sei? Der größte Teil der Menschen ist geneigt, solches zu bejahen. Denn da sie die verborgenen Kräfte der Natur nicht erkennen, etwas Göttliches daran aber nicht wahrnehmen, so wissen sie es nicht anders, als sie einer teuflischen Magie und verborgenen Wirkung des Satans zuzuschreiben. Ich kann nicht leugnen, dass ich nicht früher selbst dieser Meinung zugeneigt gewesen war. Die Dreistigkeit dieses höllischen Geistes, die Menschen zu betrügen, ist so groß und vielerlei, dass sie niemals genug erforscht werden kann. Wen wundert es demnach, dass ich mich sonst immer zur Beipflichtung dieser Meinung geneigt finde? Nur weil ich das merkwürdige Beispiel eines kauenden und schmatzenden Toten in genaue Erwägung zog, bemerkte ich drei Umstände, die mich bewegten, von dieser Meinung abzugehen. Denn ich erkannte, dass erstens kein Betrug dabei vorgeht, zweitens dem Teufel keine Gewalt über der Menschen Tod und Leben zukommt und drittens die Umstände[285] lauter natürliche Ursachen anzeigten.»[286]

---

der Hinrichtung des verdächtigen Leichnams beseitigt, schöpften die Menschen neuen Mut und standen einem Behandlungs- und Heilungsprozess nicht mehr psychisch im Wege. Siehe auch: Gary Bruno Schmid: *Tod durch Vorstellungskraft*. Wien 2000. Neue Zürcher Zeitung vom 12. Juli 2009: *Befund: Tod durch Einbildung*.
[283] Ebenda. 1. Teil. Kap. 47. S. 75. A. Q. Rivinus: *De peste*. Kap. 2. S. 22.
[284] M. Ranft: *Tractat von dem Kauen und Schmatzen der Todten in Gräbern*. Leipzig 1734. 1. Teil. Kap. 47. S. 75; Helmont: *Tumulus pestis*. S. 860.
[285] Hier bezieht sich Ranft auf die vampirische Leiche des Peter Plogojovitz im Kisolova-Fall 1725.
[286] M. Ranft: *Tractat von dem Schmatzen und Kauen der Todten in Gräbern*. Leipzig 1734. 1. Teil. Kap.18. S. 33 f.

Wenn auch nach Meinung der Philosophen ein direktes Mitwirken des Teufels in dieser Angelegenheit ausgeschlossen wird, so sind die Wirkung der *Sympathie* und die der *Imagination* doch ein Teil der *Magia naturalis*[287] und als *metaphysisch* zu betrachten. Sie beschreiben somit eine Gratwanderung zwischen der reinen Theologie und dem teils atheistischen Materialismus der Mediziner und Naturforscher und deren Theorien zum Vampirismus.

Michael Ranft schließt mit Rücksicht auf das Gemeinwohl mit Empfehlungen, wie mit einem solchen vampirischen Leichnam verfahren werden sollte:

«Wenn ich meine Meinung hiervon offenherzig sagen soll, so rate ich von allen Mitteln ab, die nach einem Aberglauben riechen. Das Beste in diesem Fall ist, dass man eine aufrichtige Versöhnung mit den Sterbenden stiftet und alles, was Widriges vorhergegangen sei, in gänzliche Vergessenheit stellt. Denn auf solche Weise entschlafen dieselben mit versöhntem Herzen und haben nach nichts weiter in dieser Welt eine Begierde. Ihre Einbildung bleibt schlafend, und in Ermangelung einer Ursache kann sie niemals auf einen lebenden Menschen wirkend werden. Übrigens, wenn sich je etwas zuträgt, dass zu unserem Phänomen des Kauens und Schmatzens gehört, ist es am ratsamsten, dass man sich wenig darum bekümmert. Denn alle Gemütsbewegung ist gleichsam Nahrung für die magischen Wirkungen. Wenn aber auch dies nichts helfen will, so wird es schließlich das Beste sein, dass man den Körper ausgräbt und dessen schädlichen Wirkungen durch seine völlige Vernichtung ein Ende macht.»[288]

Diese Meinung wurde durchaus von den Vertretern der philosophischen Vampirtheorie gebilligt und allgemein geteilt. Gottlob Heinrich Vogt und Christoph Friedrich Demelius argumentieren in ihren kurzen Schriften in gleicher Weise wie Ranft und man kann eine gewisse Abhängigkeit ihrer Schriften von Ranfts Traktat klar erkennen.

Als die bekanntesten Vertreter der philosophischen Theorie wären zu nennen:

1. Michael Ranft: *Tractat von dem Kauen und Schmatzen der Todten in Gräbern. Worin die wahre Beschaffenheit derer Hungarischen Vampyrs und Blut = Sauger gezeiget, auch alle von dieser Materie bißher zum Vorschein gekommene Schrifften recensiret werden. Leipzig 1734.*

---

[287] Die *Magia naturalis*, also die «Natürliche Magie,» bezeichnete insbesondere das Experimentieren vom 16. bis zum ausgehenden 18. Jahrhundert mit den damals erst zum Teil erforschten Naturkräften und den Eigenschaften der natürlichen Elemente. *Alchemie* und *Magia naturalis* sind eng miteinander verwandt.
[288] M. Ranft: *Tractat von dem Schmatzen und Kauen der Todten in Gräbern*. Leipzig 1734. 2. Teil. Kap.60. S. 160 f.

2. Christoph Friedrich Demelius: *Philosophischer Versuch, ob nicht die merckwürdige Begebenheit derer Blut = Sauger in Nieder = Ungern, A. 1732 geschehen, aus denen principiis naturae, insbesondere aus der sympathia rerum naturalium und denen tribus facultatibus hominis könne erleutert werden.* Vinariensi. A. 1732.
3. Gottlob Heinrich Vogt: *Kurtzes Bedencken Von denen Acten = mäßigen Relationen Wegen derer Vampiren, Oder Menschen = Und Vieh = Aussaugern.* Leipzig 1732.
4. Johann Christoph Harenberg: *Vernünftige und Christliche Gedancken Über die Vampirs Oder Bluhtsaugende Todten.* Wolffenbüttel 1733.
5. Otto Graben zum Stein in *Otto, Grafens zum Stein unverlohrnes Licht und Recht derer Todten unter den Lebendigen, oder gründlicher Beweis der Erscheinung der Todten unter den Lebendigen, und was jene vor ein Recht in der obern Welt über diese noch haben können, untersucht in Ereignung der vorfallenden Vampyren, oder so genannten Blut = Saugern im Königreich Servien und andern Orten in diesen und vorigen Zeiten.* Berlin und Leipzig o. J. bzw. Wittenberg 1732.

Die Schrift Graben zum Steins ist ein kleines Mysterium, da sie offenbar, obwohl ihr Erscheinen für das Jahr 1732 vorgesehen gewesen war, nie im Druck erschien und heute für die Nachwelt verlorengegangen ist.[289]

Mir ist es jedenfalls trotz größter Bemühungen bis heute nicht gelungen, ein Exemplar dieser Schrift ausfindig zu machen. Kein Archiv, keine Bibliothek und auch

---

[289] Über den Verfasser, Otto von Graben zum Stein oder auch Graf zum Stein, gibt es viele widersprüchliche Angaben, die seine Person deshalb in einem Halbdunkel der Geschichte zurücklassen. Weder Geburts- noch Sterbejahr sind genau datiert. Geboren wurde er um 1690 in Innsbruck/Tirol und trat zu einem unbekannten Zeitpunkt einem geistlichen Orden, dem *Ordo Servorum Mariae*, bei. Als ein solcher Servitenmönch diente er als Feldprediger in Sizilien, musste jedoch von dort im Jahre 1728 fliehen, da er eine kirchenkritische Schrift veröffentlicht hatte bzw. in gehaltenen Predigten die Rechte des römisch-deutschen Kaisers gegenüber dem päpstlichen Stuhl in Rom verteidigte. Dies könnte aber auch nur ein vorgeschobener Grund gewesen sein, denn nach seiner Flucht begab er sich nach Preußen, wo er offiziell die lutherische Konfession annahm. Wie es ihm gelang, in die unmittelbare Umgebung des preußischen Königs zu gelangen, ist nicht überliefert. Doch hält sich mit bemerkenswerter Hartnäckigkeit das Gerücht, dass er dort als Spion für Österreich tätig war. König Friedrich Wilhelm von Preußen bevorzugte ihn als Gesellschafter und auch als eine Art Hofnarr, was von Graben zum Stein oft nachteilig ausgelegt wurde und auch an seiner Glaubwürdigkeit selbst rütteln sollte. Dem muss jedoch ausdrücklich widersprochen werden, wenn man sich die Zeit nimmt, einen Blick in seine erhaltenen Werke zu wagen. Ferner betätigte er sich als Übersetzer, Zeitungsherausgeber (*Potsdammischer Mercurius*) und Lehrer für die italienische Sprache. Nicht alle Werke von Graben zum Stein erschienen auch unter seinem tatsächlichen Namen. Er benutzte zuweilen die Pseudonyme *Bellamintes, Critille, Andrenius* und *Pneumatophilus*. Er starb um 1756 in Potsdam.

nicht die *Berlinisch-Brandenburgische Akademie der Wissenschaften*, als Nachfolgerin der *Preußischen Societät der Wissenschaften*, deren Vizepräsident Otto von Graben zum Stein in der Zeit vom 19.01.1732 bis zum 30.06.1740 war, waren in der Lage, mir eine Auskunft über den Verbleib seiner Schrift zu geben.[290] Es liegt daher die Vermutung nahe, dass Otto von Graben zum Stein aufgrund eines gegen ihn im Jahre 1731 ausgesprochenen Publikationsverbotes des königlich-preußischen Hofes nicht die Möglichkeit hatte, dieses Manuskript zu veröffentlichen. Als Begründung für dieses Verbot wurde ihm angeblicher «Aberglauben und Schwärmerey» in seinen bisher veröffentlichten Schriften vorgeworfen. Ein Zuwiderhandeln hätte eine Geldbuße von 100 Talern nach sich gezogen, was Graben zum Stein, trotz seines fürstlichen Gehalts von 200 Talern jährlich, offenbar davon abgehalten hatte, weitere Schriften zu veröffentlichen. Dabei hatte ihn König Friedrich Wilhelm I. ausdrücklich in seinem zum 19. Januar 1732 ausgestellten Ernennungsschreiben zum «Vicepräsidenten der Preussischen Academie der Wissenschaften» dazu aufgefordert, «darüber zu wachen, dass die Kobolde, Alpen, Irrwische, Wassernixen, verwünschten Leute und Satansgesellen ausgerottet würden». Als spöttischer Nachsatz wurde hinzugefügt, dass Graben zum Stein für die Ergreifung und Auslieferung eines jeden dieser Fabelwesen eine Belohnung von 6 Talern ausbezahlt werden solle. Der König und sein «Tabacscollegium» – das vielmehr die regelmäßige Zusammenkunft von Saufkumpanen darstellte, überzogen die Akademie der Wissenschaften regelmäßig mit Häme und Verachtung. Nur so erklärt es sich, warum Friedrich Wilhelm die Präsidentenposten ausgerechnet mit zweien seiner (unfreiwilligen) Spaßmacher besetzte. Vielleicht waren Graben zum Steins Schriften zu gut geraten, zu beliebt geworden, und verfehlten somit des Königs offenbares Ziel, den Aberglauben auszurotten, um einiges. Denn der Auslöser für das gerichtliche Publikationsverbot waren letztlich die *Sagen von den monathlichen Unterredungen von dem Reiche der Geister* Otto Graben zum Steins, die bis 1731 in zwei Bänden erschienen und in welchen er Themen wie Erscheinungen der Verstorbenen, Poltergeister und verwunschene Häuser und Plätze anspricht. Aus diesem Werk kann man auch die Meinung des Verfassers über die zurückkommenden Verstorbenen ablesen und so eventuell Rückschlüsse über den Inhalt seines verlorengegangenen Buches ziehen.

Nach Aufhebung des Publikationsverbotes zehn Jahre später beschloss er diese Buchreihe unter dem Titel: *Unterredungen von dem Reiche der Geister* unverdrossen mit einem dritten Band. Diese *Unterredungen* wurden 100 Jahre später von den großen Volkskundlern und Geschichtensammlern ob ihres unglaublich großen Reichtums an solchen Geschichten eifrig konsultiert. Doch trotz der Wiederaufnahme seiner schriftstelle-

---

[290] Umso erstaunlicher ist es, dass etliche Autoren wie auch Betreiber von Internetseiten diese Schrift als Quelle nennen, die sie doch selbst nie zu Gesicht bekommen haben dürften.

rischen Tätigkeit ist nichts davon bekannt, dass die Schrift *Unverlohrnes Licht und Recht*...
dann doch noch gedruckt worden wäre oder Einzug in eines seiner nach 1741 veröffentlichten Werke gefunden hätte.[291] 1734, zwei Jahre nach dem geplanten Erscheinungstermin, schreibt Michael Ranft in seinem *Tractat von dem Kauen und Schmatzen derer Todten in Gräbern* von diesem Buch: «Hiervon habe ich nur den Titel gesehen. Denn das Werk selbst ist noch nicht in der obern Welt zum Vorschein gekommen ...»[292]

Wie mir der dänische Vampirforscher Niels Petersen schrieb, existiert sogar eine Erwähnung zu diesem Fall in einer dänischen Zeitung[293], in der es nach einer kurzen Vorstellung von Graben zum Steins Vampirschrift zynisch heißt: «Das Beste an dem Buch wird wahrscheinlich sein, dass es niemals veröffentlicht werden wird.» Ähnliche Quellen wird man vermutlich auch in damaligen deutschen Zeitungen finden.

Nichtsdestotrotz bleibt immer noch die kleine Hoffnung, ob nicht doch einige wenige Exemplare verstohlen ihren Weg in die Öffentlichkeit gefunden haben, denn anstelle von Leipzig und Berlin als eigentlichen Druckort wird verschiedentlich auch Wittenberg genannt, welche Stadt sich außerhalb des preußischen Einflussbereiches befand. Auch schreibt der kurfürstlich-sächsische Leibarzt Dr. Johann Daniel Geyer in seiner 1735 in Dresden erschienenen kleinen Schrift *Müßiger Reise Stunden Gedancken von denen Todten Menschen Saugern* ganz vorne: «Es hat weder Herr Graf Otto zum Stein in seinem Gutachten von dem *Licht und Recht derer Todten* noch die über dessen Gedancken bekandte Commentatores Ursach, diese Menschen Sauger vor was Neues auszugeben ...», was eigentlich den Schluss nahelegt, dass Herr Dr. Geyer zumindest das ungedruckte Manuskript gelesen haben muss.

Es bleibt zu hoffen, dass das Werk irgendwann durch einen glücklichen Zufall wieder seinen Weg zurück in die Öffentlichkeit finden wird.

2. Die Vertreter der dämonisch-übernatürlichen Theorie

Diese (kleinste) Gruppe Gelehrter war fest von der Existenz des Vampirs als ein dämonisches Wesen bzw. von der tatsächlichen Mitwirkung des Satans bei diesem

---

[291] Der *Dialog von Pneumatophilus und Adrenio über das Schmatzen der Toten*, der des Öfteren als ein Auszug aus *Unverlohrens Licht und Recht* herhalten muss, stammt in Wirklichkeit aus dem Buch *Otto Grafens zum Stein Unterredungen von dem Reiche der Geister*. Leipzig 1730.
[292] 3. Teil, S. 265 f. Das Zitat stammt nicht von Ranft selbst. Er hatte es vielmehr wortwörtlich übernommen aus: *Auserlesene theologische Bibliothec* 61. Teil. Leipzig 1732. Punkt IV. *Eudoxi Bericht von einigen Schriften, so bishero wegen der Vampyren herausgekommen*. Dort findet es sich unter Punkt VII.
[293] *Nye Tidender om lærde og curieuse Sager* vom 29. Mai 1732.

Phänomen überzeugt. Sie glaubten, dass der Teufel selbst in Gestalt der Toten den Lebenden nachstellte oder dass er die Leichname der Toten in Besitz nehme, belebe, unverwesbar mache und in dieser Form den Menschen nach dem Leben trachte. Ihre wichtigsten Vertreter sind:

1. Der Herausgeber der anonymen Nürnberger Druckschrift *Visum et repertum. Über die sogenannten Vampirs oder Blutaussauger, so zu Medwegia in Servien an der türkischen Granitz den 7. Januar 1732 geschehen. Nebst einem Anhang von dem Kauen und Schmatzen der Toten in Gräbern.* Nürnberg 1732, der mit dieser kleinen Schrift bedeutend zum Bekanntwerden des Medvegya-Falles in Deutschland beitrug.
2. Der Anonymus W.S.G.E. mit seiner Abhandlung *Curieuse und sehr wunderbare Relation, von denen sich neuer Dingen in Servien erzeigenden Blut=Saugern oder Vampyrs, aus authentischen Nachrichten mitgetheilet, und mit Historischen und Philosophischen Reflexionen begleitet.* Anno 1732.
3. Johann Heinrich Zopf: *Dissertatio de vampyris serviensibus qvam svpremi nvminis avspicio.* Dvisbvrgi ad Rhenum 1733.

Die beiden Letzteren waren erklärte Gegner der Thesen Ranfts zum Vampirphänomen und zogen ihre Argumente teils aus dem im 18. Jahrhundert bereits abflauenden Dämonenglauben und teils aus anderen Autoren, die in ihren Schriften verschiedene Argumente für die Wirksamkeit des Teufels in der Welt vorbrachten. Es mag auch noch der bestehende Hexenglaube für ihre Thesen eine Rolle gespielt haben, wonach die Hexen Leichen und Leichenteile zu ihren magischen Operationen verwendeten. Sie argumentierten jedenfalls, dass der Teufel oder einer seiner Engel durch diese Leichenteile auf die direkten Geschicke der Lebenden Einfluss – in der Regel schädlichen – nehmen könne und dass der Teufel über die toten Körper, seien es nun tierische oder menschliche, Macht besäße. Gestützt wurde diese Argumentation von der orthodoxen Kirche, wonach ein Mensch, der von der Kirche exkommuniziert wurde, mit Leib und Seele dem Teufel verfallen ist. Ein Zeichen dafür war die Unverweslichkeit des toten Leibes, weswegen von der orthodoxen Kirche das Dogma vertreten wird, dass ein Leib, der Spuren der Unverweslichkeit zeigt, ein Verfluchter sein müsse. Kurioserweise stellt sich dies in der römischen Kirche als direkter Gegensatz dar, da diese lehrt, dass die Unverweslichkeit eines Körpers gerade dessen Heiligkeit bezeugt.

Eine recht gut verständliche Erklärung zur Mitwirkung des Teufels bei dem Vampirphänomen liefert der Anonymus W.S.G.E.:

«Indem wir aber im Allgemeinen darauf gekommen sind, unter diesem Trauerspiel (dem Vampirismus) den versteckten Teufel zu suchen, aber nur die erste Anregung davon der heutigen Welt so verächtlich und widrig ist, so müssen wir uns hierüber ein wenig deutlicher erklären. Man sieht hoffentlich aus dieser meiner bisherigen ganzen Ausführung, dass ich keiner von denen bin, die unter jedem Stein einen Skorpion und mit ihren hellsichtigen Augen unter einem jeden Phänomen den Teufel erblicken. Aber ich mag auch kein Mitglied der großen Gesellschaft sein, in deren Statuten die erste Regel ist, an keinen Geist und Teufel zu glauben. (...) Man muss wohl darauf sehen, dass wir dem Teufel nicht zu viel, aber auch nicht gar nichts zuschreiben; man muss forschen, was er vermöge und was er nicht vermöge und ob er solches zu allen Zeiten und bei allen Personen ausrichten könne? Wenn man Krankheiten und andere Begebenheiten untersuchen solle, so muss man nicht zu übernatürlichen Ursachen fliehen, solange man zeigen kann, dass diese Wirkung aus natürlichen Ursachen entstehen könne. Beide Regeln sind vernünftig. (...) Dennoch, glaube ich, bedürfe diese zweite Regel noch einiger Erläuterung und Eingrenzung. Man muss unterscheiden zwischen alleiniger und teilweiser Ursache und einzelner und gemeinsamer. Solange man nämlich etwas aus natürlichen Ursachen erklären kann, sollte man den Teufel nicht mit hineinziehen als eine einzelne Ursache, als hätte er es allein getan, wohl aber als eine teilweise Ursache, als einen, der dazu geholfen und zum Effekt hat. Und demnach weiß ich gar nicht, warum man den Teufel schließlich nur noch da zu suchen haben solle, wo Sachen vorgehen, die die gewöhnliche Ordnung und Kräfte der Natur übersteigen?»[294]

(...) Und damit ist der Weg von der These zur Hypothese wirklich geöffnet. Wer die Schrift respektiert, sie als eine oberste Stelle der Philosophie verehrt und noch einen Teufel erkennt (denn mit keinem anderen wollen wir zu tun haben), der wird keine Schwierigkeiten haben, den Teufel unter den Vampiren nicht nur zu vermuten, sondern auch in seiner groben Gestalt gleichsam mit Händen zu greifen. (...) Kann er keine lebendigen Leiber haben, so sucht er die toten Körper in den Gräbern. Darum hält er sich so gerne in den Gräbern auf, wie das denkwürdige Beispiel in Matthäus Kapitel 8, Vers 28 ff. uns vorweist und welches weiteres Nachsinnen verdient.»[295]

---

[294] W.S.G.E.: *Curieuse und sehr wunderbare Relation, von denen sich neuer Dingen in Servien erzeigenden Blut = Saugern oder Vampyrs, aus authentischen Nachrichten mitgetheilet, und mit Historischen und Philosophischen Reflexionen begleitet.* Anno 1732. Kap. 10. S. 71 ff.

[295] W.S.G.E.: *Curieuse und sehr wunderbare Relation, von denen sich neuer Dingen in Servien erzeigenden Blut = Saugern oder Vampyrs, aus authentischen Nachrichten mitgetheilet, und mit Historischen und Philosophischen Reflexionen begleitet.* Anno 1732. Kap. 11.

Der und Direktor des lutherischen Gymnasiums in Essen, Johann Heinrich Zopf,[296] führt in seinem Werk aus, dass die Körper verstorbener Menschen, Geister von Verstorbenen, der so genannte Alb oder Fiebererkrankungen nicht die Ursache für das Vampirphänomen sein könnten,[297] wohl aber der Teufel auf diese Weise die Lebenden zu töten vermöge.[298] Weiter schreibt er, dass die Beschaffenheit des Landes Serbien und dessen Einwohner hierzu viel beitrügen, weil dort lauter unwissende und sehr abergläubische Leute wohnten.[299] Überhaupt vernehme man auch in Polen, Mähren und Böhmen dasselbe von den dort vorkommenden schmatzenden und kauenden Toten.[300] Die wirkende Ursache hierbei sei stets allein beim Teufel zu suchen.

Bis auf die beiden größeren Abhandlungen W.S.G.E.s und Johann Heinrich Zopfs werden die Standpunkte der Anhänger der dämonischen These zum Vampirismus nur noch in kleineren Artikeln in Zeitschriften der damaligen Zeit abgehandelt. Letztendlich konnte sich ihre Argumentation nicht durchsetzen, weil ihre Thesen sowohl von theologisch-philosophischer Seite als auch von den Naturwissenschaftlern gänzlich widerlegt werden konnten.

3. Vertreter der naturwissenschaftlich-medizinischen Theorie

Die größte Gruppe von Gelehrten, die sich mit den serbischen Vampiren auseinandersetzten, waren die Naturwissenschaftler und Mediziner, wie man unschwer an der Flut von eigenständigen Druckwerken ersehen kann, die das Jahr 1732 und danach hervorbrachte, nicht mitgerechnet die zahlreichen Artikel in den naturwissenschaftlichen Fachzeitschriften, wie sie sich zum Beispiel in dem *Commercium literarium*, dem *Glaneur Historique* u. a. finden lassen. Als maßgebliche Arbeiten wären hierbei zu nennen:

1. *Besondere Nachricht von denen Vampyren oder so genannten Blut=Saugern, wobey zugleich die Frage, ob es möglich, dass verstorbene Menschen wiederkommen, denen Lebendigen durch Aussaugung des Bluts den Tod zuwege bringen und dadurch gantze Dörffer an Menschen und Vieh ruinieren können?* 1732.

---

[296] * 1691, † 1774.
[297] H. Zopf: *Dissertatio de Vampyris*. Duisburg 1733. § 8 ff.
[298] Ebenda § 18.
[299] Ebenda § 34.
[300] Ebenda § 35.

T: *Nacht der Vampire/La Noche De Walpurgis/Le Messe Nera Della Contessa Dracula*

2. Johann Christoph Pohl: *Dissertationem de hominibus post mortem sanguisugis, vulgo sic dictis Vampyren.* Lipsiae 1732.
3. Johann Christian Fritsch: *Eines Weimarischen Medici muthmaßliche Gedancken von denen Vampyren, oder sogenannten Blut = Saugern.* Leipzig 1732.
4. Johannes Christianus Stock: *Dissertatio physica de cadaveribus sanguisugia. Von denen so genannten Vampyren oder Menschen = Säugern.* Jenae 1732.
5. *Schreiben eines guten Freundes an einen andern guten Freund/Die Vampyren betreffend. De dato 26. Martii 1732.*
6. Johann Daniel Geyer: *Müßiger Reise Stunden Gedancken Von denen Todten Menschen = Saugern.* Dressden 1735.
7. Christian Philipp Berger: *Versuch einer gruendlichen Erlaeuterung merckwürdiger Begebenheiten in der Natur, wodurch man zu ihrer innersten Erkaenntniß geführet wird.* Lemgo 1737.
8. Ludwig Charisius: *Medicinisches Bedencken von denen Vampyren, oder sogenannten Blutsaugern, ob selbe verhanden, und die Kraft haben, denen Menschen das Leben zu rauben?* önigsberg 1739.

Ihre Thesen sind von Nüchternheit geprägt. Im Allgemeinen wird jeder Gedanke an eine übernatürliche, teuflische, sympathische oder andere geistige bzw. auf der

D: Patty Shepard, Leon Klimovsky (Pseuds: Henry Mankiewicz); R: Leon Klimovsky; P: D/E J: 1971

Magia naturalis gegründete Erklärung des Vampirismus abgelehnt. Es werden allein natürliche Erklärungen für das Phänomen gesucht. Da das vorhandene Material sehr umfangreich und sich in seinen allgemeinen Ausführungen sehr ähnlich ist, ziehe ich nur einige exemplarische Beispiele der durchweg von den Medizinern und Naturwissenschaftlern vertretenen Meinung heran.

Der Weimarer Arzt Johann Christan Fritsch führt aus,
«... dass die Vampire oder Blutsauger nur Chimären und Undinger sind, welche die furchtsame und verrückte Phantasie der Rätzen und Heiducken als Mutter haben. Weil 1. die Krankheit, woran die Rätzen und Heiducken laboriert haben und gestorben sind, eine ganz natürliche Krankheit gewesen ist, und

2. weil die Phänomene, welche sich an den entseelten Körpern geäußert haben, aus rein natürlichen Ursachen hergeleitet und begreiflich gemacht werden können, sodass man also nicht nötig hat, diese Begebenheit entweder der allmächtigen Gottheit oder dem ohnmächtigen Teufel oder den in der Ewigkeit seienden Seelen oder anderen obskuren und fiktiven Prinzipien, welche nur in der fruchtbaren Einbildung ihrer Patrone existieren, zuzuschreiben.»[301]

---

[301] Johann Christian Fritsche: *Eines Weimarischen Medici muthmaßliche Gedancken von denen Vampyren, oder sogenannten Blut=Saugern.* Leipzig 1732. S. 30.

Sehr eigenwillig, aber interessant mutet die These des Gräfl. Schaumburgisch-Lippischen Landphysikus Dr. Christian Philipp Berger an, der die unverweste Erscheinungsform des Vampirs im Grab, seine neue Haut und die nachgewachsenen Haare und Nägel dem Ansetzen von Salpeter an der im Sarg liegenden Leiche zuschreibt.[302]

Der Medizinprofessor Christian Ludwig Charisius, der in Ostpreußen an der Königsberger Universität lehrte, fasste in Folge der Berger'schen Ausführungen zwei Jahre später in kurzen prägnanten Sätzen alles zusammen, was sein Berufsstand von den Blut saugenden Toten hielt. Sein *Medicinisches Bedencken* aus dem Jahr 1739 setzte daher für einige Jahre jeder weiteren Diskussion unter seinen Kollegen zu diesem Thema ein Ende. Er schreibt, dass die Vampiranzeichen, wie aufgetriebene Körper, Blutfluss aus Nase und Mund etc. lediglich Fäulniserscheinungen der Leichen seien. Die Menschen seien an einer fiebrigen Krankheit gestorben, die ihnen Brustbeklemmungen verursacht und die dadurch folgende Atemnot und Unterversorgung mit Sauerstoff ihnen das Vorhandensein von Verstorbenen an ihrem Bett, die sie würgten und «ihnen das Blut aussaugten» vorgaukelte. Die Krankheit selbst kann leider nicht bestimmt werden, da es die untersuchenden Feldchirurgen unterlassen hätten, diese in ihren Berichten ausführlicher zu beschreiben.[303]

Auch die Preußische Sozietät der Wissenschaften wurde von König Friedrich Wilhelm ersucht, ein wissenschaftliches Urteil über die Medvegya-Vampire zu erstellen; nicht zuletzt darum, da ihr Vizepräsident Otto von Graben zum Stein, für dessen Interesse an der übersinnlichen Welt der König nur ein Lächeln erübrigen konnte, gezwungen wurde, zusammen mit seinen Kollegen, mit denen er nicht immer einer Meinung war, ein auf rein naturwissenschaftlichen Grundlagen fußendes Gutachten zu erstellen, das am 11. März 1732 ausgefertigt und in vielen Publikationen der Zeit über den serbischen Vampirismus abgedruckt wurde. Es besagte, dass das Vorhandensein von Vampiren aus vernünftigen Gründen nicht herzuleiten sei, sondern die «Blut saugenden Leichen» allesamt ganz natürliche Verwesungserscheinungen aufweisen würden. Da nirgends berichtet worden sei, wie eine solche Blutaussaugung vonstatten gegangen sein sollte und solches auch niemals wirklich jemand beobachtet habe, sei es schwer zu glauben, dass so etwas auch tatsächlich stattgefunden haben sollte; die Vampire seien daher nichts als ein Märchen.

---

[302] D. Christian Philipp Berger: *Versuch einer gründlichen Erläuterung merckwürdiger Begebenheiten in der Natur. 1. Stück. Von den so genannten Vampyren oder ungarischen Blutsaugern.* § 6, § 12–15. Lemgo 1737.
[303] Ludwig Christian Charisius: *Medicinisches Bedencken von denen Vampyren, oder sogenannten Blutsaugern, ob selbe verhanden, und die Kraft haben, denen Menschen das Leben zu rauben?* önigsberg 1739. § 6–11.

Das Schlusswort der Mediziner:
Gerard van Swieten und Georg Tallar 1755–1756

> «Man hat die Freiheit, die Sicherheit und die Ruhestätte des Grabes verletzt; man hat den guten Namen der Verstorbenen und ihrer Familien geschändet, die ein gleiches Schicksal zu erwarten hätten, wenn solche Missbräuche nicht abgeschafft würden.»
> —Gerard van Swieten, *Vampirismus*.

Gerard van Swieten

Am 30. Januar 1755 traf in Wien die Nachricht von Leichenexekutionen ein, die man in einem Dorf am äußersten Rande von Mähren an der schlesischen Grenze an vermeintlichen Vampiren vorgenommen hatte.[304] Die Vollziehung des richterlichen Urteils gegen diese wurde zusätzlich von einigen Geistlichen gutgeheißen. Es handelte sich hierbei um den bereits behandelten Fall der Vampirin Rosina Polakin aus Hermersdorf. Als diese Nachricht Kaiserin Maria Theresia zu Ohren kam, sandte sie umgehend zwei erfahrene Ärzte, Christian Wabst und Johannes Gosser, dorthin, um den Verlauf und die Umstände der Begebenheit zu klären. Am Ort angekommen stellten diese nach eingehender Untersuchung der Umstände fest, dass der ganze Handel allein auf den Aberglauben der dortigen Bevölkerung zurückzuführen wäre.

Gerhard van Swieten, Ausschnitt aus dem Kaiserbild *von 1773*

Alles wurde protokollarisch aufgenommen und Baron Gerard van Swieten, einer der angesehensten Gelehrten von Wien und Leibarzt Kaiserin Maria Theresias, gab über diese Angelegenheit sein Gutachten ab.

Gerard van Swietens nüchterne Wissenschaftlichkeit und Feindschaft gegenüber jedem Aber- und Volksglauben brachte ihm beim Volk nach den damaligen Maßstäben fast den Ruf eines Atheisten ein. So verwundert es wenig, dass er nach dem Hermersdorfer Vorfall es gar als eine persönliche Mission ansah, diesen «verderblichen Aberglauben» von Grund auf und endgültig zu beseitigen. Das Gutachten über die Blut saugenden Toten verfasste van Swieten ursprünglich in französischer Sprache, der Druck erfolgte im selben Jahr. Wirklich publik wurde seine Arbeit jedoch erst im Jahre 1768, als sie seinem Buch *Abhandlung des Daseyns der Gespenster* als Anhang hin-

---

[304] G. van Swieten: *Vampyrismus*. Augsburg 1768. Vorrede.

zugefügt wurde, auch wenn sie bereits 1756 ins Deutsche sowie ins Italienische übersetzt worden war.

Er beschreibt darin die abergläubischen Missstände, die im mährischen Volk wie auch in der Geistlichkeit, welche diesen doch entgegenwirken sollte, herrschten. Er berichtet von bereits vor etlichen Jahren geschehenen Vampirexekutionen in Mähren, bei denen die Geistlichkeit diesen nicht entgegenwirkte, sondern ganz im Gegenteil sogar die treibende Kraft war, und fordert, solche Exekutionen von Leichen rundheraus zu verbieten, da sie der Ehre der Toten, der Moral und letztlich jeder menschlichen Vernunft zuwider seien.

Aufgrund der heute leider verlorenen Berichte Wabsts und Gossers sowie dem Gutachten van Swietens gab die Kaiserin am 1. März 1755 ihr als «Vampirerlass» bekannt gewordenes Gesetz mit dem Titel «Der Aberglauben ist abzustellen» heraus, kraft dessen dem Volk und vor allem der Geistlichkeit verordnet wurde, abergläubische Ansichten wie den Glauben an Vampire, an Hexerei und dämonische Besessenheit fahren zu lassen und sich nicht zu unterstehen, eigenmächtig in solchen Fällen vorzugehen, sondern derlei Verdachtsmomente den Behörden anzuzeigen, welchen allein erlaubt sei, eine Untersuchung etwaiger übernatürlicher Vorkommnisse anzustellen und entsprechende Maßnahmen zu ergreifen. Maria Theresia verlangte überdies, dass solche Fälle ihr persönlich vorzulegen seien. Bei Nichtbeachtung des Gesetzes sollten die betreffenden Personen schwere Strafen zu erwarten haben.

Georg Tallar und sein Visum repertum anatomico chirurgicum *aus dem Jahre 1756*
Neben Gerard van Swieten verfasste auch der österreichische Militärchirurg Georg Tallar ein Jahr nach dem Gutachten van Swietens über den mährischen Vampirismus eine Denkschrift über den Vampirglauben im österreichischen Siebenbürgen. Diese wurde in handschriftlicher Form im Wiener Hofkammerarchiv eingereicht, wo sie sich bis auf den heutigen Tag befindet.[305] Erst im Jahre 1784, nachdem die Gelehrten ihres jeweiligen Fachs bereits ihre Ansichten zu dem Vampirphänomen kundgetan hatten, fand sich der Wiener Verleger Johann Georg Mößle bemüßigt, den Tallar'schen Bericht, gleichsam als ein Requiem auf die Vampirdiskussionen im 18. Jahrhundert, zu drucken. Er erwies der Wissenschaft damit einen ungeheuren Dienst, denn dieser einzigartige Bericht hätte durchaus ansonsten in Vergessenheit geraten oder gar verlorengehen können. Dem Verleger Mößle, der die Bedeutung der Schrift Tallars erkannte, ist es auch zu verdanken, dass uns noch einige Informationen über die Person des Verfassers bekannt sind, über den man sonst heute außer seinem Namen nichts mehr wüsste.

---

[305] Unter: Hofkammerarchiv Wien, Banater Akten, Rote Nr. 53. fol. 6 ff.

Georg Tallar wurde um 1700 geboren, studierte Medizin in Mainz und Straßburg und schlug danach eine militärische Karriere bei der k. u. k. Armee als Feldchirurg ein, wo er bei verschiedenen Regimentern in verschiedenen Feldzügen diente. Er blieb über 30 Jahre in der Armee und verbrachte seine Dienstzeit hauptsächlich in den Balkangegenden der Habsburger Monarchie, wo er in dieser Zeit sowohl als Zeuge als auch als untersuchender Arzt zu Vampirexhumierungen abgestellt wurde,[306] wie im Jahre 1724 als Arzt des Geyer'schen Regiments in Deva/Siebenbürgen, in solcher Funktion 1728 unter dem Regiment Vetterany in Oburscha/Walachei und 1753 unter dem Fürst Lobkowitz'schen Regiment in Klein-Dikvan, Sebell und Kallatsa.

Tallar verstand sich im Gegensatz zu den meisten seiner Kollegen auf die Landessprachen jener Gegenden, beherrschte Ungarisch und Walachisch so gut wie seine Muttersprache und kannte sich hervorragend mit Lebensart, Sitten und Gebräuchen der Landeseinwohner aus. Dies vereinfachte seinen Umgang mit der Bevölkerung natürlich sehr und öffnete ihm Türen, die anderen verschlossen blieben.[307] Seiner Meinung nach handelt es sich bei der siebenbürgischen Vampirseuche um eine Mischung aus Aberglaube und einer fiebrigen Erkrankung mit tödlichen Folgen, die bei den Walachen aufgrund ihrer Lebensweise besonders in den Wintermonaten vorkam und ihnen das Trugbild des Vampirs vorgaukelte. Ferner berichtet er gar von Heilerfolgen, wenn die erkrankten Einwohner sich von ihm und seinen Kollegen behandeln ließen.[308]

Georg Tallars Abhandlung liefert einen kompletten Abriss des Vampirglaubens mit all seinen Facetten und Umständen im Siebenbürgen und der Walachei des 18. Jahrhunderts.

Er beschreibt ausführlich die Umstände, die dazu führten, dass sich ein Kranker von einem Vampir angegriffen fühlte sowie den weiteren Verlauf der Krankheit bis zum Tod des Patienten. Die hauptsächliche Schuld an den tödlichen Erkrankungen legt er den übermäßigen Fastengewohnheiten der Landesbewohner sowie der steten Mangelernährung derselben zur Last.[309] Es entstehe daraus eine Art von Auszehrungskrankheit und eine allmähliche Vergiftung des Körpers durch schlechte Nahrung, was auch zu den Halluzinationen von Vampiren am Krankenbett führen kann. Begünstigt würde dieses durch den allgegenwärtigen Aberglauben der Landesbewohner, der sehr verderblich auf die Psyche der Patienten einwirkt, gleichfalls diese auch in diesem gefangen sind. Der Bericht Georg Tallars lieferte in Wien eine Bekräf-

---

[306] G. Tallar: *Visum repertum*. Wien 1784. II. Anmerk. S. 15.
[307] Ebenda. Vorrede des Hrsg.
[308] Ebenda. 1. Abt. S. 21 ff.
[309] Ebenda. I. Walachisches Fasten. S. 18 ff.

tigung der Thesen van Swietens und bestärkte die Regierung umso mehr darin, gegen den Vampirglauben innerhalb der Landbevölkerung vorzugehen.

Tallars Ausführungen blieben jedoch, wie so oft in Gelehrtenkreisen, nicht ohne Widerspruch. Seine eigentliche handschriftliche Arbeit war zuerst nur intern behandelt worden, doch knapp 30 Jahre später, als sie in gedruckter Form vorlag, änderte sich dies: Ein ungenannter Rezensent der im 18. Jahrhundert bekannten Literaturschriftenreihe *Allgemeine Deutsche Bibliothek* übte einige Kritik an Tallars Beweisführung. Man kann daraus schließen, dass er entweder ein Verfechter des Vorhandenseins der Vampire war oder andersherum ein Arztkollege, der eine konträre Meinung zu der vampirischen Beschaffenheit der walachischen Leichen hegte, welche er uns jedoch leider vorenthält.[310]

---

[310] *Allgemeine deutsche Bibliothek*, 65. Band, 1. Stück. Berlin und Stettin 1786. S. 102 f. *Visum repertum anatomico chirurgicum etc. Georg Tallar.* 1784.

Kapitel 3

Das 19. Jahrhundert

«Nichtsdestoweniger sind die Phänomene so auffallend, dass sie, obschon nur von wenig kultivierten Menschen erzählt, keineswegs als bloße Erzeugnisse einer erhitzten und verirrten Phantasie anzusehen sind, sondern einen reellen Grund haben müssen.»
— Maximilian Perty, Die mystischen Erscheinungen der menschlichen Natur.

Ausgehend von den medizinischen Erkenntnissen ihrer Vorgänger im 18. Jahrhundert verlor die Naturwissenschaft im 19. Jahrhundert jegliches Interesse an den Vampiren. Die Aufklärung hatte ganze Arbeit geleistet, sodass sich kaum mehr jemand fand, der sich ernsthaft noch mit diesem «Aberglauben» befasst hätte. Ganz im Gegenteil wurden von staatlicher Seite immer rigorosere Maßnahmen gegen diesen im Volk noch fest verankerten Glauben an wiederkehrende Tote unternommen und Schranken gesetzt, indem verhältnismäßig hohe Geld- und Gefängnisstrafen wider Personen verhängt wurden (wenn man ihrer habhaft wurde), die entgegen den gesetzlichen Bestimmungen immer noch nachts auf dem Friedhof Leichen ausgruben, sie pfählten, den Kopf abschlugen oder gar verbrannten. Das hielt die vampirgläubige Landbevölkerung jedoch nicht davon ab, ihren Gebräuchen weiterhin zu folgen, nur dass sie jene jetzt heimlich durchführten.

Anders als die Naturwissenschaft sah die Geisteswissenschaft den Vampirismus noch keinesfalls für geklärt an. Die Romantik und die um die Mitte des Jahrhunderts aufkommende Spiritismus-Bewegung nahmen sich als einer Art «Anti-Aufklärung» der alten Mythen und Volksüberlieferungen an, um der «entzauberten Welt», die die naturwissenschaftliche «Aufklärung» hinterlassen hatte, entgegenzuwirken und so praktisch als eine Protestpartei gegen das rein materialistische Denken auftrat. Einige

Vertreter dieser intellektuellen Strömung griffen das Thema dennoch wieder auf, um es zu einer endgültigen Lösung zu führen ...

Joseph von Görres

Als Erster meldete sich im Jahre 1840 der Münchener Geschichtsprofessor Joseph von Görres[311] zu Wort, der den Vampiren in seinem monumentalen Werk *Die christliche Mystik* ein ganzes Kapitel zueignete. Mit diesen Ausführungen über den Vampirismus erntete Görres scharfe Kritik seitens seiner naturwissenschaftlichen Kollegen und entfachte den schon begraben geglaubten Streit der Gelehrtenwelt aufs Neue. In gewisser Weise sah man sich auf den Höhepunkt der philosophischen Argumentation der Leipziger Debatte von 1732 zurückversetzt. Denn für Görres schien der Fall klar: Dass sich Leichen im Grab nicht zersetzten, flüssiges Blut in ihren Adern hätten und eine schädliche Auswirkung auf ihre nächsten Angehörigen ausüben würden,

---

[311] Jakob Joseph von Görres wurde am 25. Januar 1776 in Koblenz als Sohn eines Holzhändlers geboren. Dieser bemühte sich sehr um dessen schulische Ausbildung und schickte seinen Sohn auf das Koblenzer akademische Gymnasium. 1792 schrieb sich Görres an der Universität zu Bonn ein und begann ein Studium der Medizin. Als der Revolutionskrieg von 1793 begann, sympathisierte er sehr mit den Idealen der französischen Revolutionsbewegung, trat als Redner in Clubs und Volksversammlungen auf und gab 1798 eine Zeitschrift namens *Das Rothe Blatt* heraus. Als um 1799 das französisch besetzte linke deutsche Rheinufer von der Abgabenlast an Frankreich schier erdrückt wurde, wurde er mit einer Deputation nach Paris geschickt, um die Vereinigung des linken Rheinufers mit Frankreich zu erbitten (worauf Frankreich im Übrigen nicht einging). 1804 wurde er zum Professor der Physik an der Sekundarschule in Koblenz ernannt und widmete sich der Naturphilosophie, verließ jedoch Koblenz schon 1806, um nach Heidelberg zu ziehen, wo er mit Clemens Brentano und Achim von Arnim die *Zeitung für Einsiedler* herausgab und besonders das Mittelalter studierte. 1808 kehrte er nach Koblenz auf seine frühere Stelle zurück, schloss sich 1813 der Deutschen Partei an und gab von Februar 1814 an den *Rheinischen Mercur* heraus, bis dieser im Jahre 1816 verboten wurde. 1814 war Görres zum Studiendirektor des Bezirks Koblenz ernannt worden, welche Stelle ihm jedoch 1816 wieder entzogen wurde. Demagogische Verdächtigungen und die Herausgabe seiner Schrift *Deutschland und die Revolution* führten 1819 zum Haftbefehl gegen ihn. Er floh nach Frankreich und lebte in Straßburg. Dort wurde er auch von einem Verteidiger des Liberalismus zu einem eifernden Verfechter des Ultramontanismus. 1827 nahm er eine Stelle als Professor der Literaturgeschichte an der Münchener Ludwig-Maximilians-Universität an, wo er auch bis zu seinem Tode am 29. Januar 1848 lebte. Er betätigte sich zeit seines Lebens als fruchtbarer Schriftsteller, dessen Werke eine ganze Bibliothek füllen könnten. Das bekannteste ist jedoch die *Christliche Mystik*, die 1836–1842 in vier dickleibigen Bänden in Regensburg erschien und in welcher er alle möglichen Bereiche des Volksglaubens und der kirchlichen Lehre in eigenen Interpretationen wiedergibt und behandelt.

sei nur mit der «Sympathielehre» zu erklären, da alle Körper in der Natur und insbesondere die miteinander in naher Verwandtschaft stehenden eine unsichtbare gegenseitige Anziehung ihrer Vitalkräfte aufwiesen:

«Ist der Mensch in weitesten Umkreis mit allen Naturreichen, neben dem gewöhnlichen allgemeinen Lebensverkehr, noch in außergewöhnliche magische Wechselwirkung gesetzt, dann wird er auch, im enger geschlossenen Gebiete der eigenen Gattung, in ein ähnliches Wechselverhältnis sich verflochten finden, in das alle in Lebenskonsonanz verbundenen Individuen eingehen und vermöge dessen eines das andere ergreift und von ihm ergriffen wird, und zwar je nach allen Regionen ihrer Persönlichkeit, so zum Guten wie zum Bösen. (...)

Der Vampir, weil noch nicht ganz der Verwesung verfallen, bildet in dem ihm gebliebenen, kadaverösen, giftig gesteigerten Lebenskräften einen Ansteckungsstoff, der dann, die Erde durchwirkend, vornehmlich die Blutsverwandten, ihm harmonisch Gestimmten, sucht, und ihre Nervenaura berührend, diese in denselben Zustand bringt, der ihn hervorgetrieben. (...) So hat, was einmal im Leben gewesen und noch einen Rest unerloschener Lebenskraft in sich bewahrt, eine umso größere Sehnsucht, wieder ins verlassene Lebensreich zurückzukehren, und so sucht es mit ihm in alle Wege neue Bezüge anzuknüpfen, um an ihnen sich wieder hinaufzuhelfen. Und ist es ihm damit gelungen, dann tritt es zu den Lebendigen in ein ähnliches Verhältnis, wie das, in dem die Magnetisierte zum Magnetisierenden steht. Es nimmt wahrhaftes Leben von denen, deren es sich bemeistert, es in sich zu einem falschen umgestaltend, und gibt dafür den Tod, so das Leben bestehlend, ohne sich selber zu bereichern. Die Vampirisierten sind also von den Toten wahrhaft organisch Besessene, und das Volk hat in seinem Instinkt auch diesmal richtiger gesehen als die Gelehrten in ihrem durchgängig verneinenden Verstand. Es hat über dem im Verbrennen der Leiche das einzig wirksame Heilmittel gegen diese Seuche ausgefunden, die, wie es scheint, epidemisch von Zeit zu Zeit wiederkehrend, sich vor allem an den Stamm der Slawen knüpft, wie die Pest an den der Türken, weil sie in allen seither bekannt gewordenen Fällen nur in ihm hervorgetreten sind.»[312]

Der Scheintod als Erklärung des Vampirismus

Die Theorie, dass Vampire in Wirklichkeit Scheintote seien, war ein weiterer Punkt, den die Gelehrten in der ersten Hälfte des 18. Jahrhunderts bereits andachten, jedoch

---

[312] Joseph von Görres: *Die christliche Mystik*. Regensburg 1840. 3. Bd. S. 274 f. – S. 282 ff.

als nicht haltbar verwarfen. Im 19. Jahrhundert befasste man sich, durch das Aufkommen des Spiritismus maßgeblich beeinflusst, ausführlicher mit diesem Erklärungsmodell. Eine der ersten Erwähnungen, die den Scheintod ernsthaft mit dem Vampirismus in Verbindung bringt, findet sich in Johann Samuel Halles aufklärerischer Schriftenreihe *Fortgesetzte Magie, oder die Zauberkräfte der Natur*, in der er schreibt: «Die physische Ursache von dieser Erscheinung (des Vampirismus) war eine ansteckende Krankheit, in welcher man die tot scheinenden Menschen zu früh begrub, und wenn man sie wieder aufgrub, erstickt und mit blutigem Munde fand.»[313]

Herbert Mayo

Ein Befürworter der Scheintod-Theorie war der Engländer Herbert Mayo (1796–1852), seinerzeit Professor für Anatomie und Psychologie am King's College in London. Er veröffentlichte im Jahre 1847 im *Blackwood Magazine* eine Artikelreihe über verschiedene Aspekte des Übersinnlichen wie zum Beispiel Geistererscheinungen und Hellsichtigkeit und deren Wahrheitsgehalt unter dem Titel: *Letters on the truth contained in popular superstition*. Auch dem Vampirphänomen widmet er darin einen gewissen Raum.

1854, zwei Jahre nach seinem Tod, erschienen seine Artikel in deutscher Übersetzung in Buchform unter dem Titel: *Wahrheiten im Volksaberglauben, nebst Untersuchungen zum Wesen des Mesmerismus*. Zum Vampirismus-Phänomen schreibt er darin:

«(...) Sollen wir aber aus dieser Tatsache schließen, dass der Volksaberglaube an Vampire und Vampirismus wirklich gegründet ist? – Dass diese frisch aussehenden und gut erhaltenen Körper sich wirklich auf eine übernatürliche Weise ernähren? Das hieße den Aberglauben blind sanktionieren, nicht aber ihn erklären, ihn enträtseln. Uns befriedigt eine Deutung, welche nicht so abenteuerlich monströs, wenn auch immer noch Schrecken erregend genug ist: Nämlich die, dass der Zustand der Körper, welche im so genannten Vampirzustand gefunden werden, keineswegs ein ungewöhnlicher, geheimnisvoller war, sondern dass jene Unglücklichen wirklich lebendig waren oder wenigstens nach ihrer Beerdigung eine Zeitlang gelebt hatten, mit einem Worte, dass es die Körper Lebendigbegrabener waren, in denen der noch vorhandene Lebensfunke endlich infolge der Unwissenheit und Rohheit derer, welche sie beerdigten, vernichtet wurde.»[314]

---

[313] 3. Bd. Berlin 1790. S. 341.
[314] Dr. Herbert Mayo: *Wahrheiten im Volksaberglauben, nebst Untersuchungen zum Wesen des Mesmerismus*. Leipzig 1854. S. 24.

T: *Blut für Dracula/Dracula, Prince of darkness*; D: Christopher Lee; R: Terence Fisher; P: GB; J: 1965

Maximilian Perty

Als nächster Gelehrter befasste sich der Berner Professor Maximilian Perty[315] in seinem Werk *Die mystischen Erscheinungen der menschlichen Natur* mit den Vampiren. Prompt zog er sich den Spott oder gar die Feindschaft seiner Kollegen zu, welche der Ansicht waren, seine Thesen zu verschiedenen Phänomenen in der Natur und am Menschen dienten eher dazu, den Aberglauben zu fördern, statt diese zu erklären.

---

[315] * 17. September 1804 in Ornbau/Bayern. 1807 zog er mit seiner Familie nach München und besuchte dort das Gymnasium. Später studierte er in Landshut die Naturwissenschaften und Medizin. Im Jahre 1826 erlangte er dort seinen Titel als Doktor der Medizin und arbeitete von 1827–1833 an der Zoologischen Akademie in München. 1833 zog er nach Bern, wo er eine

Das Buch hat zwar einen ähnlichen Aufbau wie Görres' *Christliche Mystik*, doch im Gegensatz zu Görres nimmt Perty das tatsächliche Vorhandensein einer umherstreifenden vampirischen Seele an, die ihren Körper mit dem Blut lebender Menschen versorgt, wodurch der vampirische Leichnam im Grab frisch erhalten bleibe und ein regelrechtes «Un-Leben» führe, das prinzipiell unbegrenzt erhalten werden könne, wenn der Vampir nicht daran gehindert würde:

«Der Vampirismus (...) gehört zu den am schwersten zu erklärenden Gegenständen des ganzen mystischen Gebietes, einesteils wegen seines nur lokalen und temporären Vorkommens, dann wegen unzureichender und unwissenschaftlicher Beobachtung. Nichtsdestoweniger sind die Phänomene so auffallend, dass sie, obschon nur von wenig kultivierten Menschen erzählt, keineswegs als Erzeugnisse einer erhitzten und verwirrten Phantasie anzusehen sind, sondern einen reellen Grund haben müssen. (...) Öffnete man die Gräber von solchen, die als Vampire erschienen, so fand man die Leichen in unverwesten Zustand, während die benachbarten Leichen verwesen, sodass also die Unverweslichkeit nicht in der Beschaffenheit des Bodens beruhen kann, und dabei oft frisches, unzersetztes Blut, welches von ihnen ergossen wurde; es dauert also ein Leben niederer Art fort. Die hierin liegende Abnormität hat bereits während des Lebens der Vampire Wurzel geschlagen; die, welche von ihnen verletzt zu werden glauben, befinden sich im selben Zustand, in welchem sich die Vampire während ihres Lebens befanden. Die tiefe Zerrüttung der organischen Funktionen spricht sich in der grässlichen Vision eines gespenstischen Wesens, einem ehemals Lebenden ähnlich, oder (wie oft beim Alb) in einer Tiergestalt aus; die Krämpfe der Sprech- und Schlingwerkzeuge, die Zusammenschnürung und das Drücken des Halses, die blutunterlaufenen Stellen an selbem, scheinen dem inneren Blick nach von dem würgenden und saugenden Phantom hervorgebracht zu sein. Weil die Krankheit epidemisch ist, so scheinen die Lebenden mit den Toten in Rapport gesetzt, von ihnen angesteckt, während doch nur die Gleichheit des Zustandes sie miteinander verbindet. Man hat auch bei manchen Pestepidemien beobachtet, dass die Sterbenden immer den oder die bezeichneten, welche zunächst nach ihnen sterben sollten. Dies ist ein magisches Phänomen. (...)
Bestehen bliebe jedenfalls die Fortdauer eines tieferen organischen Lebens in den Leibern der Vampire infolge der noch nicht vollzogenen Trennung der Seele, wodurch

---

Stellung als Professor für Philosophie und Medizin antrat. Er starb am 8. August 1884. Perty schrieb einige Bücher über die Natur aus philosophischer Sicht, die stark im Geist der Antiaufklärung verfasst waren und ihm nicht wenige Anfeindungen einbrachten. Das bekannteste unter diesen ist das mehrbändige Werk *Die mystischen Erscheinungen der menschlichen Natur*, das 1861 erstmals aufgelegt wurde und 1872 eine erweiterte Ausgabe erlebte, der 1877 noch ein Nachtragsband folgte.

eben das völlige Erlöschen des Lebens aufgehalten wird, und zwar Monate, Jahre, oft viele Jahre lang. In der traumartig umherirrenden Seele, die vorzugsweise die Häuser und Familien aufsucht, welchen sie im Leben angehörte, einem Wesen, das nicht leben und nicht sterben kann und doch noch fortfährt Zentralprinzip des Körpers zu sein, nagt, von diesem angeregt, der Hunger, darum verlangen die Vampire zu essen und der Durst nach Blut, weil im Blut das Leben ist und der Vampirleib im Grab nicht mehr selbst Blut bereiten kann. In der Vampirseele waltet deshalb ein blinder naturnotwendiger Trieb und erzeugt die übermächtig herrschende Vorstellung des Blutes und mit ihr den Willen, Blut zu saugen und dieses dem Leibe mitzuteilen. Das Saugen geschieht nun unter Erzeugung der Vision des Verstorbenen im Angegriffenen, auf magische Weise, sodass das gesaugte Blut für den Moment seine physisch-sinnliche Beschaffenheit verliert und dessen Materie eine gänzlich verschiedene Form annimmt, weil sie in ein geistiges Wesen aufgenommen wurde, – welche im Leib des Vampirs wieder in ihre Integrität und materiellen Erscheinungsform hergestellt wird. Es wirkt in dieser einigermaßen vergleichbar dem aus Lebenden in Lebende transfundierten Blut, rötet die Wangen des Vampirleibs, verhindert dessen Abmagerung usw. Die vom Vampir Angegriffenen erkranken und sterben nicht bloß am Blutverlust, sondern noch in Folge der nervösen Erschütterung durch den Schrecken; die Spukereignisse sind bei dieser Auffassung nicht auf Rechnung der Lebenden, sondern des Vampirs zu setzen».[316]

---

[316] M. Perty: *Die mystischen Erscheinungen der menschlichen Natur.* Leipzig und Heidelberg 1872. 1. Bd. S. 383 ff.

Kapitel 4

Das 20. und 21. Jahrhundert

> «Nein ... nein, das waren keine Vampire, das waren einfach nur Leute mit 'ner schlechten Tagescreme. Oder vielleicht hatten sie Tollwut, kann doch sein. Und der, der sich aufgelöst hat, das war 'ne optische Täuschung.»
>
> — Buffy in *Buffy – Im Bann der Dämonen*

Es blieb in den gelehrten Kreisen bei oben Gesagtem. Die Naturwissenschaft ignorierte beharrlich die Ausführungen ihrer philosophierenden Kollegen, bis man im 20. Jahrhundert aus geschichtlichem Interesse, in erster Linie wieder von medizinischer Seite, neuerliche Erklärungsversuche startete, die den Vampir zumeist als ein aus dieser oder jener Krankheit entsprungenes Phantasiegebilde des Volkes zu erklären versuchten. In jüngster Zeit entstanden gar Arbeiten, die sich mit der Möglichkeit des *psychogenen Tods* beschäftigen, mit dem Sterben vor Angst, ausgelöst durch Aberglaube oder extreme Stresssituationen.[317] Erkrankungen wie Tuberkulose[318] oder Xeroderma

---

[317] Gary Bruno Schmid: *Tod durch Vorstellungskraft*. Wien 2000. Neue Zürcher Zeitung vom 12. Juli 2009: *Befund: Tod durch Einbildung*.
[318] Diese Theorie wurde besonders durch den 1993 im US-Bundesstaat Connecticut ausgegrabenen Leichnam eines unbekannten Mannes aus dem ersten Drittel des 19. Jahrhunderts populär. (Auf den Sargresten befanden sich lediglich die eingeritzten Initialen «J. B.». Man nannte ihn daher später spaßeshalber «John Boy».) Die noch vorhandenen Knochen legten die Vermutung nahe, dass er nach seinem Tode als «schädigender Toter» angesehen wurde, da seine Beinknochen überkreuzt lagen, auf diesen lag der Schädel. Der Brustkorb des Mannes war zertrümmert vorgefunden worden, was nahelegt, dass das Herz entfernt wurde, vermutlich um es als «Medizin» gegen die schädigenden Wirkungen des Toten zu gebrauchen. Es wurde später im Labor festgestellt, dass der Mann an Tuberkulose verstorben war. Anzunehmen ist

pigmentosum[319] oder eine Vergiftung beispielsweise durch Mutterkorn[320] sind weitere Beispiele, die im Zusammenhang mit Vampirismusfällen immer wieder hervorgekramt werden. Teilweise erinnern sie an die Erklärungsansätze der Mediziner des 18. Jahrhunderts, die in ihren Ausführungen mit irgendeiner Krankheit, auch wenn die These noch so merkwürdig oder abwegig erscheinen mochte, das Phänomen und den Glauben an Vampire schlüssig gelöst haben wollten. Nichtsdestotrotz lassen sich natürlich auch vernünftige Gedanken hinter so manchem Erklärungsversuch entdecken, der zumindest teilweise den Glauben an Vampire erklären bzw. für den einen oder anderen Fall sogar die korrekte Lösung darstellen kann. Ich spiele hier im Besonderen auf die Milzbrandtheorie in Verbindung mit dem Medvegya-Fall aus dem Winter 1731/32 an, die auch als erste moderne Erklärungsvariante behandelt werden soll.

Milzbrand

Dieser Erklärungsversuch des Vampirismus wurde in den 1990er Jahren von dem österreichischen Mediziner Dr. Christian Reiter, Pathologe am Wiener Institut für Gerichtsmedizin, aufgestellt.[321] Er stützt seine These darauf, dass die Vampirepidemien im 18. Jahrhundert vornehmlich im Winter in den österreichisch-türkischen Grenzgegenden auftraten, wenn die Menschen dort unter großen Entbehrungen leiden mussten und, wie den einschlägigen Dokumenten über die Vampirseuchen zu entnehmen ist, auch auf verendete Schafe als Nahrung zurückgriffen, deren Tod gleichfalls

---

hierbei, dass er als der Verursacher dieser Krankheit bzw. mehrerer kurz darauf erfolgender Todesfälle angesehen wurde und an seiner Leiche daraufhin diese ihn «unschädlich» machenden Verrichtungen vorgenommen wurden.

[319] Ein Gendefekt, der auch als Mondscheinkrankheit bekannt ist, da sie es den Betroffenen unmöglich macht, sich am Tage in der Sonne aufzuhalten, da das UV-Licht ihre Haut unwiederbringlich zerstört. Menschen mit Xeroderma pigmetosum können nur nachts das Haus verlassen (wie es ja bekanntlich auch den Vampiren nachgesagt wird). Das Vorkommen dieser Krankheit ist allerdings dermaßen selten, dass sie als Erklärungsversuch für den Glauben an Vampire von vorneherein ausscheidet.

[320] Halluzinogen wirkender parasitärer Pilz, der sich in Roggenähren findet. Durch unsauber durchgeführte Mahlprozesse in den Mühlen konnte dieser Pilz früher öfter ins Brotmehl gelangen und so seine Wirkung beim Menschen entfalten. Es ist dennoch eine recht an den Haaren herbeigezogene Theorie, den Vampirismus allein mit einem Drogentrip zu erklären, besonders da es auch in der modernen Zeit (mit entsprechender Lebensmittelkontrolle) unvermindert neue Berichte über Vampire aus Osteuropa gibt.

[321] FOCUS Nr. 43, Jg. 1995. Daraus: *Fahndung im Reich der Finsternis – Ein Gerichtsmediziner enthüllt die Ursachen einer «Vampirseuche», die um 1700 in Serbien wütete.*

Vampiren zur Last gelegt wurde. Stets war die ansässige Bevölkerung betroffen, nie jedoch die dort stationierten Soldaten, was bei diesen darauf zurückzuführen ist, dass sie stets durch den militärischen Versorgungsapparat gut mit Lebensmitteln versorgt waren, während die ländliche Bevölkerung sich selbst überlassen blieb.

Der Milzbrandbazillus ist vom Vieh auf den Menschen übertragbar und äußert sich bei diesem in hohem Fieber, Krämpfen in Brust und Magen, zügigem Kräfteverfall und Atemnot. Die Krankheit verläuft rasend und ist in hohem Maße tödlich. Da dies alles Symptome sind, die die betroffenen Menschen von den Vampirattacken berichteten, so geht Reiter davon aus, dass der Milzbrand als nächste Erklärungsvariante den Vampirismus aufschlüsseln könne. Fieber, Krämpfe und die Atemnot hätten dazu führen können, dass die betroffenen Menschen Halluzinationen von sie

T: *Dracula – eine Love Story/
Dracula*; D: Frank Langella
R: John Badham;
P: USA; J: *1978*

würgenden Verstorbenen hatten. Dieser Bazillus war im 18. Jahrhundert noch unbekannt, erst im Jahre 1849 wurde er entdeckt und erst 1877 klärte Robert Koch Formen, Lebensbedingungen, Fortpflanzung und die Art der Übertragung auf. Wie bereits oben angedeutet, könnte dies im Fall der Medvegya-Vampire sogar zutreffen, da dort der Verzehr von verendeten Schafen mit im Spiel war; die These erklärt jedoch nicht den sonderbaren Umstand, weshalb die sterbenden Menschen ausgerechnet diese Toten als die sie Heimsuchenden bezeichneten, die später bei der Exhumierung tatsächlich als vermeintlich unverwest befunden wurden.

Porphyrie

Der kanadische Mediziner Dr. David Dolphin brachte im Mai 1985 in einem Artikel der *New York Times* die These vor, der Vampirismus sei durch eine seltene genetische Störung, die Porphyrie, zu erklären. Porphyrie äußert sich dadurch, dass die davon Betroffenen das Sonnenlicht meiden müssen, da ihre Haut durch die Strahlung großen Schaden nehmen kann. Auch reagieren solche Menschen stark abwehrend auf starke Gerüche, wie Knoblauch und Ähnliches. Außerdem kommt bei diesen Menschen Paradontose in erheblichem Maße vor, sodass ihre Zähne länger als die von gesunden Menschen erscheinen und diese sich rot verfärben können.

Der Körper von Porphyriekranken ist nicht in der Lage, Häm zu produzieren, weshalb diese dann, gemäß der vorgebrachten Theorie, «gesundes» Blut von anderen Menschen trinken wollten, um so ihre Krankheit zu lindern. Aber auch dieser Erklärungsversuch läuft gänzlich ins Leere, da getrunkenes Blut einem an Porphyrie Leidenden zum einen nichts nützt und zum anderen ohnehin nur knapp über 200 Fälle dieser Krankheit weltweit bekannt sind, sodass ein solch massenhaftes Auftreten, wie dies bei den Vampirvorfällen im 18. und 19. Jahrhunderten der Fall gewesen sein müsste, gänzlich auszuschließen ist. Zudem vermischt diese Theorie Elemente der Dichtung mit denen des Volksglaubens, denn der Vampir des Volksglaubens fürchtet sich nicht vor Sonnenlicht und in den alten Berichten ist auch nichts von langen Zähnen zu lesen, die ja für den literarischen Vampir so typisch sind.[322]

---

[322] Siehe dazu auch: Ann M. Cox: *Porphyria and vampirism: another myth in the making. Postgraduate Medical Journal.* London 1995. S. 643 f.; Mary G. Winkler; Karl E. Andersen: *Vampires, Porphyria, and the media: Medicalization of a myth.* In: *Perspectives in biology and medicine.* Baltimore, 1999. Nr. 33. S. 598 ff.

Tollwut

Der spanische Mediziner Juan Gómez Alonso stellte 1982 die These auf, der Vampirismus in den Balkanländern des 18. Jahrhunderts wäre durch die Tollwut zu erklären. Tollwut ist eine für den Infizierten absolut tödliche Krankheit und wird von einem infizierten Tier beziehungsweise Menschen durch Bisse, Blut und Speichel auf ein gesundes Tier oder einen Menschen übertragen. Die Krankheit äußert sich in immer häufiger auftretenden Krämpfen, schaumigem, manchmal blutigem Speichel, der dem Kranken vor den Mund tritt, Atemnot, Furcht vor Spiegeln, starken Gerüchen, wie zum Beispiel Knoblauch, die wiederum Krämpfe auslösen, Halluzinationen und noch einiges mehr. Der Tod tritt für gewöhnlich nach drei Tagen ein, seltener dauert es länger als eine Woche.

Juan Gómez Alonso glaubt, dass in den 1720er Jahren eine Tollwutepidemie in Ungarn herrschte, die dazu führte, dass die dortigen Menschen den Glauben an Vampire entwickelten und die Krankheitssymptome bei Tollwutpatienten als Vampirattacken interpretierten.

Diese Theorie ist jedoch für sich nicht schlüssig, da für die entsprechende Zeitperiode in Ungarn eine solche Epidemie von Tollwut nicht nachzuweisen ist, zeitgenössische Dokumente jedenfalls schweigen sich darüber aus. Ebenso führt der Mediziner Argumente über Eigenschaften der Vampire an, die diesem erst in der romantischen Literatur des 19. Jahrhunderts angedichtet wurden, wie kein vorhandenes Spiegelbild oder die Angst vor Sonnenlicht. In diesem Sinne ist seine Theorie nicht standfest und kann getrost verworfen werden.[323]

---

[323] Siehe: J. Gómez Alonso: *Rabia y vampirismo, hipotesis sobra una interpretacion médica del vampirismo*. Jano 1982; (514): 30–33. Sowie: J. Gómez Alonso: *Rabia y vampirismo en la Europa de los Siglos XVIII. y XIX. Tesis Doctoral*. Facultad de Medicina, Universidad Complutense de Madrid, 1992.

Kapitel 5

Feucht und unschön. Der natürliche Verwesungsprozess.

«*Jedes Teilchen geht zu seinesgleichen und lässt von sich nichts als den Raum zurück. Wir pflegen dies mit einem Worte als Fäulnis zu bezeichnen, die nicht eher als mit dem Körper selbst aufhört.*»
— Michael Ranft, *Traktat von dem Kauen und Schmatzen der Toten in Gräbern*

Kommen wir nun zu den natürlichen Verwesungserscheinungen eines menschlichen Körpers. Diese Verwesungserscheinungen decken sich durchaus mit den von den Vampirkommissionen des 18. Jahrhunderts festgestellten angeblich «vampirischen» Anzeichen der verdächtigen Leichen:

Den ersten Grad der Verwesung erkennt man durch einen säuerlichen Leichengeruch und eine mit der Umgebung übereinstimmende Temperatur. Nach und nach verschwindet die Leichenstarre, bis die Beweglichkeit der Gliedmaßen und eine Weichheit der Muskeln stellenweise oder vollkommen wiederhergestellt sind. Danach schwillt der Unterleib an, der Tote erhält ein lebhafteres Aussehen, auch können vorher bleiche Körperpartien eine rote Färbung bekommen. Aufgrund der chemischen Zersetzung des Bluts kommt es zum Vollerwerden früher eingefallener Teile, die sich auch dunkel verfärben. Es treten bläuliche, gelbe und grünliche Totenflecken, v. a. in der unteren Bauchgegend, in Erscheinung.

Der zweite Grad kündigt sich durch die Entstehung eines schmierigen, stinkenden, die Hautfläche bedeckenden Schleimes, durch das Abfallen der Oberhaut, der Haare und der Nägel und durch einen nunmehr stärkeren Verwesungsgeruch an. Die Gesichtszüge verzerren sich, die Augenumgebung verfärbt sich und die Augen sinken tief in ihre Höhlen zurück. Die Augenlider und die Lippen verfärben sich schwarz und schrumpfen zusammen. Innerlich vermischen sich die Körpersäfte mir dem zersetzten Blut und entwickeln eine Gasbildung. Dadurch wird der Körper insbesondere am

Bauch und im Gesicht aufgetrieben. Wird in diesem Stadium Druck auf den Körper ausgeübt, fließen aus Mund, Nase und After stinkende rötlich-braune Leichensäfte.

Im dritten Grad beginnt der Körper sich völlig zu zersetzen, die Züge des dunkel verfärbten Gesichts werden unkenntlich, die inneren Organe beginnen sich gänzlich aufzulösen, die noch vorhandene Haut löst sich in Blasen, die Nägel fallen ab und die Leichensäfte fließen auch ohne Druckausübung aus den verschiedenen Körperöffnungen. Im Extremfall kann eine Leiche sogar dermaßen auftreiben, dass der aufgedunsene Bauch oder der Hodensack platzen.[324]

Je nach Umstand und Erdbeschaffenheit verzögert sich der Verwesungsprozess im Grab gegenüber dem an freier Luft extrem, was bedeutet, dass begrabene Leichen sehr viel langsamer (bis zu siebenmal länger) brauchen, um in gänzliche Fäulnis überzugehen. Die oberste Hautschicht löst sich ab und gibt eine rosig scheinende untere Hautschicht frei. Die Haut zieht sich zurück, sodass es scheint, als wären Finger- und Fußnägel, bei Männern auch die Barthaare im Grab weitergewachsen. Fäulnisbakterien treiben den toten Körper auf, sodass er fett und wohlgenährt, oft «gesünder» als zu Lebzeiten aussieht. Durch dieses Fäulnisgas wird Körperflüssigkeit, die oft mit Blut vermischt ist, durch Nase, Mund und Genitalien nach außen getrieben, dass es den Anschein hat, der Tote würde so überschüssiges, von ihm von Lebenden getrunkenes Blut wieder absondern. Auch der «Ächzer», von dem vielfach bei Vampirexekutionen berichtet wird, den diese Körper von sich geben, wenn ihnen ein Pfahl durch die Brust getrieben wird, lässt sich auf dieses Fäulnisgas zurückführen. Wird dieses Gas nämlich plötzlich durch eine solche gewalttätige Handlung freigesetzt, kann durchaus ein Geräusch entstehen, das demjenigen eines Ächzers ähnlich klingt. Ebenso verhält es sich mit den in dem Bericht Frombalds erwähnten «wilden Zeichen», die meist als eine schamhafte Umschreibung eines erigierten Penis bei männlichen Leichen gedeutet werden.[325] Diese Anschwellung entsteht ebenfalls dadurch, dass der Penis während des Verwesungsprozesses durch Fäulnisgase regelrecht aufgeblasen wird.

Die Untersuchungsergebnisse der «vampirischen» Leichen deuten also auf völlig natürliche Verwesungsvorgänge hin.

---

[324] Peter Paul Vincenz Wagner: *Anleitung zur gerichtlichen Arzneikunde für Gerichtsärzte und Rechtsgelehrte des Militär- und Zivilstandes etc.* Wien 1833. 1. Band, S. 126 ff.

[325] Die These stammt ursprünglich von Michael Ranft, der sich in seinem Traktat in einigen Paragraphen (Ranft: *Tractat.* 2. Teil, § 34-37. *Die Erektion des männlichen Gliedes*) darüber auslässt. Da die «wilden Zeichen» aber erst bei der Pfählung des vermeintlichen Vampirs zusammen mit dem Blutaustritt aus den oberen Körperöffnungen und dem «Ächzer» auftraten, könnte sich dahinter aber auch der, vielleicht sogar spritzende, Abgang von Fäulnisflüssigkeit aus Penis und After des Toten verborgen haben.

3. Teil

Der Vampir in Märchen, Sage, Dichtung und Literatur

Kapitel 1
Der Vampir in Märchen und Sage

«*Die Hühner schlafen, die Schweine schlafen und der Tote führt einen Lebendigen in das Grab herein!*»
— Aus einer russischen Vampirsage des 19. Jh.

Nur zu verständlich ist, dass in den Ländern, in denen vermeintlich echte Vampire und Wiedergänger vorkommen, auch eine Fülle von Märchen und Sagen über diese existieren. Diese Geschichten spiegeln wider, was die Volksseele in den entsprechenden Gegenden fest glaubte bzw. bis heute glaubt, und dürfen daher auch in einer ganzheitlichen Darstellung des Vampirismus nicht fehlen. Es finden sich darin, wie in den historischen Vampirfällen, der zu seiner Frau wiederkehrende tote Ehemann, der auch Beischlaf mit ihr hat, das Vorkommen von Vampiren zu Seuchenzeiten, die Pfählung derselben und letztlich auch der zu seiner Liebsten zurückkommende Freier, der jedoch im Krieg gestorben ist und sein Mädchen mit sich ins Grab nehmen möchte. Aus diesen Sagenmotiven schöpfte der deutsche Literat Gottfried August Bürger unzweifelhaft sein Material zu seiner 1774 erschienenen berühmten Ballade *Lenore*. Es ist klar zu erkennen, dass er sich auf bereits ältere Geschichten und Überlieferungen stützte, die im Volk von Mund zu Mund erzählt wurden, und er schuf daher nicht eigentlich etwas Neues, sondern machte dieses Thema mit anderen späteren Autoren vielmehr «gesellschaftsfähig». Wegen der Fülle der überlieferten Vampirmärchen und Sagen kann hier leider nur eine kleine Auswahl wiedergegeben werden, die jedoch exemplarisch für alle anderen dieser Geschichten stehen kann.

T: Vampire Hunter D/Vampaia hanta D; D: R: Jack Fletcher; Yoshiaki Kawajiri

Der wiederauferstandene Ehemann

Es lebten zwei alte Leute in einem Haus, ein Väterchen mit dem Mütterchen. Irgendwann starb der Alte und die Leute aus dem Dorf kamen abends nachschauen, um die Witwe zu trösten, dann gingen sie wieder fort. Die alte Frau sprach: «Geht nur, Leute, wenn ihr gehen wollt, ich werde schon allein meinem Freund Gesellschaft leisten.» Die Leute gingen darauf wieder fort und die Frau saß in der Stube mit der Leiche allein. Da blies auf einmal ein Wind und hob die Leinwand von dem Alten auf. Die alte Frau stand auf, um ihn wieder zuzudecken, aber auf einmal begann der Alte sich zu rühren! Wie sie dies sah, versteckte sie sich in der Kammer und sperrte sich ein. Der Alte sprang auf und lief zu der Kammer hin. Er fand sie aber versperrt. Daher kroch er auf den Boden und begann, die Dielenbretter herauszureißen. Als er eben durch das Loch in die Kammer herunterkriechen wollte, schrie der Hahn. Der Vampir blieb tot auf dem Boden liegen und sein Weib starb vor Schreck in der Kammer.[326]

Eine Vampirgeschichte aus Kreta

«Während meines Aufenthalts zu Askysso erkundigte ich mich auch nach den Vampiren oder Katakhanades, wie die Kreter sie nennen, von denen ich bereits viel gehört hatte und an deren Existenz und Übeltaten das Volk der Insel, besonders im Gebirge, fest glaubt. Von den vielen Erzählungen, die unter diesen Leuten umlaufen, möge hier eine folgen, die ich, so gut als dies bei einer Übersetzung möglich, mit den Worten des sfakischen Bauern wiedergebe, aus dessen Munde ich sie erfuhr. Einst, hob mein Gewährsmann an, wurde das Dorf Kalikrati im Distrikt von Sfaki, von einem Katakhanades heimgesucht, von dem niemand wusste, woher er komme, noch wer er sei. Dieser Kathakanades brachte Kinder und Erwachsene nicht nur in diesem, sondern auch in anderen Dörfern um. Sie hatten ihn auf dem Kirchhofe zu St. Georg in Kalikrati begraben und ein Gewölbe über sein Grab gebaut. Nun hütete ein gewisser Schäfer, sein Gevatter, eines Tages seine Ziegen und Schafe unweit der Kirche, und da er von einem Regen überfallen wurde, flüchtete er in das Grabmal, um nicht nass zu werden. Da der Regen nicht nachließ, so beschloss er, die Nacht da zuzubringen; er nahm also seine Waffen ab und legte sie neben den Stein, der ihm als Kopfkissen diente, kreuzweise nieder[327] weil, wie die Leute sagen, der Katakhanades dann nicht aus seinem Grabe heraus kann. Während der Nacht, als dieser nun herauswollte, um Menschen umzubringen, sagte er zum Schäfer: ‹Gevatter, steht auf, dass ich hinaus

---

[326] *Zeitschrift des Vereins für Volkskunde.* Nr. 8, 1898. Juljan Jaworskij: *Südrussische Vampyre.* S. 332.
[327] Nicht die Waffen versetzten den Vampir in Furcht, sondern die kreuzweise Lage derselben.

kann, denn ich habe ein nötiges Geschäft vor.› Der Schäfer antwortete weder das erste noch das zweite noch das dritte Mal, weil er jetzt erfuhr, dass der Mann ein Katakhanades geworden und dass er es war, der all das Unheil, von dem er gehört, angerichtet hatte. Deshalb sagte er, als der Katakhanades zum vierten Mal rief: ‹Ich stehe nicht auf, Gevatter, denn ich fürchte, Ihr könntet mir was Übles tun; muss ich aber doch aufstehen, so schwört mir bei Eurem Totenhemd, dass Ihr mir nichts zuleide tun wollt.›

Der Katakhanades sprach die verlangten Worte[328] anfangs nicht, sondern redete immer von anderen Dingen, da ihn aber der Schäfer nicht herausließ, so schwor er schließlich den verlangten Eid. Nun stand der Schäfer auf und nahm seine Waffen von dem Grabstein weg; der Katakhanades kam heraus und sagte, nachdem er den Schäfer gegrüßt hatte: ‹Gevatter, Ihr müsst nicht weggehen, sondern da sitzen bleiben; ich habe ein Geschäft, werde aber in einer Stunde wiederkommen, denn ich habe Euch etwas zu sagen.› Der Schäfer tat, wie ihm geboten worden.

Der Katakhanades ging etwa zehn Meilen weit zu einem jungen Paar, das eben erst getraut worden war, und brachte es um. Bei seiner Rückkehr sah der Schäfer, dass sein Gevatter eine Leber in der Hand hatte und dass seine Hände mit Blut befleckt waren. In die Leber blies er, wie die Fleischer zu tun pflegen, um sie zu vergrößern. Dann zeigte er sie dem Schäfer, und dieser fand, dass sie gekocht sei, als wäre sie am Feuer gewesen. ‹Lasst uns niedersitzen, Gevatter›, sagte jetzt der Katakhanades, ‹und essen.› Der Schäfer stellte sich, als äße er, nahm aber nur trockenes Brot in den Mund und ließ die Leber in den Busen fallen. Als nun die Stunde der Trennung kam, sagte der Katakhanades zum Schäfer: ‹Gevatter, was Ihr jetzt gesehen, müsst Ihr niemand sagen, denn tut Ihr das, so schlage ich meine zwanzig Nägel in Euch und Eure Kinder.› Der Schäfer offenbarte aber alles dem Geistlichen und anderen, und sie gingen zu dem Grabe und fanden da den Katakhanades gerade so liegen, wie er beerdigt worden war, und jedermann war überzeugt, dass es dieser sei, der so viel Übel getan hatte. Sie trugen nun viel Holz zusammen, warfen den Leichnam darauf und verbrannten ihn. Der Gevatter Schäfer war nicht zugegen, als aber den Katakhanades die Flammen schon halb verzehrt hatten, kam er herbei, um doch noch bei der Zeremonie zugegen sein zu können, und der Katakhanades warf etwas von sich, das wie ein Tropfen Blut aussah und auf seinen Fuß fiel, der augenblicklich zusammenschrumpfte, als würde er vom Feuer gebraten. Deshalb siebte man sogar die Asche durch und fand in derselben den noch unverbrannten Nagel vom kleinen Finger des Katakhanades und verbrannte nun auch diesen noch.»[329]

---

[328] Er leistete nämlich den einzigen Eid nicht, der einen Katakhanades bindet: «Bei meinem Totenhemd.»
[329] *Statistische Nachrichten «Das Ausland»* Über den Vampirglauben in Griechenland. 10. Jg, 1837. S.

Der liebende Tote

«Es waren ein Bursche und ein Mädchen und sie haben einander sehr geliebt. Er ging aber zum Militär und ist dort gestorben. Doch er kam von dort tot zu seinem Mädchen. Sie schlief schon und so rief er durch das Fenster: ‹Steh auf und komm mit mir!› Sie aber fragte:
‹Wer bist du denn?›
‹Ich bin dein Geliebter, bin vom Militär gekommen›, sagte er. ‹Komm nur mit mir!› – Sie ging heraus, da nahm er sie auf das Pferd und so sind sie davongeritten. Da brachte er sie auf den Friedhof und sprach:
‹Kriech in das Grab!›
‹Kriech du zuerst, ich weiß nicht, wie ich es machen soll.›
Er ist in das Grab hineingekrochen, da warf sie ihm ihre Schürze nach und lief davon. Es war aber auf dem Friedhof ein Leichenhaus, dort hinein sprang sie und verbarg sich hinter dem Ofen. In diesem Leichenhaus ist aber eine Leiche gelegen, auch ein toter Vampir. Jener kam bis unter das Fenster nach und rief diesem im Hause: ‹Steh auf Toter, wir werden Lebendige fressen!› Dieser fing an sich zu heben, da krähte der Hahn und die Vampire wurden wieder tot. Das Mädchen aber war vor Schrecken stumm geworden. Am anderen Morgen veranstalteten die Priester einen großen Gottesdienst, da fand das Mädchen ihre Sprache wieder. Sie erzählte alles, was sie erlebt hatte und wie die Vampire sie fressen wollten; als sie aber das gesagt hatte, fiel sie tot zu Boden.»[330]

Das Mädchen und der Vampir

«Es war einmal eine Frau, welche in großer Armut lebte. Nicht weit von ihr gab es einen Vampir. Der zog sich eines Abends in der Dunkelheit schöne Kleider an, verwandelte sich in die Gestalt eines jungen Burschen, ging in das Haus der Frau und sagte:
‹Guten Abend, Mutter, ich komme zu dir als Freier. Ich will deine Tochter heiraten, wenn es dir recht ist, sie mir zu geben. Ich weiß, dass du arm bist; deswegen will ich auch keine Mitgift, ja, ich will dir noch helfen, auch die beiden jüngeren Töchter zu verheiraten.›
‹Aber wie sollte es mir nicht recht sein?›, antwortete die Frau. ‹Nimm sie! Ich kann sie wahrhaftig ja nicht einmal satt machen.› Da nahm der Vampir das Mädchen und

---

489 ff. *Das Ausland.* Nr. 119 vom 29. April 1837. *Eine Vampirgeschichte auf Kreta. Übers. aus Travels in Crete. by Rob. Pashley.* London 1837.
330 *Zeitschrift des Vereins für Volkskunde.* 8/1898. Juljan Jaworskij: *Südrussische Vampyre.* S. 334.

ging mit ihr fort. Ihr Weg führte sie auf den Friedhof. Dort hob der Vampir eine Grabplatte auf und dort führte ein Gang nach unten. Das Mädchen erschrak und fragte:
‹Wohin, mein Lieber, geht es da?›
‹Da geht es in mein Haus›, antwortete der Vampir. Nachdem sie ein Stück gegangen war, kamen sie in die Höhle des Vampirs; dort sah das Mädchen Menschenfleisch an Haken hängen. Da sagte der Vampir:
‹Du, schneide ein Stück Fleisch ab und setze es zum Kochen an›, und ging fort. Dem Mädchen sträubten sich die Haare, aber was konnte sie machen, wen zu Hilfe rufen? Sie musste also das Fleischstück abschneiden und auf den Herd setzen. Am Abend kam der Vampir zurück, und sie setzten sich zum Abendessen. Er verschlang zwei, drei Stücke auf einmal, das arme Mädchen aber nahm nur ein bisschen trocknes Brot und warf das Fleisch unter den Tisch.
‹Du, warum isst du kein Fleisch?›, fragte er sie. ‹Ich bin noch nicht gewohnt, Menschenfleisch zu essen.› Da nahm der Vampir seine Flöte, fing an zu blasen und rief dem Mädchen zu:
‹Frisches zartes Fleisch an die Haken! Heda! Tanze!› Als sie nicht wollte, zog er sein Messer heraus, schlachtete sie, schnitt sie in Stücke und hängte die Stücke an die Haken. Am anderen Abend verkleidete sich der Vampir als Kaufmann und ging wieder zu der Frau:
‹Mutter! Deine Tochter ist krank geworden und möchte gern ihre Schwester, die nächste, sehen; deswegen komme ich, ob du sie mir mitgeben willst, denn sonst ist wirklich keiner da, sie zu pflegen.› Die Frau willigte ein; der Vampir nahm das Mädchen mit, brachte es auf demselben Weg in sein Haus und verfuhr mit ihr wie mit der Schwester. Nach wenigen Tagen kam er wieder zu der Frau:
‹Mutter, das Unglück verfolgt mich; deine beiden Töchter sind jetzt krank und möchten gern die Jüngste sehen; wenn du Mitleid mit ihnen hast, lass die mit mir gehen.›
‹Ach, mein Sohn, wenn es so steht, so will ich auch gehen und nach ihnen sehen.›
‹Oh nein, Mutter, du bist alt und kannst einen so weiten Weg nicht machen. Ja, wenn es ginge zu reiten, würde ich dich aufsitzen lassen, und du könntest kommen, aber der wüste Weg ist nicht für ein Reittier geeignet.›
So musste denn die Frau ihre Jüngste mitgehen lassen, aber unter der Bedingung, dass sie möglichst bald zurückkehre. Der Vampir brachte nun das Mädchen durch den Gang in seine Höhle. Als die Arme drinnen war und sah, dass ihre Schwestern ermordet waren und in Stücken an den Haken hingen, fiel sie in Ohnmacht. Als sie wieder zu sich gekommen war, sagte der Vampir auch zu ihr:
‹Du, schneide ein Stück Fleisch ab und setze es zum Kochen an›; damit ging er hinaus. Als er fort war, fiel das Mädchen auf die Knie und betete zu Gott, sie aus den Händen des Vampirs zu befreien. Gott erhörte sie auch wirklich. Als sie aufgestanden war

T: Lost Boys, The / Lost Boys, The D: Jami Gertz, Billy Wirth, Kiefer Sutherland, Brooke McCarter,

und hierhin und dahin in alle Ecken guckte, bemerkte sie etwas wie einen Schrank, ging darauf zu, öffnete ihn und fand dort einen weiteren Gang nach unten. Der Vampir hatte nämlich fünf, sechs solcher unterirdischen Gänge, und jeder von ihnen kam an einer anderen Stelle heraus. In den Gang ließ sich das Mädchen hinab und tastete sich in der Dunkelheit weiter. Am Abend, sobald es dunkel geworden war, kam sie heraus, in einen dichten Wald, und irrte umher, da sie nicht wusste, wohin sie sich wenden sollte. Schließlich fiel sie wieder auf die Knie und betete zu Gott:
  ‹Lieber Gott, gib mir einen Koffer, der sich mit einem Haare öffnen und schließen lässt, sonst mache mich zu einem Stein oder einem Baum, nur dass ich nicht noch einmal in die Hände des Vampirs falle.› Gott hatte Erbarmen mit ihr und erhörte sie; er gab ihr den Koffer. Das Mädchen stieg hinein und verschloss ihn mit einem ihrer Haare. Wenn sie hungrig war, ging sie heraus, pflückte sich Obst, das damals reichlich vorhanden war, da es Sommerzeit war, und schloss dann den Koffer wieder zu. So vergingen zwei und ein halber Monat. Der Vampir aber, als er am Abend nach Hause kam, sie suchte und nicht fand, stieg schnell in einen seiner Gänge und lief ihr eilig nach, traf aber nicht den Gang, den das Mädchen hinausgegangen war. So viel er auch lief und auf und ab herumstreifte, konnte er sie doch nicht finden und kehrte voll Zorn nach Hause zurück.»[331]

---

[331] August Leskien: *Balkanmärchen aus Bulgarien*. Jena 1919.

Alex Winter R: Joel Schumacher P: USA J: 1987

Der Vampir

«Einst wurde an einem Ort ein Mensch getötet und blieb lange Zeit unbestattet liegen. Schließlich fand man ihn und begrub ihn in dem Dorf, zu dem er gehörte. Einige Zeit hernach bemerkten die Bewohner dieses Dorfes, dass ihnen ihre Eier, Hühner, Ziegen und Schafe abhanden kamen, und sie wussten sich das nicht zu erklären. Als nun ihr Priester einmal nachts zu der Kirche hinging, sah er, wie ein Teufel aus dem Grabe jenes Ermordeten stieg und in die Ställe der Leute einbrach; auch begab sich derselbe vor das Haus der Witwe und rief hier gerade so, wie jener, als man ihn tötete, gerufen hatte:

‹Oh, ich Armer! Warum ermordet ihr mich? Menschen werde ich dafür verschlingen!› Der Priester benachrichtigte seine Gemeinde von dem, was er gesehen und gehört hatte. Da erhob ein Greis das Wort und sprach zu den Bewohnern des Dorfes:

‹Der Teufel, welcher aus dem Grabe steigt, ist niemand anderes, als jener Ermordete, welcher zum Vampir geworden ist. Wie derselbe damit angefangen hat, unsere Eier und unser Vieh zu verzehren, so wird er hernach auch seine Verwandten verschlingen und schließlich uns alle. Wir müssen dem also vorbeugen. Wie ihr wisst, verlassen die Vampire sonnabends ihre Gräber nicht. Wir müssen nun vor allem einen an einem Sonnabend Geborenen ausfindig machen und ihm das Grab des Vampirs zeigen. Der wird schon wissen, was er zu tun hat.› Die Bauern folgten dem Rat des

Alten, machten einen am Sonnabend Geborenen ausfindig und trugen ihm die Sache vor. Derselbe sprach zu ihnen:

‹Siedet zwei Kessel voll Essig, härtet einen Bratspieß im Feuer und haltet eine Axt, einige scharfe Messer und einen Mantel in Bereitschaft. Am Sonnabend vor Sonnenaufgang bringen wir alle diese Gegenstände an das Grab des Vampirs.› So geschah es. Am Grabe angekommen wusch sich das Samstagskind zuerst Gesicht und Hände in Essig. Darauf nahm er den Mantel, befestigte ihn dem Grabe gegenüber an einem Baumstamm und faltete ihn so, dass man glauben konnte, es sei ein Mensch darin eingehüllt. Nun ergriff er die Axt und fing an, das Grab zu öffnen. Und der Vampir unten in der Erde hörte das und stöhnte und drohte, indem er rief:

‹Wer ist das? Ich werde ihn verschlingen.› Jener aber entgegnete:

‹Erst will ich dich ans Tageslicht ziehen, dann verschlinge mich.› So wurde denn der Vampir ausgegraben. Es war eine große, wohlgenährte Gestalt, von blühendem Aussehen und mit wild rollenden Augen. Zornig wandte er sich an den am Sonnabend Geborenen und sprach: ‹Wer hat mich verraten?›

‹Der dort drüben›, antwortete jener, ‹der an dem Baume lehnt.› Er hatte kaum diese Worte gesprochen, da war der am Baum befestigte Mantel mit einem Male verschwunden: Der Vampir hatte seine Flammen auf ihn ausgehaucht und ihn verbrannt. Nun aber packte das Samstagskind den Vampir, schnitt ihm den Leib auf, nahm das Herz heraus, durchstach es mit dem Bratspieß, warf es in den einen der beiden mit Essig gefüllten Kessel und zerkochte es. Dann goss er den Essig ins Grab auf den Vampir, warf auch die Axt nebst allen übrigen gebrauchten Gegenständen hinein und schüttete es wieder zu. Hierauf wusch er sich die Hände und ging mit den Übrigen fort. Und nun war der böse Geist von dem Orte verschwunden.»[332]

---

[332] Bernhard Schmidt: *Griechische Märchen, Sagen und Volkslieder.* Leipzig 1877. S. 139 f.

Kapitel 2

Vampire in Dichtung und Literatur der Romantik

*«Eilig die Männin gesucht, o du Sonderling,
dass du des Elends
uns abbüßende Seelen entledigest! Oder wir kommen
eine wie grässlicher Alb, die schwer aufliegend im Angsttraum,
eine wie Katze, wie Bär, wie runzliche Hexe gestaltet;
aber ich selbst, wie ein wilder Vampir, und sauge dein Blut aus,
bis du der Schönheit beraubt hinschleichst, und der fröhlichen Anmut!»*

— Johann Heinrich Voss: *Die büßenden Jungfrauen*.[333]

Dass der Vampir, der in der ersten Hälfte des 18. Jahrhunderts für so viel Aufruhr in den deutschen Staaten gesorgt hatte, auch die Aufmerksamkeit der Dichter und Literaten auf sich ziehen würde, ist nur zu verständlich. Die sich in dieser Zeit entwickelnde Literatur der Frühromantik, die sich allen düsteren Elementen der Natur, des Volksglaubens und der menschlichen Seele annahm, war nur zu geschaffen dafür, sich mit einem so entsetzlichen Wesen wie dem Vampir auseinanderzusetzen.

---

[333] Johann Heinrich Voss: *Die büßenden Jungfrauen*. S. 87. Aus: *Sämmtliche poetische Werke*. Leipzig 1835.

Heinrich August Ossenfelder: *Der Vampir*

Als Erster verarbeitete der deutsche Schriftsteller, Dichter und Feuilletonist Heinrich August Ossenfelder[334] den Vampirstoff literarisch in Form eines kurzen Gedichts. Ossenfelder war literarisch sehr aktiv, heute jedoch sind seine Schriften und Beiträge in Vergessenheit geraten. Seinen Namen kennt man nur noch durch das von ihm im Jahre 1748 verfasste Gedicht *Der Vampir*, das in der Zeitschrift *Der Naturforscher*[335] des Naturforschers und Schriftstellers Christlob Mylius[336] neben einem wissenschaftlichen Beitrag zum Vampirphänomen veröffentlicht wurde. Das Gedicht wurde von den zeitgenössischen Kritikern und auch noch im 19. Jahrhundert als anstößig empfunden.

Doch Ossenfelder blieb in den folgenden Jahren mit seiner Arbeit nicht allein. Es folgten ihm Gottfried August Bürger, Johann Wolfgang von Goethe, Lord Byron, John Polidori, Carl Spindler, Heinrich Heine und viele andere Schriftsteller nach. Wie bei den Sagen und Märchen habe ich auch hier nur eine exemplarische Auswahl der, gemessen an ihrer schriftstellerischen Bedeutung, wichtigsten Textbeispiele getroffen.

Der Vampir

«Mein liebes Mägdchen glaubet
beständig steif und feste,
an die gegebnen Lehren
der immer frommen Mutter;
als Völker an der Theyse
an tödliche Vampire
heiduckisch feste glauben.
Nun warte nur Christianchen,
du willst mich gar nicht lieben;
ich will mich an dir rächen,
und heute im Tockayer

---

[334] Ossenfelder wurde am 28. August 1725 zu Dresden geboren und besuchte dort zusammen mit Gotthold Ephraim Lessing, mit dem er eng befreundet war, in den Jahren von 1741–1746 die Meißener Fürstenschule und studierte an der Leipziger Universität. Er wurde danach Hof- und Justizkanzleisekretär in Dresden und übersiedelte in seinen späteren Jahren nach Frankfurt am Main, wo er auch am 6. Mai 1801 sein Leben beschloss.
[335] Die Zeitschrift existierte nur ein Jahr, von 1747 bis 1748.
[336] 11. Nov. 1722 – 7. März 1754

zu einem Vampir trinken.
Und wenn du sanfte schlummerst,
von deinen schönen Wangen
den frischen Purpur saugen.
Alsdenn würdest du erschrecken,
wenn ich dich werde küssen
und als ein Vampir küssen:
wenn du dann recht erzitterst
und matt in meinem Arme
gleich einer Toten sinkest,
alsdenn will ich dich fragen,
sind meine Lehren besser,
als deiner guten Mutter?»[337]

Gottfried August Bürger: *Lenore*

Aus dem vampirischen Volkssagengut schöpfte der deutsche Dichter Gottfried August Bürger den Stoff für seine bekannte Ballade *Lenore*: Ein Braut wartet auf ihren in den Krieg gezogenen Liebsten, der jedoch als Toter zu ihr zurückkehrt und sie mit sich in sein Grab nimmt. Diese im Jahre 1774 im Göttinger *Musenalmanach* erschienene Arbeit fand bei der Leserschaft eine wohlwollende bis überschwängliche Kritik. Die Ballade spielt in der Zeit des Siebenjährigen Krieges zwischen Preußen und Österreich[338]. Bürger greift dabei vermutlich bewusst auf diesen zwanzig Jahre zurückliegenden Zeitpunkt zurück, da damals der große Vampirskandal von Hermersdorf im Jahre 1755 die Gemüter in den deutschen Staaten erregt hatte. Doch auch in Bürgers niedersächsischer Heimat konnte man auf eine lange Tradition des Vampirglaubens zurückblicken, der durch den viele hundert Jahre zuvor eingewanderten slawischen Stamm der Wenden, die sich an der Oberweser von Münden bis Minden niedergelassen hatten, eingeschleppt und mit der Zeit von der ansässigen Bevölkerung übernommen wurde. Somit dürfte Bürger die Vampirthematik quasi «von Haus aus» bekannt gewesen sein, wenn es sich auch bei den niedersächsischen Vampiren eher um nachzehrende als um Blut saugende Tote handelte. Bürgers Ballade handelt von dem Mädchen Lenore, dessen Liebster in den Krieg zog, jedoch nicht mehr zu ihr zurückkehrte. Sie hadert darum mit Gott und wirft ihm Ungerechtigkeit vor – doch da steht

---

[337] *Der Naturforscher*. 48. St. Leipzig 25. Mai 1748. S. 380 f. H. A. Ossenfelder: *Der Vampir*.
[338] 1756–1763.

plötzlich ihr Verlobter Wilhelm vor der Tür und nimmt sie auf seinem Pferd mit sich. Lenore bemerkt zu spät, dass er bereits tot ist und sie als Toter zu sich in sein Grab nimmt, wohl aus Strafe dafür, dass sie unzufrieden mit der Entscheidung Gottes war.

Johann Wolfgang von Goethe: *Die Braut von Korinth*

Der große deutsche Dichter Johann Wolfgang von Goethe setzte den vampirischen Geistern im Jahre 1797 mit der Ballade *Die Braut von Korinth* ein unsterbliches Denkmal. Entgegen der sich abzeichnenden Tendenz in der frühromantischen Literatur, Grauen erregende Geschichten und Gedichte in der Gegenwart handeln zu lassen, setzt sein Werk in der antiken griechischen Welt an: Ein junger Mann zieht seines Weges von Athen nach Korinth, um seine ihm vor langer Zeit schon versprochene Braut zu ehelichen. Dass seine Braut zwischenzeitlich gestorben ist, weiß er nicht. Er trifft im Hause ein, wird aufgenommen; zu später Stunde jedoch kommt ein Mädchen zu ihm, dass sich als seine Braut offenbart und mit welchem er schließlich die Nacht verbringt. Durch die Geräusche im Zimmer wird die Mutter wach, will der Sache auf den Grund gehen und findet bei dem jungen Mann ihre (verstorbene) Tochter im Bett. Doch diese spricht zu der Mutter, dass der junge Mann ihr versprochen sei. Durch die Liebesnacht mit der Toten aller Kräfte beraubt, stirbt dieser und muss seiner toten Braut in die Unterwelt folgen.[339]

Wilhelm Gerhard: *Wila*

«Unter den Christen der lateinischen und griechischen Kirche ist es Gesetz, keinen Griechen auf einem katholischen Kirchhof zu begraben und so umgekehrt. Geschieht es doch, so kehrt nach dem Volksglauben der Tote aus dem Grabe zurück als Vampir.»[340]

Das Jahr 1828 schenkte der Dichtung um die untoten Blutsauger einen neuen Höhepunkt, mit dem Erscheinen der *Wila – Serbische Volkslieder und Heldenmärchen* von Wilhelm Gerhard.[341] Der Autor oder vielmehr Herausgeber des Gedichtbandes hatte während der ersten Hälfte des 19. Jahrhunderts eigentlich eine Stellung als Dramaturg am Leipziger Stadttheater inne, hegte jedoch auch eine große Leidenschaft für die romantische Literatur und ihre dunklen Facetten. Er verdeutschte unter anderem

---

[339] *Goethes Werke*. 1. Band. Wien 1816, S. 246 ff.
[340] W. Gerhard: *Wila*. Leipzig 1828. S. 198.
[341] * 1780, † 1858.

Werke von Lord Byron sowie der antiken Poeten Sappho und Anakreon. Außerdem beschäftigte er sich auch eingehend mit der slawischen Volksdichtung, hier im Besonderen mit der serbischen, und stellte nach und nach eine Sammlung von Volksliedern, Dichtungen, Geschichten und Überlieferungen aus dem Balkanraum zusammen, die, von ihm ins Deutsche übersetzt, unter dem Titel *Wila* erschien. Dass dem Vampir darin großzügig Platz eingeräumt wurde, ist nur zu verständlich. Das Buch wurde seinerzeit ein großer Erfolg, nicht zuletzt dadurch, weil in seinem Erscheinungsjahr Heinrich August Marschners Oper *Der Vampyr* am Leipziger Stadttheater uraufgeführt wurde. Drei der ausdrucksstärksten Vampirgedichte möchte ich hier ungekürzt wiedergeben:

Der Vampyr (Ein serbisches Gedicht.)

«In dem Marschland von Stavila,
neben einer klaren Quelle,
liegt ein Leichnam auf dem Rücken;
's ist der böse Venetianer,
der die Mara hintergangen,
und die Häuser uns verbrennet.
Eine Kugel traf die Gurgel,
und ein Jatagan das Herz ihm;
aber seit drei langen Tagen,
die er auf dem Boden lieget,
fließt sein Blut noch warm und rötlich.
Seine Augen sind erloschen,
aber schauen auf zum Himmel.
Wehe dem, der dort vorbeigeht!
Wie vermöcht' er die Verblendung,
seines Blickes auszuhalten?

Lang geworden ist sein Barthaar;
Seine Nägel sind gewachsen;
Auch entfernen sich die Raben
Von dem Toten mit Entsetzen,
und gesellen sich doch gerne
zu den tapferen Heiducken,
die um ihn die Erde decken.

Blutig ist sein Mund und lächelt,
wie der Mund des Schläfers lächelt,
den die böse Liebe quälet.

Näher, Mara! Komm, betrachte,
diesen Mann, um den dein Volk du
und die Deinen hast verraten!
Wag es, Mara, sie zu küssen,
diese bleichen, blutigen Lippen,
die so schön zu lügen wussten,
Tränen schuf er dir im Leben,
wird dir Tod noch Tränen kosten.»[342]

Die Beschwörung (Ein serbisches Gedicht)

«Saß der Konstantin Jakubowitschu,
saß auf einer Bank vor seiner Türe;
vor ihm stand sein kleiner Sohn und spielte
mit des Vaters Säbel; die Miljada,
seine Gattin kauert' auf der Erde.
Und es kam vom Walde her ein Fremder,
reicht' ihm seine Hand und grüßt' ihn traulich.
Der Gestalt nach scheint der Fremd' ein Jüngling,
doch sein Haar ist grau, sein Auge düster,
hohl die Wangen und die Schritte schwankend.
‹Du in Gott mir Bruder! – rief der Fremde –
habe großen Durst und möchte trinken.›
Die Miljada sprang auf ihre Füße.
Ging und brachte schnell ihm Milch und Branntwein.
‹Bruder, welch ein Hügel ist da unten,
jener dort, bepflanzt mir grünen Bäumen?› –

‹Warst du denn noch niemals hier im Lande,
dass du nicht› – erwidert Jakubowitsch –
‹unsers Stammes Gottesacker kennest?› –

---

[342] W. Gerhard: *Wila*. Leipzig 1828. S. 158 f.

‹Nun! Dort will ich ruhen› – ruft der Fremde –
‹denn ich fühle, dass der Tod mir nahet.›
Wickelt los den breiten roten Gürtel,
zeiget eine blutige tiefe Wunde:
‹Eines Türken mörderische Kugel
hat seit gestern mir die Brust zerfleischet,
sodass ich nicht leben kann noch sterben.›

Alsbald stützt den Jüngling die Miljada
Und der Konstantin Jakubowitschu
Untersuchet seine blutige Wunde.

‹Traurig war mein Leben selbst der Fremde –
traurig war es, traurig wird mein Tod sein;
doch auf jenem sonnumstrahlten Plätzchen,
auf dem Hügel soll man mich begraben;
denn ich war ein Held, da meine Rechte
schwer genug für sie kein Schwert gefunden.
Und da lächelte sein Mund; die Augen
Traten vor aus ihren Kreisen; plötzlich
Neigte sich sein Haupt. – da schrie die Miljada:
‹Hilf mir halten, lieber Jakubowitsch!
Ach! Wie schwer geworden ist der Fremde!
Kann nicht länger ihn alleine stützen.›
Und ihr Gatte merkte, dass er tot war.

Auf sein Ross nun hat er ihn geladen,
und getragen auf den Gottesacker,
nicht gefraget, ob Lateiner Erde
eines ketzerischen Griechen Leichnam
wohl in ihrem Schoße dulden werde.
Machten drauf ein Grab an sonnigem Orte
und begruben ihn mit Schwert und Handschar,
wie es sich für einen Krieger ziemet.

Eine Woche war hierauf verstrichen.
Und das Kind des Konstantin erkrankte.
Bleich die Lippen, konnt' es kaum noch gehen,

legte sich betrübt auf eine Matte,
dass wohl sonst so gern herumgesprungen.
Sieh! Da führt in seinem Hof der Himmel
Seinen Nachbar, einen heilgen Klausner.
‹Seltenes Übel hat dein Kind befallen:
Schau auf weißem Hals den roten Flecken,
das ist Spur von eines Vampirs Zahne.›
In den Sack nun steckt er seine Bücher
und begibt sich auf den Gottesacker;
dort befiehlt er gleich das Grab zu öffnen,
wo der unbekannte Held bestattet.

Rot und frisch noch fand man seinen Körper;
Nur gewachsen war indes der Bart ihm,
seine Nägel glichen Vögelklauen,
blutig war des toten Jünglings Lippe,
und das Grab war überschwemmt mit Blute.
Einen Pfahl ergriff der Jakubowitsch,
und durchstach damit des Fremden Leichnam.
Sieh! Da schrie der Tot' und floh zum Walde.
Und ein Pferd, die Bügel in den Flanken,
kann so schnell wie das Gespenst nicht laufen,
und so ungestüm und heftig eilt' es,
dass vor ihm sich junge Sträuche bogen,
und der Bäume dicke Äste brachen,
gleich als wäre jeder Ast gefroren.

Hierauf nahm der Klausner von dem Grabe,
von des Fremden Grabe Blut und Erde,
rieb damit den Leib des kranken Kindes;
Gleiches taten auch des Kindes Eltern.
Wie der Abend kam, da sagten beide:
‹Grad' um diese Stunde starb der Fremde.›
Nach dem Worte heult der Hund und birgt sich
Furchtsam zwischen seines Herren Beine,
und es öffnet sich des Zimmers Türe,
und ein Riese tritt herein, sich bückend,
setzt sich nieder mit gekreuzten Beinen,

und sein Haupt berührt der Decke Balken;
lächelnd blickt er an den Jakubowitsch.
Dieser kann nicht weg das Auge wenden,
denn er war bezaubert durch den Vampir.

Doch der Klausner hat sein Buch geöffnet,
wirft ins Feuer einen Rosmarinzweig,
bläset dem Gespenst den Rauch entgegen,
und beschwöret es in Jesu Namen.
Bald, so fängt der Vampir an zu beben,
und entweichet durch des Zimmers Türe,
Wie ein Wolf, vefolgt von kühnen Jägern.
An dem andern Tag, in gleicher Stunde,
heult der Hund, es tut sich auf die Türe,
und ein Mann tritt ein und setzt sich nieder;
dieser Mann, von eines Kriegers Wuchse,
heftet unablässig seine Blicke
auf den Konstantin, ihn zu verblenden,
doch der Klausner hat den Geist beschworen,
und so ist er abermals entflohen.

Und am dritten Tag in gleicher Stunde,
ist ein kleiner Zwerg ins Haus getreten;
Eine Ratte hätt' ihn tragen können.
Doch blitzen sein beiden Augen
Wie zwei Fackeln, und sein Blick war kläglich.
Da beschwor der Klausner ihn aufs Neue,
und für immer ist er drauf entwichen.»[343]

Der Zaghafte (Ein serbisches Gedicht)

In die Stadt noch sollte der Iwantsche;
Spät schon war es und er musst' im Dunkeln
Über einen Gottesacker gehen.
Doch verzagter als ein Mädchen war er,

---

[343] W. Gerhard: *Wila*. Leipzig 1828. S. 152 ff.

zitterte, wie wenn er's Fieber hätte.
Als er auf dem Kirchhof anlanget,
blickt er bald zur Rechten bald zur Linken,
Sieh! Da hört er plötzlich etwas nagen,
und er glaubt, es sei vielleicht ein Vampir,
der in seiner finstern Gruft noch esse.
Ängstlich ruft er: ‹Ach! Ich bin verloren.
Sieht er mich, er wird mich speisen wollen,
weil ich gar so fett und wohlbeleibet.
Erde muss von seinem Grab' ich essen;
Tu' ich's nicht, so ist's um mich geschehen.›

Bücket drauf sich Erde aufzuheben;
Doch ein Hund, an einem Knochen nagend,
glaubt, den Knochen woll' Iwantsche nehmen.
Und da springt der Hund ihm an die Beine,
beißet bis aufs Blut ihn in die Wade.[344]

Mit dem vampirischen Thema beschäftigte sich während des 19. Jahrhunderts auch Charles Baudelaire in seinem Gedichtband *Les fleurs du mal*. Er veröffentlichte in diesem Werk zwei Gedichte mit den Titeln *Der Vampir* und *Die Verwandlungen des Vampirs*, die nach ihrer Veröffentlichung aber als so anstößig empfunden wurden, dass sie in den ersten Übersetzungen der *Blumen des Bösen* ins Deutsche fehlten.[345] Heinrich Heine, Novalis und andere versuchten sich mit vampirischen Gedichten, seine endgültige Geburt in der Literatur erlebte der Vampir allerdings erst, als er zum Gegenstand von Novellen und Romanen wurde.

Der Vampir in der romantischen Literatur

> «*Dort stand ein großer Grabstein, der prächtiger war als all die übrigen. Mächtig war er und edel proportioniert. Auf ihm stand ein einziges Wort: Dracula.*»
> — Bram Stoker, *Dracula*.

---

[344] W. Gerhard: *Wila*. Leipzig 1828. S. 151.
[345] Wobei das einzig Anstößige an den Gedichten die sehr schwülstige Sprache sein dürfte.

John Polidori: *The Vampyre*
Diesen Schritt vollzog zum ersten Mal der italienischstämmige englische Literat und Leibarzt Lord Byrons, John Polidori.[346] Während einer Reise von Polidori und Lord Byron durch Europa lernten diese im Sommer 1816 am Genfer See drei andere englische Reisende kennen: Percy Bysshe Shelley, seine Verlobte Mary Godwin und deren Stiefschwester Claire Clairmont. Mehrere Tage anhaltender Regen zwang die Reisenden, in der dort befindlichen Villa Diodati zu logieren. Um die Langeweile zu vertreiben, lasen sich die Anwesenden Gruselgeschichten vor, man unterhielt sich über allerlei makabre Themen und schließlich schlug Lord Byron den Anwesenden vor, dass jeder selbst eine Schauergeschichte verfassen sollte. Mary Godwin machte sich darauf an den Entwurf des später so berühmt gewordenen *Frankenstein*, Lord Byron an den Anfang einer Vampirerzählung, die jedoch immer ein Fragment bleiben sollte. Dieses Fragment überließ Byron schließlich John Polidori, der auf Basis dessen seine Novelle *The Vampire* verfasste. Diese Geschichte fand auf dunklen Wegen ihre unautorisierte Veröffentlichung in *New Monthly Magazine* im Jahre 1819. Der Erfolg war durchschlagend, und im gleichen Jahr wurde sie auch ins Deutsche übersetzt. Durch einen unglücklichen Umstand wurde *Der Vampir* zuerst Lord Byron zugeschrieben, der ebenso wie Polidori gegen diese Falschbenennung vorging.

Polidori schuf mit seiner Darstellung des Vampirs zum ersten Mal das Bild, das uns heute von einem Vampir durch die Literatur so vertraut geworden ist. Sein Vampir, er nannte ihn Lord Ruthven, war kein entsetzlich anzuschauender und Schrecken verbreitender Leichnam, der des Nachts aus dem Grab heraussteigt und seinen Verwandten nach dem Leben trachtet, wie ihn die Volksüberlieferung kennt. Nein, sein Vampir war ein – wenn auch gleichfalls toter – Edelmann mit guten Sitten, der sich in der hohen Gesellschaft zu bewegen pflegte. Unverkennbar tritt das erotische Element in den Vordergrund, als Ruthven beginnt, Frauen zu verführen, um danach deren Blut zu trinken. Der Vampir bildete die Vorlage zu vielen weiteren Novellen in Europa, die sich Polidoris Werk zum Vorbild nahmen. In der ersten deutschen Ausgabe des Leipziger Verlegers Leopold Voß wurde vom Herausgeber noch eine kurze Erläuterung zum Vampirismus mit näherer Ausführung des Medvegya-Vorfalles von 1731/32 als Beispiel vorangestellt.[347]

Die Geschichte selbst handelt von dem mysteriösen, in der hohen Londoner Gesellschaft aufgetauchten Lord Ruthven, einem undurchsichtigen, melancholisch wirkenden Adligen, der sich später als Vampir entpuppen wird. Dieser Mensch erregt die Aufmerksamkeit des jungen Gentleman Aubrey. Beide schließen Freundschaft mit-

---

[346] * 7. 9. 1795, † 24. 8. 1821.
[347] Ein Beweis dafür, wie bekannt die Geschichte der Medvegya-Vampire noch rund 80 Jahre nach deren eigentlichen Geschehen war.

T: *Dracula – Tot aber glücklich/ Dracula: Dead and Loving It*
D: Leslie Nielsen
R: Mel Brooks
P: USA J: 1995

einander und beschließen, eine Europarundreise durchzuführen. Während dieser Reise bemerkt Aubrey immer mehr unangenehme Charakterzüge seines Freundes, dessen Verhalten ihn endlich dahin bewegt, sich von ihm zu trennen und die Reise alleine fortzusetzen. Aubrey gelangt nach Griechenland, wo er die hübsche Bauerntochter Janthe kennenlernt, in die er sich verliebt und die er heiraten möchte. Janthe erzählt ihm von in Griechenland vorkommenden Vampiren und wie man solche erkennt. Janthe wird jedoch von dem Aubrey unerkannt nachgereisten Lord Ruthven getötet, indem er ihr das Blut aussaugt. Aubrey versucht, den Unbekannten daran zu hindern, es gelingt ihm jedoch nicht. Untröstlich über den Verlust Janthes begegnet er wie zufällig Ruthven wieder. Sie ziehen gemeinsam weiter, geraten in den Bergen jedoch in den Hinterhalt von Räubern. Dabei wird Lord Ruthven tödlich verletzt. Er lässt Aubrey schwören, ein Jahr lang niemandem von seinem Tod zu erzählen, dann stirbt er. Aubrey kehrt darauf wieder nach England zurück, ist aber sehr erstaunt, dass er dort Lord Ruthven wieder lebend antrifft. Der Lord erinnert Aubrey an seinen Schwur, niemandem von seiner Identität zu berichten. Aubrey, der Schlimmes ahnt, sieht mit Verzweiflung, wie Ruthven seiner Schwester den Hof macht, um sie schließlich zu heiraten (an dem Tag, an welchem der Schwur Aubreys endet, heiraten Lord Ruthven und Aubreys Schwester). Aubrey versucht noch, ihr einen Brief mit einer Warnung zukommen zu lassen, doch es ist bereits zu spät: Ruthven hat ihr das Blut ausgesaugt und ist spurlos verschwunden. Damit endet die Geschichte.

Polidoris Novelle *Vampyre* erlangte nicht nur in Großbritannien und in den deutschen Staaten einen großen Bekanntheitsgrad; auch in Frankreich erschien seine

Novelle im gleichen Jahr wie die Leipziger Ausgabe. Auch dort war man zuerst von einer Verfasserschaft Lord Byrons ausgegangen, wie der Titel zeigt: «*Le Vampire. Nouvelle traduite de l'anglais de Lord Byron, par H. Faber.* Paris 1819.» Der große französische Romantiker Charles Nodier[348], der durch seine Reisen auf dem Balkan mit dem dortigen Volksglauben an Vampire vertraut wurde, war von der Novelle Polidoris begeistert. So begeistert, dass er sich an eine Weiterverarbeitung des Stoffes heranwagte und im Jahre 1820 «*Lord Ruthwen ou les vampires. Paris 1820.*» veröffentlichte. Dieser Roman, den Nodier im 17. Jahrhundert spielen lässt und der eine Ausschmückung der eigentlichen Geschichte Polidoris darstellte, erfuhr im darauffolgenden Jahr eine deutsche Übersetzung unter dem Titel «*Die Blutsauger*», die jedoch ebenso wie das Buch Nodiers, nach dem Urteil Dr. Stefan Hocks, «talentlos und abgeschmackt» seien[349]. Immerhin aber spielen sie als sehr frühe Vertreter des Vampirromans eine beträchtliche literaturhistorische Rolle. Durch die Verlegung der Urgeschichte von Polidoris «*Vampyre*» ins 17. Jahrhundert wurde unzweifelhaft der deutsche Komponist Heinrich Marschner[350] bei seiner Umarbeitung des Stoffes zu einer abendfüllenden Oper dazu bewogen, dem Beispiel Nodiers zu folgen und seine Geschichte zeitlich in eben dieses Jahrhundert zu verlegen. Die Oper Marschners wurde, nachdem bereits 1820 in Paris «*Le Vampire*» in Anlehnung an Polidori dramatisiert und im Théatre de la Porte Saint Martin seine erste Vorstellung hatte, am 29. März 1828 am Stadttheater zu Leipzig unter dem Namen «*Der Vampyr*» unter dem begeisterten Jubel des Publikums uraufgeführt. Mit der Novelle Polidoris hat Marschners Werk aber nur noch wenig gemeinsam: Die Handlung setzt auf einem mitternächtlichen schottischen Hexensabbat an. An einer abgelegenen Stelle im Hochland haben sich im fahlen Mondlicht Hexen und Geister versammelt und erwarten bei ihrer Zusammenkunft ihren höllischen Meister. Dieser erscheint in Begleitung des Vampirs Lord Ruthven. Dieser Lord ist ein schuldbeladener Mensch der schottischen Sagenwelt, der seinen verlobten Bräuten das Blut aussaugen muss, um sich durch diese Untaten eine verlängerte Lebensdauer vom Satan zu erkaufen. Die Frist des Vampirs ist aber abgelaufen und wird vom Teufel nur unter der Bedingung um ein Jahr verlängert, wenn es ihm gelingt, bis zur nächsten Mitternacht drei Bräute ausfindig zu machen und ihnen das Leben zu nehmen. Der mit teuflischer Verführungskunst ausgestattete Lord geht darauf ein. Es gelingt ihm, Janthe, bei Marschner die Tochter eines Lords Berkley, zu überreden, mit ihm aus dem elterlichen Haus zu fliehen. Sie kommt mit ihm, doch werden sie verfolgt. Sie werden schließlich in einer Höhle entdeckt, doch Lord Berkley findet seine Tochter nur noch

---

[348] * 29. 4. 1780, † 27. 1. 1844.
[349] *Die Vampyrsagen und ihre Verwertung in der deutschen Litteratur.* Berlin 1900. S. 90 f.
[350] * 16. 8. 1795, † 14. 12. 1861.

tot vor. Er stößt Ruthven sein Schwert durch den Leib und alle verlassen den schrecklichen Ort. Ruthven, nun allein, muss sterben, wenn es ihm nicht gelingt, eine nahe Anhöhe zu erreichen, um aus den nächtlichen Mondstrahlen neue Lebenskraft für sich zu gewinnen. Es gelingt ihm jedoch nicht. Er glaubt sich schon der Hölle verfallen, als durch Zufall Aubry seinen Weg kreuzt, dem er einst das Leben rettete. Er bittet ihn, ihn zu der Anhöhe hinaufzuhelfen. Aubry, der in Ruthvens Schuld steht, willfährt ihm. Ruthven nimmt ihm vorher jedoch noch den Schwur ab, 24 Stunden über das, was er sieht, Stillschweigen zu bewahren. Aubry schwört und verlässt voller Schrecken den Ort des Geschehens. Im weiteren Verlauf gelingt es Lord Ruthven, noch ein weiteres Mädchen für sich zu gewinnen und zu töten. Er überredet Sir Humphrey, den Vater von Malvina, der Verlobten von Aubrey, ihm seine Tochter zu versprechen, nachdem er sich bei ihm als Earl von Marsden mit Heiratsabsichten seiner Tochter gegenüber vorgestellt hatte. Aubrey und Malvina sind entsetzt, doch es nützt nichts, der Entschluss Sir Humphreys steht fest. Aubrey, an seinen Schwur gebunden, kann Sir Humphrey nicht die Wahrheit sagen, versucht jedoch mit allen Mitteln, die Heirat zu verhindern. Letztlich sieht er sich in der Not gezwungen, seinen Schwur zu brechen, und enthüllt der entsetzten Hochzeitsgesellschaft, wer der Earl von Marsden in Wirklichkeit ist. In diesem Moment ist auch die Frist abgelaufen, die der Teufel Lord Ruthven gesetzt hatte. Er erscheint und nimmt diesen mit sich hinunter in die Hölle.

Obwohl die Gestalt des Vampirs erst über Österreich und Deutschland ihre Bekanntheit im westlichen Europa erlangte, blieb die romantische Verarbeitung des Vampirs in den deutschen Staaten immer ein Stiefkind der Literatur. Ganz anders verhielt es sich dagegen auf den britischen Inseln, wo der bereits erwähnte Dr. Herbert Mayo verarbeitete in freier Form den Vorfall um den Heiducken Arnold Paole, der seine immerwährende Berühmtheit als Erzvampir in dem im Jahre 1732 erstellten Bericht Flückingers über die Vampirepidemie in dem serbischen Dorf Medvegya erhalten hatte, in einer der schwarzen Romantik zuzurechnenden untitulierten Kurzgeschichte. Sie bietet durchaus Potenzial zu einem weiteren Ausbau, der den gesamten Hergang der Ereignisse um die Vampire von Medvegya wiedergeben könnte, doch Dr. Mayo beließ es leider bei diesem Fragment.[351]

1847 erschien auch die erste wirkliche Berühmtheit der Literaturvampire die Weltbühne: «*Varney the Vampyre*.»

---

[351] Dr. Herbert Mayo: *Wahrheiten im Volksaberglauben*. Leipzig 1854. S. 26 ff.

Varney the Vampyre
Der mit 868 Seiten recht dickleibige Roman «*Varney the Vampyre: Or the Feast of Blood*» erschien bei dem Londoner Großverleger Edward Lloyd, der sich auf qualitativ eher fragwürdige, dafür jedoch mit hohem Verkaufswert ausgestattete Editionen spezialisiert hatte. In seiner «Romanfabrik» arbeiteten die verschiedensten Autoren, um in wöchentlich wiederkehrenden Folgen Schauer- und Mordgeschichten zu produzieren, die in hoher Auflagenzahl unters Volk geworfen, von diesem für wenige Pfennige erworben werden konnten und so reißenden Absatz fanden. Dass der Roman «Varney» zuerst als ein vollständiger Roman erschien, war eher untypisch für seinen Verleger, der diesen Fehler für seine Einnahmen daher im Jahre 1853 dahingehend korrigierte, dass er «Varney» nicht mehr als vollständigen Roman, sondern in 220 wöchentliche Folgen aufgeteilt erscheinen ließ. Als Autor des Werks führt Montague Summers in seiner *Gothic Bibliography* den Romanschreiber Thomas Peckett (auch Preskett) Prest[352] an, der bei Lloyd unter Vertrag stand und dem nicht weniger als 80 Werke zugeordnet werden. In den frühen 1970er Jahren begannen jedoch Zweifel an der Urheberschaft Prests laut zu werden, da sein Schreibstil nicht demjenigen entspreche, in welchem «Varney» verfasst sei. Es wurde durch Analysen versucht nachzuweisen, dass eher sein Autorenkollege James Malcolm Rymer, der auch bei Lloyd beschäftigt war, der eigentliche Urheber sei. Schlussendlich beweisen ließ sich dies jedoch nicht. Wie bereits gesagt, war die Auflagenzahl «Varneys» zu seiner Zeit eine ungeheure. Umso mehr verwundert es, dass heute nur mehr wenige Exemplare des Buches erhalten sind. 1972 erfolgte ein Faksimilenachdruck, allein nur um den Bestand noch für die Nachwelt zu erhalten. Der Roman war in Großbritannien ein durchschlagender Erfolg, doch es erschien keine zeitgenössische deutsche Übersetzung. Erst im Jahre 1976 besorgte der Heyne Verlag eine stark gekürzte deutsche Auflage, die allerdings ebenfalls nicht mehr wiederholt wurde, sodass es auch hiervon nur mehr vereinzelte Exemplare gibt.

In der Geschichte – sie ist in der Zeit um 1730 angesetzt – wurden alle Elemente des literarischen Vampirs einbezogen: Jede Menge Blut, Leichen, nächtliche Vampirjagden, Friedhöfe, einfältige Dorfbewohner und adlige Helden. Die Handlung ist recht kurz erzählt: Sir Francis Varney ist ein adliger Vampir, der seiner Bestimmung nach selbstverständlich bevorzugt jungen hübschen Fräulein das Blut aussaugt. Er wird mehrfach fast zu Tode gebracht, jedoch, bevor er stirbt, durch die Strahlen des Mondlichts, die ihm neue Lebenskräfte verleihen, gerettet, welches Erzählelement Prest unzweifelhaft von Polidoris Lord Ruthven übernommen hat, da dieser Umstand sonst nirgends in der Vampirliteratur und im Volksglauben vorkommt. Varney ist zwar skrupellos und bösartig, manchmal allerdings plagen ihn große Zweifel an

---

[352] * ca. 1810, † 1859.

seiner Existenz und seinem Lebenswandel. Diese Selbstzweifel reichen bei ihm so weit, dass er sich letztlich, dieses unseligen Lebens überdrüssig, in den Krater des Vesuv wirft und stirbt. Diese Persönlichkeitszüge machen ihn zu der ersten tragischen Vampirgestalt der Literatur, die man dann vollständig ausgefeilt in den zeitgenössischen Romanfiguren der Autorinnen Anne Rice und Stephenie Meyer wiederfindet. Die Hauptprotagonisten der letztgenannten Autorinnen ähneln allerdings bekanntlich eher normalen Menschen, denen eine besondere Gabe geschenkt wurde, und haben insoweit nichts mehr mit dem Urtypus des Schauergeschichten-Vampirs zu tun, wie er im 19. Jahrhundert geschaffen wurde und welcher nur Tod und Verderben über diejenigen, die ihm begegnen, bringt.

Joseph Sheridan Le Fanu: *Carmilla*

1872 war ein ganz besonderes Jahr, denn in diesem Jahr wurde der erste weibliche Romanvampir geboren: Carmilla war ihr Name und die Geschichte um sie stammte aus der Feder des irischen Schriftstellers Joseph Sheridan Le Fanu.[353] Dessen erste Schauergeschichte erschien bereits im Jahre 1838, kurz nach seinem Studium an der Dubliner Universität, im *Dublin University Magazine*. Le Fanu hatte großes Interesse am Okkultismus und seine Werke sind durchgängig der klassischen *Gothic Novel* zuzuordnen. Kurz vor seinem Tode veröffentlichte er 1872 im Magazin *The Dark Blue* die Novelle *Carmilla* in drei Teilen. Durch ihre unverhohlenen, stark homoerotischen Anspielungen zwischen den Hauptprotagonisten Carmilla und Laura galt die Novelle für damalige Verhältnisse als recht anzüglich. Die Handlung *Carmillas* ist in Österreich in der Steiermark angesetzt, in welchem Landstrich ein alter englischer Offizier, der in österreichischen Diensten gestanden hat, zusammen mit seiner Tochter Laura[354] auf einem Schloss ebendort seinen Lebensabend verbringt. Laura fühlt sich einsam auf dem abgelegenen Schloss und hätte gerne etwas Gesellschaft in Form anderer junger Mädchen. Überraschend trifft die Nachricht eines Freundes ihres Vaters, General Spielsdorf, ein, der seinen angekündigten Besuch absagt, da seine Nichte, auf welche Laura sich schon sehr gefreut hatte, unerwartet verstorben sei. Der Wunsch nach Gesellschaft wird Laura trotzdem bald durch einen Kutschenunfall in der Nähe des Schlosses erfüllt. Die Reisenden, eine ältere Frau und ihre Tochter, werden von dem Offizier eingeladen, sich auf dem Schloss zu erholen, die ältere Frau reist aber mit der Begründung weiter, dass ihre Angelegenheiten keinen Aufschub duldeten. Er könne ihr aber behilflich sein, wenn er ihre Tochter Carmilla für die Zeit ihrer Abwesenheit bei sich aufnähme, was er auch tut. Die beiden Mädchen hegen bald

---

[353] * 28. August 1814 in Dublin, † 10. 2. 1873.
[354] Das Werk wird aus Lauras Blickwinkel in der «Ich-Form» erzählt.

enge Freundschaft zueinander, zumal Laura erfährt, das Carmilla einst einen Traum hatte, der demjenigen Lauras aufs Haar gleicht. In diesem Traum, den sie als Kind hatte und den sie bis zu diesem Zeitpunkt, wo sie 18 Jahre alt ist, nicht vergessen konnte, schien es ihr, als ob sich ein schönes weibliches Wesen in ihrem Zimmer befände, dass sie schließlich gebissen habe, um ihr Blut zu trinken. Damals erwachte sie davon, es fand sich jedoch nichts, was auf einen tatsächlichen nächtlichen Besuch schließen ließ. Es finden sich allerdings bald noch mehr Eigentümlichkeiten an Lauras neuer Freundin:

Im Schloss befindet sich ein Portrait einer Gräfin Mircalla von Karnstein, die über 150 Jahre zuvor gelebt hatte und welche Carmilla zum Verwechseln ähnlich sieht. Carmilla schlafwandelt nachts und leidet unter Stimmungsschwankungen, besonders abgeneigt zeigt sie sich gegenüber allem Christlichen. Ferner nimmt sie Laura das Versprechen ab, nicht nach ihrer Herkunft zu fragen. Sie wird im Übermaß wütend, als Laura es dennoch einmal versucht, was sie allerdings nicht davon abhält, mehr als nur zärtliche Gefühle für Laura zu hegen.

Laura jedoch bekommt des Nachts vermehrt Albträume, in denen sie von einer ungeheuren Katze überfallen wird, die ihr Blut trinken will. Nach diesen Albträumen geht es Laura sehr schlecht, sodass sie sich schließlich in ärztliche Behandlung begeben muss. Bei einem Ausflug in das Dorf Karnstein, den Lauras Vater mit ihr unternimmt, um sie auf andere Gedanken zu bringen, treffen sie zufällig General Spielsdorf, der ihnen die Umstände vom Tode seiner Nichte erzählt: Auf einem Ball hätte seine Nichte ein anderes Mädchen namens Millarca und deren Mutter kennengelernt. Seine Nichte freundete sich sofort mit Millarca an, worauf der General sie und ihre Mutter eingeladen habe, einige Zeit bei ihnen zuzubringen. Während dieser Zeit nahm die Gesundheit der Nichte des Generals immer weiter ab. Der herbeigerufene Arzt war sich sicher, dass sie ein Opfer eines Vampirs ist, worauf der General sich bewaffnet im Zimmer seiner Nichte versteckte. Er konnte beobachten, wie sich nachts eine große Katze in das Zimmer schlich und seine Nichte in den Hals biss. Er stürmte hervor und das Tier verwandelte sich in die Gestalt von Millarca, die darauf spurlos verschwand; das Mädchen jedoch war tot. Er sucht nun das Grab des Vampirs und will ihn töten; dieses Grab befindet sich in einer Kapelle Karnsteins.

Der General trifft im Beisein Lauras in der Kapelle mit Carmilla zusammen, erkennt in ihr Millarca und möchte sie mit einer Axt erschlagen. Sie kann ihm aber ausweichen und hält mit übermenschlicher Leichtigkeit sein Handgelenk fest, sodass er nicht vollführen kann, was er gerne täte; im nächsten Moment ist Carmilla verschwunden. Er erklärt Laura nun, dass die Namen Millarca und Carmilla nur Anagramme des Namens Mircalla sind und dass die Vampirin Mircalla von Karnstein sich unter dem Namen Carmilla bei ihnen eingeschlichen habe.

Einige Tage später wird das Grab in der Kapelle geöffnet und man findet darin jung und schön Carmilla liegen. Ihr Sarg ist gefüllt mit Blut und die Zeugen nehmen bei der Untersuchung einen schwachen Herzschlag und eine Bewegung des Brustkorbs wahr. Die anwesenden Männer stoßen Carmilla einen spitzen Holzpfahl durchs Herz, worauf diese einen lauten Todesschrei ausstößt. Zuletzt wird ihr das Haupt vom Kopf getrennt, wobei eine ungeheure Menge Blut ausströmt. Ihr Leichnam wird nun verbrannt und die Asche in einen Fluss gestreut. Von diesem Tag an bleibt Laura von ihren Heimsuchungen verschont.

Die Novelle Le Fanus legt zuweilen, zumal wenn der Schluss in Betracht gezogen wird, die Vermutung nahe, dass der Autor eventuell selbst an die reale Existenz von Vampiren glaubte. Bedenkt man die Persönlichkeit Le Fanus und die Themen, um welche seine schriftstellerischen Werke kreisen, können die Worte Lauras womöglich auch für die seinen angenommen werden:

«Wenn das menschliche Zeugnis, das gerichtlich – vor unzähligen Kommissionen, jede aus vielen Mitgliedern bestehend, die ausgewählt wurden nach ihrer Integrität und Intelligenz – mit jeder erdenklichen Vorsicht und Sorgfalt aufgenommen und vielleicht umfangreichere Berichte darstellt, als in jedem anderen Bereich existieren, irgendetwas wert ist, fällt es schwer, die Existenz eines solchen Phänomens wie jenes des Vampirs zu verneinen oder nur daran zu zweifeln.

Ich für meinen Teil habe keine andere Theorie gehört, welche das erklären könnte, wessen ich selbst Zeuge gewesen bin und erfahren habe, als den alten und gut belegten Glauben des Landes.»

1932 erfolgte die erste Verfilmung von *Carmilla*, im Jahre 1994 erschien unter demselben Titel ein Theaterstück aus der Feder Friedhelm und Ulrike Schneidewinds. Das Theaterstück, ein großer Erfolg, wurde bis Ende der 90er Jahre mehrere Dutzend Mal aufgeführt. Sogar als Hörspiel kann man sich *Carmilla* heutzutage in einer ruhigen Abendstunde gönnen.

Bram Stoker: *Dracula*

Aber nichtsdestotrotz würde der Vampir als Literaturgestalt sicherlich nur ein Schattendasein fristen, wenn nicht im Jahre 1897 der wohl bekannteste Vampirroman veröffentlicht worden wäre: Bram Stokers *Dracula*.

Der Autor *Draculas*, Abraham Stoker, wurde als drittes Kind von insgesamt sieben einer irischen Familie am 8.11.1847 in Marino Crescent bei Dublin während der großen Hungersnot[355] in Irland geboren. Seine Eltern waren Abraham Stoker sen. aus

---

[355] 1845–1849. Rund 1 Million Iren verhungerten während dieser größten wirtschaftlichen Katastrophe, die das Land jemals traf.

Dublin und Charlotte Blake Thornley, die aus Ballyshannon in der Grafschaft Donegal stammte. Die Eltern waren, anders als bei ihren Landsleuten üblich, keine Katholiken, sondern eifrige Anhänger der protestantischen Church of Ireland. Als Kleinkind gedieh der junge Stoker kaum. Es ist möglich, dass der kleine Abraham, bedingt durch die extrem schlechte Versorgung der Bevölkerung mit Lebensmitteln, in seiner körperlichen Entwicklung stark beeinträchtigt war und dass daraus evtl. seine ihn ans Bett fesselnde Gesundheitsschwäche entstand, sodass er bis zu seinem siebten Lebensjahr stets kränklich und kaum fähig war zu laufen. Er erholte sich jedoch unerwarteterweise wieder, sodass er ab 1854 eine kirchliche Schule besuchen konnte. Später besuchte er von 1864–1870 das Trinity College in Dublin, wo er ein Studium der Mathematik, Philosophie und Geschichte absolvierte. Während seiner Studienzeit kam er erstmals mit dem Theater in Berührung. Stoker entdeckte durch dieses seine Liebe fürs Schreiben und er begann, Theaterkritiken für eine örtliche Zeitung, die *Dublin Evening Mail*, zu verfassen. Im Jahre 1876 schrieb er eine gute Kritik über den damals recht bekannten Schauspieler Henry Irving und dessen Darstellung von Shakespeares «Hamlet». Irving las die Kritik in der Zeitung. Sie gefiel ihm so gut, dass er Stoker persönlich kennenlernen wollte und ihn zu einem Abendessen einlud. Beide Männer verstanden sich auf Anhieb; es war der Beginn einer lebenslangen Freundschaft. 1878 heiratete Abraham Stoker die schöne und geistreiche Florence Balcombe, um welche sich damals auch Oscar Wilde, der Stoker noch von ihrer gemeinsamen Studienzeit am Trinity College her kannte, bemüht hatte. Florence und Abraham bekamen zu ihrem Leidwesen nur ein einziges Kind, einen Sohn, den er Irving nannte und welcher am 31.12.1879 geboren wurde. Stoker war eine Zeitlang in Dublin als Beamter tätig, ließ dieses Auskommen aber sofort fahren, als sein Freund, der Schauspieler Henry Irving, ihm eine Stelle als sein Manager und ferner die Geschäftsführung des Lyceum-Theaters in London anbot, welche er annahm und 27 Jahre lang innehatte. Zusätzlich begann er bereits in den frühen 1870er Jahren, neben seinen Kritiken auch Kurzgeschichten und kleine Romane zu schreiben. Er war ein großer Liebhaber der «Gothic Novel», sodass fast alle seine Schriften diesem Genre zuzuordnen sind. Gerüchteweise hieß es, dass er in den 1890er Jahren ein Mitglied des berüchtigten «Hermetic Order of the Golden Dawn» gewesen wäre, doch dafür gibt es keinerlei Beweise. Stoker hatte allerdings großes Interesse an okkulten Dingen, insbesondere der Vampirismus hatte es ihm angetan. Nicht weniger als elf Vampirromane stammen aus seiner Feder, von denen der am 26.5.1897 erstmals erschiene *Dracula* der weitaus bekannteste werden sollte. Was seinen *Dracula* so reizvoll zu lesen macht, ist unzweifelhaft seine Erzählweise aus der Ich-Perspektive in Form von Tagebucheintragungen, was dem Leser vermittelt, es handele sich um eine reale Geschichte. Stoker wählte diese Form des Erzählstils vielleicht nach dem Vorbild der

Bram Stoker 1906

Novelle *Carmilla* von Le Fanu, von der er stark beeinflusst war.[356] Doch nun zu der Geschichte selbst:

Sie beginnt damit, dass der frischgebackene englische Anwalt Jonathan Harker, der im Auftrag seines Arbeitgebers, des Maklers Peter Hawkins, mit dem Zug in die Karpaten reist, um dem dort in einer alten Burg wohnenden Grafen Dracula bei einer Immobilientransaktion behilflich zu sein, die dieser in London tätigen will. Dracula möchte sein Domizil in Rumänien aufgeben, um nach England überzusiedeln. Nach seiner Ankunft muss Harker jedoch bald erkennen, dass mit dem Grafen irgendetwas nicht zu stimmen scheint, doch es ist zu spät für ihn: Er ist zu einem Gefangenen in Draculas Burg geworden. Nachts tauchen in seinem Zimmer drei schöne junge Frauen auf, die Harker offenbar verführen möchten. Er bemerkt an ihnen lange spitze Eckzähne, auch die Gefahr, in der er schwebt, doch er kann sich nicht von ihrem Bann lösen. Fast wäre es um ihn geschehen, als plötzlich Dracula selbst in seinem Zimmer erscheint und den drei Vampirinnen gebietet, Harker in Ruhe zu lassen. Dieser denkt ab diesem Zeitpunkt nur noch an Flucht, doch er wagt sich aus Furcht, von den Dracula gehorchenden Wölfen zerfleischt zu werden, nicht allein in die Wälder. Dracula – Harker hat inzwischen erkannt, dass dieser der oberste Vampir ist – lässt inzwischen 49 Kisten mit Heimaterde füllen, die er benötigt, um in England seine unselige Existenz fortführen zu können. Nach Draculas Abreise nach England gelingt es Harker, von der Burg zu flüchten.

---

[356] Ursprünglich wollte er, nach dem Vorbild Le Fanus, seinen Roman in der Steiermark spielen lassen, verwarf diese Idee jedoch später und das bereits Geschriebene erschien später unter dem Titel *Draculas Gast* als eine eigenständige Kurzgeschichte.

Dracula hat sich zwischenzeitlich mit seinen mit heimatlicher Erde gefüllten Kisten auf dem russischen Frachtschiff «Demeter» auf den Weg in Richtung England gemacht. Die Besatzung der «Demeter» ahnt mit der Zeit Schreckliches, da immer wieder Besatzungsmitglieder auf unerklärliche Weise von Bord verschwinden, doch es ist zu spät – Dracula hat, bis sie in England eintreffen, die gesamte Besatzung getötet. Als das Schiff führerlos im englischen Hafen Whitby einläuft, sehen die Leute, die der Bergung des Schiffes beiwohnen, von diesem einen großen Wolf an Land springen, den sie bald aus den Augen verlieren ... Dracula hat sich nämlich schon etwas vorgenommen: Er hat ein Auge auf Jonathan Harkers Verlobte Mina Murray geworfen, die zu jener Zeit, als die «Demeter» in Whitby einlief, bei ihrer Freundin Lucy Westenra in ebendieser Stadt zu Besuch ist. Der Graf beginnt zuerst seine Heimsuchungen bei Lucy, deren Blut er aussaugt. Minas Freundin wird immer schwächer und deren Verlobter Arthur Holmwood bittet seinen Freund, den Psychiater Dr. John Seward, nach seiner Liebsten zu sehen, da er zur Zeit sehr in Anspruch genommen würde und selbst nicht die Möglichkeit habe, sich um Lucy zu kümmern. Seward kommt der Bitte seines Freundes nach, bemerkt jedoch schnell, dass mit Lucy nicht alles mit rechten Dingen zugeht. Er schreibt seinem alten Professor Dr. Abraham Van Helsing nach Amsterdam und bittet ihn in dieser Sache um Rat, da er sich nicht recht zu helfen wisse. Van Helsing macht sich nach Erhalt der Nachricht selbst auf den Weg nach Whitby, um sich Lucy anzusehen. Er versteht schnell, dass es sich bei der mysteriösen Krankheit Lucy Westenras um die Attacken eines Vampirs handelt, verschweigt seinen Freunden allerdings zunächst seinen Verdacht. Er lässt Lucy mehrmals Blut übertragen, um den Verlust, den sie durch Dracula erlitten hat, wieder wettzumachen. Er lässt ferner Knoblauchgirlanden rings um Lucys Bett und um die Fensterrahmen aufhängen, um den Vampir am Eindringen in ihr Zimmer zu hindern. Ihre Mutter jedoch hängt die Girlanden wegen des schlechten Geruchs, den sie verströmen, wieder ab, und so geschieht, was geschehen muss: Dracula tötet Lucy endgültig.

In der Zwischenzeit kehrt Jonathan Harker wieder nach England zurück, nachdem er mehrere Monate in einem Krankenhaus in Budapest verbracht hat, um sich von den Strapazen seiner Flucht zu erholen. Van Helsing weiß, dass Lucy, da sie durch den Biss des Vampirs gestorben ist, auch selbst zu einem solchen Wesen werden muss, und so überredet er Lucys Verlobten, Arthur Holmwood und die anderen, mit ihm in die Gruft zu kommen, in der Lucy begraben ist, um ihr einen Holzpflock durchs Herz zu schlagen, und sie so von ihrem vampirischen Dasein zu erlösen. Die anderen wollen dies zunächst nicht glauben, doch nachdem sie auf dem Friedhof, auf welchem sich die Gruft befindet, Wache gestanden haben, bemerken sie, wie sich etwas aus der Gruft fortbewegt und wieder dorthin zurückkehrt. Sie öffnen Lucys Sarg und finden sie so frisch aussehend, als wäre sie noch am Leben. Sie vollführen darauf die Vampirexekution und machen sich auf die Jagd nach Dracula. Sie spüren zunächst alle Kisten mit Erde auf, die Dracula über ganz London verteilt hat, um in ihnen nächtigen zu können, und machen diese mit Weihwasser und geweihten Hostien für den Vampir unbrauchbar, sodass dieser wieder zurück in seine Heimat flieht. Die Freunde verfolgen ihn quer durch Europa und es gelingt ihnen schließlich, ihn kurz vor Sonnenuntergang, bevor er seine Burg erreicht, zu stellen und zu töten.

Der Roman «*Dracula*» wurde bald nach seinem Erscheinen sehr bekannt. 1899 erschien er erstmals auf dem US-amerikanischen Buchmarkt. Im Jahre 1908 erfolgte eine erste deutsche Übersetzung von Heinz Widtmann, deren zweite Auflage 1926 erschien.[357] Dabei blieb es zunächst einmal. Erst der Hanser Verlag veranstaltete 1967 eine neuerliche Übersetzung im Rahmen der von ihm herausgegebenen *Bibliotheca Dracula*, in welcher etliche Meisterwerke der gotischen Literatur veröffentlicht wurden. In der Folgezeit erschienen noch andere deutsche Übersetzungen. Der Text der ersten deutschen Übersetzung von Widtmann wurde jedoch erst im Jahre 2008 wieder neu aufgelegt.

Früh schon interessierte sich die junge Filmindustrie für den Stoff von *Dracula*. Der deutsche Filmemacher Friedrich Wilhelm Murnau verarbeitete Stokers Roman erstmals 1922 zu einem Film mit dem Titel «*Nosferatu – Eine Sinfonie des Grauens*» mit Max Schreck in der Hauptrolle. Der Film ist eine der stimmungsvollsten Umsetzungen des Romanstoffes in diesem Genre, die jemals angefertigt wurde. 1931 folgte die Verfilmung «*Dracula*» mit Bela Lugosi in der Hauptrolle. Sie folgt dem Bühnenstück, das der Dramatiker Hamilton Dean in den 1920er Jahren nach Stokers *Dracula* verfasst hatte. Danach folgten einige mehr oder weniger gelungene Verfilmungen, von denen diejenige mit Christopher Lee in der Rolle des Grafen noch die gelungenste ist. Erst 1992 folgte mit Francis Ford Coppolas *Dracula* mit Gary Oldman in der Hauptrolle die erste wirklich gut umgesetzte Fassung des Romans in der neueren Filmgeschichte. Sie wird auch wohl bis auf Weiteres die beste bleiben.

Abraham Stoker hat mit seinem Roman Literaturgeschichte geschrieben. Der Reiz liegt unbezweifelbar in der pseudodokumentarischen Aufmachung seiner Geschichte, die dem Leser vermittelt, es sei alles wirklich so geschehen, wie auf den Blättern beschrieben ist.

---

[357] Diese alten Ausgaben sind heute zu einer großen Rarität geworden: Von der ersten Auflage 1908 lässt sich keines, von der zweiten aus dem Jahr 1926 nur noch ein einziges Exemplar in der Deutschen Nationalbibliothek in Frankfurt a. M. nachweisen.

Kapitel 3

Vampirliteratur im 20. und 21. Jahrhundert

«Doch der Durst nach Blut weckte ihn hin und wieder ...»
— Anne Rice, *Blut und Gold*

Der Vampir ist nicht totzukriegen – die Entwicklung der Vampirliteratur im 20. Jahrhundert

Nach der Erscheinung von Bram Stokers *Dracula* 1897 hatte das nun folgende 20. Jahrhundert eine gewisse Durststrecke im Vampirroman zu absolvieren. Stoker versuchte sich im Jahre 1909 noch einmal an einem Vampirroman,[358] der, wie Dracula, aus Tagebucheintragungen aufgebaut ist und dessen Handlung ebenfalls in Transsylvanien spielt. Dieser konnte jedoch nicht mehr an die Klasse und den Erfolg von *Dracula* anknüpfen.

Größere Publikationen anderer Autoren folgten in den kommenden Jahren nicht mehr, der Vampir wurde eher stiefmütterlich, nur noch in diversen Kurzgeschichten behandelt.[359] Zwar erschien im Jahre 1920 ein Buch von Hanns Heinz Ewers mit dem Titel *Vampir*, das jedoch nicht dem klassischen Vampirroman zugerechnet werden kann. Vielmehr handelt es sich vor dem Hintergrund der deutsch-US-amerikanischen Beziehungen im 1. Weltkrieg in erster Linie um eine politische Erzählung, durchsetzt mit Blutfetischismusspielereien der beiden Hauptprotagonisten Lotte Lewi und

---

[358] *The Lady of the Shroud* (dt. *Das Geheimnis des schwimmenden Sarges*).
[359] Z. B. in F. M. Crawfords: *Blood is Life*, 1911, E. F. Benson: *Mrs. Amworth*, 1912 oder A. C. Doyle: *The Adventure of the Sussex Vampire*, 1924.

Frank Braun, die letztlich Lotte das Leben kosten.[360] Die erste wirklich bedeutende größere Veröffentlichung erschien erst wieder im Jahre 1954 mit dem Endzeitroman *I am Legend*[361] von Richard Matheson. Der Autor war wohl auch einer der Ersten, der die literarische Figur des Vampirs aus seiner traditionellen Umgebung löste und ein sciencefictionartiges Erzählgebäude errichtete, in dem dieser nichts mehr außer dem Blutgenuss mit den überlieferten Vampirvorstellungen gemein hat. Die Handlung des Romans ist in die Jahre von 1976–1979 in einem Los Angeles der Zukunft angesetzt. Der Hauptprotagonist, Robert Neville, ist der wohl einzige Überlebende einer verheerenden Seuche, die alle anderen Menschen getötet hat, mit den fatalen Nebenfolgen, dass sie nach ihrem Tode als Vampire wieder auferstanden sind. Er schleicht tagsüber durch die Straßen und tötet die schlafenden Vampire, wo er sie finden kann. Eines Tages steht eine Frau vor seiner Tür, die behauptet, ebenfalls davongekommen zu sein. Dies ist aber, wie sich später herausstellt, eine Lüge. Sie ist auch ein Vampir, kann sich aber dank von anderen Vampiren entwickelter Pillen auch am Tageslicht bewegen. Sie sagt Neville, dass diese Vampire ihn holen wollten, was letztlich auch geschieht. Die Vampire wollen Neville hinrichten, da er so viele von ihnen bereits getötet hat. Er erkennt, dass mittlerweile nicht die Vampire für ihn, sondern er für sie zu einer todbringenden Gefahr geworden ist, und dass die Vampire sich durch seine Hinrichtung vor ihm zu schützen suchen.

Nach diesem Buch wurde das literarische Vampirgenre ab den 1970er Jahren von amerikanischen Schriftstellern beherrscht. Durch die Amerikanisierung der Vampirliteratur setzte auch deren krasse Degeneration ein – mit dem Ergebnis, dass der heute bekannte Literaturvampir nur mehr ein extremes Zerrbild des Vampirs in der Literatur der Romantik ist. Die Vampirliteratur spaltete sich in zwei Richtungen: In die des Splatterhorrors[362] und die der – überwiegend romantischen – Frauenliteratur. Zu verdanken ist dies vor allem den drei bekannten Autoren Stephen King, Anne Rice und, in der jüngsten Zeit, Stephenie Meyer.

Noch relativ nah an Stokers *Dracula* orientiert sich die Figur des Vampirs in dem 1975 von Stephen King veröffentlichten Horrorroman *Salem's Lot* (dt. *Brennen muss*

---

[360] Klaus Gmachl: *Zauberlehrling, Alraune und Vampir: Die Frank Braun-Romane von Hanns Heinz Ewers*. Norderstedt 2005.

[361] Dt. Übersetzungen sind unter den Titeln *Ich, der letzte Mensch*. München 1968 und *Ich bin Legende*. München 1982 erschienen.

[362] Beispielsweise widmet sich der Autor Jason Dark in seiner Heftromanserie *John Sinclair* des Öfteren dem Vampirthema.

T: *Interview mit einem Vampir/Interview with the Vampire*; D: Kirsten Dunst, Brad Pitt, Tom Cruise, Antonio Banderas; R: Neil Jordan; P: USA; J: 1994

Salem). In diesem Roman bezieht ein Vampir in der Gestalt eines alten Mannes ein schon seit langer Zeit leer stehendes Gebäude in der Stadt Jerusalem's Lot. Nach und nach sterben die Menschen dahin, einige an Blutarmut, andere auf blutigere Weise. Zeitgleich scheint der Vampir sich zu verjüngen. Der junge Ben Mears macht es sich zur Aufgabe, den Vampir zur Strecke zu bringen, am Ende des Buches hat der Vampir allerdings die gesamte Einwohnerschaft der Stadt dahingerafft und Ben brennt diese nieder.[363]

In dem 1976 veröffentlichten *Interview with the Vampire* der Autorin Anne Rice behalten die vampirischen Protagonisten ihren menschlichen Charakter, erhalten aber übermenschliche Fähigkeiten dazu: Die unsterblichen Vampire sind schneller als Menschen, stärker, reich und vor allem sexy! Das Bluttrinken beginnt hier mehr in den Hintergrund zu rücken und ist eher zweitrangig. Aufgrund des großen Erfolges von *Interview with the Vampire* folgten im Lauf der Jahre noch neun Fortsetzungen, die zusammengefasst den Titel *The Vampire Chronicles*[364] tragen. Die zehn Bände der *Chronik der Vampire* wurden auch ins Deutsche übersetzt.[365]

Eine der Hauptfiguren der Romanreihe ist der adlige Vampir Lestat de Lioncourt. Die Autorin stellt Lestat im ersten Band der *Chronik der Vampire* zunächst als eine egoistische, selbstverliebte, launische Persönlichkeit von schlechter Bildung und nebulöser Herkunft dar, der in seinem Vampirdasein die Erfüllung seiner zügellosen Lebensart findet. Er steht seinem Vampirdasein zwiespältig gegenüber: Einerseits möchte er möglichst viel von seiner Menschlichkeit bewahren, andererseits weiß er durchaus die Annehmlichkeiten seiner vampirischen Existenz zu schätzen. In den nachfolgenden Bänden verändert er sich aber mehr zum Positiven. Es wird auch geklärt, welcher Abstammung Lestat ist: Als Spross einer verarmten französischen Adelsfamilie begibt er sich im Jahre 1779 mit seinem Freund Nicolas de Lenfent aus der Provinz in die Hauptstadt Paris. Dort beginnt er eine Karriere als Schauspieler in einem Theater am Boulevard du Temple. In Paris trifft er aber auch den Vampir Magnus und dieser verwandelt ihn selbst in einen Vampir. Neben Lestat ist Louis de Pointe du Lac einer der Hauptprotagonisten der Buchreihe und spielt auch in Anne

---

[363] Stephen King: *Brennen muss Salem*. München 1997.
[364] *Interview with the vampire*, 1976; *The Vampire Lestat*, 1985; *The Queen of the Damned*, 1988; *The Tale of the Body Thief*, 1992; *Memnoch the Devil*, 1995; *The Vampire Armand*, 1998; *Merrick*, 2000; *Blood and Gold*, 2001; *Blackwood Farm*, 2002; *Blood Canticle*, 2003.
[365] *Interview mit einem Vampir*, 1994 (erschien erstmals 1978 unter dem Titel *Schule der Vampire*); *Der Fürst der Finsternis*, 1990; *Die Königin der Verdammten*, 1991; *Nachtmahr*, 1994; *Memnoch der Teufel*, 1998; *Der Duft der Unsterblichkeit*, 2008 (erschien erstmals 2001 unter dem Titel *Armand der Vampir*); *Das Blut der Verführung*, 2008 (erschien erstmals 2003 unter dem Titel *Merrick oder die Schuld des Vampirs*, 2003); *Blut und Gold*, 2004; *Blackwood Farm*, 2005; *Hohelied des Blutes*, 2006.

Rices erstem Vampirroman *Interview with the Vampire* zusammen mit Lestat de Lioncourt die Hauptrolle. Ursprünglich kam Louis mit seiner Familie aus Frankreich in die Neue Welt, um dort als Plantagenbesitzer sein Vermögen zu machen. In einer Lebenskrise trifft er im Jahre 1791 auf Lestat, der ihn zu einem Vampir macht. Louis ist jedoch in seinen Moralvorstellungen gefangen, er erträgt es kaum, töten zu müssen, um seine eigene Existenz aufrechtzuerhalten. Er ist eine durchweg tragische Figur, die stets melancholisch gezeichnet wird. In *Interview with the vampire* begegnen wir auch Claudia, einem fünfjährigen Mädchen, deren Mutter an der Pest gestorben ist und das durch Louis und Lestat zum Vampir gemacht wird. Auch sie ist eine äußerst tragische Figur. Gefangen im Körper eines Kindes wird aus Claudia im Lauf der Jahre eine geistig erwachsene Frau, die schließlich Lestat und Louis, für das, was sie ihr einst antaten, zu hassen beginnt. Sie trennt sich von ihnen und muss zuletzt doch sterben. Louis lernt auch den alten Vampir Armand in Paris kennen. Dieser wurde im 15. Jahrhundert als Kind von Tataren aus Russland verschleppt und begegnete in Venedig dem Vampir Marius, der aus dem jugendlichen Armand einen Vampir macht. Er wird als zwiespältiger Charakter dargestellt, der sich zwar nach der Gesellschaft anderer Vampire sehnt, diese Vampire dann aber manipuliert und ausnutzt, wodurch sein Verhalten egoistisch und kühl erscheint. Aber auch die Mutter von Lestat, Gabrielle de Lioncourt, nimmt in der Chronik noch einen gewissen Raum ein. Sie wird von ihrem Sohn kurz vor ihrem Tode zum Vampir gemacht. Wie er liebt sie ihr Dasein als Vampir und legt alles Menschliche ab, um in dieser Existenz die Ewigkeit zu genießen. Der Engländer David Talbot hingegen wurde durch seine sensitiven Fähigkeiten zu einem Mitglied der Talamasca, einem frühmittelalterlichen Orden, der besonders im übersinnlichen Bereich begabte Menschen in seine Reihen aufnimmt und dort Wesen und Geschichte der Vampire studiert. Talbot wird von Lestat zu einem Vampir gemacht und wird für ihn zu einer Art Vaterfigur. Als Vampir sammelt David, wie zuvor als Mensch, immer noch Informationen über die Vampire. Ferner wäre da noch Marius de Romanus, ein Sohn eines antiken römischen Adligen und einer keltischen Sklavin. Er wurde als Mann in den besten Jahren vom so genannten *Gott der Eiche*, einem uralten Vampir, verwandelt. Aufgrund seines hohen Alters und seiner Erfahrung nimmt er, auch für Lestat, eine Art Vaterrolle in der *Chronik der Vampire* ein. Er wird als charakterlich feste Persönlichkeit gezeichnet, deren Handlungen stets überlegt sind und von Weisheit zeugen. Er lebt, als ein Künstler getarnt, frei unter den Menschen. Die Chronik der Vampire führt uns aber auch noch weit in die Vergangenheit zurück, ins alte Ägypten der Pharaonen. Da wären das Herrscherpaar Akasha und Enkil. Die verletzte Akasha wird durch den bösen Geist Amel, der durch ihre Wunden in ihren Körper eindringt und von ihm Besitz ergreift, zum allerersten Vampir gemacht. Ihr Ehemann, der Pharao Enkil, und der Haushofmeister Khayman werden von ihr ebenfalls in Vampire verwandelt. Akasha zeichnet sich durch einen besonders skrupellosen Charakter aus. Im Buch *Königin der Verdammten*, dem dritten Band der *Chronik der Vampire*, erwacht sie zu neuem Leben und möchte auf Erden fast alle Männer töten, um selbst als eine Gottheit die Welt zu beherrschen.[366]

Anne Rice prägte den Vampirbegriff in den USA mit ihren Büchern wie kein anderer Autor zuvor, und letztlich lehnten sich alle weiteren Veröffentlichungen im Genre der modernen romantischen Vampirliteratur an ihre Zeichnung der Charaktere an. Ihre Bücher beherrschten den Vampirbuchmarkt bis zum Anfang des neuen Jahrtausends.

In Deutschland erschien ab dem Jahr 1979 die 20-bändige Kinderbuchreihe *Der kleine Vampir* der deutschen Autorin und früheren Grundschullehrerin Angela Sommer-Bodenburg.[367] Die Geschichte des kleinen Vampirs wurde später in zwei Fernsehserien und einem Kinderfilm verarbeitet. Die Figuren des Vampirs Rüdiger und seiner vampirischen Familie weisen noch viele Eigenschaften des Vampirs der Romantik auf – sie stammen aus Rumänien, können fliegen, verabscheuen Wasser und Knoblauch und schlafen in Särgen. Ihren Blutdurst können sie zumindest ihren Freunden gegenüber unterdrücken. Sowohl die Buchreihe als auch die filmischen Verarbeitungen waren, v. a. im deutschsprachigen Raum, sehr erfolgreich.

1986 veröffentlichte der britische Autor Brian Lumley den ersten Band seiner bis heute noch nicht abgeschlossenen *Necroscope-Reihe* um den sensitiven britischen Geheimdienstmitarbeiter Harry Keogh, der die Fähigkeit besitzt, mit Toten zu sprechen. Seine Abteilung ist damit beschäftigt, während des Kalten Krieges und auch noch danach die blutrünstigen Wamphyri zu bekämpfen.[368] Die Romane sind stets mit zahlreichen brutalen Szenen und Splatterelementen gespickt, sodass die Lektüre

---

[366] Das Buch wurde im Jahre 2001 zusammen mit *The Vampire Lestat* (dt. *Der Fürst der Finsternis*) unter dem Titel *Queen of the Damned* (dt. *Königin der Verdammten*) verfilmt.

[367] *Der kleine Vampir*, 1979–2008.

[368] 1. *Necroscope*, 1986: dt. *Das Erwachen* und *Vampirbrut*. 2. *Necroscope II: Wamphyri!*, 1988: dt. *Kreaturen der Nacht*, *Untot* und *Totenwache*. 3. *Necroscope III: The Source*, 1989: dt. *Das Dämonentor*, *Blutlust* und *Höllenbrut*. 4. *Necroscope IV: Deadspeak*, 1990: dt. *Wechselbalg* und *Duell der Vampire*. 5. *Necroscope V: Deadspawn*, 1991: dt. *Totenhorcher* und *Blutkuss*. 6. *Vampire World I: Blood Brothers*, 1992: dt. *Konzil der Vampire*, *Grabgesang* und *Blutsbrüder*. 7. *Vampire World II: The Last Aerie*, 1993: dt. *Vampirwelt*, *Nestors Rache* und *Metamorphose*. 8. *Vampire World III: Bloodwars* (1994): *Vormulac*, *Schlacht der Vampire* und *Blutkrieg*. 9. *Necroscope: The Lost Years Volume One* (1995): dt. *Vampire schlafen nie*, *Hund der Nacht* und *Verfluchtes Blut*. Bisher noch nicht übersetzt wurden die Bände: 10. *Necroscope: The Lost Years Volume Two*, 1996, 11. *E-Branch: Invaders*, 1998. 12. *Necroscope: Defilers*, 1999. 13. *Necroscope: Avengers*, 2000. 14. *Harry Keogh: Necroscope and Other Weird Heros*, 2003. 15. *Necroscope: The Touch*, 2006. 16. *Necroscope: Harry and the Pirates*, 2009; 17. *Necroscope: The Plague-Bearer*, 2010.

Freunden des unterschwelligen Horrors eher keine Freude machen wird. Eine Verfilmung zumindest des ersten Bandes der *Necroscope-Reihe* wurde geplant, bisher aber noch nicht umgesetzt. In deutscher Übersetzung erschienen die Romane bisher in gesplitteter Form im Festa Verlag.

In den 1990er Jahren machte der russische Schriftsteller Sergej Wassiljewitsch Lukianenko mit seiner *Wächter-Reihe* auf sich aufmerksam. In Russland wurden die Bücher bald zu Bestsellern und wurden schließlich auch ins Deutsche übersetzt.[369] In dem Romanzyklus leben übernatürlich begabte Menschen, Zauberer, Gestaltwandler und Vampire unerkannt unter der normalen Menschheit. Diese «Anderen», wie sie genannt werden, unterteilen sich in aufopferungsvolle «Lichte» und egoistischere «Dunkle». Lange Zeit vor dem Beginn der Handlung des ersten Romans sei es zu einer großen Schlacht zwischen beiden Seiten gekommen, nach deren unentschiedenem Ausgang beschlossen wurde, dass zukünftig jeder «Andere» seine Seite frei wählen dürfe. Diese Entscheidung allerdings sei unumkehrbar. Um die Einhaltung des Beschlusses zu überwachen, bilden die «Lichten» die «Wächter der Nacht» und die «Dunklen» die «Wächter des Tages». Die Vampire Lukianenkos wirken übrigens bei Tageslicht normal, im Zwielicht aber sehen sie zombieähnlich und halbverwest aus. Einen Menschen dürfen sie nur ein oder zweimal in ihrer Existenz jagen und bekommen ihn dafür eigens zugeteilt. Ohne Erlaubnis dürfen die Vampire bei Lukianenko nicht jagen.

Die ersten beiden Romane, *Wächter der Nacht* und *Wächter des Tages*, wurden im Jahre 2004 bzw. 2006 mit großem Erfolg in Russland verfilmt.

Im Jahr 2000 erschien der erste Band der Darren-Shan-Reihe des irischen Autors Darren O'Shaughnessy, der bis 2004 noch elf weitere Bände folgten. Die Bücher sind in vier Trilogien[370] zusammengefasst und für jugendliche Leser geschrieben worden. Die Geschichte um Darren Shan ist ähnlich aufgebaut wie die Harry-Potter-Bücher: Der junge Darren Shan gerät mit seinem Freund Steve in eine Vorstellung des Cirque

---

[369] 1. Ночной Дозор, 1998: dt. *Wächter der Nacht*, 2005. 2. Дневной Дозор, 2000: dt. *Wächter des Tages*, 2006. 3. Сумеречный Дозор, 2003: dt. *Wächter des Zwielichts*, 2006. 4. Последний Дозор, 2006: dt. *Wächter der Ewigkeit*, 2007.

[370] Vampire-Blood-Trilogie: *Cirque du Freak*, 2000: dt. *Der Mitternachtszirkus*, 2001; *The Vampire's Assistant*, 2000: dt. *Die Freunde der Nacht*, 2001; *Tunnels of Blood*, 2000: dt. *Die dunkle Stadt*, 2001. Vampire-Rites-Trilogie: *Vampire Mountain*, 2001: dt. *Der Berg der Vampire*, 2003, *Trials of Death*, 2001: dt. *Die Prüfungen der Finsternis*, 2003; *The Vampire Prince*, 2002: dt. *Der Fürst der Vampire*, 2003. Vampire-War-Trilogie: *Hunters of the Dusk*, 2002: dt. *Die Prophezeiungen der Dunkelheit*, 2004; *Allies of the Night*, 2002: dt. *Die Verbündeten der Nacht*, 2004; *Killers of the Dawn*, 2003: dt. *Die Flammen der Verdammnis*, 2004.
Vampire-Destiny-Trilogie: *The Lake of Souls*, 2003: dt. *Der See der Seelen*, 2004; *Lord of the Shadows*, 2004: dt. *Der Herr der Schatten*, 2006; *Sons of Destiny*, 2004: dt. *Die Söhne des Schicksals*, 2006.

du Freak, in dem auch ein Vampir auftritt. Darren beobachtet, wie sein Freund, der den Vampir als solchen erkennt, bittet, ihn ebenfalls in einen Vampir zu verwandeln. Der Vampir lehnt dies jedoch ab. Darren stiehlt derweil eine Spinne aus dem Zirkus, um ihr zu Hause Kunststücke beizubringen. Als die Spinne Steve beißt und dieser fast stirbt, bittet Darren den Vampir, Mr. Crepsley, um Hilfe. Der Preis dafür ist allerdings hoch: Darren soll zum Halbvampir werden. Da er seinen Zustand vor seiner Umgebung nicht lange verbergen kann, beschließen Mr. Crepsley und Darren schon kurze Zeit darauf, die Stadt zu verlassen. Zuvor täuscht Darren seinen eigenen Tod vor und wird scheinbar beerdigt. Nachdem Mr. Crepsley ihn aus dem Sarg befreit hat, ziehen Darren und sein Lehrmeister jahrelang durch das Land, schließen sich auch zeitweilig dem Cirque du Freak an und Darren lernt, obwohl er sich anfangs dagegen wehrt, dass er menschliches Blut trinken muss, um zu überleben.

Zum Ende der ersten Trilogie «Vampire Blood» lernt Darren erstmals Vampyre kennen, den Vampiren verwandte bösartige Wesen, die jedes ihrer Opfer töten.

In der zweiten Trilogie, «Vampire Rites», wird Darren, nachdem er einige schwere Prüfungen nicht bestanden hat und beinahe hingerichtet wird, letztendlich doch zum Vampirfürsten ernannt.

Die dritte Trilogie mit dem Titel «Vampire War» behandelt den Krieg zwischen Vampiren und Vampyren, der sich bis in die vierte Trilogie «Vampire Destiny» fortsetzt. An deren Ende stirbt Darren und geht ins Vampirparadies ein.

Die Geschichte ist zwar ein wenig hanebüchen, aber doch sehr kurzweilig und spannend zu lesen. Die Bücher der Darren-Shan-Reihe waren weltweit sehr erfolgreich – bisher wurden bereits über zehn Millionen Exemplare verkauft. 2008 wurde die erste Trilogie unter dem Titel *Mitternachtszirkus – Willkommen in der Welt der Vampire*[371] unter der Regie von Paul Weitz[372] verfilmt.

Vom Blutsauger zum Nackenbeißer. Die *Vampire Diaries* und die *Twilight-Saga*.

1991 erschien in den USA eine Vampirromanreihe, die sehr populär werden sollte: *The Vampire Diaries*[373] der Autorin Lisa Jane (oder LJ) Smith. Die Geschichte um die junge Elena, die von gleich zwei Vampirbrüdern begehrt wird, war zuerst als Trilogie

---

[371] Originaltitel: *Cirque du Freak: The Vampire's Assistant*.
[372] Pauls Bruder Chris Weitz war der Regisseur der Verfilmung des 2. Teils der Twilight-Saga *New Moon*.
[373] Die Originaltrilogie *The Vampire Diaries*: 1. *The Awakening*, 1991: dt. *Das Erwachen*, 2. *The Struggle*, 1991: dt. *Der Kampf*; 3. *The Fury*, 1991: dt. *Der Zorn*. Der vierte Band kam erst auf Drängen der

geplant gewesen, auf Drängen der begeisterten Leserschaft folgte aber im Folgejahr noch ein vierter Band. Nach einer längeren Schaffenspause verkündete die Autorin 1998, die Serie als neue Trilogie unter dem Titel *The Vampire Diaries: The Return* wiederaufnehmen und fortsetzen zu wollen.[374]

Im ersten Band der *Vampire Diaries* wird die Hauptprotagonistin Elena vorgestellt, eine hübsche blonde und beliebte Highschool-Schülerin. Im letzten Schuljahr lernt sie den geheimnisvollen neuen Schüler Stefan Salvatore kennen und verliebt sich in ihn, für ihn trennt sie sich auch von ihrem bisherigen Freund und Sunnyboy Matt. Kurz darauf beginnt eine Reihe mysteriöser Attacken und Elena findet bald heraus, dass Stefan ein jahrhundertealter Vampir ist. Stefans Bruder Damon erscheint ebenfalls bald auf der Bildfläche und man erfährt, dass sich die Brüder im Italien der Renaissance beide in eine junge Vampirin namens Katherine verliebten, diese jedoch nicht zwischen ihnen wählen wollte und (vorgeblich) Selbstmord beging. Stefan und Damon töteten sich darauf in einem Duell und wurden in der Familiengruft beigesetzt, in welcher sie kurz darauf als Vampire wieder erwachten. Doch im Gegensatz zu Stefan, der sich menschlichen Bluts enthält und Tierblut trinkt, tötet sein Bruder Damon Menschen. Damon beginnt bald ebenfalls um Elenas Gunst zu buhlen. Der erste Band endet mit der Suche Elenas nach Damon, den sie verdächtigt, Stefan entführt zu haben, wohingegen die Einwohner der Stadt ihn suchen, weil sie ihn des Mordes an dem Geschichtslehrer der Highschool verdächtigen.

Das zweite Buch beginnt, wo *The Awakening* aufgehört hat. Damon versucht weiterhin, Elena für sich zu gewinnen, während der von ihm verschleppte Stefan ums Überleben kämpft. Elena stellt Damon schließlich auf einem Friedhof zur Rede und dieser behauptet, Stefan getötet zu haben. Die hellseherisch begabte Freundin Elenas, Bonnie, hat jedoch eine Vision von Stefan, die vermuten lässt, dass er in einem Brunnen säße, Elena findet ihn dort auch wirklich halb verhungert und gibt ihm zur Rettung von ihrem Blut zu trinken. Sie tauscht im Geheimen ebenfalls Blut mit Damon aus und gerät damit eine ähnliche verhängnisvolle Bindung zu den beiden Brüdern

---

Leser zustande und folgte ein Jahr darauf: 4. *Dark Reunion*, 1992: dt. *Die Rache*, Die Buchreihe wurde schon bald darauf ins Deutsche übersetzt und erschien 1993 und 1994 im Cora Verlag als Heftroman in der Super-Mystery-Reihe. Band 1. *Tagebuch des Vampirs 1 – Das Erwachen*; *Tagebuch des Vampirs 2 – Der Kampf*; *Tagebuch des Vampirs 3 – Der Zorn*; *Tagebuch des Vampirs 4 – Die Rache*. 2002 erfolgte dann eine Neuauflage im selben Verlag, diesmal allerdings im Taschenbuchformat, ab 2008 folgte eine weitere Auflage im cbt-Verlag unter den abweichenden Titeln: *Tagebuch eines Vampirs – Im Zwielicht*; *Tagebuch eines Vampirs – Bei Dämmerung*; *Tagebuch eines Vampirs – In der Dunkelheit*; *Tagebuch eines Vampirs – In der Schattenwelt*.

[374] Bisher erschienen: 5. *Nightfall*, 2009: dt. *Tagebuch eines Vampirs – Rückkehr bei Nacht*; 6. *Shadow Souls*, 2010: dt. *Tagebuch eines Vampirs – Seelen der Finsternis*; in Planung ist 7. *Midnight* (2010)

wie Katherine einige Jahrhunderte zuvor. Als sie eines Nachts mit ihrem Auto eine Brücke über einen Fluss überqueren will, verliert sie die Kontrolle über ihren Wagen und stürzt ins Wasser, wo sie ertrinkt und als Vampir wieder erwacht.

Das dritte Buch befasst sich mit der Anpassung Elenas an ihr Vampirdasein sowie mit ihrer Verwirrung über die Erkenntnis, dass sie beide Brüder liebt. Als Stefan sie tot vorfindet, greift er Damon an, weil er ihn für ihren Mörder hält. Während dieses Kampfes erwacht Elena und stürzt sich wiederum auf Stefan, der ihren «Schöpfer» attackiert (denn Damon gab ihr ein größeres Quantum Vampirblut und war so maßgeblich für ihre Verwandlung). Der Kampf endet zwar, aber Stefan verlässt sie mit gebrochenem Herzen, weil er nun davon ausgeht, dass sie sich für Damon entschieden habe. Elena, die sich nun, da sie offiziell für tot gilt, verbergen muss, erkennt ihren Fehler schon bald. Bei ihrer Totenmesse, bei der sie sich auf dem Dachboden der Kirche versteckt hält, trifft sie wieder mit Stefan und Damon zusammen. Als die Trauergäste von einer Hundemeute angegriffen werden, stellt sich heraus, dass die eifersüchtige Katherine hierfür sowie auch für Elenas Sturz in den Fluss verantwortlich war. Elena gelingt es schließlich, Katherine ins Sonnenlicht zu stoßen, worauf diese stirbt. Doch auch Elena setzt sich zu lange der Sonne aus und kommt um ...

Im nachgeschobenen vierten Band fällt Bonnie, der Freundin Elenas, eine größere Rolle zu. Bonnie träumt von Elena und von einer schrecklichen Gefahr, die nach Fell's Church kommen würde. Stefan bekommt Elena schließlich als Geist aus dem Schattenreich zurück.

Der bisher erschienene erste Band der neuen Trilogie beginnt wieder mit der Beschreibung von Elenas Erwachen als Vampir sowie ihren neu erworbenen übermenschlichen und übervampirischen Fähigkeiten. Durch ihr zweifaches Wiedererwachen ist sie nun stärker als andere Vampire und verfügt über viele übernatürliche Fähigkeiten, wie zum Beispiel der Fähigkeit zu fliegen. Der Streit zwischen den beiden ungleichen Vampirbrüdern setzt sich auch in diesem Band ungebrochen fort.

Die Vampire der LJ Smith müssen Blut trinken, um zu überleben. Andere Nahrung können sie zwar zu sich nehmen, sie enthält jedoch keinerlei Nährstoffe für sie. Menschenblut macht sie stark, Tierblut hingegen reicht nur zum Überleben. Sie können ins Sonnenlicht gehen, allerdings nur, wenn sie einen Lapislazuli-Stein an ihrem Körper tragen, z. B. als Ring. Ohne einen solchen Stein sterben sie binnen Augenblicken. Sie sind übernatürlich stark, schnell und geschickt, umso mehr, wenn sie Menschenblut trinken. Sie können die Gedanken anderer Menschen sowie schwächerer Vampire

T: Blade II/Blade II; D: Thomas Kretschmann ,Wesley Snipes, Danny John Jules, Leonor Varela, Daz Crawford; R: Guillermo Del Toro; P: USA/CZ; J: 2002

beeinflussen, ihnen Dinge vorgaukeln, die nicht da sind, sie vergessen lassen und sich telepathisch untereinander verständigen. Auch können sie sich, je nachdem wie stark sie sind, in Tiergestalten verwandeln, vornehmlich in Vögel (Krähe/Rabe). Starke Vampire können kein fließendes Wasser überqueren, schwächere, «menschlichere» Vampire haben weniger Einschränkungen. Ansonsten besitzen sie ein Spiegelbild, verspüren keine Furcht vor dem Kreuz, Knoblauch oder Weihwasser.

The Vampire Diaries wurde 1996 als Videospiel adaptiert und wird von der Firma CW Television Network ab 2009 als Fernsehserie in den USA verfilmt.

Im Jahr 2005 erschien ein neuer Stern am Himmel der amerikanischen Vampirliteratur: *Twilight* von Stephenie Meyer. Die Grundidee für dieses Buch stammt angeblich aus einem Traum, welchen die Autorin im Juni 2003 gehabt haben will. In diesem Traum soll sich ein Mädchen auf einer Waldlichtung in einen hübschen Vampir verliebt haben. Wahrscheinlicher ist jedoch, dass sie sich in jüngeren Jahren die *Vampire Diaries* zu Gemüte geführt hat und davon beeinflusst wurde. Wie dem auch sei, Stephenie Meyers *Twilight* wurde ein Bestseller und es folgten ihm drei Fortsetzungen.[375] In den vier dickleibigen Bänden wird vor allem die Liebes- und Leidensgeschichte der ernsten Bella und des Vampirs Edward beschrieben: Die 17-jährige Isabella Swan zieht ihrer Mutter Renée zuliebe von Phoenix nach Forks, um bei ihrem Vater Charlie, einem Polizisten, zu wohnen. Schon an ihrem zweiten Schultag an der örtlichen Highschool begegnet sie dem geheimnisvollen Edward Cullen und seinen Adoptivgeschwistern Alice, Jasper, Emmett und Rosalie, die sie zunächst meiden. Zu diesem Zeitpunkt weiß Bella noch nicht, dass die Cullens Vampire sind, wenn auch «vegetarische» Vampire, die sich dazu entschieden haben, um des friedlichen Zusammenlebens willen auf den Genuss von Menschenblut zu verzichten und stattdessen Tierblut zu trinken.

Nachdem Edward sie mit einer übermenschlich schnellen Reaktion vor einem Zusammenstoß mit einem Auto rettet, stellt sie ihn, zunächst erfolglos, zur Rede, erhält aber bald einen Hinweis von einem jungen Indianer namens Jacob, dessen Vater gut mit Bellas Vater befreundet ist. Jacob erzählt ihr, dass sein Stamm, die *Quileute*, glaube, die Cullens seien Vampire. Als Bella bald darauf wieder in Bedrängnis gerät, rettet Edward sie erneut und gesteht ihr am selben Abend sein Vampirdasein. Dennoch verlieben sich die beiden ineinander und führen eine mehr oder weniger normale Beziehung. Edward stellt Bella seiner Vampirfamilie vor, die sie überwiegend freund-

---

[375] *Twilight*, 2005: dt. *Bis(s) zum Morgengrauen*; *New Moon*, 2006: dt. *Bis(s) zur Mittagsstunde*; *Eclipse*, 2007; dt. *Bis(s) zum Abendrot*; *Breaking Dawn*, 2008: dt. *Bis(s) zum Ende der Nacht*. Die 2010 nachgeschobene Erzählung *The Short Second Life of Bree Tanner – An Eclipse Novella* (dt. *Bis(s) zum ersten Sonnenstrahl – Das kurze zweite Leben der Bree Tanner*) knüpft nicht direkt an die Serie an, sondern schildert vielmehr das Schicksal einer jungen Vampirin, die im 3. Band der Reihe erwähnt wird.

lich in ihrer Mitte aufnimmt. In Bella erwacht schon bald der Wunsch, ebenfalls ein Vampir zu werden, vor allem im Hinblick darauf, dass Edward körperlich nicht altert und sie ihn darin schon bald überholen würde. Edward hingegen möchte sie am liebsten ein ganz normales Menschenleben führen lassen und weigert sich zunächst, sie zu verwandeln.

Doch es kommen auch «böse», also Menschenblut trinkende Vampire in diesem Buch vor, z. B. die drei Vampire Victoria, James und Laurent. Vor allem James lässt Bella, nachdem er einmal ihr Blut gewittert hat, nicht mehr in Ruhe und versucht, sie zu töten. Er lockt sie in eine Falle und beißt sie, allerdings kann Edward Bella im letzten Moment noch davor retten, verwandelt zu werden. James wird von den Cullens vernichtet. Damit endet der erste Band.

Der zweite Band beginnt mit einem Missgeschick Bellas auf der kleinen privaten Geburtstagsfeier, die die Cullens zu ihrem 18. Geburtstag inszeniert haben, worauf die Cullens mitsamt Edward zum Schutz Bellas die Stadt verlassen. In diesem Band trauert Bella um ihre Liebe und bringt sich, nachdem sie gemerkt hat, dass Edward ihr in Gefahrensituationen «erscheint», mehrmals absichtlich in Lebensgefahr, um ihm näher zu sein. Gleichzeitig bindet sie sich aber auch immer mehr an den jungen Indianer Jacob, genannt Jake. Jacob ist zuerst sehr angetan von ihrem Interesse für ihn und die beiden kommen fast zusammen. Doch dann verändert er sich plötzlich sehr und geht auf Abstand – Jacob wird zum Werwolf. Die Werwölfe, die ausschließlich aus Mitgliedern des Quileute-Stammes bestehen, sind die größten Feind der Vampire. Nachdem Bella sich wieder in Gefahr gebracht hat, um Edward nahe zu sein, glaubt dieser, beeinflusst von den Visionen seiner Vampir-Adoptivschwester Alice, dass Bella tot sei. Edward beschließt, ebenfalls zu sterben, und will den Zorn der Volturi, eines mächtigen Vampirclans, auf sich ziehen. Bella wird allerdings von Alice alarmiert und kann Edward im letzten Moment retten. Die Cullens einigen sich auf Bellas Drängen hin darauf, dass sie nach Beendigung des Schuljahrs auch gegen den Willen Edwards in einen Vampir verwandelt werden solle.

Im dritten Band kommt es zu einem großen Kampf zwischen der Vampirin Victoria, deren Gefährten James die Cullens wegen des Anschlags auf Bella im ersten Band getötet hatten, und den Cullens auf der anderen Seite, Victoria erschafft sich eine Armee von jungen Vampiren, die ihr im Kampf zur Seite stehen, die Cullens ihrerseits verbünden sich mit den Werwölfen aus dem Quileute-Stamm. Bella fungiert als Lockvogel. Die Schlacht fällt zugunsten der Cullens und der Werwölfe aus. Bella entdeckt wieder ihre Liebe zu Jacob, ihre Pläne zur Vampirwerdung werden andererseits aber auch immer konkreter. Edward plant, zuerst zu heiraten und Bella dann in einen Vampir zu verwandeln. Hier schließt der vierte und letzte Band an. Edward und Bella heiraten, Bella zögert nun allerdings, ihre Verwandlung sofort zu vollziehen, da sie zuvor noch «richtige» Flitterwochen mit Edward verbringen will. Ihr Urlaub wird jäh unterbrochen, als sich herausstellt, dass Bella schwanger geworden ist. Die Schwangerschaft schreitet schnell voran und das Kind, ein Halbvampir, tötet Bella fast bei der Geburt. Um Bella zu retten, ist Edward schlussendlich gezwungen, sie in einen Vampir zu verwandeln. Als die Volturi anreisen, da sie einen Verstoß gegen Vampirgesetze vermuten (es dürfen keine Kinder zu Vampiren gemacht werden), kommt es fast zum Kampf, die Situation lässt sich aber dank eines jungen Halbvampirs, der eigens zu diesem Zweck aus Südamerika anreist, entschärfen. Damit endet der vierte Band. 2010 schob Stephenie Meyers mit *Bis(s) zum ersten Sonnenstrahl: Das kurze zweite Leben der Bree Tanner*[376] noch einen fünften Band nach. Die Erzählung handelt von dem kurzen vampirischen Leben der jungen Ausreißerin Bree Tanner, die 15-jährig zum Vampir wird und von den Volturi getötet wird, eine tragische Lovestory inklusive. Eigentlich war ein Roman mit dem Titel *Midnight Sun*, der die bisherigen Geschehnisse um Bella und Edward aus der Sicht des Letzteren schildern sollte, als Fortsetzung geplant, da aber bald Teile des Manuskripts im Internet kursierten, veröffentlichte Stephenie Meyer das Manuskript kurzerhand auf ihrer Homepage und sah (zumindest vorerst) von einer Veröffentlichung ab. Die Sprache der vier Bände der «Bis(s)-Reihe» ist eine schlichte, da die Reihe ursprünglich, ähnlich wie schon *Harry Potter*, für ein jüngeres Publikum gedacht war. Stephenie Meyer beschreibt die vampirischen Eigenschaften ihrer Charaktere sehr ähnlich wie LJ Smith ihre Figuren Stefan und Damon: Sie sind stark, schnell, schön, elegant, außerdem sind sie nicht zwingend auf Menschenblut angewiesen, sondern können auch von Tierblut leben (was die «Guten» denn auch tun). Sie haben keine Scheu vor Kruzifixen, Weihwasser oder Knoblauch, sie haben ein Spiegelbild und sie können ans Sonnenlicht gehen – was sie allerdings nicht gern tun, weil sie dann «wie Diamanten» glitzern.

2009 reichte die amerikanische Autorin Jordan Scott Klage wegen Gedankenraubs gegen Stephenie Meyer ein, da diese für den vierten Band ihrer Buchreihe bei ihrem 2006 erschienenen Buch *Nocturne* abgeschrieben und Ideen übernommen haben solle. Die Liebesgeschichten in den beiden Büchern ähneln sich in einzelnen Abläufen in der Tat[377], ansonsten aber werden Ähnlichkeiten wohl eher zufällig sein, zumal es unwahrscheinlich scheint, dass Stephenie Meyer das eher unbekannte Buch *Nocturne* vor der Klage überhaupt kannte.

Der praktizierenden Mormonin Stephenie Meyer wird zuweilen vorgeworfen, in ihren Romanen ein «unmodernes» Frauenbild zu vermitteln. Es wird bemängelt, dass

---

[376] *Originaltitel: The Short Second Life of Bree Tanner:* An Eclipse Novella.
[377] Beide Bücher beinhalten eine Sex-Szene nach der Hochzeit sowie eine Szene über eine Frau, die von der Schwangerschaft mit einem übermenschlichen Kind schier dahingerafft wird.

die Figur der Bella sich selbst für ihren Geliebten Edward aufopfern würde, kein Sex vor der Ehe vorkomme und außerdem Alkohol sowie Drogen ein Tabu darstellen würden. Aber sind diese Kritikpunkte wirklich angebracht? Ich denke nein. Ganz im Gegenteil ist es eines der erfreulichsten Elemente von Stephenie Meyers Büchern, dass die Protagonisten sich nicht der Party-, Sex- und Spaßkultur unserer Tage verpflichtet sehen, sondern noch echte Werte, wie Treue, Freundschaft, (wahre) Liebe, Aufrichtigkeit und Ehre vertreten und nicht bei jeder sich bietenden Gelegenheit kopulierend hinter dem Sofa verschwinden, nachdem sie sich zuvor mit aller gerade vorhandenen Chemie die Sinne vernebelt haben. Für dieses Konzept gebührt Stephenie Meyer keine Schelte, sondern im Gegenteil Anerkennung.

Der neue Vampirroman – heiter bis besinnlich

Ebenfalls im Jahre 2005 und in den USA begann die Erfolgsgeschichte der *Black-Dagger-Reihe*[378] der schreibenden Rechtswissenschaftlerin J. R. Ward.[379] Es zeigen sich in dieser Serie die gängigen Stereotypen des US-amerikanischen Vampirgenres sowie modernisierte amerikanische Protagonisten, die dem Urtypus des literarischen Vampirs nur mehr rudimentär entsprechen. Die Geschichte handelt von dem aus nur mehr sechs Mitgliedern bestehenden Vampirbund der Black Dagger, die um ihr Überleben kämpfen. Die deutschen Übersetzungen waren wieder, wie bei der *Necroscope-Reihe*, gesplittet.

Kurz vor und vermehrt natürlich seit dem Erscheinen der *Twilight*-Serie von Stephenie Meyer erschien eine Flut von ähnlichen Romanen und Buchreihen anderer Autoren, die teils dem romantischen Fantasygenre[380], teils dem erotischen Vampirro-

---

[378] 1. *Dark Lover*, 2005: dt. *Nachtjagd* und *Blutopfer*. 2. *Lover Eternal*, 2006: dt. *Ewige Liebe* und *Bruderkrieg*. 3. *Lover Awakened*, 2006: dt. *Mondspur* und *Dunkles Erwachen*. 4. *Lover Revealed*, 2007: dt. *Menschenkind* und *Vampirherz*. 5. *Lover Unbound*, 2007: dt. *Seelenjäger* und *Todesfluch*. 6. *Lover Enshrined*, 2008: dt. *Blutlinien* und *Vampirträume*. Außerhalb der Reihe erschien *The Black Dagger Brotherhood: An Insider's Guide*, 2008: dt. *Die Bruderschaft der Black Dagger: Ein Führer durch die Welt von J.R. Wards Black Dagger*; 7. *Lover Avenged*, 2009: dt. *Blinder König* und *Racheengel*. Bisher noch nicht in Deutsch erschienen: 8. Lover mine, 2010.
[379] Ein Pseudonym. Ihr Geburtsname lautet Jessica Rowley Pell Bird.
[380] Z B. die historisch angehauchte fünfbändige «*Schattenritter*»-Reihe der amerikanischen Autorin Kathryn Smith: *Be Mine Tonight*, 2006; dt. *Unsterbliches Verlangen*, 2009, *Night of the Huntress*, 2007; dt. *Kuss der Dunkelheit*, 2009; *Taken by the Night*, 2007; dt. *Salon der Lüste*, 2009; *Let the Night Begin*, 2008; dt. *Leidenschaft der Nacht*, 2010; *Night after Night*, 2009; dt. *Ewige Versuchung*, 2010. In Alexandra Ivy's Guardians of Eternity-Reihe tummeln sich neben Vampiren auch Werwölfe. Bisher erschienen: *When Darkness Comes*, 2007: dt. *Der Nacht ergeben*, 2009; *Embrace the Darkness*,

man zuzuordnen sind, wie beispielsweise Lara Adrian[381], Jennifer Schreiner[382] oder auch Lynsay Sands[383], die sich wie viele andere Autoren kurzerhand vom Schreiben historischer Liebesromane auf das einträglichere Geschäft der Vampir-Liebesromane verlegt haben.

Mancher mag sich die Frage stellen, warum gerade Vampir-Liebesromane sich so großer Beliebtheit erfreuen, wo doch derzeit nicht nur Vampire, sondern auch Werwölfe und andere Fabelwesen in der Fantasyliteratur Hochkonjunktur haben. Eine Antwort hierauf fällt leicht: Es ist die Mischung aus Erotik und Schauerliteratur, die Vampire vor allem für Frauen interessant machen. Die Figuren von Anne Rice, Stephenie Meyer und J. R. Ward wurden von Frauen für Frauen entworfen: Die männlichen Hauptfiguren dieser Werke sind in der Regel gefährlich-verführerisch, attraktiv, besitzen Geld und Macht und sind obendrein unsterblich. Viele Vampire sind außerdem tragische Gestalten oder lassen sich zum Guten bekehren. Was will man (oder vielmehr Frau) mehr? Dass Vampire dabei auch noch Blut trinken, ist nur mehr ein erotischer Kick, ansonsten sind die Vampircharaktere gar «über-menschlich», und sogar der hier und da auftauchende Bösewicht trägt zumindest noch eine edle Fassade.

Aber auch Fantasyromane um Vampirjäger[384] (die bekannteste dürfte hier Laurell

---

2007: dt. *Der Kuss des Blutes*, 2010; *Darkness Everlasting*, 2008: dt. *Nur ein einziger Biss*, 2010; *Darkness Revealed*, 2009: dt. *Im Bann der Nacht*, 2010; *Darkness Unleashed*, 2009; *Beyond the Darkness*, 2010; *Devoured by Darkness*, 2010.
Und in Jeanine Krocks romantischer Fantasyreihe «Licht und Schatten» finden Feen und Vampire zueinander. Bisher erschienen: *Der Venuspakt*, 2006; *Die Sternseherin*, 2008, *Der Blutkristall*, 2009.
[381] «Midnight-Breed»-Buchreihe: *Kiss of Midnight*, 2007; dt. *Geliebte der Nacht*, 2007; *Kiss of Crimson*, 2007; dt. *Gefangene des Blutes*, 2007; *Midnight Awakening*, 2007; dt. *Geschöpf der Finsternis*, 2008; *Midnight Rising*, 2008; dt. *Gebieterin der Dunkelheit*, 2008; *Veil of Midnight*, 2008; dt. *Gefährtin der Schatten*, 2009; *Ashes of Midnight*, 2009; dt. *Gesandte des Zwielichts*, 2009; *Shades of Midnight*, 2009; dt. *Gezeichnete des Schicksals*, 2010; *Taken by Midnight*, 2010.
[382] *Zwillingsblut*, 2007; *Honigblut*, 2008.
[383] Die Argeneau-Reihe: 1. *A Quick Bite*, 2005: dt. *Eine Vampirin auf Abwegen*, 2009; 2. *Love Bites*, 2004: dt. *Verliebt in einen Vampir*, 2008; 3. *Single White Vampire*, 2003: dt. *Ein Vampir zum Vernaschen*, 2008;;4. *Tall, Dark and Hungry*, 2004: dt. *Immer Ärger mit Vampiren*, 2009; 5. *A Bite To Remember*, 2005: dt. *Vampire haben's auch nicht leicht*, 2009; 6. *Bite Me If You Can*, 2007: dt. *Ein Vampir für gewisse Stunden*, 2009; 7. *The Accidental Vampire*, 2008: dt. *Ein Vampir und Gentleman*, 2010; 8. *Vampires are Forever*, 2008: dt. *Wer will schon einen Vampir?*, 2010; 9. *Vampire, Interrupted*, 2008: dt. *Vampire sind die beste Medizin*, 2010; 10. *The Rogue Hunter*, 2009: dt. *Im siebten Himmel mit einem Vampir*, 2011; 11. *The Immortal Hunter*, 2009; 12. *The Renegade Hunter*, 2009; angekündigt sind: 13. *Born to Bite*, 2010; 14. *Hungry for You*, 2010.
[384] Richelle Mead, Vampire-Academy-Reihe: *Vampire Academy*, 2007: dt. *Blutsschwestern*, 2009; *Frostbite*, 2008: dt. *Blaues Blut*, 2009; *Shadow Kiss*, 2008: dt. *Schattenträume*, 2009; *Blood Promise*, 2009: dt. *Blutschwur*, 2010; *Spirit Bound*, 2010: dt. *Seelenruf*, 2010; *Last Sacrifice*, 2010.

K. Hamiltons seit dem Jahr 1993 erscheinende *Anita-Blake-Reihe*[385] sein), historische Vampirromane[386], Vampir-Jugendromane[387], aber auch japanische Manga-Comics[388] sind seither sehr hartnäckig in den Bestseller-Listen vertreten. Humorvolle Vampirromane sind bei der weiblichen Leserschaft ebenfalls hoch im Kurs, die bekanntesten

---

[385] Seit 2003 wird die Buchreihe auch ins Deutsche übersetzt. Bisher erschienen: *Guilty Pleasures*, 1993: dt. *Bittersüße Tode*; *The Laughing Corpse*, 1994: dt. *Blutroter Mond*; *Circus of the Damned*, 1995: dt. *Zirkus der Verdammten*; *The Lunatic Café*, 1996: dt. *Gierige Schatten*; *Bloody Bones*, 1996: dt. *Bleiche Stille*; *The Killing Dance*, 1997: dt. *Tanz der Toten*; *Burnt Offerings*, 1998: dt. *Dunkle Glut*; *Blue Moon*, 1998: dt. *Ruf des Blutes*; *Obsidian Butterfly*: 2000; dt. *Göttin der Dunkelheit*; *Narcissus in Chains*, 2001: dt. *Herrscher der Finsternis*; *Cerulean Sins*, 2003; *Incubus Dreams*, 2004; *Micah*, 2006; *Danse Macabre*, 2006; *The Harlequin*, 2007; *Blood Noir*, 2008; *Skin Trade*, 2009; *Flirt*, 2010; *Bullet*, 2010.

[386] Markus Heitz: *Kinder des Judas*, 2007; *Judassohn*, 2010; Nina Blazon: *Totenbraut*, 2009; Brigitte Melzer, Vampyr-Trilogie: *Vampyr*, 2006; *Vampyr 2: Die Jägerin*, 2007; *Vampyr 3: Die Wiedergeburt*, 2008. Tom Holland: *The vampyre. Being the true pilgrimage of George Gordon, Sixth Lord Byron*, 1995. dt. *Der Vampir*, 1996; *Supping with Panthers*, 1996.: dt. *Das Erbe des Vampirs*, 1997; *Deliver us from Evil*: 1997; dt. *Die Botschaft des Vampirs*, 1998. Ulrike Schweikert: «Die *Erben der Nacht*»-Reihe: *Nosferas*, 2008; *Lycana*, 2008; *Pyras*, 2009; *Dracas*, 2010; dies.: *Der Duft des Blutes*, 2008; *Feuer der Rache*, 2008; *Das Herz der Nacht*, 2009.

[387] In diesem Bereich sind Grusel, Romantik, Fantasy und Parodie ebenso vertreten, beispielweise in Lisa J. Smith' bereits genannter «*Tagebuch eines Vampirs*»-Reihe oder auch in ihrer «Night World»-Reihe: *Secret Vampire*, 1996: dt. *Retter der Nacht*, 2010; *Daughters of Darkness*, 1997: *Töchter der Finsternis*, 2010; *Spellbinder of Enchantress*, 1996, *Dark Angel*, 1996: dt. *Engel der Verdammnis*, 2009; *The Chosen*, 1997: dt. *Jägerin der Dunkelheit*, 2009; *Soulmate*, 1997: dt. *Gefährten des Zwielichts*, 2010; *Huntress*, 1997, *Black Dawn*, 1997: dt. *Prinz des Schattenreichs*, 2009; *Witchlight*, 1998, *Strange Fate*, 2011; Rachel Caine: Morganville-Vampires (dt. «Haus der Vampire»)-Reihe: 1. *Glass Houses*, 2006: dt. *Verfolgt bis aufs Blut*, 2009; 2. *The Dead Girl's Dance*, 2007: dt. *Der letzte Kuss*, 2009; 3. *Midnight Alley*, 2007: dt. *Rendezvous mit einem Unbekannten*, 2010; 4. *Feast of Fools*, 2008: dt. *Ball der Versuchung*, 2010; 5. *Lord of Misrule*, 2009; 6. *Carpe Corpus*, 2009; 7. *Fade Out*, 2009; 8. *Kiss of Death*, 2010 9. *Ghost Town*, 2010. Franziska Gehm: «Vampirschwestern»-Reihe: 1. *Eine Freundin zum Anbeißen*, 2008; 2. *Ein bissfestes Abenteuer*, 2008; 3. *Ein zahnharter Auftrag*, 2008; 4. *Herzgeflatter im Duett*, 2009; 5. *Ferien mit Biss*, 2009; 6. *Bissige Gäste im Anflug*,2010; 7. *Der Meister des Drakung-Fu*, 2010. Melissa de la Cruz: «Blue Bloods»-Reihe (deutscher Reihentitel «The Immortals»): *Masquerade*, 2007: dt. *Tochter der Finsternis*, 2009; *Revelations*, 2008: dt. *Hüter des Unheils*, 2009; *The Van Alen Legacy*, 2009: dt. *Schwester des Dämons*, 2009; *Misguided Angel*, 2010: dt. *Jäger der Schatten*, 2010; *Bloody Valentine*, 2010. P. C. und Kristin Cast: «House of Night»-Reihe: 1. *Marked*, 2007; dt. *Gezeichnet*, 2009; 2. *Betrayed*, 2007; dt. *Betrogen*, 2010; 3. *Chosen*, 2008; dt. *Erwählt*, 2010; 4. *Untamed*, 2009: dt. *Ungezähmt*, 2011; 5. *Hunted*, 2009; dt. *Gejagt*, 2011; 6. *Tempted*, 2009: dt: *Versucht*, 2011; 7. *Burned*, 2010: dt. *Verbrannt*, 2011; 8. *Awakened*, für 2011 angekündigt.

[388] Z. B. die Reihen *Vampire Knight*; *Vampire Hunter D*; *Hellsing*; *Trinity Blood*; *Vampire Princess Miyu*; *Blood – The last vampir*; *Chibi Vampire* (dt. *Cheeky Vampire*). Die Geschichten wurden teils filmisch, hauptsächlich in Animeserien, umgesetzt.

Autoren sind Mary Janice Davidson[389], Kerrelyn Sparks[390], Michele Bardsley[391] und Katie MacAlister.[392]

2001 kam der erste Band der Geschichte um Sookie Stackhouse, der Titelheldin aus Charlaine Harris' Buchreihe *The Southern Vampire Mysteries*, heraus.[393] Sookie, eine hellsichtige Kellnerin, verliebt sich in einen Vampir und muss im Folgenden viele Gefahren durchstehen. Die Buchreihe wird unter dem Titel *True Blood* als Serie verfilmt.

2004 erschien der beeindruckende Roman *Låt den rätte komma in*[394] des schwedischen Autors John Ajvide Lindqvist. Die Geschichte handelt von dem 12-jährigen Oskar, der in den frühen achtziger Jahren mit seiner Mutter in einem Ort namens Blackeberg nahe Stockholm lebt. In der Schule wird Oskar ständig verprügelt und fin-

---

[389] Betsy Taylor, die Heldin aus Mary Janice Davidsons *Undead*-Reihe wacht im Leichenschauhaus auf und stellt fest, dass sie ein Vampir ist: *Undead and Unwed*, 2004; dt. *Weiblich, ledig, untot*, 2007; *Undead and Unemployed*, 2004; dt. *Süß wie Blut und teuflisch gut*, 2007; *Undead and Unappreciated*, 2005; dt. *Happy Hour in der Unterwelt*, 2008; *Undead and Unreturnable*, 2005: dt. *Untot lebt sich's auch ganz gut!*, 2008; *Undead and Unpopular*, 2006: dt. *Nur über meine Leiche*, 2008; *Undead and Uneasy*, 2007: dt. *Biss der Tod euch scheidet*, 2008; *Undead and Unworthy*, 2008: dt. *Wer zuletzt beißt*, 2009; *Undead and Unwelcome*, 2009; *Undead and Unfinished*, 2010.

[390] *How to Marry a Millionaire Vampire*, 2005: dt. *Wie angelt man sich einen Vampir*, 2007; *Vamps and the City*, 2006: dt. *Vamps and the City*, 2008; *Be Still My Vampire Heart*, 2007: dt. *Vampire mögen's heiß*, 2009; *The Undead Next Door*, 2008: dt. *Vampire tragen keine Karos*, 2010; *All I Want for Christmas Is a Vampire*, 2009: dt. *Der Vampir, der aus der Kälte kam*, 2010; *Secret Life of a Vampire*, 2009; *Forbidden Nights with a Vampire*, 2009, *The Vampire and the Virgin*, 2010.

[391] *I'm The Vampire, That's Why*, 2006: dt. *Vampire zum Frühstück*, 2008; *Don't Talk Back To Your Vampire*, 2007: dt. *Ein Vampir zum Dinner*, 2009; *Because Your Vampire Said So*, 2008: dt. *Zum Nachtisch einen Vampir*, 2009; *Wait Until Your Vampire Gets Home*, 2008: dt. *Cocktail mit einem Vampir*, 2010; *Over My Dead Body*, 2009, *Come Hell or High Water*, 2010; *Cross your Heart*, 2010.

[392] Die «Dark Ones»-Buchreihe: 1. *A Girl's Guide To Vampires*, 2003: dt. *Blind Date mit einem Vampir*, 2007; 2. *Sex and the Single Vampire*, 2004: dt. *Kein Vampir für eine Nacht*, 2008; 3. *Sex, Lies, and Vampires*, 2005: dt. *Küsst du noch oder beißt du schon?*, 2007; 4. *Even Vampires Get the Blues*, 2006: dt. *Vampir im Schottenrock*, 2008; 5. *The Last of the Red Hot Vampires*, 2007: dt. *Vampire sind zum Küssen da*, 2009; 6. *Zen and the Art of Vampires*, 2008: dt. *Ein Vampir kommt selten allein*, 2009; 7. *Crouching Vampire, Hidden Fang*, 2009: dt. *Vampire lieben gefährlich*, 2010; 8. *In the Company of Vampires*, 2010.

[393] Bisher erschienene Bände: 1. *Dead Until Dark*, 2001: dt. *Vorübergehend tot*, 2004; 2. *Living Dead in Dallas*, 2002: dt. *Untot in Dallas*, 2004; 3. *Club Dead*, 2003: dt. *Club Dead*, 2005; 4. *Dead to the World*, 2004: dt. *Der Vampir, der mich liebte*, 2005; 5. *Dead as a Doornail*, 2005: dt. *Vampire bevorzugt*, 2006; 6. *Definitely Dead*, 2006: dt. *Ball der Vampire*, 2007; 7. *All Together Dead*, 2007: dt. *Vampire schlafen fest*, 2008; 8. *From Dead to Worse*, 2008: dt. *Ein Vampir für alle Fälle*, 2009; 9. *Dead and Gone*, 2009: dt. *Vampirgeflüster*, 2010; Bisher noch nicht auf Deutsch erschienen sind: 10. *A Touch of Dead*, 2009; 11. *Dead in the Family*, 2010. Darüber hinaus hat Charlaine Harris bereits die Verträge für 9 weitere Bände unterschrieben.

[394] dt. *So finster die Nacht*, 2007.

*Links: T: Underworld Evolution/Underworld Evolution; D: Kate Beckinsale
R: Len Wiseman; P: USA; J: 2006
Rechts: T: Underworld: Aufstand der Lykaner/Underworld: Rise of the Lycans; D: Bill Nighy;
R: Patrick Tatopoulos; P: USA; J: 2009*

det keinen Anschluss, die Eltern leben getrennt. Er freundet sich mit dem Mädchen Eli an, die mit dem schon älteren Hakan zusammen eine Wohnung im selben Wohnblock bezieht. Nach und nach stellt sich heraus, dass Eli ein 200 Jahre alter Vampir ist, die zahlreichen seit ihrem Einzug stattfindenden Morde in der Stadt gehen allerdings auf das Konto Hakans, der Eli auf diese Weise mit Blut versorgt. Oskar und Eli freunden sich dennoch an und verlassen am Ende gemeinsam die Stadt. Der Roman wurde 2008 in Schweden verfilmt, für 2010 ist eine US-amerikanische Version geplant.

Eine Ausnahme in der US-amerikanischen Vampirliteratur mag der Roman *The Historian*[395] von Elizabeth Kostova sein, der im Jahre 2005 erschien. Die Autorin, die laut eigener Aussage zehn Jahre lang an dem Buch gearbeitet hat, konnte das fertige Manuskript bei einer Auktion für sage und schreibe zwei Millionen Dollar an den Little Brown Verlag verkaufen. Aufgrund des herrschenden Vampir-Hypes und einer groß angelegten Werbekampagne des Verlages erreichte das Buch binnen Kurzem Platz 1 der *New-York-Times*-Bestsellerliste. Die Geschichte spielt in drei komplexen, ineinander verschachtelten Zeitebenen, was nicht jedermanns Sache ist und den Erzählfluss auch streckenweise lähmt, ist aber erfreulicherweise nicht im gängigen Vampirkitsch angesiedelt, sondern durchaus als qualitativ hochwertige Literatur zu betrachten. Die Charaktere der Vampire beziehen sich sehr stark auf Bram Stokers *Dracula*: Dracula selbst wird als vernünftig, ja kalt, aber auch als brutal und erbarmungslos dargestellt, die «niederen» Vampire sind hingegen zu keiner höheren Regung fähig, befolgen blind die Befehle Draculas und können ihren Blutdurst kaum

---

[395] Der Roman erlebte noch im gleichen Jahr eine deutsche Übersetzung.

bezähmen. Zur Handlung des Buches: Die Mutter der jungen Erzählerin soll kurz nach ihrer Geburt gestorben sein und ihr Vater ist oft auf Reisen. Während der Abwesenheit ihres Vaters findet sie in dessen Bibliothek einige versteckte Briefe und ein altes Buch mit – bis auf einen Holzschnitt eines Drachen mit dem Schriftzug «Drakulya» – leeren Seiten. Ihr Vater erzählt ihr nach seiner Rückkehr, dass er das Buch während seiner Studienzeit in Oxford gefunden und seinen damaligen Doktorvater Bartholomew Rossi darüber befragt habe. Dieser habe wiederum im Jahr 1930 selbst ein ähnliches Buch mit dem Bild eines Drachen gefunden, worauf er begonnen habe, die Geschichte von Fürst Vlad Țepeș und die Mythen um Dracula, von dem er glaubt, dass er immer noch am Leben sei, zu erforschen.

Nachdem der Vater der Erzählerin mit unbekanntem Ziel verreist ist, macht sie sich daran, die ihr von ihm hinterlassenen Briefe zu lesen. Diese Briefe bilden die zweite, frühere Erzählebene. Nach und nach erfährt sie, wie ihr Vater ihre Mutter, die wiederum eine uneheliche Tochter Rossis war und in direkter Linie von Vlad Țepeș abstammte, kennengelernt hatte, und erfährt, wie ihre Eltern nach Bartholomew Rossi suchten, der, kurz nachdem er ihrem Vater von Dracula erzählt hatte, auf mysteriöse Weise verschwunden war.

Die ihrem Vater von Rossi zuvor überlassenen Briefe und Forschungsergebnisse bilden die dritte, noch weiter zurückliegende Erzählebene. Die Erzählebenen wechseln im Buch immer wieder, die Geschichte schreitet aber dennoch fort.

In der zweiten Erzählebene werden Paul und Helen, die Eltern der Erzählerin, in einer Bibliothek erstmals mit einem Vampir konfrontiert, der ihre Forschungen zuerst nur behindert, Helen dann aber auch körperlich angreift und sie in den Hals beißt. Da er kurz darauf vor ein Auto läuft und tot scheint, tun sie ihn zuerst als einen Verrückten ab. Dennoch vermuten sie, dass mehr hinter der Dracula-Legende steckt, und reisen zuerst in die Türkei, dann nach Ungarn und Bulgarien, um das Grab Draculas zu suchen. Zwischenzeitlich wird Helen ein weiteres Mal von dem Vampir gebissen. Ein dritter Biss würde sie gleichfalls in einen Vampir verwandeln. In einem Kloster namens Sveti Georgi finden sie schließlich Rossi, der in einem Sarkophag liegt. Er erzählt ihnen, dass er ein Vampir geworden sei und Dracula bald zurückkäme, worauf sie ihn mit einem silbernen Dolch töten.

In der ersten Erzählebene erfährt die Erzählerin zwischenzeitlich, dass ihre Mutter noch lebt, da sie im Hotelzimmer ihres Vaters, dem sie hintergereist ist, einige neuere Briefe ihrer Mutter entdeckt. In einer Klosterkirche findet sie ihren Vater und wird von Dracula überrascht, doch eine bis dahin verborgene Person – die Mutter der Erzählerin – feuert eine Silberkugel auf ihn ab. Im Epilog des Buchs findet die Erzählerin vierzig Jahre nach den letzten Geschehnissen in einer Bibliothek ein leeres Buch mit dem Holzschnitt eines Drachen …

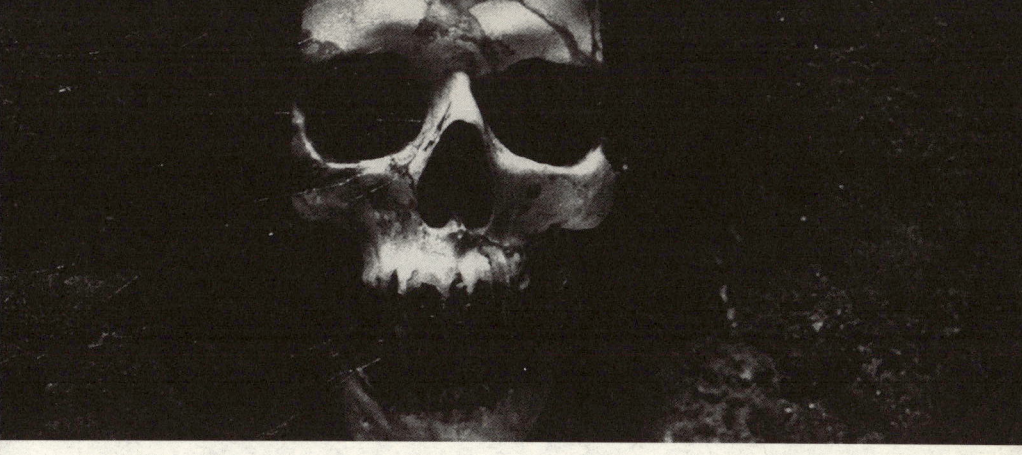

T: *Wes Craven präsentiert Dracula/Dracula 2000*; D: R: Patrick Lussier; P: USA; J: 2000

Auch der deutsche Bestsellerautor Wolfgang Hohlbein hat mit seiner *Chronik der Unsterblichen* eine der Phantastik nahestehende Buchserie entworfen, die nicht ausschließlich frauenbetonte Überliebhaber als Helden hat: Die Geschichte beginnt im 15. Jahrhundert in Transsylvanien, wohin der zuvor vertriebene Krieger Andrej Delãny wieder zurückkehrt. Außer rauchenden Trümmern und jeder Menge Leichen findet er jedoch dort nichts mehr vor, und so macht er sich zusammen mit dem überlebenden Jungen Frederic auf eine Europa-Reise durch die Jahrhunderte. Frederic erfährt von Andrej, dass sie beide Vampire sind, die von der Lebenskraft anderer Menschen zehren können und so beinahe unsterblich sind. Im Laufe ihrer Reisen begegnen sie Freunden und Feinden, anderen Vampiren, Elisabeth Bathory, und auch dem walachischen Fürsten Vlad Țepeș. Sie erleben viele historische Ereignisse der europäischen Geschichte hautnah mit und treffen auch mit dem nordischen Gott Loki zusammen. Die Geschichte umfasst bisher elf Bände, und zumindest der erste Band wurde bereits als Comic adaptiert.[396] Und auch in den nächsten Jahren werden wir noch von einer Welle von Vampirliteratur[397] überflutet werden, vornehmlich natürlich Übersetzungen amerikanischer Autoren.

---

[396] *Am Abgrund*, 1999; *Der Vampyr*, 2000; *Der Todesstoß*, 2001; *Der Untergang*, 2002; *Die Wiederkehr*, 2003; *Die Blutgräfin*, 2004; *Der Gejagte*, 2004; *Die Verfluchten*, 2005; *Blutkrieg*, 2007; *Das Dämonenschiff*, 2007; *Göttersterben*, 2008; *Glut und Asche*, 2009; Als Comic erschien: *Am Abgrund*, 2004; *Am Abgrund Teil 2* (noch nicht erschienen).

[397] Ein amüsanter amerikanischer Roman, den ich durchaus gerne einmal in deutscher Sprache lesen würde, ist der 2003 erschienene *Fat White Vampire Blues*, eine Vampirparodie des Autors Andrew Fox, in welchem die Vampire im krassen Gegensatz zur momentanen Mode als fett, kriminell, schmierig und auch sonst charakterlich als eher grenzwertig beschrieben werden. Ein Fortsetzungsband mit dem Titel *Bride of the Fat White Vampire* erschien ein Jahr darauf.

Oben: Der polnische Regisseur Roman Polanski posiert am Freitag (07.11.08) vor dem Metronom Theater in Oberhausen bei der Premiere des Musicals «Tanz der Vampire» auf dem roten Teppich.

Unten: Der Hauptdarsteller des Musicals «Tanz der Vampire», Thomas Borchert. (r.) posiert am Sonntag (07.12.03) nach der Premiere des Musicals "Tanz der Vampire" in der Neuen Flora in Hamburg mit «Ur-Dracula» Christpoher Lee. Das Musical unter der Regie von Oscar-Preisträger Roman Polanski wurde 1997 in Wien uraufgefuehrt.

Kapitel 4

Der Vampir in Film und Serie

«Was empfiehlt sich noch?»
«Wofür?»
«Für die Jagd auf Vampire!»
«Feuer, Enthauptung, Tageslicht, Weihwasser, das Übliche.»
— Xander und Buffy in *Buffy – Im Bann der Dämonen.*

Es verwundert nicht, dass eine so faszinierende Gestalt wie der Vampir bereits zu Beginn des 20. Jahrhunderts von dem damals noch jungen Medium Film aufgegriffen wurde. 1911/12 entstand der Film des dänischen Schauspielers und Regisseurs August Blom *Vampyrdanserinden*, und nur ein Jahr später der Film *The Vampire* des italienischstämmigen US-amerikanischen Regisseurs Robert G. Vignola. Der Erste Weltkrieg verhinderte vorläufig neue Produktionen, aber schon 1922 schuf der deutsche Filmemacher Friedrich Wilhelm Murnau mit seiner Verarbeitung des Stoker'schen Dracula-Stoffes in dem berühmten Stummfilm *Nosferatu – Eine Sinfonie des Grauens*, mit Max Schreck in der Hauptrolle, ein erstes Meisterwerk des neuen Genres. Da sich Murnau mit der Witwe Bram Stokers, Florence Stoker, nicht über die Urheberrechte der Verfilmung *Draculas* einigen konnte, nahm er an seinem Film etliche Veränderungen der Geschichte vor. So wurde der Schauplatz von England nach Deutschland verlegt, Graf Dracula wurde zu Graf Orlok. Die Rolle Van Helsings wurde ausgelassen, Orlok stirbt, anders als Dracula, der durch ein Messer zu Tode kommt, durch das morgendliche Sonnenlicht, nachdem er zu lange bei seinem Opfer geweilt hatte. Nichtsdestotrotz strengte die Witwe Stokers nach der Premiere von *Nosferatu* am 4. März 1922 in Berlin einen Prozess wegen Urheberechtsverletzung an, den sie auch gewann – mit der Auflage, dass alle Kopien des Filmes zu vernichten seien, was aber glücklicherweise nicht gelang. 1979 erfolgte ein ebenfalls sehr gutes Remake mit dem Schauspieler Klaus Kinski in der Hauptrolle.

Die erste autorisierte Verfilmung *Draculas* wurde im Jahre 1931 in den USA unter der Regie von Tod Browning mit dem ungarischen Schauspieler Bela Lugosi in der Hauptrolle als Graf Dracula produziert. Als Grundlage des Films diente das Theaterstück Hamilton Deans, eines Jugendfreundes Stokers aus dem Jahr 1925, über den untoten Adligen. Der Schauspieler Bela Lugosi spielte in den nächsten Jahren noch in weiteren Gruselfilmproduktionen Hollywoods mit, in denen er zumeist eine vampirische Rolle übernahm.[398] Dies führte, wie man sagt, auch letztlich dazu, dass Lugosi selbst davon überzeugt gewesen wäre, ein Vampir zu sein. Im Sarg wurde er in seinem Kostüm als Dracula aufgebahrt und auch so begraben.

Im gleichen Jahr erfolgte eine spanische Co-Produktion,[399] die lange Zeit als verschollen galt, von der aber glücklicherweise Anfang der neunziger Jahre eine Kopie in Kuba gefunden wurde. In restauriertem Zustand wurde der Film dann 2004 auf DVD veröffentlicht.

Eine erste filmische Verarbeitung der Novelle *Carmilla* von Joseph Sheridan Le Fanu erfolgte im Jahre 1932 unter dem Titel *Vampyr – Der Traum des Allan Grey*.[400] Diese etwas freie Adaption des Carmillastoffes versetzt die Handlung nach Frankreich in das Dorf Courtempierre, wo ein durchreisender Student, Allan Grey, feststellen muss, dass das Dorf von einer Vampirin mit Namen Marguerite Chopin beherrscht wird. Der dortige Schlossherr bittet ihn um Hilfe und gemeinsam gelingt es ihnen, die Vampirin zu töten.

In den vierziger Jahren des 20. Jahrhunderts werden keine besonders hervorzuhebenden Produktionen vorgenommen. Erst in den 1950er Jahren bekommt der Vampirfilm mit Christopher Lee einen unvergesslichen Helden in der Rolle des Grafen Dracula. Lee übernimmt 1958 die Hauptrolle in dem Film *Dracula*[401] der später durch ihre Horrorproduktionen berüchtigten englischen Produktionsfirma *Hammer Films*. Er mimt diese Rolle noch in den sechs Nachfolgeproduktionen von *Hammer Films*.[402] Seit dieser Zeit setzte eine Flut mehr oder weniger gelungener Vampirfilme ein, die natürlich nicht immer den Grafen Dracula zum Titelhelden hatten. Eine besonders kuriose *Hammer*-Produktion stellt wohl der 1974 in Hongkong gedrehte, eher trashige

---

[398] *Das Zeichen des Vampirs*, 1935; *Frankensteins Sohn*, 1939; *Return of the Vampire*, 1944.
[399] *Drácula*. Regie George Melford, mit Carlos Villarias als Graf Dracula in der Hauptrolle.
[400] Regie führte Carl Theodor Dreyer.
[401] Auch bekannt unter *Horror of Dracula*.
[402] *Blut für Dracula*, 1965; *Draculas Rückkehr*, 1968; *Wie schmeckt das Blut von Dracula*, 1969; *Dracula – Die Nächte des Entsetzens*, 1970; *Dracula jagt Minimädchen*, 1972 und *Dracula braucht frisches Blut*, 1973.

Film *Legend of the 7 Golden Vampires* dar, in dem eine Vampirjägerstory ins ferne China verlegt wird. Peter Cushing, der schon im ersten Dracula-Film aus dem Hause Hammer die Rolle des Van Helsing innehatte, übernahm hier denselben Part. Sehenswert ist der Film allemal, allein schon wegen der Kampfszenen.

Im Jahr 1964 erschien mit *The Last Man on Earth* eine US-amerikanische erste Verfilmung des Romans *I am Legend* aus dem Jahre 1964 mit Vincent Price in der Hauptrolle. Der Film orientiert sich eng an der Romanvorlage und weicht nur zum Schluss etwas davon ab.

1966 dann drehte der Regisseur Roman Polański mit dem Kultfilm *Dance of the Vampires*[403] eine der ersten Vampirparodien. In den USA ist der Film unter *The Fearless Vampire Killers* bzw. *The Fearless Vampire Killers or Pardon Me, But Your Teeth Are in My Neck* bekannt.[404]

Zur Handlung: Professor Abronsius, der seinen Lehrstuhl an der Königsberger Universität wegen seiner Äußerungen über Vampire verloren hat, begibt sich mit seinem Assistenten nach Transsylvanien, um dort weitere Forschungen zu betreiben. Als sie in einem Wirtshaus ausgehängten Knoblauch finden, befragen sie den Wirt dazu, dieser behauptet jedoch, an die Existenz von Vampiren nicht zu glauben. Der Professor sucht darauf auf eigene Faust nach weiteren Anhaltspunkten, der im Wirtshaus zurückgebliebene Assistent Alfred verliebt sich derweil in die junge Sarah, die Tochter des Wirts. Dann erscheint Graf Krolock, ein Vampir, im Wirtshaus, entführt Sarah und beißt den ihn verfolgenden Vater Sarahs. Professor Abronsius' Vorschlag, den toten Wirt vorsorglich zu pfählen, wird von dessen Witwe verhindert, sodass der Wirt bald darauf als Vampir wieder erwacht und eine Magd beißt. Der Professor und sein Assistent verfolgen in der folgenden Nacht den frischgebackenen Vampir auf seinem Weg zum Schloss des Grafen Krolock, wo sie freundlich von diesem empfangen werden. Am nächsten Morgen finden sie den Grafen und dessen Sohn in der Familiengruft in Särgen liegend, die geplante Pfählung scheitert aber an der Verzagtheit Alfreds. Abends findet ein Ball statt, zu dem ausschließlich Vampire kommen. Professor Abronsius und sein Assistent besorgen sich Ballkleidung und versuchen, mit Sarah zu fliehen. Allerdings befindet sich im Ballsaal ein Spiegel, und als sie ein Spiegelbild werfen, fliegt ihre Tarnung auf. Die Flucht gelingt letztendlich, auf der Heimfahrt jedoch beißt Sarah, die inzwischen ebenfalls ein Vampir ist, Alfred. Der Film endet mit dem Satz: «*In jener Nacht, auf der Flucht aus den Südkarpaten, wusste Professor Abronsius*

---

[403] Deutscher Titel: *Tanz der Vampire*.
[404] Der Regisseur Roman Polański übernahm mit der Rolle des Gehilfen Alfred auch eine der Hauptrollen in seinem Film. Seine spätere Frau Sharon Tate, die 1969 auf so grausame Weise den Tod durch die «Family» Charles Mansons fand, besetzte die weibliche Hauptrolle.

noch nicht, dass er das Böse, das er für immer zu vernichten hoffte, mit sich schleppte; mit seiner Hilfe konnte es sich endlich über die ganze Welt ausbreiten.»

Im Jahr 1997 wurde *Tanz der Vampire* als Musical adaptiert und unter der Regie von Roman Polański am Wiener Raimund Theater uraufgeführt.

Eine ganz andere Richtung schlug der 1971 erschienene belgische Horrorthriller *Les lèvres rouges*[405] ein. Er handelt von dem jungen Ehepaar Stefan und Valerie, die in einem Hotel in Ostende einkehren. Bald darauf kommt eine Gräfin namens Elizabeth Bathory im Hotel an. Es scheint, als sei Elisabeth bereits vor 40 Jahren Gast in diesem Hotel gewesen, ihr Aussehen habe sich aber seitdem nicht verändert. Stefan ist vom Anblick einer Leiche, die die beiden in Brügge finden, ebenso fasziniert wie von dem Blutdurst der Gräfin, die sich ihr jugendliches Aussehen angeblich dadurch erhält, dass sie Blut von Jungfrauen trinkt. Nachdem Stefan Valerie gegenüber gewalttätig wird, geht diese eine lesbische Beziehung mit der Gräfin ein. Gemeinsam töten sie Stefan und fahren mit dem Wagen davon. Unterwegs geschieht allerdings ein Unfall, bei dem die Gräfin aufgespießt wird und ums Leben kommt.

Ebenfalls 1971 erschien mit *The Omega Man* eine zweite US-amerikanische Verfilmung des Romans *I am Legend*: Im dritten Weltkrieg wird die Menschheit aufgrund von biologischen Kampfstoffen fast komplett ausgerottet, die Überlebenden mutieren zu lichtempfindlichen primitiven Wesen. Dem Wissenschaftler Robert Neville (gespielt von Charlton Heston) gelingt es, noch während des Krieges ein Heilserum zu entwickeln, sein Hubschrauber stürzt jedoch ab. Er kann nur noch sich selbst impfen und muss zusehen, wie die Welt zugrunde geht. In Los Angeles verbarrikadiert er sich in einem Haus, in dem er sein trostloses Leben fristet, aber bald gelingt es ihm, einen jungen Mann zu heilen. Als dieser die anderen Überlebenden der Katastrophe überzeugen will, sich von Neville behandeln zu lassen, locken diese Neville in einen Hinterhalt und töten ihn. Neville kann aber zuvor dem geheilten jungen Mann eine Flasche mit dem Gegenmittel überreichen.

1979 wurde *Salem's Lot*[406] in den USA als Miniserie verfilmt. Stephen King, der Autor des Buches *Brennen muss Salem*, auf dem der Film basiert, war offenbar mit der filmischen Umsetzung seiner Geschichte recht zufrieden, wie folgendes Zitat verrät: «Wenn man bedenkt, dass das Fernsehen, dieses magische Medium, nahezu alles, was es anfasst, in Scheiße verwandelt, muss ich sagen, dass ich recht gut davongekommen bin.»

Ein Remake des Films wurde im Jahre 2004 unter demselben Titel[407] produziert.

---

[405] Deutscher Titel: *Blut an den Lippen*.
[406] Deutscher Titel: *Brennen muss Salem*.
[407] Deutscher Titel: *Salem's Lot – Brennen muss Salem*.

Das Remake weicht in einigen Einzelheiten von der Buchvorlage ab, wohl in der Absicht, den Film dem Geschmack des modernen Publikums anzupassen.

1983 erschien der britische Film *The Hunger*[408]. Die in gewisser Weise tragische Geschichte handelt von der Vampirin Miriam, die einen vampirischen Partner nach dem anderen «verschleißt». Die ausgelaugten Körper deponiert sie auf dem heimischen Dachboden. Der Vampir John, ihr letzter Partner, will sein Schicksal allerdings nicht so einfach akzeptieren und sucht Hilfe bei der Ärztin Sarah. Sarah kann ihm zwar nicht helfen, findet aber das Geheimnis Miriams heraus und tötet diese schließlich, nachdem sie selbst zum Vampir geworden ist.

Mitte der achtziger Jahre stechen noch zwei erwähnenswerte Filme hervor. Zum einen *Die rabenschwarze Nacht – Fright Night* von 1985[409] und zum anderen *The Lost Boys* aus dem Jahr 1987.[410] In diesen Filmen ist der Vampir der Nachbar von nebenan (*Fright Night*) bzw. der Anführer einer jugendlichen Rockergang mit seinen untergebenen Vampiren (*The Lost Boys*).

In *Fright Night – Die rabenschwarze Nacht* glaubt der Teenager Charley Brewster, nachdem er einige seltsame Dinge beobachtet hat, dass sein neu eingezogener Nachbar, Jerry Dandrige, ein Vampir ist. Die Polizei nimmt seine Anzeige nicht ernst und auch Charleys Freundin Amy und sein Freund Ed schenken seiner Geschichte erst keinen Glauben. Daraufhin bezahlt Charley den TV-Vampirjäger Peter Vincent dafür, dass er ihn und seine Freunde bei einem Besuch im Haus des Nachbarn begleitet. Dandrige wirkt fast normal und unverdächtig, Peter Vincent aber bemerkt, dass er kein Spiegelbild hat, und ergreift die Flucht. Als Dandrige Amy entführt und Ed in einen Vampir verwandelt, muss Charley allerdings handeln und überredet Peter Vincent noch einmal, ihm zu helfen. Sie töten Ed sowie den Diener Dandriges, erlegen den in eine Fledermaus verwandelten Dandrige ebenfalls und befreien Amy.

Im 1987 erschienenen Horrorfilm *The Lost Boys* übernahm Kiefer Sutherland die Hauptrolle des Vampirs David. Die Brüder Michael und Sam ziehen mit ihrer Mutter Lucy nach Santa Clara. Zu Anfang fällt es den Brüdern schwer, sich einzuleben, doch Michael verliebt sich bald in das Mädchen Star und findet durch sie Zugang zur ortsansässigen Rockerclique. Dort wird er von deren Anführer David zu einem Schluck Wein überredet, in Wirklichkeit befindet sich jedoch Blut in dem Glas. Michaels Charakter verändert sich bald darauf, er beginnt, tagsüber eine Sonnenbrille zu tragen, und schläft viel. Sein Bruder Sam ahnt bald, was mit Michael geschehen ist, und

---

[408] Deutscher Titel: *Begierde*. Die Hauptrollen spielten Catherine Deneuve und David Bowie.
[409] Die Regie führte Tom Holland, der übrigens nicht mit dem gleichnamigen Schriftsteller und Vampirromanautor identisch ist.
[410] Regie: Joel Schumacher. In der Hauptrolle des Obervampirs: Kiefer Sutherland.

versucht, ihn zu retten. Es kommt zum Showdown, in dem die Vampirclique das Haus der Mutter stürmt, es gelingt den Brüdern jedoch, die Vampire zu vernichten und Michael zu heilen. 2008 folgte eine Fortsetzung unter dem Titel *Lost Boys: The Tribe*, 2010 wird eine weitere Fortsetzung mit dem Titel *Lost Boys 3: The Thirst* erscheinen.

Ebenfalls 1987 erschien der Film *Near Dark – die Nacht hat ihren Preis*, ein Vampirfilm mit klassischen Western-Elementen. Die Geschichte handelt von dem jungen Caleb, der sich in das Mädchen Rae verliebt – nichts ahnend, dass diese ein Vampir ist. Bereits bei ihrem ersten Treffen beißt sie ihn und er wird schon bald darauf von einer Gruppe von Vampiren, der auch Rae angehört, aufgegriffen und entführt. Letztlich kann er aber entkommen und er sowie Rae werden durch Bluttransfusionen wieder zu Menschen.

Diese in den Achtzigern entstandenen Filme entfernen sich schon recht weit von der traditionellen Vampirrolle, indem sie den Vampir nicht als ein Wesen der Vergangenheit darstellen, das von seinen in Frack und Zylinder gekleideten Jägern getötet wird, sondern ihn in ein modernes Umfeld verlegen. Die Vampire werden menschlicher.

1985 erschien in Deutschland die für Kinder produzierte Fernsehserie *Der kleine Vampir*, die nach der Vorlage der beiden Bände *Der kleine Vampir* und *Der kleine Vampir zieht um* der zwanzigbändigen Buchreihe *Der kleine Vampir* von Angela Sommer-Bodenburg entstand. Sie erzählt die Geschichte von der Freundschaft zwischen dem kleinen Vampir Rüdiger und dem zehnjährigen Anton Bohnsack. Ab 1993 folgte eine 13-teilige Folgeserie unter dem Titel *Der kleine Vampir – Neue Abenteuer*, die auf den Bänden *Der kleine Vampir verreist* und *Der kleine Vampir auf dem Bauernhof* basiert. 2000 wurde der Stoff als deutsch-niederländisch-US-amerikanische Koproduktion «frei nach» der Vorlage der Buchreihe verfilmt. Dabei wurden wichtige Inhalte verändert beziehungsweise neu erfunden. Der Handlung des Films wurde beispielsweise nach Schottland verlegt, der Freund Rüdigers heißt Anthony Thompsen und ist ein US-Amerikaner. Auch als Theaterstück und Musical wurde *Der kleine Vampir* umgesetzt.

Die 90er Jahre boten neben der Vampirkomödie *Buffy – Der Vampirkiller* und dem kultigen Roadmovie *From Dusk Till Dawn*[411] zwei wirkliche Höhepunkte des Vampirfilms mit der sehr aufwändigen Produktion von Bram Stokers *Dracula*[412] durch den

---

[411] Regie: Robert Rodriguez. In den Hauptrollen: George Clooney als Seth Gecko, Quentin Tarantino als Richard Gecko, Salma Hayek als Santanico Pandemonium und Juliette Lewis als Kate Fuller. Der Film erlebte noch zwei Fortsetzungen *From Dusk Till Dawn 2 – Texas Blood Money*, 1999 und *From Dusk Till Dawn 3 – The Hangman's Daughter*, 2000, die allerdings beide nicht mehr unter der Regie von Robert Rodriguez entstanden und mit dem Original nicht mehr viel gemeinsam haben.

[412] In den Hauptrollen: Gary Oldman als Graf Dracula, Winona Ryder als Mina Murray, Keanu Reeves als Jonathan Harker und Anthony Hopkins als Prof. Abraham Van Helsing.

Regisseur Francis Ford Coppola, 1992 und der hervorragenden Verfilmung von Anne Rices *Interview mit einem Vampir*[413] im Jahr 1994. Die Dracula-Verfilmung Francis Ford Coppolas orientiert sich sehr eng an der Buchvorlage und ist ebenfalls absolut sehenswert. Für 2010 ist eine Art Fortsetzung mit dem Titel *The Un-Dead* geplant, die Handlung soll 25 Jahre nach den Ereignissen aus *Dracula* ansetzen.

Die Horrorkomödie *Buffy – Der Vampirkiller* kam im selben Jahr wie Coppolas Verfilmung des Dracula-Stoffes in die Kinos. Der Film handelt von der Highschool-Schülerin und Cheerleaderin Buffy, der der so genannte «Wächter» Merrick die Nachricht überbringt, dass sie eine neue «Jägerin» sei, auserwählt, ihre Mitmenschen vor Dämonen und Vampiren zu beschützen. Um den Kampf gegen den Vampirfürsten Lothos aufzunehmen, erlernt sie verschiedene Kampftechniken und eignet sich viel Wissen über Vampirismus an. Ihr Freund Pike hilft ihr im Kampf gegen die bösen Mächte. Der als Slapstick-Komödie missverstandene Film floppte 1992 im Kino wegen der schlechten Umsetzung des Drehbuchs, was den Drehbuchautor Joss Whedon gar dazu veranlasste, während des Drehs das Set zu verlassen. Vier Jahre später griff die Time-Warner-Tochter *The WB Television Network* die Idee wieder auf und begann in enger Zusammenarbeit mit Joss Whedon mit der Produktion der nun sehr erfolgreichen Serie *Buffy – Im Bann der Dämonen*, die im Frühjahr 1997 erstmals ausgestrahlt wurde. Auch die Serie handelt von dem Mädchen Buffy, das von höheren Mächten auserwählt wird, um die Welt vor Vampiren und Dämonen zu beschützen. Ein weiterer *Buffy*-Kinofilm wird gerüchtehalber nach dem Erfolg der *Twilight*-Saga erwogen, allerdings sollen dabei weder Joss Whedon noch die Besetzung der Serie ins Boot geholt werden. Ob eine solche Verfilmung den Fans der Serie zusagen würde, sei dahingestellt.

Ein Ableger der *Buffy*-Serie ist die Serie *Angel – Jäger der Finsternis*. Von ihr wurden von 1999 bis 2004 fünf Staffeln mit 110 Episoden produziert. Die Hauptfigur spielt hier der Vampir Angel, der ebenfalls eine Hauptrolle in den ersten drei Staffeln der *Buffy*-Serie innehatte.

1995 erschien eine weitere Komödie: *Dracula – Tot aber glücklich*. Der Film ist eine alberne, aber durchaus sehenswerte Dracula-Parodie des US-amerikanischen Regisseurs Mel Brooks und nimmt insbesondere die Draculaverfilmungen mit Bela Lugosi aus dem Jahr 1931 und mit Gary Oldman aus dem Jahre 1992 aufs Korn. Auch die bereits erwähnte «Spiegel-Szene» aus dem Film *Tanz der Vampire* wird parodiert.

Im selben Jahr kam die Horrorkomödie *Vampire in Brooklyn* des amerikanischen Regisseurs Wes Craven in die Kinos. Der Film beginnt damit, dass ein Schiff mit einer toten Mannschaft an Bord im Brooklyner Hafen einläuft. Als kurz darauf Julius

---

[413] Regie: Neil Jordan. In den Hauptrollen: Brad Pitt als Louis de Pointe du Lac, Tom Cruise als Lestat de Lioncourt und Christian Slater als Daniel Malloy.

Lesbian Vampire Killers

Green, der Neffe eines Beamten von der Hafenbehörde, am Hafen in einen Streit mit zwei Mafiosi gerät, taucht plötzlich der Vampir Maximillian auf, tötet die Mafiosi und zwingt Julius, ein paar Tropfen seines Bluts zu trinken. Dieser verwandelt sich darauf in eine Art Ghoul und begleitet Maximillian von nun an als Diener. Maximillian erzählt ihm, dass er eine Halbvampirin suche, die Tochter eines befreundeten Vampirs. Diese Person ist die Polizistin Rita Veder, die von grauenhaften Visionen heimgesucht wird und bisher nichts von ihrem Vater und ihrer halbvampirischen Existenz weiß. Maximillian versucht auf alle erdenkliche Weise, ihre Gunst zu gewinnen, und schafft es schließlich auch. Nachdem er sie gebissen und sie damit vollständig in einen Vampir verwandelt hat, besteht ihre einzige Hoffnung, wieder ein Mensch zu werden, nunmehr darin, Maximillian zu töten. Während eines finalen Kampfes zwischen Maximillian und ihrem Freund Justice pfählt sie Maximillian und wird, nachdem dieser sich aufgelöst hat, wieder zum Menschen. Der Film kann

Schauspieler Ian Somerhalder, Schauspielerin Nina Dobrev und Paul Wesley bei der Vorstellung der Hauptdarsteller von Vampire Diaries in der The Garden State Westfield Mall in New Jersey/New York

als eine freie Adaption von Bram Stokers Dracula verstanden werden, die Handlung weist jedenfalls deutliche Parallelen zu Stokers Roman auf. Allerdings sind die Protagonisten ausnahmslos Afroamerikaner, die Handlung spielt im amerikanischen Brooklyn und der Vampir Maximillian[414] stammt aus der Karibik.

Im Jahr 1998 drehte der Regisseur John Carpenter den Film *Vampires*, der eine interessante Mischung zwischen Western und Vampir-Horrorfilm darstellt. Als Handlungsvorlage diente der Roman *Vampire$* von John Steakley: Montoya und Jack Crow sind Anführer einer Gruppe von professionellen Vampirjägern. Eines Tages überrascht sie der mächtige Vampir Valek und tötet das gesamte Vampirjägerteam bis auf Jack Crow und Montoya. Von seinem Auftraggeber Kardinal Alba erfährt Crow, dass Valek beabsichtigt, sich in den Besitz einer Reliquie zu bringen, die es ihm ermöglicht,

---

[414] Gespielt von Eddie Murphy.

auch tagsüber umzugehen. Crow und Montoya nehmen die Verfolgung Valeks auf. Begleitet werden sie hierbei von einem Priester und einer jungen Prostituierten namens Katrina, die bereits von einem Vampir gebissen wurde. Katrina beißt Montoya unterwegs ebenfalls, Montoya verheimlicht dies allerdings vor Crow. Valek hat zwischenzeitlich die Reliquie in seinen Besitz gebracht und bald wird klar, dass Kardinal Alba ihm dabei geholfen hat, um selbst ewiges Leben zu erlangen. Crow wird von Valek und Alba gefangen genommen, wird aber von Montoya und dem Priester wieder befreit. Letztlich können sie Kardinal Alba und Valek töten, und Crow lässt seinen infizierten Partner und Katrina ziehen. Es wurden noch zwei Fortsetzungen produziert.[415]

Ebenfalls 1998 kam der erste Teil der *Blade*-Trilogie in die Kinos. Die Hauptrolle in allen Teilen spielt Wesley Snipes als Halbvampir Blade, der Jagd auf andere Vampire macht. Die Vampire in diesem surrealen Szenario sind in mächtigen Clans organisiert und beherrschen faktisch die Welt. Blade ist mit seinen Helfern unterwegs, um dieses Übel wenn schon nicht zu beenden, so doch, wo es geht, zu behindern, indem er massenhaft Vampire abschlachtet, die ihm vor sein Schwert, Pistole, Gewehr, Pflock, oder was auch gerade greifbar ist, kommen. *Blade* hatte, wie bereits angedeutet, noch zwei Nachfolger: *Blade II*, 2002 und *Blade – Trinity*, 2004. Ein vierter Teil soll in Planung sein. Die Vampire bei *Blade* sterben durch UV-Strahlung, Knoblauch, Silber oder, geradezu menschlich, an schweren körperlichen Verletzungen. Christliche Symbolen gegenüber sind sie unempfindlich. Die vampirischen Eigenschaften werden bei *Blade* pseudowissenschaftlich erklärt, so erleiden die Vampire beispielsweise einen anaphylaktischen Schock, wenn sie in Berührung mit Knoblauch kommen, und benötigen menschliches Blut, um ihren Hämoglobinmangel auszugleichen. Die *Blade*-Filmtrilogie basiert ursprünglich auf einer Comicreihe gleichen Namens. Sie stammt aus dem Hause Marvel und trat 1973 in dem Comic *Tomb of Dracula* Bd. 10 erstmals in Erscheinung. Der US-amerikanische Sender «Spike TV» adaptierte den Stoff und produzierte im Jahr 2006 13 Episoden der Fernsehserie *Blade – Die Jagd geht weiter*. Die Titelrolle übernahm darin der US-Rapper Kirk Jones. Die Fernsehserie floppte allerdings, sodass bereits im selben Jahr verkündet wurde, dass die Produktion neuer Folgen eingestellt werde.

2001 erschien der Film *Queen of the Damned*,[416] ein US-amerikanisch-australischer Vampirfilm, der auf den Romanen *The Vampire Lestat* und *Queen of the Damned* von Anne Rice basiert. Die beiden Bücher wurden im Drehbuch zu einer einzelnen Story

---

[415] *Vampires – Los Muertos*, 2002 und *Vampires – The Turning*, 2005.
[416] Die Hauptdarstellerin in der Rolle der Akasha, Aaliyah Dana Haughton, starb am 25.8.2001 bei einem Flugzeugabsturz. Der Film wurde erst nach ihrem Tod, am 22.2.2002 in den USA uraufgeführt.

zusammengefasst. Da der Film nicht besonders gut umgesetzt ist und von den literarischen Vorlagen deutlich abweicht, stieß er vor allem bei Anne-Rice-Lesern vorwiegend auf Ablehnung.

Einen sehr komplexen Fantasy-Horrorfilm brachte das neue Jahrhundert auf die Leinwand: *Underworld*[417] aus dem Jahr 2003. Erzählt wird darin der Kampf der Vampire gegen die Werwölfe, die Lykaner. Fortsetzungen gab es unter den Titeln *Underworld – Evolution*, 2006 und *Underworld – Aufstand der Lykaner*[418], 2009, unter gleicher Regie und mit denselben Hauptdarstellern.

Der erste Teil handelt vom Kampf der Vampire gegen die Lykaner (Werwölfe). Die Vampirin Selene macht seit Jahrhunderten Jagd auf Werwölfe und tötet sie. Als sie sieht, dass die Werwölfe einen bestimmten Menschen entführen wollen, rettet sie den bereits verletzten Mann. Es stellt sich dabei heraus, dass es mit ihm eine ganz besondere Bewandtnis hat, die bis zum Ursprung der Werwölfe und Vampire zurückreicht. Michael Corvin ist der direkte Nachkomme von Alexander Corvinus, dem ersten Unsterblichen. Dessen drei Söhne gingen unterschiedliche Wege. Einer von ihnen wurde von einer Fledermaus gebissen und wurde zum ersten Vampir, ein anderer erhielt einen Wolfsbiss und wurde so zum ersten Werwolf; der dritte lebte ohne irgendwelche unheimlichen Begegnungen und starb schließlich friedlich als Mensch. Von diesem dritten Sohn stammt schließlich Michael Corvin ab, dessen Blut die Lykaner haben möchten. Wird dieses Blut nämlich einem Lykaner oder Vampir injiziert, kann dieser wiederum mit dem Blut eines Vampirs bzw. Lykaners in Kontakt gebracht werden, ohne daran, wie es sonst unweigerlich geschehen würde, zu sterben. Stattdessen entstände ein Hybrid, der stärker und mächtiger wäre als ein reiner Vampir oder Werwolf. Michael wird so in die Auseinandersetzung zwischen den Werwölfen und Vampiren hineingezogen und schließlich von Kraven, dem Anführer der Vampire, erschossen. Selene beißt ihn daraufhin (sie hat sich mittlerweile in ihn verliebt), um sein Leben zu erhalten, und macht ihn zum Vampir. Dadurch wird er allerdings zu einem solchen Hybriden und der Vampirfürst Viktor (der einst Selene zur Vampirin machte) versucht Michael zu töten, was ihm auch fast gelingt, jedoch greift Selene ein und rettet Michael erneut das Leben, indem sie Viktor mit seinem Schwert erschlägt.

Der zweite Teil, *Underworld Evolution*, beginnt damit, dass sich Selene und Michael in Budapest vor anderen Vampiren, vor allem vor dem Vampirfürsten Marcus, verstecken. Sie finden heraus, dass Marcus (der erste Vampir) versucht, seinen Bruder

---

[417] Regie: Len Wiseman. In den Hauptrollen: Kate Beckinsale als Selene, Scott Speedman als Michael Corvin und Michael Sheen als Lucian.
[418] In diesem dritten Film wird die Vorgeschichte zu den beiden ersten Filmen erzählt.

William (den ersten Werwolf) ausfindig zu machen, der irgendwo seit vielen hundert Jahren gefangen gehalten wird. Er möchte ihn befreien, um mit ihm zusammen zu herrschen. Dazu benötigt er jedoch auch zwei Teile eines Schlüssels, von dem der eine Teil sich im Besitz seines Vaters Alexander Corvinus, der andere Teil bei Selene befindet. Michael und Selene machen Alexander Corvinus ausfindig, der ihnen die Geschichte seiner Söhne erzählt und zudem berichtet, dass er der Anführer einer Organisation ist, die sowohl gegen Werwölfe als auch Vampire vorgeht. Sie werden jedoch von dem Vampirfürsten Marcus überrascht, der sie angreift. Michael wird dabei getötet (allerdings nur scheinbar) und Alexander Corvinus tödlich verletzt. Marcus kostet dabei von Selenes Blut und kann so in ihre Gedanken schauen, womit er herausfindet, wo sein Bruder gefangen gehalten wird. Selenes Vater hatte einst das Gefängnis erbaut und so weiß sie auch, wo es sich befindet. Nachdem Marcus verschwunden ist, nimmt Selene Blut von dem sterbenden Alexander Corvinus zu sich, wodurch sie stärker wird. Mithilfe von Corvinus' Truppe versucht sie Marcus aufzuhalten, was ihr jedoch nicht gelingt. Dieser hat mittlerweile seinen Bruder befreit und metzelt Selenes Truppe nieder, die darauf zu Werwölfen werden. Zwischenzeitlich trifft aber auch der tot geglaubte Michael am Ort des Geschehens ein, und zusammen gelingt es ihnen schließlich, sowohl Marcus als auch William zu töten.

Der dritte Film *Underworld – Aufstand der Lykaner* erzählt die Vorgeschichte der ersten beiden Teile der *Underworld*-Trilogie. Der Titel ist Programm. In einer weit vergangenen Zeit werden die Werwölfe von den Vampiren brutal unterdrückt und in einer Festung gefangen gehalten. Unter der Führung von Lucian, dem ersten «geborenen» Werwolf, der die Fähigkeit besitzt, sich aus freien Stücken in einen Werwolf zu verwandeln, gelingt einigen von ihnen die Flucht. Lucian bändelt mit Sonja, der Tochter des Vampirfürsten Viktor, an, die schließlich ein Kind von ihm erwartet. Sonja wird von den Vampiren (inklusive ihres Vaters) wegen dieses unverzeihlichen Fehltritts zum Tode verurteilt. Das Urteil wird auch vollstreckt. Die Werwölfe stürmen darauf die Vampirfestung und töten alle darin befindlichen Vampire. Viktor, der vermeintlich tot schien, kann dem Massaker noch entkommen. Der Film endet mit der Einleitungsszene zum ersten Teil der *Underworld*-Filmreihe.

Auch im fernen Asien blieb man nicht untätig, und so entstand 2003 mit *The Twins Effect*, der in den USA unter dem Titel *The Vampire Effect* erschien, ein Vampirfilm mit den für Hauptdarsteller Jackie Chan üblichen Kampfsporteinlagen.

Ein Film mit ähnlichen Fantasy- und Horror-Elementen wie *Underworld* ist die Produktion *Van Helsing*[419] aus dem Jahr 2004. Er lehnt sich entfernt an die Figur des

---

[419] Regie: Stephen Sommers. In den Hauptrollen: Kate Beckinsale als Anna Valerious und Hugh Jackmann als Dr. Gabriel Van Helsing.

Abraham Van Helsing als Vampirjäger aus Bram Stokers *Dracula* an, hat aber mit diesem außer dem Namen nichts gemein. Der Film schlachtet viele Elemente klassischer Gruselgeschichten und Filme aus, die mit äußerster Verschwendung eingesetzten Spezialeffekte wirken allerdings sehr übertrieben, sodass man den Film als eine mit klassischen Horrorelementen gespickte Actionkomödie bezeichnen kann.

Drei Jahre darauf, 2007, erschien mit *30 Days of Night* ein weiterer Horrorfilm unter der Regie von David Slade. Die Handlung des düsteren Films spielt in einer jenseits des Polarkreises gelegenen Kleinstadt in Alaska, in der einmal jährlich für 30 Tage Dunkelheit herrscht. Wie jedes Jahr wollen viele Einwohner die Stadt in dieser Zeit verlassen, um später wieder zurückzukehren, was allerdings sabotiert zu werden scheint. Der Sheriff Eben Oleson jedenfalls hat alle Hände voll zu tun, um den rätselhaften Sabotageakten auf die Spur zu kommen, angefangen mit der zusammengebrochenen Telekommunikation, einem zerstörten Hubschrauber bis zu den von irgendwem getöteten Schlittenhunden des Ortes. Die Gefahr kommt in Gestalt von Vampiren in die Stadt. Die Vampire in *30 Days of Night* sind nicht besonders geistreich, sondern weisen eher zombieähnliche Züge auf. Oleson kann sie erst stoppen, als er sich selbst mit dem Vampirblut infiziert: Am Ende des Films ist die Gefahr zwar gebannt, er stirbt aber den Freitod in den Armen seiner Frau, indem er sich der Morgensonne aussetzt und zu Staub zerfällt.

Außerdem erschienen 2007 gleich zwei Neuverfilmungen des Romans *I am Legend*: Zum einen die US-amerikanische Low-Budget-Produktion *I Am Omega*, die auf dem Film *Omega Man* basiert, und zum anderen eine aufwändige Verfilmung unter dem Originaltitel *I am Legend*. *I Am Omega* erschien direkt auf DVD und stellt die wohl freieste Verarbeitung des Romanstoffes von *I am Legend* dar, *I Am Legend*[420] hingegen orientiert sich nah am Original und wurde sehr bombastisch umgesetzt.

2008 erschien mit *Låt den rätte komma in*[421] eine ungewöhnliche Produktion aus Schweden, eine Romanverfilmung des gleichnamigen Buches von John Ajvide Linqvist. Im Film verliebt sich der zwölfjährige Oskar in das Vampirmädchen Eli. Beide sind Außenseiter, sie, weil sie als Vampirin nur in der Dunkelheit die Wohnung verlassen kann und völlig isoliert lebt, er, weil seine Eltern geschieden sind und er in der Schule unentwegt verprügelt wird. Als immer mehr Menschen wegen Elis Blutdurst sterben müssen, verlassen Eli und Oskar gemeinsam die Stadt. Der Film spielt im Winter und vorwiegend im Dunkeln beziehungsweise im Halbdunkel, die beiden jungen Hauptdarsteller wirken durch ihre melancholische Darstellung zusätzlich tragisch. Für 2010 ist eine US-amerikanische Verfilmung des Stoffes unter dem Titel *Let me in* geplant.

---

[420] Mit Will Smith in der Hauptrolle.
[421] Deutscher Titel: *So finster die Nacht*.

Ebenfalls 2008 erschien der Horrorwestern *The Burrowers*. Er spielt im amerikanischen Westen des späten 19. Jahrhunderts. Eine Farm wird überfallen und alle Familienangehörigen vermutlich von Indianern entführt. Der Verlobte einer der Entführten macht sich zusammen mit anderen Farmern auf den Weg, um die Familie zu befreien. Unterwegs stellt sich allerdings heraus, dass nicht die Indianer für das Verschwinden der Menschen verantwortlich sind, sondern unter der Erde lebende vampirische Kreaturen, die Menschen als Nahrung jagen. Diese Wesen tragen einige sonst den Vampiren zugeeignete Wesenzüge – wie z. B. dass sie Blut trinken und kein Sonnenlicht vertragen.

2009 kam mit der britischen Produktion *Lesbian Vampire Killers* eine mit Splatterelementen bestückte Vampirkomödie in die Kinos, welche davon handelt, dass zwei junge Männer auf Vergnügungssuche in ein Dorf geraten, das seit Jahrhunderten von der (lesbischen) Vampirkönigin Carmilla beziehungsweise ihren vampirischen Dienerinnen heimgesucht wird. Die beiden Helden des Films sehen sich gezwungen, den Vampiren den Garaus zu machen, wenn sie nicht selbst ausgesaugt werden wollen.

Eine interessante, etwas andere Verfilmung ist der Film *Blood – The last vampire*, der gleichfalls 2009 in die Kinos kam. Das Mädchen Saya wurde ausgebildet, Vampire zu jagen und zu töten. Doch die junge Vampirjägerin verfolgt auch ihren ganz persönlichen Rachefeldzug: Sie will den Tod an ihrem Vater sowie ihrem Ziehvater rächen. Erst am Ende des Films erfährt sie die schreckliche Wahrheit: Die Person, die für die Morde verantwortlich ist, ist ihre eigene Mutter. In einem finalen Kampf tötet Saya ihre Mutter, muss aber von nun an mit der Gewissheit leben, ein Dämon zu sein. Die Geschichte wurde fast 1:1 aus dem gleichnamigen, im Jahr 2000 erschienenen Anime-Film adaptiert.

Noch nicht abgeschlossen ist derzeit die Verfilmung von Stephenie Meyers *Twilight*-Saga mit Kristen Stewart als Bella Swan und Robert Pattinson als Edward Cullen in den Hauptrollen. Der erste Teil, *Twilight – Bis(s) zum Morgengrauen*, kam 2008 in die Kinos. Der zweite Teil, *New Moon – Bis(s) zur Mittagsstunde*, kam 2009 unter anderer Regie[422] auf die Leinwand. Im Herbst 2010 wird der dritte Teil in die Kinos kommen.

Ebenfalls verfilmt wurde die erste Trilogie der *Darren-Shan*-Reihe des irischen Autors Darren Shan alias O'Shaughnessy. Der Film erschien 2009 unter dem Titel *Cirque du Freak: The Vampire's Assistant*[423], Regie führte Paul Weitz. Der Film floppte an den Kinokassen, obwohl er fast zeitgleich mit der Verfilmung des 2. Teils der Twilight-Saga, *New Moon – Bis(s) zur Mittagsstunde*, in dem Chris Weitz, der Bruder Pauls, Regie geführt hatte, in den Kinos anlief.

---

[422] Chris Weitz. Im ersten Teil führte Catherine Hardwicke die Regie.
[423] Deutscher Titel: *Mitternachtszirkus – Willkommen in der Welt der Vampire*.

Im Januar 2010 kam der viel versprechende Film *Daybreakers* von den Regisseuren Michael und Peter Spierig in den USA in die Kinos. Die Besetzung ist mit Sam Neill, Ethan Hawke und Willem Dafoe hochkarätig, die Grundstimmung des Films erinnert an die *Matrix*-Trilogie. In diesem Film hat ein Virus die Menschheit fast vollständig in Vampire verwandelt, die wenigen überlebenden Menschen werden in Farmen gezüchtet, um ihnen das Blut als Nahrung für die Vampire abzapfen zu können. Dieses reicht allerdings nicht mehr aus und die Vampire, die zu wenig menschliches Blut zu sich nehmen, degenerieren bald zu fledermausähnlichen «Subsider» genannten Monstern, die nichts Menschliches mehr an sich haben. Der Wissenschaftler und Vampir Edward Dalton versucht auf Drängen seines Chefs Charles Bromley, einen gleichwertigen Blutersatz künstlich herzustellen, träumt aber gleichzeitig davon, ein Heilmittel zu finden, das ihn wieder in einen Menschen umwandelt, nachdem er herausgefunden hat, dass ein Vampir wieder zum Menschen geworden war. Bald darauf findet er heraus, dass das Blut dieses ehemaligen Vampirs andere Vampire, die davon trinken, ebenfalls wieder in Menschen zurückverwandelt. Der Pharmakonzern-Chef und Blutlieferant Charles Bromley hat hingegen kein Interesse an einem derartigen Heilmittel, zumal in seinem Labor zwischenzeitlich ein Blutersatz entwickelt wurde, der in Produktion gehen kann. Der Versuch, Bromley zu überzeugen, scheitert, am Ende des Films aber verlässt der nunmehr geheilte Edward Dalton zusammen mit zwei Freunden die Firma mit dem Vorsatz, jedem Vampir, der dies wünsche, Heilung anzubieten.

Ebenfalls 2010 soll mit dem Film *Priest* ein weiterer Vampir-Western/Horrorfilm auf die Leinwand kommen. Der Film handelt von einem Priester, der eine Horde Vampire zur Strecke bringen will, die seine Nichte entführt haben. Die Vampire in diesem Film sollen computergeneriert sein.

Für 2011 ist der Film *Dark Shadows* geplant, in dem Johnny Depp die Rolle eines Vampirs übernehmen wird. Der Film soll auf der gleichnamigen TV-Serie basieren, die von Vampiren, Werwölfen, Hexen, Geistern und anderen übernatürlichen Wesen handelt.

Der Vampirhype der letzten Jahre brachte auch mehrere Fernsehserien auf den heimischen Bildschirm. Neben den bereits genannten Serien *Buffy – Im Bann der Dämonen* und *Angel – Jäger der Finsternis* sind noch die Serien *Moonlight, Blood Ties, True Blood* und *Vampire Diaries* erwähnenswert.

Die US-amerikanische Fernsehserie *Moonlight* handelt von dem Privatdetektiv und Vampir Mick St. John. In seiner Hochzeitsnacht im Jahre 1952 wurde er von seiner frischgebackenen Ehefrau Coraline in einen Vampir verwandelt. Mick konnte ihr nicht verzeihen, dass sie ihm dies angetan hatte, trennte sich schließlich von ihr und arbeitete in der folgenden Zeit als Privatdetektiv. Um keine Menschen töten zu müssen, besorgt Mick sich Blutkonserven. 1985 wird er beauftragt, im Fall einer Kindesentführung zu ermitteln. Bald findet er heraus, dass seine ehemalige Frau hinter dem Verbrechen steckt. Sie möchte auf diese Weise wieder mit ihm zusammenkommen, um so eine «richtige» Familie zu gründen. Mick ist jedoch unversöhnlich, befreit das Kind und überlässt seine Ex-Frau in dem in Flammen aufgegangenen Haus dem Tod. Das Kind jedoch behält er im Auge und verliebt sich Jahre später in die nunmehr junge Frau. Die Serie lief in den USA von 2007 bis 2008. Es wurde, wohl aufgrund der schlechten Einschaltquoten, nur eine Staffel mit 16 Episoden produziert.

Die Fernsehserie *Blood Ties – Biss aufs Blut* wurde nach den Büchern von Tanya Huff[424] 2006 bis 2008 in zwei Staffeln mit 22 Episoden produziert. Die Serie lief 2008/2009 in Deutschland: Sie handelt von der Polizistin Vicki Nelson, die ihre Arbeit verliert, nachdem bei ihr eine Krankheit diagnostiziert wird, die langsam zum Verlust der Sehkraft führt. Sie arbeitet fortan als Privatdetektivin und jagt Betrüger oder Ehebrecher. Bei einer Ermittlung trifft sie Henry, einen 450 Jahre alten Vampir, und jagt bald mit ihm zusammen Vampire, Dämonen und andere Monster.

Die «The Southern Vampire Mysteries»-Buchreihe wird seit 2008 in den USA unter dem Titel *True Blood* auch als Fernsehserie produziert. Sie handelt von der jungen Kellnerin Sookie Stackhouse, die sich in ihrem ländlichen Städtchen in den Vampir William Thomas Compton verliebt. Vampire leben in der Geschichte seit zwei Jahren in der Öffentlichkeit, seit es einem japanischen Wissenschaftler gelungen ist, künstliches Blut, *True Blood*, herzustellen, sodass die Bluttrinker nicht mehr auf Menschen zurückgreifen müssen, um ihren Hunger zu stillen. Vampire sind dennoch nicht gerne in der Öffentlichkeit gesehen, und so hat es Sookie mit ihrem Freund nicht leicht. Bislang wurden zwei Staffeln mit 24 Episoden abgedreht, eine dritte Staffel soll noch folgen.

Seit 2009 wird LJ Smiths Buchreihe *The Vampire Diaries* von der amerikanischen Firma CW Television Network als Fernsehserie verfilmt. Die deutsche Erstausstrahlung war im Januar 2010. Die Serie weicht in Einzelheiten von der Buchvorlage ab, beispielsweise ist Elena in der Serie brünett und hat einen Bruder namens Jeremy (im Buch eine kleine Schwester namens Margaret). Ihre Freundin Bonnie ist im Buch eine rothaarige Weiße, in der Serie aber ist sie eine Afroamerikanerin.

---

[424] Im Deutschen erschienen 5 Bände: 1. *Blutzoll*, 2. *Blutspur*, 3. *Blutlinien*, 4. *Blutpakt*, 5. *Blutschuld*.

4. Teil

Die Gier nach Blut – der so genannte «lebende Vampir», Serienmord und Blutfetischismus

> «... denn die Seele des Fleisches ist im Blut, und ich habe es euch auf den Altar gegeben, dass eure Seelen damit versöhnt würden. Denn das Blut ist es, das durch die in ihm wohnende Seele versöhnt.»
>
> — 3. Mose, 17,11.

Auch einen Menschen, der ein unnatürliches Verlangen nach Blutgenuss trägt, bezeichnen wir als Vampir. Manche bedürfen des Anblicks oder des Geschmacks von Blut, um sich sexuell erregen zu können, andere wiederum sehen das Blut als Sitz der Seele und der Kraft und konsumieren aus eher spirituellen Gründen kleinere Mengen Blut im Einverständnis mit dem Spender, der oft auch der Partner ist.[425] Schließlich gibt es aber auch diejenigen, die davon überzeugt sind, wirkliche Vampire[426] zu sein und Blut zum Überleben zu benötigen. Von diesem Gedanken ausgehend, ist der Weg zum Mord nicht weit, und so manchem Mörder oder Totschläger mag ein solcher «Blutdurst» den Anlass zur Tat gegeben haben. Man denke hier beispielsweise an den homosexuellen Serienmörder Fritz Haarmann, der seinen Opfern im Liebesrausch die Kehlen durchbiss, oder aber an die Metzeleien eines Jack the Ripper im London des Jahres 1888. Allerdings betrachteten sich diese Individuen nicht als Vampire, wohingegen Peter Kürten, ein Serienmörder in den späten 1920er Jahren, von der Presse den Namen «Vampir von Düsseldorf» erhielt. In der Naturwissenschaft des 19. Jahr-

---

[425] Britta Radkowsky: *Moderne Vampire. Mythos als Ausdruck der Persönlichkeit.* Neusäß 2005. Mark Benecke: *Vampire unter uns.* Rudolstadt 2009.
[426] Wobei sie sich dabei für gewöhnlich auf die Vorstellung des Vampirs stützen, die die Literatur der Romantik hervorgebracht hat.

Vlad Ţepeş Drăculea. Zeichnung nach einem Holzschnitt aus: Van deme quaden Thyrane Dracole wyda, *Lübeck, zw. 1488 und 93. (Entnommen aus:* Domni români după portrete şi fresce contemporane, *Sibiu, 1930)*

hunderts, und zwar insbesondere in der Psychologie, wandelte sich der Begriff des Vampirismus dergestalt, dass diese ihn auch für verschiedene Geisteskrankheiten bei lebenden Menschen gebrauchte: Die «Hämatomanie», d. h. die Blutsucht, eine in der Regel sexuelle Störung, die es Personen nur mithilfe des Fühlens und Schmeckens von Blut (des Sexualpartners) erlaubt, Geschlechtsverkehr auszuführen und dabei auch zum Höhepunkt zu gelangen, im weiteren Sinne ist dies eine Form des Sadismus. Dann die «Necrophilie», eine Neigung, mit menschlichen Leichen Geschlechtsverkehr durchzuführen, damit einher geht oft der «Necrosadismus», also die Leichenzerstückelung und die «Necrophagie», die Leichenfresserei. Der Psychiatrie-Professor Richard von Krafft-Ebing[427] hat zum Ende des 19. Jahrhunderts eine Vielzahl von Fällen solcher sexueller Verirrungen gesammelt und als Buch, ein Standardwerk seiner Zeit, veröffentlicht.[428]

Am 4. Juni 1964 fand in Berlin die Tochter der Rentnerin Anna Arndt ihre Mutter mit durchschnittener Kehle in der Wohnung liegen. Die Kriminalpolizei hatte schon bald den 19-jährigen Untermieter Frau Arndts, Raimund Kößling, als den Täter überführt. Es stellte sich später in der Untersuchungshaft heraus, dass Raimund Kößling von der fixen Idee besessen war, dass es tatsächlich Vampire gäbe. Kößling jedenfalls behauptete auf die Frage nach dem Grund für den Mord, die alte Frau sei ein Vampir gewesen und habe ihn beherrscht, sodass es für ihn kein anderes Mittel gegeben hätte, sich von ihr zu befreien, als sie zu ermorden.[429] Um sicherzugehen, hatte er der alten Dame, nachdem er sie ermordet hatte, noch einen Holzspan ihn die Brust gebohrt.

War Kößling schon geisteskrank, so trifft dies vielmehr noch auf den US-Amerikaner Richard Trenton Chase zu. Zwischen Dezember 1977 und Januar 1978 tötete Chase sechs Menschen, um ihr Blut zu trinken und teilweise ihre Eingeweide zu verzehren. Dies tat er, weil er glaubte, dass sein eigenes Blut sich langsam pulverisiere, wenn er nicht das anderer Menschen zu sich nehmen würde, und er sterben müsste. Des Weiteren war Chase nekrophil veranlagt, er war unfähig, normalen Geschlechtsverkehr auszuüben, und konnte nur durch die Schändung von Leichen zum Orgasmus gelangen. Nach seiner Festnahme wurde er vor Gericht des sechsfachen Mordes für schuldig befunden und sollte in der Gaskammer hingerichtet werden. Doch dazu kam es nicht mehr: Chase nahm sich durch eine Überdosis Antidepressiva, die er über einen längeren Zeitraum im Gefängnis gesammelt hatte, am 26. Dezember 1980 in seiner Zelle das Leben.[430]

---

[427] * 14. 8. 1840, † 22. 12. 1902.
[428] Richard von Krafft-Ebing: *Psychopathia sexualis*. Stuttgart 1903.
[429] *Der Spiegel* Nr. 27, Jg. 1964. *Mord aus Aberglauben.*
[430] R. K. Ressler u. T. Shachtman: *Ich jagte Hannibal Lecter.* München 1993. S. 22 ff.

Nekrophil veranlagt war auch der taubstumme Kuno Hofmann, der «Vampir von Nürnberg», wie die Presse ihn betitelte. Ab dem Jahre 1971 brach Hofmann in Leichenhallen ein, um sich durch schwarzmagische Künste eine «Totenbraut» zu erschaffen. Dort verging er sich an den weiblichen Leichen und trank ihr Blut. Am 6. Mai 1972 wurde er von dem Friedhofswärter überrascht, schoss ihn jedoch nieder und ließ ihn liegen. Der Mann überlebte schwer verletzt. Nur einen Tag darauf erschoss er ein junges Paar, dessen Auto am Waldrand parkte. Er entblößte die Leiche der jungen Frau und trank von ihrem Blut. Wenige Tage später konnte Kuno Hofmann verhaftet werden und wurde 1976 zu einer lebenslangen Haftstrafe verurteilt.[431]

Diese wenigen Beispiele sind natürlich nur die Spitze des Eisbergs, und meistens ist es die Presse, die solchen Gewaltverbrechern den Titel eines «Vampirs» verleiht. Ein weiterer berühmter Sadist und Blutfetischist (zumindest wird dieser Eindruck beim Lesen seiner mutmaßlichen Gräueltaten erweckt) war der berühmt-berüchtigte Fürst Vlad III. Țepeș Drăculea.

Vlad III. Țepeș Drăculea

Die Romanfigur Dracula basiert auf der historischen Gestalt des walachischen Fürsten Vlad III. Țepeș Drăculea[432] aus dem 15. Jahrhundert. Was der Romanautor an der Person des spätmittelalterlichen Fürsten so reizvoll fand, dass er ihn, wenn auch nur namentlich, zur Hauptperson seines Werkes machte, war unzweifelhaft die Überlieferung von dessen Grausamkeit und ein ihm nachgesagter Blutdurst. Inwiefern diese vor so langer Zeit überlieferten Geschichten einen wahren Hintergrund besitzen, sei dahingestellt. Fakt ist jedenfalls, dass das 15. Jahrhundert eine Zeit großer Kriege und politischer wie geistiger Umwälzungen war, in denen die verschiedenen Landesfürsten in nicht besonders feinfühliger Manier versuchten, Ordnung und Regiment in ihren Herrschaften aufrechtzuerhalten. Vlad III. war da keine Ausnahme. Nachdem sein Vater einer Intrige des ungarischen Königs zum Opfer gefallen war, bestieg er für kurze Zeit im Jahre 1448 den walachischen Thron, wurde aber einige Monate später von den Ungarn nach Moldawien ins Exil getrieben. 1451 versöhnte er sich wieder mit den Ungarn und wurde der persönliche Berater des ungarischen Regenten Johann Hunyadi. Dieser versuchte sich an einem groß angelegten Feldzug gegen die Türken, welche damals weite Teile der Balkanhalbinsel beherrschten. Im Jahre 1456 marschierte Johann Hunyadi mit einem Heer ins türkisch besetzte Serbien ein, Vlad III.

---

[431] *Der Spiegel* Nr. 36, Jg. 1976. Gerhard Mauz: *Mutmaßungen über Kuno.*
[432] 1431–1476.

drang in die mittlerweile von den Türken faktisch beherrschte Walachei vor und konnte sich schließlich als Regent durchsetzen. Seine Herrschaft, die bis 1462 andauerte, ehe er wieder von den Ungarn gefangen genommen wurde, war von dauernden Konflikten mit dem Landesadel geprägt. Die siebenbürgischen Städte erkannten seine Herrschaft nicht an und er hatte durch die ständige Bedrohung durch die Türken an seiner Grenze alle Hände voll zu tun, um sich auf dem Thron zu halten. In diesen sechs Jahren seiner Regierungszeit sollen nun all die unerhörten Grausamkeiten vorgefallen sein, die sich bereits in deutschen Frühdrucken und handschriftlichen Manuskripten aus den späten 1460er Jahren finden. Seine bevorzugte Hinrichtungsart war das Pfählen,[433] aber er ließ seine unglücklichen Opfer auch sengen, brennen und erschlagen und machte auch nicht vor Frauen, Kindern und Alten halt. Das so genannte «Pfählen» führte man übrigens auf folgende Weise durch: Der dazu Verurteilte wurde nackt ausgezogen und mit dem Gesicht auf den Boden gelegt. Der Scharfrichter, dessen Gehilfen die Beine des Delinquenten zwischenzeitlich gespreizt und am Boden mit Pflöcken und Stricken fixiert hatten, schnitten ihm nun mit einem kleinen Messer den Anusmuskel auf und trieben mit Hammerschlägen einen vorn angespitzten, jedoch abgerundeten und gefetteten armdicken Pfahl durch den Anus etwa 40 cm weit hinein. Danach wurde der Pfahl mit dem Verurteilten aufgerichtet und in der Erde verankert. Durch sein eigenes Körpergewicht rutschte der Verurteilte langsam immer weiter den Pfahl hinunter bzw. der Pfahl drang in ihn ein, bis er schließlich an einer Stelle der oberen Körperpartie wieder herausdrang. Der Tod konnte bei dieser Hinrichtungsart mehrere Tage auf sich warten lassen, da durch die abgerundete Spitze des Pfahls keine lebenswichtigen Organe des Opfers verletzt werden. Die Qualen, die ein solcher Todeskandidat während der langen Hinrichtungszeit auszustehen hatte, sind wohl kaum vorstellbar. Auf der anderen Seite jedoch steht es außer Zweifel, dass Vlad III. von seinem Volk verehrt und geliebt wurde. Dies ist kein so abwegiger Widerspruch, wie es sich zunächst anhören mag. Trotz seiner drastischen Methoden sah sich Vlad III. der Ehre verpflichtet. Er verabscheute Verbrechen wie Diebstahl und Ehebruch, die er als unzumutbar für das öffentliche Leben und die Volksmoral betrachtete und so auch entsprechend hart bestrafte. Liederlichkeit, Zuchtlosigkeit und ungebührliches Betragen, das nicht allen Regeln der Höflichkeit entsprach, waren ihm zutiefst verhasst. Soll man den alten Quellen Glauben schenken, so brachte er es während seiner Regierungszeit tatsächlich so weit, dass in der Walachei keine Verbrechen mehr stattfanden, da alle halbweltlerischen Gestalten seinen Zorn fürchteten.

Vlad III. verbrachte die Zeit bis 1476 nach seiner erneuten Gefangennahme durch die Ungarn in Festungshaft, bis sie seiner wieder bedurften. Die Türken, die er ehedem

---

[433] Daher sein Beiname Țepeș: «Der Pfähler».

das Fürchten gelehrt hatte, rückten den Ungarn zu sehr auf den Pelz. In diesem neuerlichen Feldzug in die Walachei konnte sich Vlad III. noch einmal die Herrschaft über sein Fürstentum sichern, doch zu seinem Unglück nur für kurze Zeit. Ende 1476 geriet er, als er mit einer kleinen Streitmacht unterwegs gewesen war, nach einem Gefecht mit türkischen Truppen in Gefangenschaft und wurde anschließend enthauptet. Sein Kopf wurde nach Konstantinopel an den türkischen Sultan gesandt, der übrige Leichnam soll sich in einem Grab auf der Klosterinsel Snagov befinden, wurde allerdings bis heute trotz angestellter Grabungen nicht aufgefunden. Was nun die von ihm verübten oder angedichteten Gräueltaten betrifft, so heißt es in den alten Quellen aus dem 15. Jahrhundert, er habe etliche Dörfer in Siebenbürgen überfallen und niederbrennen lassen, die Bevölkerung derselben gefangen nach der Walachei geführt und dort ohne Rücksicht auf Geschlecht und Alter pfählen lassen. Die Bevölkerung der Stadt Kronstadt habe er pfählen lassen und während dieser Prozedur gefrühstückt.

Weiterhin habe er einen großen eisernen Kessel schmieden lassen, diesen mit Wasser gefüllt, Menschen hineingeworfen und sie mit den Köpfen durch Bretter gesteckt, sodass ihr Körper im Wasser und der Kopf außerhalb desselben war. Dann ließ er Feuer unter den Kessel setzen und die Menschen so bei lebendigem Leib zu Tode kochen. Einen Zigeuner, der gestohlen hatte, habe er fangen lassen. Seiner Familie und seinen Freunden, die Dracula baten, ihn freizulassen, antwortete der Fürst, der Dieb solle hängen und sie müssten dies selbst tun. Als die Zigeuner sich weigerten, da dies bei ihnen nicht Brauch sei, ließ Dracula den Gefangenen bei lebendigem Leibe kochen und zwang die anderen Zigeuner, dessen gekochtes Fleisch zu essen. Er ließ sogar einen seiner Beamten pfählen, als dieser zu ihm kam, während er gerade bei den Gepfählten spazieren ging. Der Beamte fragte ihn, warum er dies unter diesem Gestank tue. Dracula fragte zurück, ob es ihm übel rieche. Als der Beamte bejahte, ließ er ihn auf einen besonders hohen Pfahl aufstecken, der über die anderen hinausragte, damit er «reinere Luft atmen könne». Weiters habe er in Siebenbürgen die Einwohner der Stadt Kalmütz zusammentreiben und alle von seinen Soldaten mit Schwertern und Äxten niederschlagen und zerhacken lassen; er soll seine Mätresse von unten nach oben mit dem Schwert aufgeschlitzt haben, als sie behauptete, schwanger zu sein; er ließ Kinder braten und ihre Mütter zwingen, diese zu essen. Dann habe er den Frauen die Brüste abschneiden lassen und deren Männer gezwungen, diese wiederum zu essen. Alle Bettler in seinem Land habe er in einer großen Halle zusammenkommen lassen, ihnen ein Mahl zubereitet, darauf die Halle versperrt und angezündet, worauf die darin Gefangenen verbrannt seien.[434]

---

[434] Ralf Peter Märtin: *Das Leben des Fürsten Vlad Tepes*. Berlin 2001. S. 128 ff.

Derart brutal und sadistisch wurde Dracula von seinen Zeitgenossen charakterisiert.[435] Nicht nachweisen lässt sich allerdings der ihm nachgesagte Blutdurst, wonach er den Lebenssaft der von ihm Hingemordeteten getrunken hätte. Es gibt meines Wissens nach keine Quelle, die dies belegen könnte. Bram Stoker nahm diese Legende jedoch für sich in Anspruch, um aus Vlad III. Țepeș Dracula einen literarischen Erzvampir zu schaffen, dem keiner der nachfolgenden fiktiven Blutsauger auch nur annähernd das Wasser reichen konnte.

Elisabeth Bathory

Nichtsdestotrotz kam im 19. Jahrhundert noch eine weitere historische Persönlichkeit zu postmortalem literarischen Ruhm. Es handelt sich dabei um die so genannte ungarische «Blutgräfin» Elisabeth oder auch Erzsébet Bathory.

Elisabeth entstammte einem altehrwürdigen Geschlecht des ungarischen Hochadels und wurde im Jahre 1560 geboren. Bereits 1575 wurde sie, damals gerade 15-jährig, mit dem ungarischen Grafen Franz Nadasdy verheiratet. Ihr Ehegatte befand sich die meiste Zeit auf Kriegszügen gegen die Türken, sodass Elisabeth den Haushalt und die Regierungsgeschäfte ihrer Besitzungen von Burg Csejte aus allein leitete. Franz Nadasdy starb im Jahre 1604, und so erbte Elisabeth alles und war nun unumschränkte Herrscherin über ein gewaltiges Vermögen und große Ländereien. Burg Csejte wurde auf Befehl des ungarischen Königs Matthias II. von dem Grafen Georg Thurzo, einem Verwandten Elisabeths, gestürmt und sie selbst in Haft genommen. Lebendig in einem Zimmer ihrer Burg eingemauert, starb Elisabeth am 21. August 1614. Was war geschehen? Elisabeth wurde vorgeworfen, über die Jahre über 600 teils adlige Mädchen bestialisch getötet zu haben. Die Gründe sollten ihre sadistische Veranlagung und satanistische Praktiken sein. Einige ihrer treuesten Diener wurden als ihre Helfershelfer hingerichtet, sie selbst zu lebenslanger Haft in einem vermauerten Zimmer verurteilt. Historiker sind heute geteilter Meinung, ob Elisabeth Bathory zu Recht verurteilt wurde oder einer politischen Intrige der regierenden Habsburger zum Opfer fiel.[436] Habsburger und Bathorys konkurrierten in vielerlei Hinsicht um die Macht in Ungarn und der umliegenden Balkanstaaten, sodass die Vermutung natürlich naheliegt, Elisabeth sei einem politischen Rundumschlag der Habsburger erlegen, zumal sie selbst in dem gegen sie geführten Prozess nicht angehört und die

---

[435] Entsprechende Frühdrucke findet man in deutscher Übersetzung in: Dieter Harmening: *Der Anfang von Dracula.* Würzburg 1983. S. 32 ff.
[436] László Nagy: *A rossz hirü Báthoryak.* Budapest, 1984.

Aussagen ihrer Diener zum Teil unter der Folter erpresst wurden.[437] Das 19. Jahrhundert jedoch hegte noch keinerlei Zweifel an der Schuld Elisabeths und so erschien auf dem Höhepunkt der Schauerromantik im Jahre 1805 in Deutschland der Roman *Isidore von Nadasdi, Vicekönigin von Hungarn, zwölffache Mörderin aus Eitelkeit. Eine wahre schaudervolle Begebenheit des siebzehnten Jahrhunderts* von Ernst Johann Daniel Bornschein. Der Roman war sehr erfolgreich, sodass er bis 1852 vier Auflagen erlebte. Ganz im Sinne der schwarzen Romantik erlebt die Hauptprotagonistin in dem Buch die Höhen und Tiefen des Wahnsinns einer mörderischen Persönlichkeit, sodass im Jahre 1854, zwei Jahre nach dem Erscheinen der letzten *Isidore*-Auflage, der Schriftsteller Moritz Gans eine vierbändige Version des Bathory-Stoffes in seinem Roman *Elisabeth Bathory – Die Geheimnisse der Schachtizburg*, verarbeitete. Auch dieses Werk fand breite Aufnahme in Deutschland und regte auch dazu an, das Schicksal Elisabeth Bathorys historisch zu erforschen, wie die immer häufiger werdenden Publikationen über ihre Person in den folgenden Jahren bis auf unsere Zeit bezeugen. In Beziehung mit dem Vampirismus wird Elisabeth erst seit dem 20. Jahrhundert gesetzt, wo sie in verschiedenen Filmen in dessen Nähe gerückt wird. Heutzutage ist sie vom Begriff des Vampirismus bzw. der lebenden Vampire nicht mehr zu trennen. Sind die Anschuldigungen wider sie gerechtfertigt gewesen, so steht diesem auch nichts im Wege, obgleich sie dann mehr im Bereich der mörderischen Blutfetischisten anzusiedeln gewesen wäre.[438]

Der «Vampir von Muy»

Als ein gut dokumentiertes Beispiel von Nekrophilie gilt der skandalträchtige Fall des gegen Ende des 19. Jahrhunderts bekannt gewordenen «Vampirs von Muy» in Frankreich. Sein richtiger Name lautete Victor Ardisson. Sein leiblicher Vater war unbekannt; seine Mutter war bereits schwanger, als sie Honoré Ardisson heiratete, der ihn an Sohnes statt annahm. Freunde besaß Victor nicht, weil ihn die anderen Jungen im Dorf für «seltsam» und geistig zurückgeblieben hielten. Als junger Erwachsener übernahm er den Beruf des Totengräbers in seinem Ort. Da kam es ihm dann auch in den Sinn, geschlechtlich mit Frauenleichen zu verkehren. Dabei war es ihm gleichgültig, ob es sich nun um Kinderleichen oder die alter Menschen handelte. Er schlich sich nachts auf den Friedhof, grub den Leichnam, den er mittags unter die

---

[437] *Hesperus. Nationalblatt für gebildete Leser.* Nr. 31. Juni 1817. Abschrift des Zeugenverhörs in Betreff der grausamen Tat, welcher Elisabeth von Bathory, Gemahlin des Grafen Franz Nadasdy, beschuldigt wird. (1611)
[438] Michael Farin: *Heroine des Grauens. Elisabeth Bathory.* München 1999.

Erde gebracht hatte, wieder aus, nahm den Deckel vom Sarg, zog die Tote heraus und vollzog den Geschlechtsakt mit ihr. Nachdem er sich dann an der Leiche befriedigt hatte, legte er sie wieder in den Sarg zurück, schaufelte das Grab zu und kehrte nie wieder dahin zurück.

Aufgeflogen ist Ardisson schließlich, als es ihm nicht mehr genügte, die Leichen heimlich des Nachts auf dem Friedhof zu schänden, sondern anfing, sich «Souvenirs» mit nach Hause zu nehmen. Von dem unerträglichen Geruch geführt, fand er schließlich eine entstellte Mädchenleiche auf dem Dachboden seines Hauses und alarmierte die Polizei. Diese nahm Victor Ardisson sofort in Gewahrsam, wo er auch sofort ohne eine Gemütsregung ein umfassendes Geständnis ablegte.[439]

Francois Bertrand, der «Vampir von Paris»

Über den Nekrosadismus, also das triebhafte Verlangen, Leichen von Menschen oder Tierkadaver zu zerstückeln, gibt es ein beredtes Beispiel des im 19. Jahrhundert über die Landesgrenzen Frankreichs hinaus bekannt gewordenen Fall Sergeant Francois Bertrands, des «Vampirs von Paris», unter welcher Bezeichnung er damals in aller Munde war. Wie man sieht, genügte bereits die Kombination aus Friedhof – Leiche – Sex und Täter, um aus diesem Letzteren im psychologischen Begriff der Zeit einen «Vampir» zu machen.

Bertrand schändete und zerstückelte während seiner Zeit in der französischen Armee von 1846–1849 eine Unzahl weiblicher, vereinzelt auch männlicher Leichen auf verschiedenen Friedhöfen seiner Garnisonsorte. Wie es dazu kam, gab Bertrand in seinem Geständnis bekannt, das er nach seiner Festnahme am 16. März 1849 ablegte:

Er muss bereits im frühen Jungenalter sehr an Frauen interessiert gewesen sein, mit 14 Jahren, kannte er, wie er selbst sagte, kein Maß mehr. Weil er noch sehr jung war und es ihm an Mut mangelte, verschaffte er sich in dieser Zeit noch Tierkadaver statt menschlicher Leichen. Er schlitzte ihnen den Bauch auf, zog die Eingeweide hervor und onanierte dabei. Nach dem Orgasmus schämte er sich dann, was ihn allerdings nicht daran hinderte, es bei nächster Gelegenheit wieder zu tun.

Als junger Mann ging er zum Militär und wurde dem 74. Linienregiment in La Villette zugeteilt. Dort zog er, um seiner Leidenschaft zu frönen, zunächst Kadaver von ertrunkenen Tieren aus dem St.-Denis-Kanal und zerstückelte sie. Bald kam es ihm aber in den Sinn, lebende Tiere, vor allem herrenlose Hunde, die den Soldaten immer

---

[439] Näheres über den Fall in: A. Epaulard: *Vampirisme, nécrophilie, nécrosadisme, nécrophagie*. Lyon 1902. u. Dr. E. Laurent: *Sadismus und Masochismus*. Berlin 1904.

um Futter bettelnd hinterherliefen, zu fangen, zu töten und dann in den warmen Eingeweiden zu wühlen und diese herauszuziehen. In diesem Jahr, 1846, überkam es ihn dann übermächtig, sich an menschlichen Leichen zu vergreifen, er hatte aber noch zu viel Furcht und erst 1847 verübte er dann zu Anfang des entsprechenden Jahres seine erste Grabschändung auf dem Friedhof der Stadt Bléré, wobei er aber gestört wurde, nachdem er gerade den Körper aus dem Sarg gezerrt hatte. Im darauffolgenden Jahr, in Paris stationiert, beging er seine ersten wirklichen Zerstückelungen an menschlichen Leichen. Auf dem Friedhof Pére Lachaise grub er im Juni 1848 in der Nähe eines Massengrabs den Körper einer etwa 40-jährigen Frau aus, der, wie er berichtete, noch ziemlich gut erhalten war: «Ich schnitt den Leib auf, riss die Eingeweide heraus und zerschnitt sie in meiner Raserei in tausend Stücke. Während eines Zeitraums von 14 Tagen ging ich jeden Abend auf den Friedhof. In dieser Zeit grub ich drei oder vier Frauen aus, mit denen ich dasselbe tat wie mit der ersten ...» Als er nach Douai versetzt wurde, begann er auf dem dortigen Friedhof mit den Leichen auch den Koitus durchzuführen, bevor er sie zerstückelte.

In Paris machten mittlerweile die Taten des Leichenschänders Schlagzeilen, und die Behörden sahen sich veranlasst, die Friedhöfe des Nachts streng bewachen zu lassen. Bedenkt man jedoch die Zeit, die Weitläufigkeit der Pariser Friedhöfe und die eingeschränkten Kommunikationsmöglichkeiten der Streifen, so ist es nicht verwunderlich, dass Bertrand sich nicht davon abhalten ließ, immer weiter, fast jede Nacht, die Friedhöfe heimzusuchen. Er wurde dabei immer erfindungsreicher und auch brutaler im Umgang mit den toten Körpern.

Im Juli 1848 entdeckte man im Friedhof De Sud, dass von dem Graben aus, der das dortige Massengrab umgab, ein Laufgraben ausgehoben worden war, um einen Sarg herauszuwühlen. Die Seitenwände des Sarges waren zerbrochen und die Leiche einige Meter weitergeschleppt worden. Es handelte sich dabei um den Körper eines hübschen Mädchens, der bereits im Zustand fortgeschrittener Verwesung war. Die Leiche lag frei im Gelände, für jedermann sichtbar. Bertrand hatte ihr den Unterleib aufgeschnitten, sodass die Eingeweide herausquollen. Nur ein wenig entfernt davon stand der Sarg einer Frau in den Dreißigern, mit deren Leichnam er ein Gleiches getan hatte. Noch zwei weitere Särge hatte der «Vampir von Paris», wie der Unbekannte nun in der Öffentlichkeit genannt wurde, freigegraben, doch waren diese ungeöffnet. Die Empörung der Pariser Einwohnerschaft kannte ob der Untaten Bertrands keine Grenzen mehr. Die Polizei stand unter großem Druck, doch konnte sie seiner einfach nicht habhaft werden. Durch die rege Bewachungstätigkeit der Behörden sah sich Bertrand aufgrund der Entdeckungsgefahr genötigt, auf den gesondert liegenden Friedhof der Selbstmörder und Seuchenopfer auszuweichen, der immer noch praktisch unbewacht lag. Er konnte dort recht ungestört seinem Handwerk nachgehen, doch es störte ihn über die Maßen, dass dort kaum Frauenleichen anzutreffen waren. Wie er selbst zu Protokoll gab, musste er in einer Nacht 12–15 Gräber aufwühlen, bis er eine Frauenleiche fand. Dies führte ihn letztlich, trotz der Gefahr der Entdeckung, die ihm dort drohte, zu den regulären Friedhöfen zurück, wobei er nun sein Augenmerk ganz besonders dem Montparnasse-Friedhof zuwandte. Seine Raserei bei der Leichenzerstückelung wurde dabei immer grenzenloser.

Als er nun am 6. November 1848 abends wieder über die Friedhofsmauer auf den Friedhof Montparnasse einsteigen wollte, wurde er fast erwischt. Eine Friedhofswache hatte ihn entdeckt und einen Schuss auf ihn abgefeuert. Bertrand wurde nicht getroffen, doch versteckte er sich, wie er später aussagte, ungefähr zwei Stunden flach ausgestreckt auf der gefrorenen Erde, bis er sich wieder sicher fühlte. Durch den Schuss auf ihn in eine unsägliche Wut versetzt und weit davon entfernt, aufzugeben, grub er den Leichnam einer jungen 25-jährigen Frau aus, die kürzlich ertrunken war.

Einige Tage später ging Bertrand noch einmal zum Montparnasse zurück, um zwei Leichen auszugraben. Danach wurde er ruhiger und es überkam ihn eine schwere Depression. Bis zu dem Zeitpunkt, an dem er verhaftet wurde, im März 1849, war er nur noch zweimal auf dem Friedhof, um Leichenschändungen vorzunehmen. Auch mag die nun mit äußerster Strenge durchgeführte Bewachung der Kirchhöfe ihm das Graben verleidet haben, denn es wurde zweimal auf ihn geschossen und die Kugeln verfehlten ihn nur knapp.

Allerdings war seine Zeit nun gekommen. Zwar enthielt sich Bertrand in den folgenden Wochen, in die Friedhöfe einzubrechen, doch im März 1849 konnte er sein Verlangen nach einem neuen Leichnam nicht länger unterdrücken. Am 15. des Monats verließ er gegen 10 Uhr abends ein Lokal, um zu einer Verabredung zu gehen. Er kam dabei an dem Friedhof Montparnasse vorbei und ein unbändiges Verlangen trieb ihn nun wieder über die Friedhofsmauer. Er glaubte vielleicht, dass die Wachen, nachdem es nun seit längerer Zeit keine Vorfälle mehr gegeben hatte, in ihrer Tätigkeit etwas nachlässig geworden wären, doch irrte er sich. Kaum gelangte er über die Mauer, wurde mit einem dort befindlichen Geschütz nach ihm geschossen. Er wurde an der Hüfte und an beiden Schenkeln erheblich verletzt, doch es gelang ihm nochmals die Flucht über die Friedhofsmauer und er konnte in ein Hospital flüchten, wo er jedoch gefangen gesetzt wurde. Am 10. Juli 1849 wurde Sergeant Bertrand durch das Pariser Kriegsgericht zu einem Jahr Festungshaft verurteilt.[440]

---

[440] E. Laurent: *Sadismus und Masochismus*. Berlin 1904. S. 74 f.

Peter Kürten, der «Vampir von Düsseldorf»

Peter Kürten[441] war schwer geistesgestört und hatte schon als junger Mann eine Vielzahl von Einbrüchen und Brandstiftungen verübt. Bei einem solchen Einbruch kam es 1913 zu seinem ersten Mord an einem jungen Mädchen, das er in der Wohnung schlafend vorgefunden hatte. Der Mord blieb vorerst unaufgeklärt. 1923 heiratete Kürten sogar, doch 1929 brachen bei ihm seine mörderischen Tendenzen durch und er verübte in der Zeit von Februar bis November 1929 acht Morde an Personen, die bis auf eine Ausnahme alle weiblichen Geschlechts waren. Am 24. Mai 1930 wurde Kürten verhaftet. Sein Prozess verlief nach den Verhören und der Beweisaufnahme kurz, innerhalb von zehn Tagen. Am 22. April 1931 wurde Peter Kürten zum Tod verurteilt, das Urteil wurde mit dem Fallbeil am 2. Juli 1931 vollstreckt. Seinen Spitznamen «Vampir von Düsseldorf» erhielt Kürten dadurch, dass er in den Verhören aussagte, dass er im Park einem jungen Schwan den Hals aufgeschlitzt und dessen Blut getrunken habe. Angeblich hat er dies auch bei den von ihm Ermordeten getan.[442]

Polizeifoto von Peter Kürten, 1931

John George Haigh, der «Vampir von London»

John George Haigh[443] war eigentlich weniger psychopathischer Natur als vielmehr ein Betrüger, der sich durch seine verübten Morde das Vermögen seiner Opfer aneignete, indem er geschickt Dokumente fälschte, die ihn als Vermögensverwalter oder Ähnliches einsetzten. Er brachte die so erworbenen Vermögen jedoch immer innerhalb kürzester Zeit beim Glücksspiel wieder durch. Die Körper seiner mindestens sechs Opfer löste er in Fässern, die mit Schwefelsäure gefüllt waren, auf, was ihm jedoch nicht ganz gelang, da die Polizei nach seiner Festnahme noch körperliche Überreste in den Säurefässern fand, die man verschiedenen seiner Opfer noch zuordnen konnte. Haigh mordete aus reiner Habgier, er versuchte allerdings, dem Galgen zu entgehen, indem er Unzurechnungsfähigkeit vortäuschte. Er behauptete, das Blut seiner Opfer

---

[441] *26.5.1883, hingerichtet 2.7.1931.
[442] E. Lenk u. K. Kaever: *Peter Kürten, genannt der Vampir von Düsseldorf*. Frankfurt 1997.
[443] *24.7.1909, hingerichtet 10.8.1949.

getrunken zu haben und die Morde aufgrund dieses Blutdurstes vollführt zu haben. Gutachter, die darüber befanden, taten diese Aussage allerdings als Theater ab, das Haigh nur erfunden habe, um der Todesstrafe zu entkommen. Dennoch nannte die britische Presse Haigh auf diese Aussagen hin den «Vampir von London».[444]

Der «Vampir von Marshfield»

Am 10. April 1980 erschoss der damals 23-jährige James Riva aus Marshfield, Massachusetts, seine 74-jährige Großmutter und trank von ihrem Blut. Riva war seit seinem dreizehnten Lebensjahr fasziniert von Vampiren und hatte schon früh Tiere getötet, um ihr Blut zu trinken. Bei einer anderen Gelegenheit hatte er einem Freund auf die Nase geschlagen und versucht, einen anderen zu stechen, um Blut von ihnen zu erhalten. Als er einem Psychiater erzählte, dass er Stimmen höre, die ihn vor Vampiren warnen würden, wurde bei ihm paranoide Schizophrenie diagnostiziert. Nach verschiedenen Einweisungen in Kliniken, während welcher Zeit er Blut von anderen Patienten erhielt, wohnte er für kurze Zeit wieder bei seiner Familie, aber sie fürchtete sich vor ihm, sodass er für die Zeit ihres Krankenhausaufenthalts ins Haus seiner Großmutter zog. Zwei Wochen vor der Tat war Riva zu seinem Onkel gezogen. Rivas Großmutter Carmen Lopez war durch einen Rückenmarkstumor an den Rollstuhl gefesselt und wog nur noch 40 Kilogramm. Bevor er im Frühjahr 1980 viermal auf sie schoss, habe ein anderer Vampir ihm geraten, die Kugeln golden zu lackieren. Nach den tödlichen Schüssen versuchte er, das Blut aus der Wunde zu trinken, um dadurch ewiges Leben zu erlangen, und setzte danach das Haus in Brand, um die Tat zu vertuschen. Nach seiner Festnahme sagte er, er wäre ein 700 Jahre alter Vampir und er habe das Blut seiner Großmutter trinken müssen, sie sei aber schon zu alt und zu vertrocknet gewesen. Er wurde am 30. Oktober 1981 wegen Mord 2. Grades und Brandstiftung zu lebenslanger Haft verurteilt. Die folgenden 29 Jahre verbrachte er in verschiedenen Heilanstalten und Gefängnissen, einem Gnadengesuch im Jahr 2009 wurde nicht stattgegeben.[445]

---

[444] Michael Newton: *Die große Enzyklopädie der Serienmörder*. Graz 2002. Artikel *Haigh, John George*. S. 160 f. Eric Ambler: The Ability to Kill. London: Four Square. 1964. S. 14 f.
[445] Katherine Ramsland: *The Science of Vampires*, 2002, S. 113 ff.; «*Marshfield's vampire killer up for parole*», Patriot Ledger, 1. August 2009.

Rod Ferrell und sein «Vampir-Clan»

Rodrick «Rod» Ferrell[446] war Anführer einer ca. 30 Mitglieder umfassenden okkultistischen Gruppe von jungen Menschen, die in Murray/Kentucky lebten. Rod behauptete, unsterblich und ein 500 Jahre alter Vampir namens «Vesago» zu sein. Unterstützt wurde dieser Wahn offenbar durch seine eigene Mutter, die selbst praktizierende Okkultistin gewesen sein soll und Rod bereits im Alter von fünf Jahren in einen satanischen Zirkel einführte, wo es auch, wie Rod später behauptete, zu Menschenopfern gekommen sei. Die Gruppe traf sich immer in einem alten leer stehenden, etwas außerhalb von Murray befindlichen Hotel, das sie «Vampire-Hotel» nannten und wo sie feierten oder auch Zeremonien abhielten, die das Blut oder auch Bluttrinken in den Mittelpunkt stellten. Rod war ein Jahr vorher von Eustis/Florida zugezogen und musste dort seine Freundin Heather Wendorf, mit der er auch gemeinsam die Highschool besucht hatte, zurücklassen. Nichtsdestotrotz blieben Heather und Rod in Kontakt. Heather behauptete übrigens von sich, ein Dämon zu sein, dem vor Zeiten schon Blutopfer dargebracht wurden. Im November 1996 beschloss Rod Ferrell, seine alte Freundin zu sich zu holen, wenn nötig auch gegen den Willen ihrer Eltern. Er machte sich also zusammen mit drei weiteren Mitgliedern seines «Vampir-Clans», Charity Keesee, Howard Scott Anderson und Dana Cooper, mit einem Auto auf die lange Reise nach Eustis in Florida und traf dort am 25. November 1996 ein. Rod und Howard betraten das Haus der Wendorfs und fanden den Vater von Heather, Rick Wendorf, schlafend auf der Couch im Wohnzimmer vor. Rod erschlug ihn mit einer mitgebrachten Brechstange. Heathers Stiefmutter, Ruth Wendorf, kam gerade mit einer frischen Tasse Kaffee aus der Küche, als sie Rod und Howard bemerkte. Sie schüttete Rod den Kaffee über, dieser traf sie jedoch im Weglaufen mit seiner Brechstange am Hinterkopf und tötete auch sie. Heather Wendorf war zu diesem Zeitpunkt mit den anderen beiden Mädchen aus Rods Gruppe zusammen und daher nicht am Mordschauplatz. Rod und Howard nahmen nach den Morden ihr Auto, trafen sich mit den Mädchen und fuhren mit ihnen in Richtung Westen davon. Die ermordeten Eltern von Heather Wendorf wurden später von ihrer zweiten Tochter, Jennifer Wendorf, gefunden. Sie war es auch, die die Polizei verständigte.

Vier Tage später wurden Rod Ferrell und seine Mitreisenden in Baton Rouge/Louisiana verhaftet. Rod wurde vor Gericht zuerst zum Tode verurteilt, später wurde er aber zu einer lebenslänglichen Freiheitsstrafe begnadigt. Howard Scott Anderson wurde zu einer lebenslänglichen Freiheitsstrafe verurteilt. Charity Keesee wurde zu zehn Jahren und sechs Monaten, Dana Cooper zu 15 Jahren Freiheitsstrafe verurteilt.

---

[446] * 28. März 1980.

Heather Wendorf, die ursprünglich mitangeklagt war, wurde freigesprochen, weil man ihr weder Mittäter- noch Mitwissenschaft bei den Morden nachweisen konnte. In einem jüngeren Interview mit Rod Ferrell im Florida State Prison, wo er heute seine Strafe verbüßt, behauptete dieser, dass er immer noch an seiner vampirischen Existenz und diesem Lebensstil, der sein ganz persönlicher ist, festhalte.

Wenn Rod Ferrell das Leben anderer Menschen auch gering achtete und selbst davon überzeugt ist, ein «lebender Vampir» zu sein, so wäre es allerdings unangebracht, davon zu sprechen, dass diese Mordtaten auf einen «Blutdurst» zurückzuführen seien, der bei ihm vorhanden war. Es handelte sich hierbei offensichtlich um eine reine Beziehungstat.[447]

Der «Vampire Slasher» von San Francisco

1998 wurde der 21-jährige Joshua Rudiger aus Oakland wegen des Mordes an einer Obdachlosen und der gefährlichen Körperverletzung dreier weiterer Obdachloser in San Francisco verhaftet. Rudiger hatte seine Kindheit in verschiedenen Heimen verbracht und schon früh psychische Auffälligkeiten gezeigt. Im Alter von 15 Jahren missglückte ein Selbstmordversuch mit einem Samuraischwert. Später kam er wegen zwei bewaffneter Attacken auf Bekannte für sechs Monate in eine psychiatrische Anstalt, aus der er fristgerecht entlassen wurde, obwohl er weiterhin abwechselnd behauptete, ein Ninjakrieger oder ein 2.000 Jahre alter Vampir zu sein. Mit einem Samuraischwert bewaffnet zog er am 16. Oktober 1998 und knapp zwei Wochen später erneut los, um als selbst ernannter «Vampire Slasher» Obdachlosen die Kehlen aufzuschlitzen und von ihrem Blut zu trinken. Rudiger wurde wegen Mord 2. Grades zu einer 23-jährigen Freiheitsstrafe verurteilt, seinen Einwänden, dass er geisteskrank sei, wurde nicht stattgegeben.[448]

Ein walisischer «Vampir»

2002 wurde in Wales der siebzehnjährige Kunststudent Matthew Hardman wegen des brutalen Mords an der neunzig Jahre alten Mabel Leyshon aus dem Dorf Llanfairpwll zu einer 12-jährigen Freiheitsstrafe verurteilt. Er hatte die alte Frau lediglich flüchtig durch seinen Nebenjob als Zeitungsbote gekannt. Am Abend des 24. November 2001

---

[447] Aphrodite Jones: *The Embrace. A true vampire story.* New York 1999.
[448] «*Oakland Man booked in San Francisco after throat-slashing attacks*», Desert News, 11./12. November 1998

brach er in ihr Haus ein, stach 22-mal auf die wehrlose, vor dem Fernseher sitzende Witwe ein und platzierte dann zwei Schürhaken aus Messing in der Form eines Kreuzes unter ihren Füßen und Kerzenhalter um ihren Körper herum und auf dem Kaminsims. Dann öffnete er ihre Brust, riss das Herz heraus, wickelte es in Zeitungspapier und legte es in einen Topf auf einem Silbertablett neben ihrem Körper. Er goss Blut von ihrem Bein in den Topf und trank es in der Hoffnung, dadurch unsterblich zu werden. Zeugen sagten aus, er wäre von Vampirismus und Unsterblichkeit besessen gewesen.[449]

Der «Vampir» Allan Menzies

Kann man Rod Ferrell durchaus noch als rational handelnden Mörder bezeichnen, trifft dies mit großer Wahrscheinlichkeit auf den Briten Allan Menzies nicht mehr zu.[450] Er war davon überzeugt, in Kontakt mit Akasha (ja, der Romanfigur aus den Büchern von Anne Rice) zu stehen, und war der Überzeugung, durch Mord zum unsterblichen Vampir werden zu können. Er ermordete deshalb seinen langjährigen Freund Thomas McKendrick. McKendricks Mutter hatte ihren Sohn zuletzt am 11.12.2002 zusammen mit Allan Menzies gesehen und gab eine Woche darauf eine Vermisstenmeldung auf. Die Polizei fand bei einer Hausdurchsuchung in Allan Menzies Haus eine DVD mit dem Film *Queen of the Damned* und das Buch *Blood and Gold* von Anne Rice. In dem Buch waren handschriftliche Notizen, in denen es hieß: «Der Meister wird mich holen und unsterblich machen, wenn ich seinen Befehlen Folge leiste ... Ich habe mich für mein Schicksal entschieden, ein Vampir zu werden, Blut ist zu kostbar, um an Menschen verschwendet zu werden. ... Das Blut ist das Leben und es soll mein sein, denn ich habe das Grauen gesehen.» Einen Monat nach dem Verschwinden seines Freundes sagte er zu seinen Freunden, sie sollten ihn «Vamp» nennen.

Fünf Wochen nach McKendricks Verschwinden fand die Polizei seine Leiche in einem nahe gelegenen Wäldchen. Seine Hand ragte aus dem Waldboden. Menzies wurde darauf sofort festgenommen und gestand freimütig, dass er seinen Freund zuerst mit einem Hammer niedergeschlagen und dann mit mehreren Stichen mit seinem Bowiemesser getötet habe. Danach habe er sein Blut getrunken und ein Stückchen vom

---

449 *BBC News* berichtete über den Verlauf des Prozesses in einer Artikelserie, beginnend mit dem Artikel «*Macabre death of elderly widow*», BBC News, 2. August 2002.
450 Menzies lebte in der Nähe von Edinburgh. Über den Verlauf des Falles wurde in der Zeitung *The Scotsman* ab dem 20.1.2003 in mehreren Artikeln berichtet.

Kopf gegessen. Reue zeigte er bei seinen Aussagen nicht, ganz im Gegenteil: «Ich werde 20 oder 25 Jahre für das kriegen, was ich mit dem Hammer und dem Bowiemesser getan habe ... Aber ich habe seine Seele bekommen.»

Laut seinem Vater sah Allan sich Filme, die ihm gefielen, zwanzigmal oder öfter und bis zu dreimal täglich an und identifizierte sich dermaßen mit den Figuren, dass er mit deren Namen angeredet werden wollte. Den Film *Queen of the Damned* habe er in den Monaten vor dem Mord über 100-mal gesehen. Menzies Vater sagte außerdem aus, dass er glaube, sein Sohn habe zwei Persönlichkeiten – die seines Sohnes und die der jeweiligen Filmfigur, die ihn gerade fasziniere. Oft habe er ihn in seinem Zimmer laut reden oder rufen hören, wenn er aber nachsah, sei sein Sohn allein in seinem Zimmer gewesen. Offenbar konnte Allan Menzies nicht zwischen Realität und Fiktion unterscheiden.

Nachdem Menzies verhaftet worden war, sandte er aus dem Gefängnis von ihm geschriebene Briefe an seine alte Adresse (er hatte bei seinem Vater gelebt), in welchen er der Romanfigur Akasha (aus der Romanreihe *Vampire Chronicles* von Anne Rice) versprach, bald erneut für sie zu töten. Er unterschrieb mit seinem eigenen Blut und dem Namen «Vamp».

Im Verlauf des Prozesses behauptete er später, der Film *Queen of the Damned* sei an allem schuld, er hätte ihn verrückt gemacht. Er deutete sogar eine Art Fremdsteuerung durch den Film an. Auslöser zum Mord soll demnach eine Bemerkung seines Freundes McKendrick gewesen sein, die Akasha beleidigt habe. «Ich wusste, dass ich jemanden töten musste. Wenn man niemanden tötet, kann man auch kein Vampir werden.» Akasha habe ihm befohlen zu morden – «je mehr Tote, desto besser ... es macht sie glücklich.»

Während des Prozesses soll Menzies davon überzeugt gewesen sein, nunmehr ein Vampir und unsterblich zu sein. Die psychologischen Gutachter wollten ihm allerdings nur eine Persönlichkeitsstörung und keine Geisteskrankheit attestieren und erklärten ihn dennoch für zurechnungsfähig und schuldfähig.

Allan Menzies wurde im Oktober 2003 zu einer Mindeststrafe von 18 Jahren verurteilt (der Richter bezeichnete ihn in der Urteilsbegründung als bösen und gefährlichen Psychopathen). Danach gefragt, ob er heute anders handeln würde, wenn er die Zeit zurückdrehen könnte, antwortete er mit «Nein». Im selben Monat verkaufte der Vater das Haus, in dem der Mord geschehen war. Am 15. November 2004 fand man Allan Menzies tot in seiner Zelle, er hatte sich umgebracht.

Die «Vampirin von Odessa»

Im März 2005 wurde die 29-jährige Diana Semenuha in Odessa, Ukraine verhaftet, nachdem die Polizei entdeckt hatte, dass sie Straßenkinder in ihr Haus gelockt hatte, sie mit Alkohol und Klebstoff betäubt, ihnen Blut mit einer Spritze entnommen und das Blut aus einem silbernen Kelch getrunken hatte. Wurde ein Kind zu schwach, schickte sie es zurück auf die Straße. Sie glaubte, dass diese Praxis eine Muskelschwäche-Erkrankung, die sie hatte, heilen würde. Bei ihrer Verhaftung gab sie ihren Beruf als «Hexe» an. Zeugen sagten aus, dass sie auch andere Zauberei lehrte, ihren Schülern erlaubte, von ihrem Blut zu trinken, und auch einiges von dem Blut der Kinder, das sie nicht gebrauchte, an andere praktizierende Schwarzmagier verkaufte. Als die Polizei ihre Wohnung durchsuchte, sahen sie, dass die Wände schwarz gestrichen waren und die Fenster mit schwarzen Lumpen verhüllt waren, sodass kein natürliches Licht eindringen konnte. Die einzige Lichtquelle waren schwarze Kerzen. Ein durchdringender Duft von Räucherstäbchen soll in der Wohnung geherrscht haben, und es wurde ein großes Messer mit einem schwarzen Griff und einer silbernen Klinge, in die satanische Symbole geritzt waren, gefunden. Sieben betäubte, an Betten und Bänke gebundene Kinder wurden befreit, aber sie verschwanden schnell wieder auf die Straße, was es zuerst schwierig machte, Semenuha strafrechtlich zu verfolgen. Diese sah sich übrigens völlig im Recht, da sie den Kindern in der Zeit ihrer Gefangenschaft schließlich ein Obdach geboten und ihnen Nahrung gegeben hätte. Sie wurde aber wegen des Besitzes und der Verabreichung von illegalen Drogen zu zwei Jahren Gefängnis auf Bewährung verurteilt.

2006 wurde Diana Semenuha, während sie gerade ein schwarzmagisches Ritual durchführte, erneut verhaftet, nachdem sie unter dem Namen Krait in mehreren Zeitungen Anzeigen aufgegeben hatte, in welchen sie für den Preis von 600 Dollar Blutrituale angeboten hatte. Sie soll wöchentlich mindestens drei solcher Rituale praktiziert haben. Diesmal führten die Nachforschungen der Polizei weiter: Sie gaben bekannt, dass Semenuha einem großen satanischen Zirkel in Odessa namens «Roter Drache»[451] angehört habe, und sie konnten auch den Anführer dieses Zirkels festsetzen.[452]

---

[451] Diese Vereinigung hat allerdings nichts mit dem magischen Orden *Dragon rouge* des schwedischen Okkultisten Thomas Karlsson zu tun, der in mehreren europäischen Ländern vertreten ist.
[452] «*Ukrainian vampire dragged children and drank their blood*», Daily Telegraph, 3. Juli 2005. Nachrichtenagentur Interfax, 30. Januar 2006; «*A blood-pumping satanist woman caught in Odessa*», http://www.informationliberation.com/?id=5691

Hier, geneigter Leser, sind wir nun am Ende unserer Reise durch das Reich des Todes angelangt. Du hast die wiederkehrenden Toten gesehen und erfahren, woher sie stammen, und du hast gelernt, dass Vampire nicht (un)tot sein müssen, um nach Blut zu gieren.

Wie der letzte Fall der Vampirin von Odessa zeigt, ist Zauberei von uralten Zeiten an und auch heute noch ein fester Bestandteil unseres gesellschaftlichen Lebens. Keine Aufklärung, kein Propagieren des Materialismus, kein Atheismus hat es geschafft, den Zauberglauben aus den Köpfen der Menschen zu beseitigen. Die Bereitschaft, an Magie oder überhaupt an das Übernatürliche zu glauben, liegt tief in jedem Individuum verborgen, und auch die Faszination für den Vampir beweist jenes magischen Verlangen der Menschen. Nicht umsonst lautet die lateinische Bezeichnung für die Wirkungen der Toten auf die Lebenden *Magia posthuma* – die Zauberei der Toten.

In der Literatur aber hat sich das Bild des Vampirs gewandelt. Er wurde seit seiner Erschaffung im frühen 19. Jahrhundert immer wieder dem Geschmack seiner Zeit angepasst, blieb dabei aber stets der «Andere», derjenige, der gegen alle Konventionen der Gesellschaft verstößt. Indem er sich in den ersten Jahren nach seiner Schaffung noch als ein grundböses Wesen, als eine Art dunkler Gott, gar als der Antichrist schlechthin herausstellte, so verkörperte er alles, was von der bürgerlichen Gesellschaft jener Zeit abgelehnt wurde: Er setzte sich offen über soziale Konventionen hinweg und war ein durch und durch sexuelles Wesen, das dies nur zu offen zur Schau trug. Die gleichgeschlechtlichen Avancen der Vampirin *Carmilla* und die recht unverhohlenen sexuellen Anspielungen in Bram Stokers *Dracula* geben hiervon ein beredtes Zeugnis. In unserer Zeit, in der die Sexualität sich aus dem Schlafzimmer heraus an die Öffentlichkeit bewegt hat, ist sie bei den neueren Vampirfiguren nichts Anstößiges mehr, sondern im Gegenteil gesellschaftsfähig geworden. Auch das Hinwegsetzen des Vampirs über gesellschaftliche Regeln galt in den Anfangsjahren der Vampirliteratur als etwas Unschickliches, verkehrt sich bei dem heutigen Vampir aber in eine Tugend. Ist die Vampirfigur Polidoris, Le Fanus oder Stokers noch brutal und verachtet

Die Vampire-Fans Christiane Roeder und Kristin Chakalova sitzen am Samstagabend (25.01.03) waehrend des Balls «Tanz der Vampire» in Steinbach bei Giessen im Schnee. An dem dreitaegigen Vampir-Kongress mit Vortraegen, Tanzkurs und Ball der «Dracula-Society», der noch bis Sonntag (26.01.03 andauert, haben etwa 50 Hobby-Vampire teilgenommen. Die «Dracula-Society» sieht sich als eine unpolitische und kulturhistorische Gesellschaft, die sich mit Studien zu Bram-Stokers-Film «Dracula», den Vampiren generell als auch dem historischen Prinzen Vlad Dracula widmet.

alles Menschliche, so hat sich der moderne literarische Vampir in dieser Hinsicht völlig gewandelt. Er wurde zum tragischen Außenseiter, zum Kavalier im Zeitalter der emanzipierten Frau und der Ellenbogen-Gesellschaft, und verstößt damit in nicht geringerer Weise gegen die heutigen gesellschaftlichen Konventionen.

Diese Fiktion, dieses in seinem Wesen völlig umgekehrte Zerrbild des ursprünglichen Monsters, birgt in sich allerdings auch das heute vorherrschende oberflächliche Ideal des perfekten Individuums, nach welcher Vollkommenheit sich viele Menschen sehnen. Wie groß diese Sehnsucht nach Perfektion und Unsterblichkeit ist, zeigt sich in der Begeisterung, mit der die Flut von neu erschienenen Vampirbuch- und Filmserien aufgenommen wird, die dieses Bild des Vampirs vermitteln. Und natürlich wird der literarische Vampir durch diese Wandelbarkeit, alle Wünsche und Sehnsüchte der Menschen in sich zu vereinen, auch in Zukunft «nicht totzukriegen» sein. Er wird sich stets, immer in Opposition zu der Gesellschaft, die ihn erschaffen hat, mit den Menschen weiterentwickeln und ist somit in der Tat unsterblich.

Bibliographie

Lexika

Bächthold-Stäubli, Hanns/Hoffmann-Krayer, Eduard: *Handwörterbuch des deutschen Aberglaubens.* Berlin, New York 1927–1942 (Neuauflage 2000).
Melton, J. Gordon: *The Vampire Book: The Encyclopedia of the Undead.* Detroit, 1999.
Newton, Michael: *Die große Enzyklopädie der Serienmörder.* Graz 2002.
Schneidewind, Friedhelm: *Das Lexikon rund ums Blut.* Berlin 1999.
Schneidewind, Friedhelm: *Das kleine Vampir-ABC.* Mannheim 2002.
Zedlers Universallexikon. Leipzig 1732–1754.

Handschriftliche Dokumente

Hofkammerarchiv Wien, Hoffinanz Ungarn, Rote Nummer 654, S. 1132.
Hofkammerarchiv Wien, Hoffinanz Ungarn, Rote Nr. 654, S. 1134 ff.
Hofkammerarchiv Wien, Hoffinanz Ungarn, Rote Nr. 654, S. 1138 ff.
Hofkammerarchiv Wien, Banater Akten, Rote Nr. 53. fol. 6 ff.
Hofkammerarchiv Wien, Münz- und Bergwesen, Rote Nr. 90, fol 6. ff.
Rot. Csákovaer Verwalteramt, II, 530.
Rot. Csákovaer Verwalteramt, II, 534.
Rot. Csákovaer Verwalteramt, II, 542.
Rot. Pancsovaer Verwalteramt, III, 106.
Rot. Pancsovaer Verwalteramt, III, 150.
Rot. Lug.-Facseter Verwalteramt, I. 1725, 18.
Rot. Lug.-Facseter Verwalteramt, I, 1726, 2.
Rot. Karansebeser Verwalteramt III, 59.
Rot. Karansebeser Verwalteramt, III, 169.

Rot. Ujpalanker Verwalteramt, III, 251.
Ung. Landesar., Temesvarer Administ. – Akten, Fasc. Nr. 129.
Türkei I. Turcica. Stk. 191. 1724/25 I/II, S. 25 f.

Textsammlungen

Francisci, Erasmus: *Höllischer Proteus*. Nürnberg 1695.
Hamberger, K.: *Mortuus non mordet*. Wien 1992.
Krafft-Ebing, R. v.: *Psychopathia sexualis*. Stuttgart 1903.
Oppenhoff: *Die Rechtsprechung des Königl. Ober-Tribunals und des Königl. Ober-Appellations-Gerichts in Strafsachen*. Berlin 1871.
Sturm, Dieter/Völker, Klaus: *Von denen Vampiren oder Menschensaugern*. München 1968.

Zeitungen, Magazine und Aufsätze

Allgemeine Augsburger Zeitung. Jg. 1850.
Alonso, J. Gómez: *Rabia y vampirismo, hipotesis sobra una interpretacion médica del vampirismo*. Jano 1982.
Ambler, Eric: *The Ability to Kill*. London: Four Square 1964.
Anonym: *Schreiben eines guten Freundes an einen andern guten Freund/Die Vampyren betreffend. de dato 26. Martii 1732*.
Austria, Jg. 1843.
Berlinische Priviligirte Zeitung. Jg. 1755.
Bohn, Thomas M.: *Das Gespenst von Lublau. Michael Kaspereks/Kaspareks Verwandlung vom Wiedergänger zum Blutsauger*. Spiegel der Forschung Nr. 2/Dezember 2009, 26. Jahrgang, S. 78–83
Bukarester Tagblatt. Jg.1902.
Cical, Florin: *Strigoiul din Medgidia a fost eliminat*. Telegraf, 11. September 2009.
Gigi Ciuncanu: *O gorjeanca a infipt un cui in inima concubinului mort*. Ziua, 24. November, 1998.
Commercium Litterarium. Nürnberg, 12.03.1732.
Cotta'sche Morgenpost, Jg. 1828.
Cox, Ann M.: *Porphyria and vampirism: another myth in the making*. Postgraduate Medical Journal. London 1995.
David, Dan: *Ghiulten, strigoiul care a bagat spaima in romii din Ali Baba*. Telegraf, 14. Mai 2008.
Der Europäische Niemand. Nürnberg 1719.
Der Naturforscher. 48. St. Leipzig 25. Mai 1748.
Ellis, Bill. *The Highgate Cemetery Vampire Hunt*. In: Folklore. No. 104. (1993).

Fahndung im Reich der Finsternis – Ein Gerichtsmediziner enthüllt die Ursachen einer «Vampirseuche», die um 1700 in Serbien wütete. FOCUS Nr. 43, Jg. 1995.

Geistliche Fama. Sarden Jg.1732.

Göttinger Musenalmanach. Jg. 1774.

Grenz, Rudolf: *Archäologische Vampirbefunde aus dem westslawischen Siedlungsgebiet.* In: *Zeitschrift für Ostforschung.* Jg. 1967, Heft 2

Hannoversches Magazin. Jg. 1831.

Holtzendorff, Franz von (Hg.) *Deutsche Zeit- und Streit-Fragen.* Berlin 1878.

Jaworskij, Juljan: *Südrussische Vampyre. Zeitschrift des Vereins für Volkskunde.* Jg.1898.

Klapper, J.: *Die schlesischen Geschichten von den schädigenden Toten.* In: *Mitteilungen der schlesischen Gesellschaft für Volkskunde.* Breslau 1909. Nr. 11.

Le Glaneur Historique, politique, moral, littéraire, galant et calotin. La Haye: J. B. Varenne. No. XXII. (17 de març de 1732).

Gerhard Mauz: *Mutmaßungen über Kuno. Der Spiegel* Nr. 36, Jg. 1976.

Mord aus Aberglauben. Der Spiegel Nr. 27, Jg. 1964.

Neue Freie Presse. Jg.1899.

Neue Zürcher Zeitung vom 12. Juli 2009: *Befund: Tod durch Einbildung.*

Relationes historicae semestralis autumnalis continuatio. Jacobi Franci Historische Beschreibung der denckwürdigen Geschichten, so sich in Hoch- und Nieder- Teutschland ..., zugetragen. Zwölffter Haupt – Titul. Von denckwürdig seltsamen Begebenheiten. urt am Main 1732.

Schlesische Provinzial-Blätter. Jg. 1801.

Schlesische Provinzial-Blätter. Jg. 1803.

St. Petersburger Zeitung vom 28. Dez.1886 – 9. Jan. 1887.

Statistische Nachrichten «Das Ausland» Über den Vampirglauben in Griechenland. 10. Jg, 1837. S. 489 ff. *Das Ausland.* Nr. 119 vom 29. April 1837.

Sterne, Carus: *Der Vampyrschrecken im 19. Jahrhundert.* Aus: *Die Gartenlaube.* Jg. 1873.

Strigoiul din Pielesti. Ziua, 28. Mai 2002.

Stülzebach, Annett: *Vampir- und Wiedergängererscheinungen aus volkskundlicher und archäologischer Sicht.* Aus: *Concilium medii aevi (1998).*

Terorizati de strigoiul unei femeii sinucigase. Stirile Zilei, 17. November 2004.

Weslowski, E.: *Die Vampirsage im rumänischen Volksglauben.* Aus: *Zeitschrift für österreichische Volkskunde.* 16/1910, S. 216 ff.

Wiener Blätter. Jg. 1873.

Wienerisches Diarium vom 21. Juli 1725.

Winkler, Mary G.; Andersen, Karl E.: *Vampires, Porphyria, and the media: Medicalization of a myth.* In: *Perspectives in biology and medicine.* Baltimore, 1999. Nr. 33. S. 598 ff.

Zeitschrift für österreichische Volkskunde. Jg. 1910.

Bücher vor 1900

Aelurius, Georgius: *Glaciographia*. Frankenstein 1625.
Adler, Dr. L.: *Talmudische Welt- und Lebensweisheit oder Pirke Aboth*. Fürth 1851.
Allgemeine deutsche Bibliothek, 65. Band. Berlin und Stettin 1786.
Anonym: *Blicke in die Traum- und Geisterwelt*. Stuttgart 1854.
Anonym: *Visum et Repertum über die sogenannten Vampirs ...*, Nürnberg 1732.
Aurifaber, J.: *Colloquia D. M. Luther*. Eisleben 1566.
Bechstein, Ludwig: *Deutsches Sagenbuch*. Leipzig 1853.
Beck, Joh. Ludw.: *Corpus iuris civilis*, Lipsiae 1837.
Berger, Christian Philipp: *Versuch Einer Gruendlichen Erlaueterung Merckwürdiger Begebenheiten In der Natur, Wodurch man zu ihrer innersten Erkaenntniß geführet wird*. Lemgo 1737.
Bernhardi, Luise: *Die Geisterwelt*. Berlin ca. 1860; überarbeitete Neuausgabe, hrsg. von Nicolaus Equiamicus (Ubooks) Diedorf 2008.
Böhm, Martin. *Die drey großen Landtplagen. Krieg, Tewrung, Pestilentz ...*, Wittenberg 1601.
Bredow, G. G.: *Rabbinische Mythen, Erzählungen und Lügen*. Weilburg 1833.
Calmet, Augustin: *Gelehrte Verhandlung der Materi von Erscheinungen der Geisteren, und denen Vampiren in Ungarn, Mahren etc*. Augspurg 1751; überarbeitete Neuausgabe hrsg. von A. und I. Silberschmidt (Edition Roter Drache) Rudolstadt 2006.
Caracioli, L. A.: *Reise der Vernunft durch Europa*, Leipzig 1772.
Charisius, Christian Ludwig: *Medicinisches Bedencken von denen Vampyren, oder sogenannten Blutsaugern, ob selbe vorhanden, und die Kraft haben, denen Menschen das Leben zu rauben?* Königsberg 1739.
Demelius, Christoph Friedrich: *Philosophischer Versuch, ob nicht die merckwürdige Begebenheit derer Blut=Sauger in Nieder=Ungern, A. 1732 geschehen, aus denen principiis naturae, ins besondere aus der sympathia rerum naturalium und denen tribus facultatibus hominis könne erleutert werden*. Vinariensi. A. 1732; überarbeitete Neuausgabe in: *Von den blutsaugenden Toten* hrsg. von A. und I. Silberschmidt (Hexenmond) Nürnberg 2006.
d'Argens, Marquis: *Lettres juifs*. Amsterdam 1737.
Ferber, Joh. Jak.: *Physikalisch – metallurgische Abhandlungen über die Gebirge und Bergwerke in Ungarn*. Berlin 1780.
Frank, Jacob: *Relationes historicae semestralis autumnalis continuatio. Jacobi Franci Historische Beschreibung der denckwürdigen Geschichten, so sich in Hoch- und Nieder- Teutschland ..., zugetragen.* Franckfurth am Mayn 1732.
Fritsche, Johann Christian: *Eines Weimarischen Medici Muthmaßliche Gedancken Von denen Vampyren, Oder sogenannten Blut=Saugern*. Leipzig 1732.
Frommann, Johann Christian: *De fascinatione magica*. Nürnberg 1675.
Garmann, Chr. Fr.: *De miraculis mortuorum*. Chemnitii 1670. (Neuausgabe Universitätsdrucke Göttingen 2003).

Gerhard, W.: *Wila. Serbische Volkslieder und Heldenmärchen.* Leipzig 1828.

Gerson, Jean: *Tractatus de erroribus circa artem magicam.* Lugd. 1669.

Geyer, Johann Daniel: *Müßiger Reise Stunden Gedancken Von denen Todten Menschen = Saugern.* Dressden 1735.

Görres, Joseph von: *Die christliche Mystik.* Regensburg 1840.

Goethe. J. W. v.: *Goethes Werke.* Wien 1816.

Grässe, Johann Georg: *Sagenbuch des preußischen Staats. Glogau 1871 2. Band.*

Hajek z Libocan, Václav: *Böhmische Chronica.* Prag 1547.

Halle, Johann Samuel: *Fortgesetzte Magie, oder die Zauberkräfte der Natur.* Berlin 1790.

Harenberg, Johann Christoph: *Vernünfftige und Christliche Gedancken uber die Vampirs oder Bluht- saugende Todten...* Wolfenbüttel 1733.

Hartmann, Franz: *Lebendig begraben.* Leipzig 1896; überarbeitete *Neuausgabe* hrsg. von Nicolaus Equiamicus (Ubooks) Diedorf 2010.

Hauber, E. D.: *Bibliotheca sive Acta et Scripta Magica.* Lemgovia 1738.

Helmont, Jan Baptist van: *Tumulus pestis.* (dt. Ausg.). Sulzbach 1681.

Herolt, J.: *Promtuarium exemplorum discipuli.* Breslau 1465.

Hertz, Wilhelm: *Der Werwolf.* Stuttgart 1862.

Heurne, Johan van: *De morbis capitis.* Leiden 1694.

Hock, Stefan: *Die Vampyrsagen.* Berlin 1900

Horst, G. C.: *Zauber-Bibliothek.* Mainz 1825.

Klose, Samuel Benjamin: *Neue litterarische Unterhaltungen.* Breslau 1774.

Krauss, Fr.: *Volksglaube und religiöser Brauch der Südslaven.* Münster 1890.

Linzbauer, Franz Xaver: *Codex sanitario-medicinalis Hungariae.* Buda. 1852–56.

Lord Byron: *Werke. Der Vampyr.* Leipzig 1819.

Löwenstimm, A.: *Aberglaube und Strafrecht.* Berlin 1897.

Lucanus: *Pharsalia.* Berlin und Stuttgart 1855.

Mannhardt, W.: *Die praktischen Folgen des Aberglaubens.* Berlin 1878. (S. Holtzendorff, Franz von (Hg.) *Deutsche Zeit- und Streit- Fragen.*)

Mayo, Herbert: *Wahrheiten im Volksaberglauben, nebst Untersuchungen zum Wesen des Mesmerismus.* Leipzig 1854.

Miklosich, Franz: *Etymologisches Wörterbuch der slavischen Sprachen,* Wien 1886.

Ovid: *Festkalender.* Berlin und Stuttgart 1855.

Pashley, R.: *Travels in Crete.* London 1837.

Perty, Maximilian: *Die mystischen Erscheinungen der menschlichen Natur.* Leipzig und Heidelberg 1872.

Philostratos: *Leben des Apollonius von Tyana.* Stuttgart 1829.

Pol, Nicolaus: *Annalen der Stadt Breslau.* Hg. v. J. G. Büsching, Breslau 1819.

Pohl, Johann Christoph: *DISSERTATIONEM DE HOMINIBVS POST MORTEM SANGVISVGIS, VVLGO SIC DICTIS Vampyren.* Lipsiae 1732.

Putoneus: *Besondere Nachricht von denen Vampyren oder so genannten Blut=Saugern ...*, Leipzig 1732.

Ranft, M.: *Tractat von dem Kauen und Schmatzen der Todten in Gräbern.* Leipzig 1734; überarbeitete Neuausgabe, hrsg. von Nicolaus Equiamicus (Ubooks) Diedorf 2006.

Rémy, Nicolas: *Daemonolatria.* Lyon 1595; überarbeitete Neuausgabe, hrsg. von Nicolaus Equiamicus (Ubooks) Diedorf 2009.

Rzaczynski, Gabriel: *Historia naturalis curiosa regni Poloniae.* Sondomirae 1721.

Schlosser, Fr. Chr.: *Weltgeschichte für das deutsche Volk.* Frankfurt 1844–1857.

Schmidt, Bernhard: *Griechische Märchen, Sagen und Volkslieder.* Leipzig 1877.

Schneller, J. F.: *Die Geschichte Ungarns.* Dresden 1833.

Sprenger; Jakob/Institoris, Heinrich: *Der Hexenhammer.* Wien 1937/38. (Reprint Verlag Leipzig o. J.)

Stein, Otto Graf zum: *Otto, Grafens zum Stein unverlohrnes Licht und Recht derer Todten unter den Lebendigen, oder gründlicher Beweis der Erscheinung der Todten unter den Lebendigen, und was jene vor ein Recht in der obern Welt über diese noch haben können, untersucht in Ereignung der vorfallenden Vampyren, oder so genannten Blut=Saugern im Königreich Servien und andern Orten in diesen und vorigen Zeiten.* Berlin und Leipzig o. J. (Nie erschienen. Die Schrift ist verschollen.)

Stieff, Christian: *Schlesisches Historisches Labyrinth.* Breslau und Leipzig 1737.

Stock, Johannes Christianus: *DISSERTATIO PHYSICA DE CADAVERIBUS SANGUISUGIA. Von denen so genannten Vampyren oder Menschen=Säugern.* Jenae 1732.

Swieten, Gerhard van: *Vampirismus.* Wien 1755. bzw. gedruckt 1768.

Tallar, Georg: *Visum repertum anatomico chirurgicum ...*, 1756, bzw. gedruckt: Wien 1784.

Thal, Emanuel: *Serbiens Neuzeit.* Leipzig und Wien 1840.

Tettau, W. A. J von/Temme, Jodocus D. H.: *Die Volkssagen Ostpreußens, Litthauens und Westpreußens.* Berlin 1837.

Tharsander: *Schauplatz vieler ungereimten Meinungen und Erzählungen.* Berlin und Leipzig 1736.

Valvasor, Joh. W. v.: *Die Ehre des Ertz Herzogthums Crain.* Laibach 1689.

Vogt, Gottlob Heinrich: *Kurtzes Bedencken Von denen Acten=mäßigen Relationen Wegen derer Vampiren, Oder Menschen=Und Vieh=Aussaugern.* Leipzig 1732.

Voltaire, *Oeuvres complètes.* 1785. 43. Band, S. 386-392.

Voss, Johann Heinrich: *Sämmtliche poetische Werke.* Leipzig 1835.

Wagner, Peter Paul Vincenz: *Anleitung zur gerichtlichen Arzneikunde für Gerichtsärzte und Rechtsgelehrte des Militär- und Zivilstandes etc.* Wien 1833.

W. S. G. E.: *Curieuse und sehr wunderbare Relation, von denen sich neuer Dingen in Servien erzeigenden Blut=Saugern oder Vampyrs, aus authentischen Nachrichten mitgetheilet, und mit Historischen und Philosophischen Reflexionen begleitet.* Anno 1732; überarbeitete Neuausgabe in: *Von den blutsaugenden Toten* hrsg. von A. und I. Silberschmidt (Hexenmond) Nürnberg 2006

Zopf, Johann Heinrich: *DISSERTATIO DE VAMPYRIS SERVIENSIBUS QVAM SVPREMI NVMINIS AVSPICIO. DVISBVRGI AD RHENUM* 1733.

Bücher nach 1900

Alonso, J. Gómez: *Rabia y vampirismo en la Europa de los Siglos XVIII. y XIX. Tesis Doctoral.* Facultad de Medicina, Universidad Complutense de Madrid, 1992.

Ambelain, Robert: *Le Vampirisme. De la légende au réel.* Paris: Robert Laffont 1977.

Bandini, Ditte und Giovanni: *Das Vampirbuch.* München 2008.

Benecke, Mark: *Vampire unter uns.* Rudolstadt 2009

Bondeson, Ian: *Lebendig begraben.* Hamburg 2002.

Borrmann, N.: *Vampirismus oder die Sehnsucht nach Unsterblichkeit.* München 1998.

Bunson, Matthew: *Das Buch der Vampire.* Bern 1997.

Copper, Basil: *Der Vampir in Legende, Kunst und Wirklichkeit.* Leipzig 2005.

Cremene, Adrien: *Mythologie du Vampire en Roumanie.* Monaco: Editions du Rocher 1981.

Epaulard, A.: *Vampirisme, nécrophilie, nécrosadisme, nécrophagie.* Lyon: Storck 1901.

Farin, Michael: *Heroine des Grauens.* München 1989.

Frayling, Christopher: *Alpträume. Die Ursprünge des Horrors.* Köln 1996.

Gmachl, Klaus: *Zauberlehrling, Alraune und Vampir: Die Frank-Braun-Romane von Hanns Heinz Ewers.* Norderstedt 2005.

Grothe, Stefan: *Der Einfluß der Seuchen auf die Entstehung des Vampirmythos im Spiegel der Leipziger Vampirdebatte 1725–1734.* Köln 2001.

Harmening, Dieter: *Der Anfang von Dracula.* Würzburg 1983. S. 32 ff.

Hartmann, Franz: *Seelenbräute und Vampirismus.* Calw o. J.

Havekost, Ernst: *Die Vampirsage in England.* Halle 1914.

Hellwig, Dr. A.: *Verbrechen und Aberglaube.* Leipzig 1908.

Jones, Aphrodite: *The embrace. A true vampire story.* New York 1999.

Kaplan, Stephen: *Vampires are.* Palm Springs 1984.

Klaniczay, G.: *Heilige, Hexen, Vampire.* Berlin 1991

Koch, Tankred: *Lebendig begraben.* Augsburg 1995.

Krauss, Dr. F. S.: *Tausend Sagen und Märchen der Südslaven.* Leipzig 1914.

Kreuter, Peter Mario: *Der Vampirglaube in Südosteuropa.* Berlin 2001.

Laurent, Dr. E.: *Sadismus und Masochismus.* Berlin 1904.

Lecouteux, Claude: *Die Geschichte der Vampire.* Düsseldorf 2001.

Lecouteux, Claude: *Das Reich der Nachtdämonen.* Düsseldorf 2001.

Lenk, E. u. Kaever, K.: *Peter Kürten, genannt der Vampir von Düsseldorf.* Frankfurt 1997.

Leskien, August: *Balkanmärchen aus Bulgarien.* Jena 1919.

Märtin, Ralf Peter: *Das Leben des Fürsten Vlad Tepes.* Berlin 2001

Manchester, Sean: *The Vampire Hunters Handbook.* London 1997.

Manchester, Sean: *The Highgate Vampire.* London 1991.

McNally R. T. und Florescu, R.: *Auf Draculas Spuren.* Frankfurt 1996.

Meurer, Hans: *Der dunkle Mythos*. Schliengen 1996.
Meurer, Hans: *Vampire. Die Engel der Finsternis*. Freiburg 2001.
Nagy, László: *A rossz hirü Báthoryak*. Budapest, 1984.
Pecket-Prest, Thomas: *Varney der Vampir oder das Fest des Blutes*. München 1976.
Radkowsky, Britta: *Moderne Vampire. Mythos als Ausdruck der Persönlichkeit*. Neusäß 2005.
Schäfer, Steffen: *Scheintod*. Augsburg 1997.
Schmid, Gary Bruno: *Tod durch Vorstellungskraft*. Augsburg 2001.
Schröder, A.: *Vampirismus*. Frankfurt 1973.
Schürmann, Thomas: *Nachzehrerglauben in Mitteleuropa*. Marburg 1990.
Stoker, Bram: *Dracula*. Frankfurt 2008.
Summers, Montague: *The Vampire in Europe*. New York 1929.
Summers, Montague: *The Vampire: His Kith and Kin*. New York 1929.
Stern, Bernhard: *Medizin, Aberglaube und Geschlechtsleben in der Türkei*. Berlin 1903.
Thorne, Tony: *Kinder der Nacht*. Berlin 2002.
Wilson, Colin: *Das Okkulte*. Dreieich 1988.
Wright, Dudley: *The Book of Vampires*. London 1924.
Wright, Dudley: *Vampires and vampirism*. London 1924.

Internet:

http://www.shroudeater.com/ (englischsprachig)
http://magiaposthuma.blogspot.com/ (englischsprachig)
http://www.kakanien.ac.at/beitr/vamp
http://www.bibliotheque-vampires.de/
http://www.vampyrbibliothek.de/
http://www.vampyrjournal.de/

Kontaktinformationen zum Autor:

http://equiamicus.blogspot.com
equiamicus.info@gmail.com